国家社科基金
后期资助项目

# 大同立教
康有为政教思想研究

Establishment of Confucianism on Datong
A Study of Kang Youwei's Political and Religious Philosophy

张 翔 著

社会科学文献出版社
SOCIAL SCIENCES ACADEMIC PRESS (CHINA)

# 国家社科基金后期资助项目
# 出版说明

　　后期资助项目是国家社科基金设立的一类重要项目，旨在鼓励广大社科研究者潜心治学，支持基础研究多出优秀成果。它是经过严格评审，从接近完成的科研成果中遴选立项的。为扩大后期资助项目的影响，更好地推动学术发展，促进成果转化，全国哲学社会科学工作办公室按照"统一设计、统一标识、统一版式、形成系列"的总体要求，组织出版国家社科基金后期资助项目成果。

全国哲学社会科学工作办公室

# 大同立教与儒学普遍主义

——张翔著《大同立教》序

汪　晖

康有为是清代今文经学的殿军，也是重建儒学普遍主义的最为重要的人物。他的著作明显地贯穿着两条线索，即变法改制以拯救中国的线索和大同世界的线索，前者贯穿了他的政治实践，后者贯穿了他对这一实践过程及其语境的全面思考。他通过最大限度地扩展经学和其他传统思想的框架以容纳晚明以降，尤其是19世纪以来世界范围内的天翻地覆般的变化，以应对所谓"三千年未有之大变局"，但最终在建立孔教运动的败亡中宣布这一过度扩张的思想世界以及政治尝试的退场。这一波澜壮阔、高潮迭起的思想实践不但为后人留下管窥其时代脉络的多重线索，而且恰恰由于其最大限度地扩展了传统的思想世界而为我们理解自己的时代提供了独特的视野。

康有为研究历久不衰，随时代潮流的变化而新诠迭出，大致说来有三个交叉但取向极为不同的方向，其时代特征——共产主义的、改革的和文化守成的——不言而喻：以《大同书》为中心，探讨近代空想共产主义或乌托邦思想的起源，强调这一思想的激进的革命性质及其未完成的思想使命或其思想限制；以《新学伪经考》、《孔子改制考》以及《春秋董氏学》为中心，阐发托古改制、探求中国近代变革道路的实践及其失败，强调其变革的实质，而将其经学视为特定历史条件下包裹其激进改制的托古外衣和无法摆脱其历史限制的思想症候；以康有为戊戌变法失败之后，针对激进的共和革命浪潮而展开的重释经典、建立孔教的努力为中心，侧重解释康有为的经学思想及其文化保守主义，或从这一文化保守主义的视角出发，重新解释其公羊学的理论脉络。张翔教授的《大同立教》一书将1899年康有为与梁启超、欧榘甲等倾向革命的弟子之间的辩论作为其一生思想变迁的枢纽，将其回应"三千年未有之大变局"的重心从西方挑战转向共和革命，由此展开康有为的后期思想，尤其是针对共和革命而展开的立孔教为国教的思想和实践。这一进路与上述最后一个思潮存在着重叠关系。

民国初期，出于对政权之外另立教权的担忧，袁世凯拒绝康有为立孔教为国教的建议，但这一姿态并未阻挡后者对于复辟帝制和恢复孔教的努力；1917年，康有为参与张勋复辟，不仅在思想上而且在政治上成为共和政治和新文化运动必须对付的头号思想对手。在反思五四激进主义和全盘西化论的背景之下，历来作为批判对象的保守主义思潮获得了前所未有的重视，重评康有为显然是这一思潮的一个重要环节。但正如其标题所示，张翔的《大同立教》一书试图在这一保守潮流之中透视康有为之立教实践。作者将重心落在大同之上，显然是在提示这一保守的思想实践包含着某些激进的内核。若要准确阐释康有为一生的思想和实践，就需要考虑他的思想变迁与时而蛰伏低潜、时而激越奔腾的时代洪流之间的关系。

正由于此，与同一时期的其他作品非常不同，这部著作包含了作者对其置身其间的学术潮流的批判性回应。第一，作者以"大同立教"作为全书的论述中心，将康有为早期即开始发展的大同思想与立孔教的实践结合起来，特别强调其后期立教思想依旧以大同观念为内核；康有为对共和革命的回应包含了吸纳和整合全球经验、自主选择变革道路的思考，从而不能简单地归结为"保守主义"。第二，作者建构了一条从晚明方以智《东西均》中的天下观和大同思想，利玛窦等欧洲传教士的上帝观及其对儒学的阐释，直至综合西方和传统思想的太平天国之大同学说的历史线索，为康有为大同思想的形成做历史铺垫。这几者之间并无直接连贯的线索，在20世纪50年代到70年代，这一若断若续的脉络通常在启蒙和革命的前缘而非"保守"的脉络中加以阐释。第三，作者将康有为的"大同立教"的具体实践视为一种以宗教形式参与政党政治的运动，其目的是重新整合政治阶层与文化阶层，以回应共和革命导致的政教分离。第四，作者在对《大同书》进行阐释时，特别关注康有为对国界、级界、种界、形界、家界、业界、乱界、类界、苦界等九界的区分，认为这一分类方法预示了日后社会科学对国家、阶级、种族、性别、家庭、产业、政治地理、动物平权、精神信仰诸领域的区分。上述四个方面与后期康有为政治上的保守性形成了复杂张力。全书紧扣这一错综关系，对康有为大同立教思想展开细密考订、系统阐释，其视野之广阔、辨析之深入和分寸感之准确，均给人留下极为深刻的印象。这部康有为研究的力作为我们重审现代中国思想的形成提供了独特的视角。

康有为一生思想随时代和情境而发生变化，但国家（中国）、大同和立教及其相互关系是进入其思想世界的三个关键词，也是其回应"三千年未有之大变局"的独特方式。尽管大同思想贯穿康有为一生思考，但通过变法改制让中国获得新生始终是他一生事业的中心问题。康有为的变法改制经历了君主立宪、虚君共和等不同形式的变化，但万变不离其宗，以君权为中心、以孔子及其儒学为依据、以变法改制相号召、以工业化和军事化为手段，多方面地汲取西方经验，在兵、刑、赋、税、教、养和吏制等各个方面实行变法，用郡县一统的方式维持国家统一，在列国并争的时势中拯救"中国"，是其始终一贯的奋斗方向。为了推动这样一场运动，就必须在理论上颠覆现存体制的合法性。《新学伪经考》《孔子改制考》等著作就是沿着这一思路在儒学内部展开的"革命运动"，它们的出现意味着今文经学正在从王朝合法性理论向变法改制理论转化。变法改制的中心问题是国家体制，从而变法改制论说到底是一种国家理论。

在展开国家变革实践的同时，康有为始终关心着另一个更为遥远的问题，即大同问题或如何克服国家及其边界以创造一个普遍世界的问题。在大同的视野中，康有为将主权国家的实践看作祸乱的根源，用一种大同主义的世界概念否定以民族－国家的政治结构和以海洋军事力量为历史基础的资本主义。1884年前后，康有为以几何学、天文学为基础讨论"公理"和"公法"问题，思考的框架不仅超出了舆地学意义上的"中国"，而且超出了地球本身。这是综合科学世界观和传统宇宙论的产物，一种在欧洲自然法观念影响下重新修订古典思想的结果。除了以几何学著《人类公理》、手定大同之制外，他的《康子内外篇》"内篇言天地人物之理，外篇言政教艺乐之事"，并通过研究天象和历法问题，试图对地球及其文明分布作出新的解释（《康南海自编年谱》）。尽管《大同书》的成书年代争议不绝，但康有为从1884年前后至其晚年持续思考大同问题应该确凿无疑。他的晚年著作《诸天讲》可以视为《大同书》的续编,如果说《大同书》是儒学普遍主义的"外篇"(即地球内部的世界秩序),那么,《诸天讲》则是儒学普遍主义的"内篇"(即宇宙万有的存在原理)。在这个意义上,"大同"思想只是他思考"公理"和"公法"问题的有机部分。

为什么康有为一面积极投身国家建设的实践,一面又把自己的心力倾注在如何克服国家及其后果的问题上?产生这一悖论的动因首先源于康有为对于"三千年未有之大变局"的判断:这是一种前所未有的变局,即便是变法自强也必须推倒旧轨道,在超越国家及其历史脉络的范围内寻求解决路径。1864年,首部完整翻译为中文的"国际法"著作经由传教士之手呈现在国人面前。"万国公法"这一标题明确地告诉人们:第一,"公法"是超越中国礼仪、法规和原则的普遍主义法则;第二,那些长期被视为"万世法"的儒学经典及其内含的礼仪准则是一种过时的、不适用的、不具有普遍价值的地方性知识;第三,"中国"必须遵守这一普遍的公法而不是儒学的"万世法"才能跻身"世界"。因此,清末的儒学普遍主义与其说起源于帝国的扩张,不如说起源于一种无法把握"外部"和"内部"的紧张(它经常表述为"外部"已经渗透到"内部"之中),一种对于"万世法"蜕变为"地方性知识"的忧虑。没有对"中国"的地理、制度、经济和文化等各个方面的限度的理解,没有对非儒之书、知识和信仰的承认,亦即没有对于"外部"的明确认识,也就不存在重建儒学普遍主义的动力。康有为将19世纪的新局面归结为从大一统时代向列国并争时代的过渡,而儒学普遍主义的特点就是克服"列国"时代的问题,在另一层面重建"大一统"的体制。

全球关系变化与源自内部的危机相互激荡,内部危机由此获得了不同以往的性质:太平天国、捻军起义、回民起义等从不同的方向改变了清朝社会的政治、地域和族群关系。太平天国运动的文化后果包含两个方面:第一,它创造或传播着新的、与儒学普遍主义对立的普遍主义知识;第二,它以巨大的动员力量质疑满族统治的合法性,重新提出了区分内/外、夷/夏的必要性,实际上是在拜上帝教的普遍主义框架内以一种准民族主义的取向反对帝国的政治体制。这一运动的失败并没有导致"反满"的民族主义的消退,稍后兴起的清末民族主义运动不但再次诉诸"反满"的声浪,而且将"反满"主义与共和革命——对绵延两千余年的中国政治制度及其价值体系的根本否定——紧密联系在一起，以前所未有的力度震撼着儒学"万世法"的基础。如果无法在儒学内部发现能够包容这一"全球知识"的框架，并按照这一新的儒学普遍主义设计变革的蓝图，儒学就无法避免没落的命运，中国亦无由重生。

　　康有为上承前代的儒学万世法信念，拒绝将儒学，特别是今文经学看作一种仅仅适用于特定地域和特定社会的知识。他以公羊三世说为据叙述全球历史，今文经学的应用范围随之突破了"中国"的范畴。"通三统"由此变成了借鉴西方各种政教知识的经学根据，"张三世"转化为适合整个人类进化法则的普遍公理，"别内外"被置于中国与西方之间，从而原有的内外无别论变成了"大民族主义"或"多元的民族-国家"论述的根据。在一定程度上，"三世说""素王说"替代其他义例上升为清代今文经学的主要命题是与弥合上述矛盾的努力密切相关的。在《大同书》《新学伪经考》《孔子改制考》等著述于不同时期的著作中，我们均可以发现以大同、三世等学说为框架总结历史发展、囊括各种知识的踪迹。康有为清晰地意识到：在这一新变局之下，如果没有一种儒学普遍主义的创发，国家变革的方向是无法确定的。"大同"逻辑对国家的批判建立在一种历史演化的概念之上，即从传统社会向国家转变，再从国家向大同转变，从而对国家的克服又必须以国家为前提。在这个意义上，"大同"逻辑不但提供了强国逻辑的世界观前提，而且包含了个人主义、理性主义和民族主义的知识体系。"大同"是一种紧张和矛盾体的综合：既不是大同逻辑，也不是富强逻辑，而是超越民族-国家的大同逻辑与寻求富强的强国逻辑之间的持久纠缠、矛盾和分离，构成了康有为思想的内在基调。

　　变法改制不是一种以保存旧制为目标的国家变革方案，而是创造新统并在三统论的框架下综合全球经验的再生之道。晚清儒学普遍主义关注的不仅是"中国"问题，而且是"世界之治"的问题；它不可能通过历史的脉络自然地展开，而必须以一种非历史的方式——立教的方式——重建中国与世界、中国与传统的关系，即发明传统以重建自身的历史脉络。这一强烈的非历史态度和方式正是意识到"三千年未有之大变局"所提出的挑战的深度和广度使然。无论是全球关系的变化，还是共和革命的展开，这一大变局意味着沿着历史的旧脉与轨道已经无法回应其挑战，只有非历史的方式才能重建一种关于世界的总体知识，并以此为框架探索新秩序的地基。因此，无论是在宇宙论或本性论的框架下论述大同之理与制，还是阐述孔子以元统天，都包含了一种超越历史脉络以确立新秩序的冲动。

康氏的儒学普遍主义是在一种宇宙论和本性论的背景上建立起来的，从而不同于更早时期的儒学形态。这是一种"科学的"或曰超历史的天人学说。康有为的问题极为明确：如果不能重新确认儒学的普遍价值，又如何把握当代世界的变化、提供变法改制的依据？或者说，如果不能解释当代的变化，又如何维持儒学的普遍主义？在这个层面上，变法改制的逻辑依赖于儒学知识的普遍性，而儒学知识的普遍性取决于能否将儒学从其与中国的内在的或历史的联系中解放出来，变成世界乃至宇宙的儒学。在这个意义上，儒学礼仪的普遍性意味着：第一，礼是一种普遍的世界关系（从而礼与中国之间的绝对联系松动了）；第二，礼必须顺应时代变化，吸纳新的因素（从而对礼的尊崇并不等于恪守旧礼，礼的普遍性与特定的礼制——如周礼——的关系也松动了）。从上述两个方面可以推出一个基本的结论："以王者制礼，轨范万方"之礼是时王之礼，从而是特殊的；而由圣人揭示出的人性自然或"通变以宜民"是素王之礼，从而是普遍的。（《教学通义》）康有为力图寻找一种超越"中国"问题的视野来看待"中国"与世界，其方式是把几何学和地理学知识与佛教世界观结合起来，对世界"众苦"进行平面分类，通过忽略历史的渊源关系，把自然灾难、社会疾苦并列为人类和世界的基本特点，从而拯救中国、拯救人类不只是一种国家事业，也不只是一种世界主义的使命，而是一种普遍宗教的教义。

正是从立教的视角出发，康有为的变法改制论和君权中心论具有了超越国家和皇权自身的意义。从改制论的角度说，"中国"概念本身包含了大同的意义："中国"不是民族-国家，也不是帝国，而是一种文化的象征和载体，中国与西方列强的冲突不仅是一般的国家间的冲突，而且是文化规则的冲突，即王道与霸道的冲突。拯救中国在这个意义上包含了一种文化的承诺，即对装扮为普遍主义的欧洲霸权主义的克服和对儒学普遍主义的承诺，后者不仅是中国的礼仪和法律前提，而且是世界的礼仪和法律前提。在《新学伪经考》和《孔子改制考》中，康有为对皇权神圣性和唯一源泉的倡导包含了一种极为醒目的特征：他所推尊的绝对王权不是历史中的帝王，而是孔子；他所倡导的王位的神圣性，源自孔子制作的礼仪和制度的神圣性。一方面六经出于孔子，另一方面六经以礼乐制度为大纲，从而礼乐制度的神圣性高于任何现实权力的神圣性。

换言之，康有为通过供奉孔子为唯一教主恢复了王权的神圣性，但这一恢复仍然建立在对礼乐、制度的优先性的前提之上。这一叙述不仅表达了一种王权不能分割、君权必须置于中心和中华一统的历史观念和政治寓意，而且需要置于上述极其广阔的"中国"概念中才能得到充分理解。清朝的法统与皇权的形成有着密切的关系。康有为对王朝内外关系及其历史演变有着清晰的认识，一方面，他利用今文经学之"内外例"，重申"夷狄、中国，论德不论地"的原则，加强王朝内部关系的统一性；另一方面，他又重新解说三统，将清王朝纳入中国王朝的连续关系之中，从而微妙地确定中国的认同，并将皇权转化为"中国"统一性的象征。

那么，如何才能在复杂的内外关系中确立皇权的中心地位呢？在康有为的思想脉络中，君权绝对性是以孔子立教和孔子为圣王的形式确立的，从而皇权中心不仅是一种政治关系，而且是一种礼序关系，即皇权的合法性建立在礼仪/制度的前提之上。康有为确认王位的神圣地位，以批驳盛推周公的古文经学为名，完全排除了"摄政"在皇权行使过程中的合法性，就此而言，他的皇权中心论与变法改制的具体路径有着紧密联系。另外，他以孔子改制相标榜，将先王、后王、素王、圣王、制法之王等神圣范畴加诸孔子而非皇帝，将王位的神圣性置于制度的神圣性的前提之上，即一方面确立君权的绝对中心地位，另一方面以孔子及其代表的价值、礼仪和制度限制皇权的运用范围。康有为倡导皇权中心论是与下述考虑密切相关的：中国只可行立宪，不可行革命；中国只可中央集权与基层自治相结合，不可行分省自治。这是内在于儒学的君主立宪论和虚君共和论，前者因应清代晚期的政治现实，后者回应共和革命的激进诉求，反对以革命方式"超跃而直入民主之世界"（康有为：《答南北美洲诸华商论中国只可行立宪不能行革命书》）。

在政治的层面，皇权中心主义是施行孔子所订立之王制的历史条件，也是向大同过渡的一个桥梁。这是皇权及其权力体制自我转化的内在逻辑。康有为参与的变法运动并不是塑造绝对君主的文化运动，恰恰相反，变法的目的是君权与国家的分离，从而达到"中国"与自己的文明（孔教）的合一。孔教一统既为以儒教为中心实行政教分离体制提供了前提，又为超越皇权与国家的大同体制提供了转变的内在逻辑。如果三代礼法是孔子创制的结果，从而复归三代之治的方式不在古文家们所注重的"祖述王制"而在"创制"的行为和过程本身。如果礼序的存在是中国存在的前提，那么，在皇权主导的改革向"国家主义"的方向转变之后，对皇权的否定并不意味着中国的灭亡，反而表示中国向太平世的趋近。

《新学伪经考》通过辨证秦火与东汉伪学，论证了六经的单一源泉和孔学的至尊地位。康有为不仅否定文王、周公的角色，而且贬低诸子的位置，认定诸侯各国同样尊崇孔子之教，从而将列国之势纳入孔子的一统天下。康有为的改制论实际上就是创教论，孔子一统天下的过程也正是诸子创教并争的过程：老、墨、名、法、农、战各家均与孔子分庭抗礼，诸子并存、诸教相杂表明大一统的时代尚未来临，这一九流并立的局面要到汉武帝时代董仲舒请"诸不在'六艺'之科、孔子之术者，绝勿进"始告终结。在康有为的叙述中，学术思想上的九流并置与孔子之一统共主地位的对峙对应着一种政治现实，即诸侯（封建）与一统（郡县）的对峙、周边（夷）与中心（夏）的冲突。孔子创教改制与诸子创教攻儒的关系本身就是历史中"一统"与"封建"的关系。儒教一统是诸家并起创教、经过漫长斗争而归于一的结果。汉代大一统局面确立了儒教一统的地位，从而也暗示了孔子为汉制法的义旨。孔子创教改制的努力与文王制礼作乐、一统天下的政治实践完全一致。在这个意义上，孔子即文王。综合上述各点，我们得到的一个基本结论是：孔子之学是分裂之乱世中体现统一的唯一力量。沿着这一结论，我们得到的另一个结论是：先秦诸侯纷争、诸子互攻的局面与列国并起、文明冲突的殖民时代构成了一种比喻性的关系，一统与封建的关系不仅可以说明诸子并起的局面，也可延用于对外国诸教的描述。因此，"天下咸归依孔子"描述的固然是汉代以后罢黜百家、独尊儒术的时代，也暗喻世界范围内诸教并争、咸归一统的必然趋势。

为什么康有为对孔子改制的论证必须通过诸子创教、诸教互攻、诸教攻儒和儒教一统的考证来表达呢？为什么他甚至将民族－国家冲突的格局比喻为诸教互攻而非直接的政治冲突呢？最为重要的原因在于：第一，康有为把"中国"视为一种文明，而不单纯是一个国家，他把19世纪国家间的冲突同时理解为文明的冲突；第二，康有为把儒教视为对于各家学说的历史综合和平衡，而不是将儒教看作各派之中的一派。在这个意义上，所谓文明冲突也不是几种宗教文明之间的冲突，而是大同力量与分割性的霸权力量之间的冲突，一如孔子创教与诸子创教之关系。上述两点集中在他对儒教及其力量的解释上：儒教体现的是一种综合的历史关系，一种文明的形式，而不是一种取向单一的学说。它是孔子创教的结果，也是历史关系和历史冲突的产物。康有为从不掩盖孔子是无数创教诸子之一人。一方面，只有在这样一种复杂的历史关系之中，孔教与其他各教的尖锐的对立（例如孔子与杨朱）和微妙的差异（例如孔子与墨子）才能显现出来；另一方面，只有各种思想之间的互相攻击才能创造一种综合各家学说的情境，提供各教分化和综合的可能性，从而最终将儒教一统视为历史运动的自然结果，亦即天命所归。

孔子托尧、舜以改制，而尧、舜为中国存在之前的太平世的象征，从而皇权中心主义的改制论包含了一种自我否定的逻辑，即从中国大一统向太平（世界或宇宙）大一统的转变。康有为对三世关系的叙述包含了一种独特的逻辑，即把建立作为国家的"中国"视为禹夏以来一统与封建斗争的开端，同时以孔子托古（尧、舜）政制的方式对这一过程进行自我否定：如果尧、舜为太平盛世，则太平盛世存在于包括中国在内的国家并不存在的时代。因此，一方面，孔子制作《春秋》以王天下，另一方面，《春秋》三世的逻辑本身又预示了"新王"无非一个过渡、一个程序。如果孔子之学是普遍主义的儒学，那么，它所倡导的制度必然不能视为任何一个中国朝代的制度。随着孔子的至尊无二地位的最终确立，治教关系必将再次由分到合。对于康有为而言，这是皇权与孔教、国家与大同之间的辩证法，也是在列国竞争之世以君主立宪为中心实行变法的理论基础。君主或皇权是一个过渡，一个方式，孔教及其制度才是最为根本的普遍法则。

康有为把儒学普遍主义视野与各种西方科学、政教知识结合在一起，构想了一个乌托邦的大同远景。这一带有浓郁社会主义/共产主义色彩的大同预言与他反复讨论的普遍主义的孔教世界相互呼应，提出了超越国家、种族、阶级、性别和其他等级关系的构想。如果把康有为的大同构想与他在经学形式中表达的国家理论加以对比，大同与"大一统"的国家模式之间也存在着共同之处，两者都是对民族-国家模式的否定。《大同书》的首要政治含义是对国家的超越：康有为在重构皇权中心主义的同时，显然看到了近代国家本身的不可避免的专制性质和国家理论的深刻的专制主义特点。这是一个超越近代中国正在努力追求的资本主义现代性的诉求，一个反现代的现代性纲领，一种将"中国"组织到资本主义世俗化进程之中的宗教化的反抗。这一构想遵循了直线进化的时间逻辑和乐观主义的前瞻态势，遵循了19世纪有关民族-国家、疆域、主权、种族和劳动分工的基本预设，同时以此为前提，构筑了一个反论式的大同世界。无论这个世界是否总是以一种儒学普遍主义的形式出现，它的大胆的、遥远的设想的确植根于近代历史的变迁脉络和内在矛盾之中，以致这一构想本身成为中国现代性问题的一个症候，一个不断被回顾、不断被总结、不断被重新激发和重新批判的思想源泉。在这个意义上，不是这一构想是否现实，而是激发这一构想的现代矛盾本身，构成了现代中国思想的回顾和前瞻姿态的根源。

康有为的大同概念是对人类状况的描述，但这一概念是从"中国"这一概念的普遍性中衍生和发展而来的。"中国"概念预设了"天下"概念，普遍主义儒教超越某个地域、某个民族和某个特定王朝的法律和政治体系，它以"天下"概念或"大同"概念重构特定时代的政体、法律和习俗，从而大同世界是中国的自我否定。在戊戌时代，康有为以孔子创教说截断二千余年之伪经伪学，其非历史或超历史的姿态恰好呼应了"三千年未有之大变局"的时代挑战，他的强有力的国家主义倾向因此洋溢着一种在政治上超越国家的激情和在文化上超越任何特殊论的普遍主义倾向。我们也可以说变法改制论包含着一种宗教革命的氛围。然而，伴随着共和建立之后的新形势，康有为立孔教为国教的努力失去了早期作品中孔子创教的能量。那些接过他的大同理想的革命者脱去了儒学或儒教外套，以一种至大无外的姿态囊括万有，并在大众政治的脉络下展开另一种非宗教的宗教革命、超历史的历史运动，而康有为却从一个超历史的人物变成了历史人物，依旧将期望寄托于早已失去创造力的皇权和无处依傍的孔教。复辟实践掩盖了大同立教的光芒，有待一个世纪之后的人们重新探索与发现。历史总是推动着非历史时刻的到来，而非历史时刻也是历史重新展开的契机。如果的确存在着康有为所梦想的儒学普遍主义，那么，它势必会以无名无姓的普遍主义形式在某个历史/非历史时刻诞生。

感谢张翔教授的《大同立教》让我有机会重访20多年前曾沉溺其中的世界，在新一轮前所未有之变局中思考这位衔接新旧时代的思想人物的超历史预言和历史性危机。

2022年12月30日星期五　清华园

# 目 录

前 言 ……………………………………………………………… 1

**第一章 中国思想文化"三千年未有之大变局"之际的"大同立教"**
……………………………………………………………………… 1
一 "三千年未有之大变局"与"大同立教"的问题脉络 ……… 2
二 传统夷夏之辨的转型：东西方文化论战与大同论述的兴起
……………………………………………………………… 9
三 清末民初政/教专业阶层的分流趋势与文化领导权问题 …… 29

**第二章 从立公理之学到以大同立教：康有为奉孔子为"大地教主"的过程与方法** …………………………………………… 57
一 秩序巨变、泰西之法与公理之学 …………………………… 58
二 反思的进展：从中国敷教于民到全球大同之义 …………… 62
三 奉孔子为"大地教主"的理由与动力 ……………………… 68
四 康有为的方法：以建立全球公理之学为基础展开反思
和建构 ……………………………………………………… 75

**第三章 "大同立教"的近代脉络与清代今文经学** …………… 79
一 "秦火断裂论"的展开：欧洲传教士的适应策略与儒学史
叙述的分断 ………………………………………………… 82
二 争夺先圣之意的解释权：清代士大夫问题意识的
"反客为主" ………………………………………………… 85
三 "太平"解释权的争夺：以太平释天国与常州今文学派的
太平论 ……………………………………………………… 90
四 反思"二千年来之学"与"大同立教"：今文经学的
"秦火断裂论" ……………………………………………… 94

### 第四章　康有为经学思想的调整和发展 ·········· 98
一　革命辩论与康有为的第二次释经高峰 ·········· 99
二　以"大地教主"为"圣之时者" ·········· 102
三　"三世说"阐释的结构性变化 ·········· 106
四　比较《春秋董氏学》与《春秋笔削大义微言考》 ·········· 112
五　为什么释"四书"，而不是释"六经"？ ·········· 147

### 第五章　大同"公理"论与知识范式的转变 ·········· 163
一　引言：托孔立教与康子自道 ·········· 163
二　"不忍人之心"与"去苦求乐"：《大同书》的问题意识 ·········· 164
三　从血缘关系到"天民"：大同的"公理"问题 ·········· 189
四　破除九界：新的知识范式的萌生 ·········· 194
五　社会科学的问题架构与中西比较视野：大同论的展开 ·········· 199
六　重新理解康有为生前为何不刊行《大同书》全书 ·········· 202

### 第六章　大同立教的双重困局与不同应对 ·········· 211
一　大同立教的"谋于下"与"谋于上" ·········· 212
二　大同立教的双重挑战与戊戌士林的普遍异议 ·········· 216
三　戊戌维新失败的反思：君臣之防的凸显与政教矛盾的忽略 ·········· 225

### 第七章　共和与国教 ·········· 232
一　引言："大同立教"、国教问题与共和的道德基础 ·········· 232
二　跨政党宗教的建构：建党与立孔教的分岔与重叠 ·········· 236
三　国教的政治领导权：两种"政教分离"与"不立国教——特立国教"之辩 ·········· 244
四　俗本政末论与教俗"不可变"论：康有为对共和道德基础的论证及袁世凯集团的援用 ·········· 255
五　在国民运动中寻找共和理念：新旧道德论战与东西方文化论战的交织 ·········· 266

**结语 道术已为天下裂：从大同立教的命运看现代政治转型** ……… 276

**附录 "天"变、公理与时势：大同论的宇宙观基础** ……… 281
    一 无限宇宙的展现：从"人人皆为天之子"到"人人皆为天上人" ……… 281
    二 消失的上帝与永恒的孔子 ……… 289
    三 公理之学与大同之教的天学基础 ……… 294
    四 时势成为"天理—公理"之变之后的核心问题 ……… 299

**索　引** ……… 305

**参考文献** ……… 311

**后　记** ……… 329

# 前　言

　　康有为是一位论述中充满矛盾和张力，具有相当复杂性的重要思想家。他在近代中国思想史中承先启后，位置关键。康有为的著述在一百年之后仍然有其力量，不同立场和偏好的研究者都不难从中找到能够为己所用的思想资源。

　　本书力图把握康有为充满张力的著述，从其政教观念入手，勾勒出康有为思想发展及其内在结构的整体面貌。在此基础上，将"大同立教""政教分离"这类关键问题放在晚清民初政治大变的脉络之中，乃至放在晚明以来思想变迁的脉络之中，发掘各种被遮蔽的历史关联，分析康有为或相关思想家当时看法的理论含义。希望通过这种方式，将康有为的思想世界从观察对象的位置上解放出来，使之成为一种思想视野，用以观察和反思我们置身其间的现代世界和知识状况。从对康有为思想中的关键问题的理解出发，笔者试图在思想史中发掘与此相关的、长期被掩藏的思想线索，使其展现为有丰富含义和潜能的理论议题。无论对康有为政教思想的理解，还是研究方法等方面，本书都从博士导师汪晖教授的名著《现代中国思想的兴起》中获益良多，有关"大同立教"的思考，可以说是在其中关于康有为儒学普遍主义思想的研究基础上的讨论。

　　本书提出"大同立教"概念，用以描述康有为建立孔教的努力，认为对孔子太平大同之义的阐释是康有为立孔教的关键。这里尝试对康有为的政教思想发展提出系统性理解，起点是对康有为思想的前后调整做了新的分析，认为1899年康有为与梁启超、欧榘甲等倾向革命的弟子之间的辩论，是康有为一生思想发展调整最为关键的节点。在这一重要节点的前后，康有为各有一次集中诠释儒学经典。在此之前，是戊戌变法之前的《新学伪经考》《春秋董氏学》《孔子改制考》等著述，这一阶段的要点是，康有为认为刘歆篡伪之后儒学发展的问题在于遗忘了孔子的太平大同之义；在此之后，是1901～1903年的《中庸注》《春秋笔削大义微言考》《礼运注》《孟子微》《论语注》等系列著述，在继续阐述大同之义的同时，重新阐释"三世说"，为当时中国应实行君主立宪制的主张提供经学理论的支撑，以此回应梁启超、欧榘甲等弟子。以往的康有为研究大多将1897年前后的释经著作与1899～1903年的释经著作混杂而论，忽视这两次大规模释经的区别。此前研究者多以1905年前后与革命派的论争、辛亥革命爆发或"天游"时期作为区分前后期的时间节点。本书以1899年康有为与倾向共和革命的部分弟子的辩论为节点，划分康有为思想的前后期，认为康有为坚持君主立宪制、批评共和革命的现实政治思路在1901～1903年第二次集中诠释"四书"等儒学经典的时期基本定型。

在把握康有为思想调整节点的基础之上，本书分析了此一节点前后康有为的思想发展状况。

笔者梳理了戊戌变法失败、流亡海外之前康有为"以大同立教"思想的形成进程，认为康有为经历了从建构"全球公理之学"到"以大同立教"的发展变化。康有为首先致力于综合全球诸教诸学，建构全球性的公理之学，并为公理之学确立"宜于人道"的衡量标准，进而指出，孔子之道最宜于人道，孔子的太平大同之学即人类公理所在，孔子堪为"大地教主"，康有为由此主张立孔教，并认为作为"人道教"的孔教在全球诸教的竞争中占有优势。从建构"全球公理之学"到"以大同立教"的变化过程中的关键环节，是他对中国"二千年来之学"的反思。其反思在两个方向都经历了变化的过程。其一，19世纪80年代后期，康有为对"二千年来之学"的弊病究竟应该追溯到什么时期，并不是很确定，有时说"自汉以后"，有时也说从"暴秦"开始。1889～1890年与廖平初晤之后，在1891年秋刊刻的《新学伪经考》中，康有为不再将问题的源头追溯至"暴秦"或"自汉以后"，而是清晰地确定于刘歆篡乱孔子的六经。其二，他并不是一开始就认为"二千年来之学"的主要问题在于遗忘了孔子的太平大同之义，这是中日甲午战争前后的事情；在此之前，康有为强调的是对"上下之通"与"敷教于民"的忽视乃至遗忘。

本书提出"大同立教"概念，将康有为立孔教与其大同论述联系在一起，认为"大同立教"包括以大同立教与托孔立教两个维度，包括孔子之道、孔教与大同论述三大要素。康有为之所以要以大同立教，是要在经历"数千年未有之大变局"之后，显示孔子之道和儒学在民主共和思潮激荡的全球化时代仍然堪为世范。此前的孔教研究大多忽视阐释大同之义对于康有为立孔教的关键意义。

康有为的大同论述可分为两个类型：一是托孔并以大同立教，二是康子自道。区分这两类论述，可以对康有为为何生前不印行《大同书》全书这一问题提出新的解释。《大同书》以康子自道的方式论大同，容易让人理解为康有为试图另创新教，自己做教主，这样会一定程度抵消康有为尊奉孔教、推动立孔教为国教的努力，这是康有为在生前不愿刊布《大同书》全书的主要原因。以往一些研究认为原因在于《大同书》与他在辛亥革命前后的君主立宪主张相冲突，刊行《大同书》将暴露康有为的自相矛盾，是对康有为的误解。恰恰相反，康有为一直强调，要宣扬孔教一定要讲大同，否则无法在民主共和时代证明孔子之道仍然可以引领时代。

在夫子自道式的《大同书》中，康有为将"九界"的存在视为世界诸苦的根源，以九界的"去界"作为结构框架。《大同书》开启了将社会研究与科学研究相结合的社会科学分析范式，超越中西文化二元论，康有为的这一前瞻性贡献长期为人所忽视。

本书进一步梳理了利玛窦以"西儒"身份在华传教、重释先秦儒学经典与康有为以大同立教之间可能存在的思想联系，并由此延展，勾勒出从利玛窦到清代今文经学兴起再到康有为的发展线索。后续研究将继续讨论康有为"大同立教"的近代脉络。

戊戌变法期间，康有为的"大同立教"主张，在冲击君主制、确立教权中心这两方面都遭遇了反对。立孔教为国教作为一种重要的政治建制，会在皇权或者中央政府之外形成一个新的政治中心，挑动了国家权力中心分合这一重大议题。这使得康有为这一努力无论在戊戌变法期间还是在辛亥革命之后都遭遇了强大的反对和异议。近年来立孔教的呼吁重新兴起，但众多围绕孔教的研究较少注意到，康有为推动定孔教为国教的政治努力何以一直遭遇强大的阻力。流亡海外之后，在立孔教以及主张定孔教为国教方面，康有为的基本思路并未发生大的变化，但调整了其经学思想。

笔者对康有为遭遇倾向共和革命的弟子们挑战之后的思想调整做了分析。康有为前后两次集中释经的区别主要在于，从强调"大同一统"，变为同时强调"三世"渐进与"大同一统"。通过将"三世说"的重释提升为中心问题，康有为在前期释经所塑造的"大地教主"的孔子形象中，注入了无药不备的"圣之时者""大药王"的内容。这改变了流亡海外之前他将孔子改制立教的根据主要锚定于太平大同教义的思路，孔子教义最有价值的部分变成了涵盖据乱、升平、太平三世的整个孔子学说和教义，孔子之道的解释重点也从大同转变为"主于时，归于权"。这一结构性变化强调三世之间"并行不悖，各因时宜，虽相反而相成"，认为"不可躐等而进"，在处于据乱升平之时，不能骤然采用大同太平世的治法。康有为试图以"不可躐等而进"的"三世说"框架安顿现实政治中的大同追求，针对性地消解民主革命的冲动和意识。在辛亥革命之前的流亡海外期间，他要跟弟子们说的是，保皇改良与共和革命虽有矛盾，但只是"各述所闻，正以互引而备，不必以其互异而攻"，共同的敌人是顽固不化的后党。

辛亥革命爆发、千年帝制崩溃之后，康有为"大同立教"的中心问题转变为如何在共和制条件下立孔教为国教。康有为以孔教会为基本平台介入政党竞争的谋划，是一种宗教的政党化现象，可称为跨越政党边界的宗教。此一时期重释"三世说"的相关论述的重点是，大同论述早就讲过共和的价值，但"不可躐等而进"，这一价值目标付诸实践，是导致民初乱局的关键原因，需要先搁置起来，放弃共和制，转而实行君主立宪制。袁世凯篡夺辛亥革命果实，尊孔但反对立国教，其阵营的尊孔论述对康有为大同立教论述的其他要点都有援引或呼应，包括以孔子太平大同之义作为共和时代尊孔的理由、俗本政末论和教俗不可变论。在袁世凯筹划复辟期间开始兴起的新文化运动，将康有为与其主张的孔教作为反复辟运动的首要论敌，原因在于运动的主将们认为，康有为提供了袁世凯尊孔复辟的思想资源，他主编的"《不忍》杂志，不啻为筹安会导其先河"。新文化运动时期第一次系统地批判和否定康有为的大同立教论，视之为帝制和专制的思想文化基础。康有为随后参与张勋复辟，确凿地证实了新文化运动此前对孔教及康有为的批判并非无的放矢。这一判断对后世的影响很深，以往有关康有为孔教观的研究，无论持否定还是同情的态度，对康有为与复辟意识形态之间的关联的理解，大抵与这一判断类同。这一难以推翻的判断，使得后世研究者很少更进一步地关注复辟意识形态的复杂之处，即忽视复辟意识形态同时强调"大同"，以及这种复杂构成与康有为孔教思想复杂构成的关联。

康有为对政与教的双轨疏离状况的分析，解释了国家文教状况的巨变。从历史看，中国与欧洲的政教关系很不一样，但政教双轨疏离之后"教"的大一统不复存在，则是相近的。从20世纪的情况看，一个国家实现政治统一，并不意味着其文教能够随之实现统一。事实上，欧洲在近代经历了科技、宗教及思想文化的全盘变革，以及向全球拓殖之后，世界各国先后面临了文教分裂与多元冲突的状况。在这个前所未有的"道术已为天下裂"的时代，重建文教大一统对于每个国家都是极为困难的挑战。

本书的第一章事实上是最后完成的部分，在中国思想文化的"三千年未有之大变局"进程中，对康有为"大同立教"的问题脉络做了简要的梳理。在"列强环伺"的层面，讨论了从传统帝制时代的夷夏之辨向东西方文化论战的思想转型，其中包括大同论述的兴起。在从帝制向共和制的革命变局的层面，讨论了政治阶层与知识阶层分流趋势的形成，以及这一趋势之下从教权到文化领导权的演变，在此基础上尝试提出，可以将政治阶层与知识阶层的"分流中的再合流"发展成分析文化领导权构成的基本框架。

总而言之，本书从康有为的政教思想及实践中获得启发，尝试在中国政治社会的"三千年未有之大变局"中提出有关思想文化"大变局"的几个重点问题，勾勒一些线索，并在这一历史视野中重新理解康有为的思想及其历史价值。

# 第一章　中国思想文化"三千年未有之大变局"之际的"大同立教"

"三千年未有之大变局",是康有为一代晚清民初知识分子对自己身处时代状况的基本判断。全球格局的体系性变化,中国社会天翻地覆的变革,变革方案的纷纭歧出,政治力量的纵横交错,知识分子阶层的深刻转型,是同时展开的历史进程。传统士大夫经历着前所未有的社会转型,是"三千年未有之大变局"的一个重要部分。晚清民初知识分子在大变局中探寻中国道路,开拓传统士大夫阶层的新道路。更为重要的是,中国人民挽狂澜于既倒,在第一次鸦片战争之后一百年左右的时间里,就改天换地,重新走向民族复兴的征程。本书致力于梳理和讨论康有为以大同立孔教的思路以及推动定孔教为国教的政治行动,分析康有为的这些思想和政治实践所呈现的"大变局"。康有为以"三千年未有之大变局"为基础展开其政治思考,我们则可以从康有为的思想和实践一孔窥豹,思考中国思想及其承载者和创造者的历史性大变局。

《大同立教》是笔者的康有为思想研究的第一册专著,[①] 也是同时写作的近代大同观念系列研究中的一册。这一系列研究的其他两册分别是:"大同思想的近代转型"向前追溯,致力于提供明末以降大同思想转型与持续发展进程的新图景;"从文明论到社会科学"着眼于研究二十世纪前期超越康有为的思想运动,梳理五四新文化运动前后"文明论"模式不复处于统治位置、"无产阶级社会科学"逐渐兴起的知识转型,讨论这一转型与共和制度困境及其突破之间的关系。后两项研究是在研究康有为政教思想过程中的拓展,关注的共同问题是,近代中国的思想发展在中国的国家独立与民族解放斗争中的位置,共和制度在中国奠基发展,以及中国人民迅速扭转国势重新振兴的思想文化基础。

---

[①] 《新世本原》是笔者康有为思想研究的另一册,讨论康有为"本原于新世之所由,反覆于大变之将至",在君主—共和、封建—郡县等方面的政治思考。

康有为是近代中国较早自觉意识到教权从政治统治权之下分离并致力于以群体力量获取教权的知识分子。在太平天国运动失败但冲击力犹存的时代成长起来的康有为，意识到教权在中国文明危机和清代皇权崩解危机中需要重建，重建者可能成为教权的新主人，教权的争夺者可以凭借自己的影响力推动政治运动，建构政治势力，影响乃至主导新的国家建构进程。康有为在戊戌变法之前即开始倡扬孔教，以系统性的儒学经典阐释为基础提供在"三千年未有之大变局"之际建立孔教的基础，在中华民国建立之后推动定孔教为国教。这一以思想运动和宗教运动获取国家教权的努力，是近代中国知识分子社会角色发生历史性转变的重要案例。康有为的思想创造力、动力和活力，与他所推动的思想和宗教运动之间存在相当密切的关联：在他对自己推动的思想和宗教运动保有乐观期待之时，其思想创造力和动力是充沛的；当他发现自己推动的社会政治运动空间狭小之后，其思想创造力和活力陷入衰竭。这两者的强相关关系，显示康有为思想发展的主要出发点和落脚点都在于他所致力的政治文化运动。康有为"大同立教"的思想及其实践，可以为我们深入理解中国思想文化和知识分子的近代转型提供重要的启发。

## 一 "三千年未有之大变局"与"大同立教"的问题脉络

### （一）"三千年未有之大变局"的历史视野与康有为研究

"三千年未有之大变局"是晚清以降中国知识分子面对的一个基本问题，但人们对于此一问题的理解有不同侧重，有的强调西方列强到来的变局，有的更强调从君主制到共和制的革命性变化。这些差异与中国近代历史叙述的不同模式有着密切的关系。

常见的叙述模式是"列强环伺"的"数千年未有之变局"激起变革思潮的逐渐递进（洋务运动为维新改良派所取代，然后维新改良派又为革命派所取代，再之后革命派缔造民国），而这些依次递进的运动都是对"列强环伺"和泰西制度思想冲击的回应方式。这一叙述模式包含了一个基本判断，即西方冲击提供了中国近代变迁的"第一推动力"，是最为重要的动力。与此看起来针锋相对的论述同样常见，即强调如果"没有西方影响"，中国仍然可以继续保持国力的强大，或者发展出现代资本主义，认为近代化扭曲了中国传统文明发展方向。这些论述虽然看上去与上述"冲击—回应"模式相反对，但事实上同样将西方的冲击和影响视为中国变迁的"第一推动力"。在这些叙述模式影响之下的康有为研究，呈现两极化发展的态势：或者重视康有为的维新变革主张及大同思想与西方影响之间的关系，视之为开启新风气的代表人物；或者重视康有为的保皇主张和定孔教为国教主张，视之为中国传统价值的捍卫者，或者基于更为保守的立场，批判康有为的大同思想违背了重视家庭伦理等方面的中国传统文化的基本价值。

另一种叙述模式更为强调共和革命这一"三千年未有之大变局"的重要性。这一类叙述并不否认"列强环伺"变局的重要性，但认为共和革命的变化更为关键，更为重要。强调从君主制到共和制的革命性转变的重要性，也是对中国社会内部变迁动力的强调，对中国社会变革的自主性的强调。在这一视野之下，西方的冲击是中国社会寻找新道路过程中应对、整合、吸纳的重要因素之一，中国社会在探索道路的过程中消化了来自全球包括西方的文明，而不是变成西方文明的消化对象或附庸。在中国近现代历史的叙述实践中，这种尝试并不少见，但总体上来说，还有进一步发展的较大空间。这类叙述尝试目前尚缺乏系统性，一个重要表现是，在马克思主义中国化等议题上，已经有较为系统的讨论，但对于近代以来乃至于明末以来的探索，较少放在这种视野之下重新叙述。近现代历史叙述的这一格局的形成，有其历史原因，即中国从落后挨打到重新走向复兴的巨大历史波折发生在百年之间（从1840年到1949年），过于迅速，历史叙述者要从落后挨打的压迫感和紧张感中走出来，并不容易。[①] 在新中国成立之前，近代中国的诸多探索如太平天国运动、维新变法运动都失败了，但这些探索并不只有失败，它们在不断推进重

---

[①] 毛泽东在《论人民民主专政——纪念中国共产党二十八周年》对这种状况已有论及，他一方面指出，"洪秀全、康有为、严复和孙中山，代表了在中国共产党出世以前向西方寻找真理的一派人物"。"一切别的东西都试过了，都失败了。"另一方面又指出，"曾经留恋过别的东西的人们，有些人倒下去了，有些人觉悟过来了，有些人正在换脑筋。事变是发展得这样快，以至使很多人感到突然，感到要重新学习"（《毛泽东选集》第四卷，人民出版社，1991，第1469~1472页）。

新发现自身传统、吸纳整合全球经验、探索中国道路的进程。此一过程，也是新的"中国思想"不断形成的过程。从后见之明的角度说，近代中国社会保持了通过政治运动重建国家的想象力和行动力，在运动发起和展开的过程中有很强的知识消化能力，这是中国在百年之间即能在"列强环伺"的格局之下建立新的人民共和国、重新走向复兴的一大关键所在。近代中国这一持续的进程和发展态势，既不能以所谓"闭关锁国"的断语一笔抹消，也不能因为探索的挫折而忽视经验、胆量、胸怀、识见的不断积累。[①] 以共和革命的变局作为中国近现代历史叙述的主要关节点，可以强调如下两个方面：一是中国变革的自主性，二是中国自主变革对全球经验和自身传统的整合与吸纳。在人民共和国建立的时刻，这两个方向的基本经验分别是，"在国内，唤起民众"，"在国外，联合世界上以平等待我的民族和各国人民，共同奋斗"。[②]

康有为是最早指出共和革命变局是更为重要的"三千年未有之大变局"的近代中国思想家。他是从批判共和革命主张的角度做出这一判断的，最早的批判对象是欧榘甲、梁启超等在流亡之后不久便倾向共和革命的弟子。他的这一洞见，并不只是反对者对于论敌的透彻了解，而是如他所言，他阐释孔子的大同之义，在近代中国较早倡言平等民主，清楚共和革命对于两千余年的帝制中国意味着什么。康有为对"列强环伺"的变局亦多有论述，但认为共和革命的变局更为根本，这一判断提示，他的问题意识的重心并不在于"列强环伺"，而是中国在新的变局中究竟做何种变革，以及人类将有怎样的世界。他将"列强环伺"视为中国变革的基本情境和条件之一，其中国变革方案与世界大同方案都大量吸纳西方经验，但并不认为中国的未来道路就是复制西方列强。康有为的思想探索和政治实践在两个方面都可以提供重要启发：中国变革的自主性，以及中国自主变革对全球经验和自身传统的整合与吸纳。康有为从批判的角度更强调共和革命变局的重要性，是历史参与者对于此一时期历史叙述方式的重要建议。他的思想和实践，需要放在以共和革命

---

① 马克思主义的中国化，在中国革命实践的过程中消化了马克思列宁主义，并与教条主义做了富有成效的斗争，是近代中国社会的知识消化能力和文明重铸能力的继续发展和突破，是这一进程的高峰。

② 《毛泽东选集》第四卷，人民出版社，1991，第1472页。

变局为主要关节的历史和政治视野中分析。康有为较早地提出了以共和革命变局为主要关节的历史叙述模式，他的思想和实践则提供了重要的案例。本书尝试从这个角度切入，对康有为的思想做出系统性的勾勒，并以此作为重新叙述中国近现代历史的一种探索，在以共和革命变局为关节的视野中重新分析康有为的历史位置。

### （二）康有为论两种"三千年未有之大变局"①

"数千年未有之巨变""三千年未有之大变局"等说法最常为后人所引述的出处之一是李鸿章的"筹议海防折"（同治十三年十一月初二日，1874年12月10日）：

> 历代备边多在西北，其强弱之势、客主之形皆适相埒，且犹有中外界限。今则东南海疆万余里，各国通商传教，来往自如，聚集京师及各省腹地，阳托和好之名，阴怀吞噬之计，一国生事，诸国构煽，实为数千年来未有之变局。轮船电报之速，瞬息千里；军器机事之精，工力百倍；炮弹所到，无坚不摧，水陆关隘，不足限制，又为数千年来未有之强敌。②

李鸿章指出了这一变局的一个重要表现，即清王朝的政治军事重心从西北向东南转移，从内陆向海洋转移。这种转移和变化有其条件和动力，它所对应的是与部分欧洲国家的海洋（殖民）探索兴起相关的世界性的格局变化。在当时的朝野，对于是否应该"捐西守东"，究竟以东部海洋方向为重心，还是以西部内部方向为重心，发生了重要的辩论。这些辩论显示，"数千年来未有之变局"是在东南和西北、海洋和内陆多个方向同时展开的。虽然来自欧洲国家的海洋探索的冲击最为强烈，但变化是全局性的，它的背后是整个世界格局的深刻变化。

康有为清晰地指出了整个世界格局的变化，中西相遇只是其中一部

---

① 本小节及下节部分内容曾以"重思'数千年未有之巨'变"为题，刊于《读书》2011年第10期。

② 李鸿章：《筹议海防折》，《李鸿章全集》第二册，时代文艺出版社，1998，第1062页。所引句读有修改。

分。他在《上清帝第四书》中叙述了世界格局巨变兴起的脉络，并叙述了"列强环伺"步步演进的进程：

  泰西当宋、元之时，大为教王所愚，屡为回国所破，贫弱甚矣。英人倍根当明永乐时创为新义，以为聪明凿而愈出，事物踵而增华，主启新不主仍旧，主宜今不主泥古，请于国家立科鼓励。其士人著有新书，发从古未创之说者，赏以清秩高第。其工人制有新器，发从古未有之巧者，予以厚币功牌，皆许其专利宽其岁年。其有寻得新地，为人迹所未辟，身任大工，为生民所利赖者，予以世爵。于是国人踊跃，各竭心思，争求新法，以取富贵。各国从之，数十年间，科仑布寻得美洲万里之地，辟金山以致富，每年得银巨万，而银钱流入中国矣。墨领遍绕大地，知地如球，而荷兰、葡萄牙大收南洋，举台湾而占濠镜矣。哥白尼发现地之绕日，于是利玛窦、熊三拔、艾儒略、南怀仁、汤若望挟技来游，其入贡有浑天地球之仪，量天缩地之尺，而改中国历宪矣。至近百年来新法益盛。道光初年，始创轮舟，而十二年英人犯我广州，且遍收四洲为属地，辟土四万里矣。道光末年，始有电线、铁路。……近者英之得印度、缅甸，俄之得西伯利至珲春，法之得越，皆筑铁路以逼我三陲矣。①

康有为从整个世界变动的视角进入，分析了中国数千年未有之变局。整个世界格局变化的关键是西方海洋殖民帝国的兴起，即"地球之辟、泰西之来"。

  西方的巨变发生在明代中期，欧洲的封建以及由此造成的国家之间的竞争和战争提供了欧洲资本主义和海外拓殖的动力，英国等国以国家力量推动科技、思想、资本与市场的发展，推动海外垦殖，从而改变了整个世界。中国变局是泰西巨变所带来的整个世界变局中的一部分，中国之变同样起自明季。从事海洋探索的葡萄牙人1514年（明武宗正德九年）首次到达中国南部海滨。在《荷兰游记》（1904年）中，康有为更

---

① 《上清帝第四书》，《康有为全集》第二集，姜义华、张荣华编校，中国人民大学出版社，2007，第81~82页。（后面出现《康有为全集》的引文都不再注明出版信息，只标注页码）

为详细地追溯了荷兰这一明代变局的推动者,指出变局是从明朝中叶开始的:"荷兰滨海而都,以船为生,故从班、葡之后,辟新地而取南洋最早。《明史》永乐时,南洋朝贡诸国最盛,当明中叶而忽焉没已者,皆荷兰之为之也。今星架坡、澳门一带及台湾,皆荷人开辟地。"① 南洋朝贡诸国"当明中叶而忽焉没已",即是中国朝贡体系危机的开始显现。康有为等中国近代思想家所观察到的"数千年未有之巨变",从 16~17 世纪即明末清初开始,贯穿整个清代。1840 年鸦片战争是真正让中国人清晰意识到"数千年未有之巨变"的第一个重大事件。② 列强威胁中国,不是来自某一个方向,而是"合伺"和"环伺"。这是"变局"自东、西、北、南各个方向同时发生的局面,而且是朝贡体系的瓦解危机由外及内、自周边到腹心逐渐蔓延的局面。③

相对于李鸿章等人的分析,康有为的突破在于,分析和叙述了另一种"数千年未有之巨变",即共和革命的爆发、清王朝的覆灭和亚洲第一个共和国的建立。在他看来,相对于列强环伺的巨变,共和革命的巨变更应该被称为"数千年未有之巨变"。康有为在《共和建设讨论会杂志发刊词》(1912 年 4 月)分析了共和革命乃是对整个数千年来中国体制的革命:"且今兹之革命,非止革一朝之命也,实革中国数千年专制之命也。"④《中国以何方救危论》(1913 年 3 月)更为全面地指出:"……今兹之革命,非止革满洲一朝之命也,谓夫教化革命、礼俗革命、纲纪革命、道揆革命、法守革命,尽中国五千年之旧教、旧俗、旧学、旧制而尽革之;如风雨迅烈而室屋尽焚,如海浪大作而船舰忽沉。"⑤ 他指出,共和革命的特点在于,它是同时在文化和政治层面上"革"中国数千年帝制及其依托的教、学、俗等文化基础之"命";它已经超越了革命兴起之初的"排满"目标,不再仅仅是"革满洲一朝之命",而且是

---

① 《荷兰游记》,《康有为全集》第七集,第 498 页。
② 根据现有史料,1840~1860 年,扬州秀才黄钧宰在 1844 年指出西方人到来是一大"变局",是罕见的一个例子。但在 1861~1900 年,至少有 43 个人评论了这种变化的意义。参见〔美〕费正清、刘广京编《剑桥中国晚清史》(下卷),中国社会科学出版社,1993,第 186 页。
③ 参见汪晖《现代中国思想的兴起》,生活·读书·新知三联书店,2004,第 745 页。
④ 《共和建设讨论会杂志发刊词》,《康有为全集》第九集,第 289 页。
⑤ 《中国以何方救危论》,《康有为全集》第十集,第 35 页。

要摧毁整个帝制及其文化基础。1912年7月30日，他在给鼓吹定孔教为国教最力的弟子陈焕章的信中，这样论述儒教及其体制的衰落："近者大变，礼俗沦亡，教化扫地。非惟一时之革命，实中国五千年政教之尽革，进无所依，退无所据。顷并议废孔教，尤为可骇，若坠重渊，渺无所属。呜呼痛哉！自吾中国以来，未危变若今之甚者也。"①

依此分析，共和革命所意味的巨变，与前面讨论的"列强环伺"所意味的一系列巨变很不一样。其一，这一巨变所引发的后果要远甚于"列强环伺"所意味的巨变。所谓"自吾中国以来，未危变若今之甚者也"，即使同样被认为是数千年未有之巨变的"列强环伺"也不能与之相提并论。"列强环伺"的巨变并不必然导致中国五千年专制和政教被"尽革"，它也不必然引发足以造成"尽革"效果的共和革命。其二，这一巨变所包含的断裂比"列强环伺"所意味的巨变要远为深刻。康有为以"进无所依，退无所据"、"若坠重渊，渺无所属"描述五千年政教尽革的后果，形象地指出了共和革命所造成的断裂的剧烈程度。康有为认为中国在新的世界格局中复兴的动力存在于原有的政教中，从革命的批判者一面揭示，对于数千年来的中国而言，共和革命是从未遭遇的翻天覆地的变化。其三，共和革命的巨变是起自中国内部的变化，是中国社会吸纳消化历史巨变之后做出的自主抉择，而"列强环伺"的巨变从根本上说是外在的巨变，它是共和革命的一个重要背景和原因，但并不是唯一的原因，也未必是最重要的原因。另外，"列强环伺"在中国激起的也不只是共和革命的浪潮。中国内部变化的脉络多元而复杂，例如，从共和革命兴起之日，以康有为为代表的保皇改良派就一直与之辩论、竞争和抗衡。与其说胜出的一方完全主导和塑造历史的走向，不如说革命派和改良派等多重力量共同塑造了辛亥革命前后中国的走向。其中常为人提及的例子是，"五族共和"这一民国建国方略，其实是康有为等保皇改良派的主张，而革命派恰恰是将"排满"作为发动革命的重要口号，但是他们扬弃了自己此前的主张，而吸纳了保皇改良派的政见。另一个例子是割据自立和联省自治的主张的命运，这一主张多为革命派所支持和宣扬，而康有为等人一直严厉抨击这一主张，民国成立之后的中

---

① 《与陈焕章书》，《康有为全集》第九集，第337页。

国事实上是沿着保皇改良派所主张的方向前进的。那种列强环伺的巨变引起变革思潮不断递进的单一直线型的历史叙述，很难解释中国近现代历史演进的主要动力，也很难解释革命浪潮不断发展的动力。

如康有为的分析所显示的，共和革命所意味的第二种"三千年未有之大变局"，比"列强环伺"所意味的第一种"三千年未有之大变局"更为重要、更为根本，它是理解中国近现代历史及其中包含的断裂和转折的枢纽所在。它将使中国巨变（尤其是革命）的内部脉络和内在动力，真正成为中国近现代历史叙述的中心环节，从而真正超越那种将中西相遇作为中国现代进程的主要动力和开端的现代性历史叙述模式。将共和革命兴起视为真正的"三千年未有之大变局"，可以打开中国现代性历史叙事的新的可能性。

参考两种"三千年未有之大变局"的分析思路，思想文化领域同样出现了两种大变局。

## 二 传统夷夏之辨的转型：东西方文化论战与大同论述的兴起

在"列强环伺"的层面上，知识思想领域的大变局是西方知识、思想和制度文化的涌入，对中国传统文明构成了异质性的挑战。西方海洋殖民帝国兴起及其全球拓殖的变局，即康有为第一种意义上的"三千年未有之大变局"，特别之处在于西方列强不同于以往攻击乃至统治中国的"诸夷"，前者"以治法相竞，以智学相上"，在文明水平上领先于世界其他地区，以"文明"为旗帜进行扩张，于是出现了康有为所说的"以文明之国入野蛮之国"的新的世界秩序。以往"如马基顿之入希腊，俄特狄之入罗马，鲜卑、氐、羌、契丹、女真之入中国，蒙古之入中国、印度"，是"以野蛮之国入文明之国"，野蛮之国反而为文明之国所同化；而现在西方列强则是"以文明之国入野蛮之国"，例如"欧人之得美洲、非洲，定南洋、取印度"，被殖民的印度等国则"真为奴国"，"甚者如檀香山美国、澳洲之土人，日就微灭，则全种久而至亡，尤可惧也"。[①] "以

---

[①] 《与同学诸子梁启超等论印度亡国由于各省自立书》，《康有为全集》第六集，第346页。

文明之国入野蛮之国"取代"以野蛮之国入文明之国",是近代世界史的划时代变化,被认为是"古史所未闻"的"非常之变局"。这是中国在文明层面的深刻危机,不仅面临亡国的危险,而且面临亡天下的危险。

康有为区分古代的"以野蛮之国入文明之国"与近代的"以文明之国入野蛮之国",事实上指出了,在近代列强环伺的巨变之下,以往的夷夏之辨议题已经很难充分表述和回应"以文明之国入野蛮之国"的文明危机。有着很长传统的夷夏之辨议题,对于文化层面的夷夏关系有一个判断或假定,即处于中心位置的"夏"文化优于处于周边或边缘的诸"夷"文化。这种文化上的等级和差序观念可以超越种族上的等级观念,"夷狄入中国则中国之","中国而夷狄则夷狄之",如果"夏"用了"夷"的文化而被夷化,就不再是夏而成了夷;如果"夷"用了"夏"的文化而被夏化,就不再是夷而成了夏。不同种族在文化归宿上保持流动性,但礼仪中国一直处于中心和较高的位置。① 在"三千年未有之大变局"出现后,人们未必赞同列强"以文明之国入野蛮之国"的说辞,但文明危机是真实存在的危机,如果认为中国文化相对于欧美之夷不一定有以往相对于诸夷的文化优势,以往夷夏之辨议题的前设就难以成立了,夷夏之辨的内涵不得不根据时势变化做新的调整,或者需要新的讨论框架。近代中国的思想家们主要有两种思路。一是继续沿着夷夏之辨的框架,将欧美文化放到这个框架中讨论。这一路向的讨论深受西方民族国家思想的影响,反过来深刻影响了中国历史的再叙述,成为今天重

---

① 汪晖提出了一种"理想型的描述",儒家思想的政治性表现在它对自身边界的时而严格时而灵活的持续性的界定之中。依据不同的形势,夷夏之辨、内外之分既是严峻的,又是相对的,不同时代的儒者 - 政治家根据不同的经典及解释传统,不但提出过一系列解释,而且将这些解释转化为制度性的和礼仪性的实践。参见氏著《亚洲视野:中国历史的叙述》,牛津大学出版社(香港),2010,第 xiv ~ xv 页。例如,清代今文经学家对夷夏之辨的阐释,以"礼仪中国"为基础,超越和突破了种族等级制,同时仍然保留文化上的等级制,只是这种文化等级制并不与种族身份有固定的关联。汪晖在《现代中国思想的兴起》中对庄存与的夷夏之辨阐释有深入系统的分析,指出其特点在于,在中国之礼仪的基础上形成多元民族共存的制度形式,从而取消内外、夷夏的绝对差别,"中国"是一种礼仪关系。"礼仪中国"的观念是对帝国时代的种族(族群)等级制的超越,也是对以种族关系为基础的王朝等级秩序的讥评。刘逢禄的夷夏之辨阐释与庄存与有区别,但共同之处是,要求以礼仪作为中国的基础,以行为为手段,以否定夷夏、内外的绝对差别作为"大一统"政治的前提。参见氏著《现代中国思想的兴起》,第 570 ~ 571、579 页。

新思考中国历史叙述问题时必须分析的重要转变。二是从传统中发掘出新的框架，形成新的文化战略思路，应对和处理"以文明之国入野蛮之国"的文明危机。其中一种重要的新的文化战略，就是重新阐释大同，以大同观念作为容纳和消化全球多元文化的基本框架。①

不过，这种知识论述的巨变存在相当大的模糊空间。今天重新梳理和讨论这一知识思想巨变的时候，有必要勾勒出这些模糊空间的基本纹理。其中的主要问题是，即使从今天的民族国家论述框架来看，传统中国的夷夏之辨也有多重面向，其基础是从中心层向周边由近及远逐渐扩展、亲疏有别、存在差序的天下格局，以一种至大无外的天下叙述囊括内部与外部的叙述，既包括中国历史文明共同体数千年建构进程中的夷夏融合（对应于今天的中国内部），也包括中国与周边地区之间形成的朝贡体系（对应于今天的国际关系）；而在"列强环伺"的变局之下，东西方文化论战主要是在现代民族国家体系的国际视野中展开的，这些现代知识论述对传统夷夏之辨的吸纳与转化，自然也主要在国际层面展开，但模糊和纠缠的地方在于，东西方文化论战频繁移用或引用的西方知识思想体系是在近代西方民族国家建构进程中形成的，这种民族国家思想体系与传统中国历史文明存在较大差异，却对清末民初以降中国的民族国家建构、民族国家意识及相应知识思想的形成过程有深刻影响，进而相当程度主导了此后知识界对于中国历史的重新叙述，尤其是对于多民族融合统一的中华民族共同体形成的历史叙述。也就是说，"列强环伺"时代现代中国民族国家建构进程中形成的知识思想（尤其是中国历史的再叙述），经历了一次巨变，但巨变之后对于中国历史的再叙述，却可能忽视传统中国与现代中国在巨变前后的重大差异，而主要用巨变之后的知识视野重新叙述中国历史，将主要涉及外部关系的民族国家论述移用于内部的历史命运共同体的叙述。今天重新考察"列强环伺"时代中国知识思想的巨变，一方面需要对这一巨变的内涵做系统的梳理，需要在民族国家时代区分内部与外部；另一方面需要更自觉地意识到巨变前后的重大差异，分析巨变之后的历史叙述是如何模糊乃至抹平这些差异的，通过分析巨变过程的复杂纠缠来重新认识巨变之前的中国传统。我们今天的知识思考本身仍处于

---

① 章太炎、孙中山等革命派作为康有为等改良派的论敌，在这个方向上有不同的思路和论述。

近代中国及其知识思想的"数千年未有之大变局"的影响之中（同时经过新的"百年未有之大变局"走向新的历史阶段），要更深入地认识巨变前后的重大差异，需要"源流互质"，深入理解传统中国知识思想与近代巨变，"让客体自身作为客体呈现"，①既深入理解传统中国的内在脉络，又充分认识到巨变业已发生，对巨变内涵及其动力机制有深入的分析和理解，将这两种过去的思想世界都"从观察对象的位置上解放出来，使之成为一种思想的视野，用以观察和反思我们置身其间的现代世界和知识状况"。②这里主要侧重于分析知识思想巨变的内涵。

## （一）"文化边疆意识"的兴起与超越

夷夏之辨在今天的政治文化语境中已经不再是一个活跃的概念，但其讨论框架仍有很大的影响力。将中国文明放在中心位置，将其他文明放在诸夷的位置，这种自我与他者相区分的思考方式有很深的社会文化根基。有关东西方文明的比较尤其是优劣比较问题，以及中国文化在东西方多元文化的情境下"问乎东西"的道路选择问题，主要是在这个方向上提出的。其中又主要有两种不同的思路：一种是在中西文化中分层面区分彼此，比较优劣，对于文化发展取向的构想倾向于混合式的模式；另一种是在中西文化之间做比较严格的相互区分与优劣比较，对于文化发展取向的构想倾向于全赢或全输型的模式。清末民初的思路丰富复杂，未必都能纳入这两种思路，但多数可以加以变通解释。例如，明清之际的人们试图通过"西学中源说"的论述将西学囊括于中学，可以看作"以夏变夷"在中西文化比较框架中的早期发展，但"西学中源说"毕竟只能强调起源阶段的中学包纳西学，声张老祖宗的荣耀，并不能证明当下的中学也囊括西学新近的丰富发展，因而是较弱的以夏变夷论述，也可以说是一种介于全赢型模式与混合式模式之间的论述。又如，清末一些思想家把夷夏之辨议题转变为新旧之辨的议题，以此作为混合式发

---

① 章学诚提出"源流互质"的方法论，精义在于，"源"与"流"之间以一种相互设问的方法来相互规定、不断确认的过程。参见张志强《经史传统与哲学社会科学》，《开放时代》2022年第1期。

② 参见汪晖《对象的解放与对现代的质询——关于〈现代中国思想的兴起〉的一点再思考》，《开放时代》2008年第2期。

展或全输型主张的基础。①

　　混合式发展的构想在清末民初较早形成持续发展的思潮。② 例如，魏源"师夷长技以制夷"，侧重于从"技"的层面学习西方；张之洞"中学为体，西学为用"的构想，清晰地表达了中国文明分层次吸纳整合西学的思路；康有为在欧游期间发展的中西文化对比论述，认为中国文明胜在道德，西欧文明胜在物质，中国只用在物质文明层面学习西方，也是一种中西文明分层次混合发展的思路，并深刻影响了后来的科玄论战；东西方文化论战时期不同形式的调和论，也可以看作这类思路的发展。

　　全赢型模式与全输型模式的对峙，要到第一次世界大战西方文明危机清晰呈现之时才出现。先是辜鸿铭主张以中国文明拯救陷入危机中的西方文明，接着陈独秀等人以"全盘西化"论回应辜鸿铭的主张，主张以近代西方文化为基础巩固共和制度，应对复辟等共和危机。③ 20世纪的第二个十年，中国处于清朝崩溃与民国初建的转折期，近代国势衰微，趋于触底，救亡与启蒙的社会动员开始风起云涌，西方危机爆发提供了中国文化重建的自主意识萌生的重要国际契机。在这一国势触底而新机萌发的混沌时期，全赢型模式与全输型模式的对峙，呈现了道路与方向斗争的激烈程度。

　　全赢全输型思路与分层次混合型思路都扩展和改变了以往的夷夏之

---

① 例如，谭嗣同在《湘报后叙》中重释经论，"《春秋传》曰：'中国亦新夷狄。'《孟子》曰：'亦以新子之国。'新之为言也，盛美无憾之言也。而夷狄中国同此号者，何也？吾尝求其故于《诗》矣。周之兴也，僻在西戎，其地固夷狄也。自文王受命称王，始进为中国。秦虽继有雍州，春秋仍不以所据之地，而不目之为夷。是夷狄中国，初不以地言。故文王之诗曰：'周虽旧邦，其命维新。'旧者夷狄之谓也，新者中国之谓也。守旧则夷狄之，开新则中国之。新者忽旧，时曰新夷狄；旧者忽新，亦曰新中国。新同而所新者不同，危矣哉！己方悻悻然自鸣曰守旧，而人固以新夷狄新之矣。是夷狄中国，果不以地言，辨于新，辨于所新者而已矣。然仅言新，则新与所新者亦无辨，昨日之新，至今日而已旧；今日之新，至明日而又已旧。乌足以状其美盛而无憾也？"见氏著《谭嗣同全集》，生活·读书·新知三联书店，1954，第136~137页。在20世纪上半叶的东西方文化论战中，则多见以新旧之辨作为全盘西化论的基础。
② 以往已有较多研究讨论或涉及这一问题。例如，王尔敏曾梳理清代学人的中西调和理论的类型，分为运会说、西学源出中国说、托古改制论、广贵因论、中体西用论。参见氏著《晚清政治思想史论》，广西师范大学出版社，2007，第57~64页。
③ 参见蔡尚思主编《中国现代思想史资料简编》，浙江人民出版社，1982；陈崧编《五四前后东西文化问题论战文选（增订本）》，中国社会科学出版社，1989；张勇主编《中国思想史参考资料集》（晚清至民国卷），清华大学出版社，2005。

辨。"全盘西化"思路逆转了夷夏之辨,明确主张以夷变夏,为此前所罕闻,是"三千年未有之大变局"在思想文化领域留下的深刻印迹。辜鸿铭式以中国文明拯救西方危机的主张,延续了以夏化夷的基本思路,同时复制了西方文化扩张的构想,在这个层面改变了传统的夷夏之辨。①传统上影响最大的以夏化夷的论述,移用于中西文化关系论题之后,在近代的影响相对较小,产生广泛影响的时期也比较靠后,这是中西文化论战相对于夷夏之辨的一个重要变化。其中的决定性因素是中国与西方在政治、经济、制度、文化等层面的力量对比、关系类型和相互影响程度。

中西文化分层次混合或调和的构想,共同特点是既对中国传统文明的优点有信心,也对西方文明的优点有认识。无论中国文明在混合型框架中居于何种位置,在这些中国思想家的意识中,近代西方文明都不再像以往北方草原民族文化或者南方山地民族文化那样相对于中原文化处于绝对弱势的地位,而是在诸多方面有其优长之处,有分庭抗礼的实力。② 分层次混合型的构想成为主要方案之一,是中西文化论战相对于传统夷夏

---

① 全赢型论述的另一种类型是,主张中国文化保持自己的本性,无需跟随西方,但"礼闻来学,不闻往教"。
② 例如,魏源在其《海国图志》百卷本中增补了葡萄牙人玛吉士(Jose Martins-Marguez)著《地理备考》(1847),该著序言提出一概用"蛮狄羌夷之名"来称呼域外之人是否合适的问题,"诚知夫远客之中,有明礼行义、上通天象、下察地理、旁彻物情、贯穿古今者,是瀛寰之奇士,域外之良友,尚可称之曰夷狄乎?"见玛吉士《地理备考·叙》,转引自魏源《海国图志》卷七十六,陈华等校点注释,岳麓书社,1998,第1888~1889页。方维规认为,玛吉士叙文侧重辩难蛮狄羌夷之名,魏源显然是有感而录。他认为,在19世纪下半叶,"洋"以及后来的"西"和"外"完成了对"夷"的替代。鸦片战争前后,西方学说还普遍被轻蔑地称为"夷学";冯桂芬是较早使用"西学"概念的中国人,于1861年著《采西学议》,在"夷""洋""西""外"的递嬗过程中,"西学"概念逐渐走红;到十九、二十世纪之交,"西学"已经是一个相当流行的褒义概念。参见方维规《"夷"、"洋"、"西"、"外"及其相关概念——论19世纪汉语涉外词汇和概念的演变》,《北京师范大学学报》(社会科学版)2013年第4期。地理观念的变化,是这种观念变化最为直接的表现之一。唐晓峰指出,在人文地理方面,优越感(ethnocentrism)是每一个独立发展起来的民族在想象其他民族时总要出现的一种初始情感,华夏民族对"蛮夷"的优越感、埃及人对尼罗河以外的人(埃及人说他们不属于"人")的优越感,都是一样的东西。这种原生的优越感是早期宏观人文地理观念建立的基础,因为大家都有优越感,所以许多民族(不光是中国人)都曾以为自己是世界的中心。这种优越感只有被现实反复"挫伤"之后才会改变、消失。优越感的消失是一种情感的消退,而这一情感的消退才会为宏观人文地理观念的修正真正敞开大门。在感情的支配下,人宁可相信谣传,"请面对事实",则是件令人痛苦的事情。参见唐晓峰《还地理学一份人情》,《读书》2002年第11期。

之辨的又一个重要变化。

以夏化夷的主张从中心走向边缘，夷夏文化混合论则从边缘走向中心，这些中西文化论战相对于夷夏之辨的重要变化，反映经历了鸦片战争及系列事变的近代中国思想界意识到了西方文化相对于中国文化的位置的新特点。这种思想辩论的形势变动，可以看作中国思想界对全球形势变化的一种反应。① 这些思想变化深刻影响了19世纪末以来中国历史包括文化形成过程的论述。中国多民族文化之间的汇合交融，中国与全球其他地区之间的文化交流以及在中国的融合，成为一个中心议题。中国的不同文化在长期历史进程中的汇合交融，则成为中国文化形成论的中心主题之一。这些是中国近代以来史学研究非常值得注意的新变化，背后的成因较为复杂，既有在"列强环伺"危机之下维系多民族国家统一的现实政治诉求，也有中西文化混合论和调和论在思想界成为主要主张的知识思想背景。② 众多现代历史学家在这些领域多有重要开拓，例如，陈寅恪的隋唐制度史研究对突厥等少数民族影响的发掘与讨论，陈垣的中西文化交流史研究对域外文化在中国传播与吸纳的梳理与分析，等等。③

需要指出的是，传统中国的夷夏之辨并非近代以来的民族论述，其知识基础完全不同于近代欧洲的民族国家思想。简单地以近代以来的民族国家知识框架来重新叙述和讨论传统中国的夷夏之辨，必然会"牛头不对马嘴"，出现误解乃至谬误。仅从名实角度而论，已可见其中差异，"夷"不是指今天特定的某个少数民族，"夏"也跟今天说的汉族不是一回事。但复杂纠缠之处在于，在清末民初中国民族国家意识形成的过程

---

① 这些变动的一个关键原因是西方殖民者的侵略。19世纪二三十年代，往来于澳门、广东的英国人已提出对"夷"的称呼的异议。由"夷"变为"洋"的正式交接点是1858年6月26日签订的《中英天津条约》，此约第51款规定："嗣后各式公文，无论京外，内叙大英国官民，自不得提书夷字。"这是炮口下产生的苦果，是不平等条约的制造者要求的"平等"，把极大的不平等给中国。1860年冬，第二次鸦片战争刚结束，清政府设"抚夷局"于北京，次年即改为"总理各国事务衙门"。陈旭麓认为，以"洋"代"夷"，以"洋务"代"夷务"，是封建传统精神及其价值的动摇。参见氏著《近代史思辨录》，上海人民出版社，2019，"辨'夷''洋'"，第19~25页。

② 笔者另有专题论文讨论此一问题。近年来学术界在"铸牢中华民族共同体意识"等问题意识下的研究，对此一问题多有涉及。

③ 近年来，随着中国提出"一带一路"倡议，以及推进边疆地区的治理和发展，有关边疆、区域与国别的研究成为显学，这些领域的研究成果正在迅速积累。

中，的确挪用了夷夏之辨的思想和话语。例如，清末共和革命派援用夷夏之辨来阐述"反满"理由，进行革命动员；民国建立之后，革命派又调整了"反满"革命动员时强调"夷夏之防"的做法，转而强调"五族共和"。① 夷夏之辨在此后的知识论述中逐渐淡出，中西文化论战等知识潮流逐渐占据主流，成为重新阐释夷夏之辨的新知识框架。

从中华民族历史文化共同体的历史叙述角度看，在知识思想巨变进程中，知识分子对夷夏之辨的重新叙述，有两个重点方向：一是"列强环伺"格局之下对中华民族及其内部民族构成的重新表述；二是对中华民族历史及民族关系史的再叙述。其中包含了知识思想的历史断裂和体系性转变，也包含了相同议题的承继与变化，例如中华民族共同体内部不同文化的融合发展。在传统夷夏之辨中，夷夏文化混合发展的构想和方案不是主流。例如，隋朝吏部尚书裴矩曾提出"混一戎夏"，认为君主应该"膺天育物，无隔夷夏"，同时，其目标是以夏变夷，"率土黔黎，莫不慕化。风行所及，日入以来，职贡皆通，无远不至"。② 又如，唐太宗对四海一家、混一戎夏有更系统的论述与羁縻之策的实践，他指出，"自古皆贵中华，贱夷狄，朕独爱之如一，故其种落皆依朕如父母"，将之视为"自古帝王虽平定中夏，不能服戎、狄。朕才不逮古人而成功过之"的原因之一，③同时他坚持以夏变夷的教化之策，"夷狄亦人耳，其情与中夏不殊。人主患德泽不加，不必猜忌异类。盖德泽洽，则四夷可使如一家；猜忌多，

---

① 革命派的"五族共和"主张接近此前论敌改良派的主张。瑞贝卡·卡尔区分了清末两种民族主义思潮，即以国家为中心的民族主义与以汉族为中心的民族主义，参见氏著《世界大舞台：十九、二十世纪之交中国的民族主义》，高瑾译，生活·读书·新知三联书店，2008。改良派与革命派援用"夷夏之辨"的传统议题的分歧和辩论，是"夷夏之辨"议题走向衰落之际的短暂活跃。参见贾小叶《1840—1900 年间国人"夷夏之辨"观念的演变》，《史学月刊》2007 年第 10 期；李帆《"夷夏之辨"之解说传统的延续与更新——以康有为、刘师培对〈春秋繁露〉两事的不同解读为例》，《近代史研究》2011 年第 6 期；《辛亥革命时期的"夷夏之辨"和民族国家认同》，《史学月刊》2011 年第 4 期。
② 见魏征等《隋书》卷六十七《裴矩传》，中华书局，1973，第 1579～1580 页。孙喆讨论了隋唐时期"混一戎夏"的思想与政治实践，参见氏著《中国东北边疆的治理》，湖南人民出版社，2015，第 75～78 页。隋代儒士王通肯定鲜卑夷狄的正统地位，解释"帝魏"的原因在于"中国之道不坠，孝文之力也"，这是"夷狄入中国则中国之"的观念。
③ 见司马光编著《资治通鉴》卷一百九十八·唐纪十四，中华书局，1956，第 6247 页。626 年，初登帝位的李世民论应信任在显德殿庭操练的将卒，"王者视四海如一家，封域之内，皆朕赤子，朕一一推心置其腹中，奈何宿卫之士亦加猜忌乎？"见司马光编著《资治通鉴》卷一百九十二·唐纪八，第 6022 页。

## 第一章　中国思想文化"三千年未有之大变局"之际的"大同立教"

则骨肉不免为仇敌"。① 这些"混一戎夏"设想都有共同的前提，即以夏变夷的教化。② 石硕指出，"中华"一词始见于西晋末，是在"胡人"大举入据背景下，中原士人为把中原的政治与文化同"胡人"相区分而产生的自我称谓，故"中华"乃胡汉互动的产物。但入唐以后，"中华"一词被广泛使用，不仅成为唐朝的别称，也成为中国名号。这意味着当初为与"胡人"相区分而产生的"中华"称谓及概念已发生根本变化，成为胡汉融合体的一个统称。③ 尽管儒家知识分子很少明确主张在同一水平上看待中原文化与少数民族文化，也很少主张在此一基础上各取所长加以整合，但中华民族传统文化事实上是多元民族文化融合而成，也容纳整合了全球多元文明，同时，这种整合过程中一直存在以夏变夷的基本框架。④

---

① 见司马光编著《资治通鉴》卷一百九十七·唐纪十三，第 6215～6216 页。
② 徐复观指出，中国多民族文化融合进程中的"同化""华化"现象，乃指由生活的基本形态与基本意识的融合统一，不复有华夷界域存在之形迹而言。至两汉而发展完成的姓氏，便是一种重要力量。他因此不赞成陈垣的名著《元西域人华化考》提出的"对中国文化有所表现"的标准，认为如果这样，华化者会极为有限，何况中原黎民百姓对中国文化能有所表现的也不多。参见氏著《徐复观全集·两汉思想史（一）》，九州出版社，2014，第 306 页。
③ 见石硕《胡人中华："中华"一词的产生及开放性特点——东晋南北朝至隋唐胡汉融合与"中华"词义嬗变》，载《清华大学学报》（哲学社会科学版）2022 年第 4 期。胡鸿指出，华夏及其帝国从来没有将蛮夷戎狄看作与己无关的存在，两者间不只是对立的关系，也有相互依存相互构建的一面，异族不仅仅是殊俗的他者，还必须在华夏主导的帝国秩序中扮演特定的角色。华夏只有在华夷的相对关系中才有意义，华夷又是一体的。见氏著《能夏则大与渐慕华风：政治体视角下的华夏与华夏化》，北京师范大学出版社，2017，第 80 页。
④ 汪晖指出，当我们讨论中国历史中的文化边界与政治边界的综合与统一时，与其说是儒家思想，不如说是能够将儒家传统、藏传佛教、伊斯兰文化等"体系"综合在一起的政治文化，实现了中国的文化边界与政治边界的统一性。（汪晖《亚洲视野：中国历史的叙述》，第 xii - xiii 页）李零指出，长期以来，我们对中国文化中的外来影响往往视而不见，或者虽然看见也拒绝承认或不能辨认。中国的边疆地区对中国历史的影响是多方位的，但关系最大的还是它的"北方地区"。帝王寝陵是中国古代最高等级的建筑艺术。它们的主人对外来因素不但不加排斥，还欣然接受，拿它显示国威，这是真正的"中国气度"。仅此一例已足以说明，我们常说的"中国特色"其实都是"大有胡气"。参见氏著《入山与出塞》，载《文物》2000 年第 2 期。又如，昂格尔认为，中国等亚洲农业—官僚制帝国逐步吸收了他们的少有的草原征服者和统治者所开创的施政理念和技术，打破所谓"自然经济回潮"（the reversion to natural economy）的循环。此一"回潮"主要表现为，小农、雇佣工人、小商贩等相对独立的生产者大规模地失去独立生产和生活的机会，沦为大地主或贵族的附庸，社会的整个生产部类全面衰败。参见 Robert M. Unger, "Plasticity into Power: Comparative-Historical Studies on the Institutional Conditions of Economic and Military Success," *The Press Syndicate of the University of Cambridge*, 1987, pp. 1 - 24. 该文中译参见"实验主义治理"微信公号第 179 - 181 期（蒋余浩等）。

经历了"列强环伺"格局下的这些变化之后，传统的夷夏之辨衰落了，中西文明、东西文明或中外文明问题成为更受关注的议题。在这一过程中，中国传统王朝的政治"大一统"与文教"大一统"经历的变化有所不同。在清末民初的巨变时期，文教的"大一统"与政治的"大一统"既有关联，又不一样。如汪晖所指出，庄存与等清代今文经学家所论述的"大一统"及礼仪中国概念，要求取消内/外、夷/夏的绝对界限，在建构政治制度时尊重地方士绅分权、少数民族的风俗和传统的政治架构，带有多元主义的特点。① 在鸦片战争之前，清朝政府保持着独立性，其政治的"大一统"与文教的"大一统"是相互依存、协调一致的，都带有皇权一统之下的多元主义特点。"列强环伺"的巨变既通过系列不平等条约改变了中国政治的"大一统"格局，也全面改变了中国内部的文化构成，后者的变化尤为剧烈。相对而言，尽管经历了多次割地赔款，中国政治疆域的"大一统"格局至少在形式上保留下来，从清王朝向民国的变化过程中，原有的疆域和民族结构得以延续。传统王朝在文教上的"大一统"格局更早面临瓦解的危机，太平天国运动与戊戌变法等事件意味着文教"大一统"格局的内部瓦解，而且辛亥革命并没有重建文教"大一统"，中国文教进入了多种思想长期分化冲突的状况。中国政治"大一统"在疆域等方面有所承续和保留，而文教"大一统"则基本崩解，这是两者在清末民初之际的重要差异。

传统夷夏之辨的衰落，是传统王朝的文教"大一统"格局瓦解的一个重要征兆和后果。晚清中国面临中西文化交汇冲突的局面，皇权已经很难统摄处于冲突中的中西文化，文教"大一统"格局不复存在。夷夏之辨的基本问题意识与论述，在中西方文化关系等新论题中得以延续和发展。从夷夏之辨到中西方文化论战之间知识思想模式的转变，是一个较为复杂、有待系统研究的问题，主要涉及外部关系层面的知识思想巨变。笔者这里仅就主要方面做简要讨论。

其一，传统夷夏之辨对于夏之文化与夷之文化有较为明晰的区分，有关东西方文明的论战亦多强调中国文化与其他国家文化之间的区别对待。在一些论者那里，尽管西方在军事等方面胜于中国，但西方在文化

---

① 参见汪晖《现代中国思想的兴起》，第582页。

上相对于中国的位置类似于夷。这是承继与延续的一面。

在传统夷夏之辨框架中，按照儒家知识分子的自我理解，华夏之文化或者中国礼仪都处于较优越或中心的稳定位置，而"列强环伺"时代的中西文化关系却可能否定中国文化或中国礼仪的优越地位，这是此前未曾有的变化。对应于这一变化，兴起了一种可称为"文化边疆意识"的思想倾向，试图通过强调中国文化与域外文化之间的差异、区分或界限，来捍卫中国文化的稳定性、本性或优越性。这种倾向有程度的区别。有的视域外文化的传入为危及中国文化及其本性的威胁，试图限制或拒斥域外文化的传入，这种态度在明代中期到清代中期较为常见，但在鸦片战争之后，势不由人，这种看法逐渐衰落。这类看法希望建构文化的稳定"边疆"。[1] 有的视中外文化交流为客观存在的事实，但强调中国文化有其不必变、不能变的部分，这类看法往往认为，这一应当保持稳定的部分在中国文化发展或重建的进程中应当是核心部分。张之洞的"中体西用"论是早期的代表意见。借用拉铁摩尔提出的内边疆与外边疆等分析概念，[2] 这类看法强调的是"文化的内部边疆"，在物质文化等"用"的领域存在不同文化交流融汇的外边疆地带。这些看法的出现和发展，也可以视为"文化边疆意识"的兴起。[3]

---

[1] 在中国逐渐走向复兴的今天，类似看法的影响力有所回升。

[2] 拉铁摩尔认为，边界本身的自然结构包括内边疆区域与外边疆区域，这在长城与内蒙古和外蒙古的关系中表现得最为清楚。参见氏著《中国的亚洲内陆边疆》，唐晓峰译，江苏人民出版社，2008，第169页。相关讨论参见宋培军《拉铁摩尔"双边疆"范式的内涵及其理论和现实意义》，《云南师范大学学报》（哲学社会科学版）2013年第2期。

[3] 丹尼斯·塞诺在《剑桥早期内亚史》的"导论"中认为，建立文化区域的边界问题（establishing the limits of cultural areas）由来已久，一个例子是，希罗多德就对欧洲、亚洲和非洲的区分感到困惑，提出为何一整块大陆却有三个名字的问题。塞诺有关"文化边界线"（the borders of a cultural area）的简要讨论充满矛盾之处。第一，他认为"文化边界线"有的时候是可以确定的，例如澳大利亚的文化边界线与界线明确的自然疆界相一致，但这只是少数的情况。他同时指出，这一问题带有很高的主观性，常常纯粹是按划定文明的情感标准。但即使就澳大利亚的历史来说，文化边界线也无法用自然地理疆界来界定，不然无法解释西班牙、葡萄牙、荷兰和英国等西欧国家殖民之后澳大利亚文化的变迁，也很难解释殖民时代及此后复杂的文化融合与变迁。第二，塞诺提出的问题是，"什么因素使内亚作为一个独立的文化整体存在，什么因素使它与周边文明不可避免地发生冲突"。他尝试从文化上对"内亚"做一个整体性的界定，假定"内亚"存在整体性的认同（这种提出可以成为一种建构认同的努力）。他指出"内亚的边界是不稳固的"，但认为可以在历史的变动中确定内亚文明的边界，同时认为这种界定"只能并应该以经济因素为基础"，即内亚周边诸文明中最主（转下页注）

"文化边疆意识"的兴起,与中国的国际格局从传统的朝贡体系向近代国际法体系之下主权国家和民族国家秩序的转变,是大致同步的,在内涵上既有深刻关联,也有较大差异。[①]传统夷夏之辩中存在不同主张的分歧、辩论与对抗,其中很有影响力的一种主张是,强调夷夏在种族与文化方面的等级区分,认为"非我族类,其心必异"(《左传》),即使夷人服膺华夏文化,夷文化仍然是等级较低的文化;华夏之人无须吸纳较低的夷人文化。[②]这种主张倾向于将夷夏的种族之别视为决定性的因素,种族身份决定文化等次。文化边疆意识或多或少地延续了这类主张对夷夏之别的强调,同时也有较大的变化。

首先,明清之际兴起的文化边疆意识包含了一种捍卫中国文化在中国之位置的文化主权观念,展现了维护中国自身文化在中国的领导地位的战略意图,建构中国文化的边界成为实现这一战略意图的重要方法。明清之际中国朝廷对于西方传教士的态度变化,呈现了文化边疆意识初步形成的过程,极端情况是通过基本停止交流的文化"锁国"来建构文化边疆。与传统朝贡体系之下没有清晰的边界划分意识相似,传统夷夏之辨并没有建构相对于异族文化的边界的意识,并不担忧中原文化的主导

---

(接上页注③)要的共同因素是它们的农业经济,而直到现在,畜牧业仍然是内亚诸族颇具特征的行业。塞诺经常将文化边界与自然地理边界混合在一起讨论,倾向于认为文化边界是一种类似于地理边界的客观存在。但不同国家或区域在文化上的差异,与国家之间由政治地理的边界线所标示的分隔,是很不一样的。尽管有的时候国家通过强力手段可以建立暂时性的文化边界,但这种边界既不是随时随地都存在的普遍现象,也无法成为边界线那样完全排他性的设置,尤其在科技全球化时代,文化边界的排他性几乎全部是局部的。个体通过阅读、观看等方式能够随意穿越的文化边界,显然并不是类似地理边疆的客观事物,一方面,国家有能力建立至少是局部的文化"边界线",另一方面,从根本上说,"文化边界线"是一种主观建构,是一种意愿或者意志,它可能是个体的,或者群体的,也可能表现为国家意志。与其说塞诺论证了"文化边界线"的客观存在,不如说他的研究体现了一种"文化边疆意识"。参见〔美〕丹尼斯·塞诺主编《剑桥早期内亚史》,蓝琪译,商务印书馆,2021,第3~20页。

① 有关从传统的朝贡体系向近代国际法体系之下民族国家秩序的转变,参见汪晖《亚洲视野:中国历史的叙述》,牛津大学出版社(中国)有限公司,2010。
② 孟子所说的"吾闻用夏变夷者,未闻变于夷者也"(《孟子·滕文公上》)一般被认为是"夷夏之防"主张的源头。主张"夷夏之防"的论述并不少见,多强调以夏变夷而非以夷变夏,夷夏性不可移易,以及王者不治夷狄。参见郭双林《近代西方地理学东渐与传统夷夏观念的变异》,《中州学刊》2001年第2期。

权因为政治主导权的丧失而丧失。而鸦片战争之后，在政治主导权并未完全丧失的情况下，中国士大夫对于文化主导权丧失的危机感已经日益强烈，产生了保护中国文化的独立性与主导权的边界意识。中国文化与域外文化之间的边界与分野，主要是在同一平面的边界区隔，而不再是夷夏之辨框架下的等级分化。同一平面的不同国家的文化，仍然会有优劣比较，但这种优劣的等级区分是在同一平面展开的，首要的特点是不同国家文化之间有一种可以类比于地理边界的文化边界。文化边疆意识与相应的文化主权观念在太平洋西岸的形成，与近代"列强环伺"格局之下丧失文化主导能力的强烈危机感有关。捍卫中国文化在中国之位置的文化主权观念，是近代以来形成的多种多样的文化主权观念中较早出现的一种。其次，与民族国家地理边疆有其物质化形式不同，文化边疆主要是存在于个体意识中的一种观念，它没有明确标示的物质化界线。个体的文化边疆意识，认为民族文化应有其边界，这种边界是意识中的建构。有物质性依托的民族国家地理边界也是一种建构，这种建构如果有相关国家条约的基础，是相关国家共同认可的；文化边疆意识只是应对全球文化交流的主张之一，无论在一国内部，还是在跨国的情况下，都不是被共同认可的意识。思想文化的跨国传播不是完全自由的，民族国家的政权可以采取多样的意识形态管控方式，但是，无论个体获取知识思想，还是思想文化的跨国流动，都有较大的自由空间，比较容易跨越地理上的国境线和国家权力的管控。思想文化的民族主义意识对全球化境况下中国文化独立性或纯粹性的焦虑，是文化"大一统"格局瓦解之后的一种重要的文化反应。但对无形"文化边疆"的捍卫，要远比国境线的保卫困难。最后，随着近代以来思想文化的全球流动越来越频繁，不同文化的交流形成了越来越多的跨文化空间，与此相应，文化边疆意识有其弹性空间，人们即使强调夷夏之别，也不得不承认文化"外边疆"的存在，在此基础上建构文化"内边疆"，强调保护文化内核不变的主观目标。

其二，传统夷夏之辨中，有超越民族（种族）区隔及等级秩序的层面，强调文化习得的流动性特点，以及文化相对于民族（种族）身份的独立空间。例如，对于清王朝的统治族群而言，对于异文化的学习，未必会改变它在既有政治结构中的位置。清代今文经学家关于夷夏之辨的阐释，承认了对于异文化的学习具有相对于政治地位维系的独立性。基于同样逻辑，清朝统治者包括汉族士大夫也可以认为，在某种程度上学习西方文化，未必会改变既有政治结构及其政治位置。基于对文化习得的流动性的认知，他们在文化上较少有完全对应于政治疆域的"文化边疆"意识。这是张之洞这样的晚清重臣提出"中体西用"主张的重要文化背景。主张在"用"的层面一定程度吸纳西方文化，即使在统治阶层中也没有遇到大的阻力。① 三教合一乃至多教合一论在明清之际的兴起，是在中国文化场域中融汇多种异文化的自觉意识与文化实践，这一努力是唐宋以降儒佛冲突与融合的进一步推进，是没有相应外敌侵扰情况下对异文化的消化与吸收。从叙述（或者主张）文化变革的角度说，文化自主性与政治自主性的关系，不同于域外文化的习得与中国相对于列强的政治位置的关系，它们是有区别的两个问题。

晚清以降域外思想在中国的传播，与环伺之列强在政治、经济、军事、文化诸方面的侵略和掠夺，既有密切关联，也有较大的区别。西方列强在中国的侵略，既有霸占领土或局部殖民，有政治军事力量的直接入驻，也有代理人的扶植与买办的培养，所有这些都是侵略者的利益攫取网络在中国的扩张。列强在中国的文化侵略与殖民扩张，是域外思想跨国传播的一种重要路径，但不是域外思想在中国传播的全部。域外思想传播与文化上的殖民扩张是有着较大差异的两个概念，在如下三个方面并不完全重合，需要具体情况具体分析。

首先，并非所有域外思想都是主张殖民、包含殖民意图或者主张西方中心主义的思想，还有各种主张国际主义和世界大同的思想，很难一概而论。其次，域外思想传播有的是有组织的，有的是无组织的，有组织的传播也有不同类型。以殖民侵略为依托的宗教传播或强迫性文化扩张，与没有殖民侵略为依托的宗教和文化传播，并不一样。以大量移民为基础的域外宗教或思想传播，与缺乏移民基础的域外宗教或思想传播，

---

① 汪晖指出，如果没有以中国礼仪为中心建立起来的夷夏之辨，我们很难设想晚清时代清朝及其士大夫自诩为"夏"而将西方视为"夷"的历史想象，也很难理解"中体西用"的确切含义。参见氏著《现代中国思想的兴起》，第573页。

也不一样。① 以政党的跨国网络为基础的文化思想传播，与没有国际性政党为基础的文化思想传播，有很大差异。最后，对域外思想和文化的接受，可能有很强的依附性，也可能有很强的自主性和独立性。思想上的吸收，有的时候会有利益上的跨国捆绑，有的时候没有。② 即使存在政党或宗教的国际性网络，对异域文化的接受或利用，也不意味着必然依附于国外政治力量。接受者是否有自主性，要看接受者的意志、能力及其国际网络等具体情况。例如，太平天国运动与欧洲在华的天主教会势力有接触，但保持了自己的独立性。③

文化独立和自主问题之所以受重视，主要原因是"列强环伺"带来的现实危机。晚清民初中国的政治主权处于丧失独立性的状态，"皮之不存，毛将焉附"，争取文化自主面临很大困难。同时，争取文化自主性，成了争取国家政治自主性的能动场域，知识分子群体可以通过主观努力去呼吁和形成文化自主意识，进而推动政治自主性的建构。一般而言，文化自主问题与政治自主问题有密切联系，但并不完全一致或重合。有的时候，一个国家的政治自主性较强，但文化自主性相对较弱；有的时候，一个国家的文化自主性较强，但政治自主性较弱。④

随着近代西方思想在中国的传播，传统夷夏之辨在大变局背景下逐渐

---

① 移民群体是思想跨国传播的一种重要的组织性载体，伴随大规模移民的思想跨国传播，主要有两种情况：一是建立殖民统治的大规模移民，如西欧在美洲的拓殖，也包括反方向的移民，即殖民时期的奴隶贩运（如非洲奴隶的大规模外运），以及被殖民地区向宗主国的移民；二是非殖民统治情况下的大规模移民，其中包括原殖民地向原宗主国的移民，例如，今天中东地区向一些西欧国家的大规模移民。今天移民问题在欧美成为重要的问题，一个重要的原因是，移民群体的宗教信仰及习俗，与移入国的主流宗教传统之间存在冲突。在美国，保守派的一个重要关切是，拉美裔一旦成为美国的多数族群，将从根本上改变美国文化和政治；在西欧，保守派的关切则是，信仰伊斯兰教的族群一旦在部分国家或地区成为多数族群，亦将改变这些地方的文化和政治。这是本国文化为异族文化主导的忧虑在今天的全球文化中颇有影响力的一个重要背景。
在没有大量移民伴随思想传播的情况下，思想的跨国传播主要形式是原有社会内部的思想吸收、冲突与交融。这种情况下，仅仅强调族裔区分，很难恰当地描述跨国思想传播在当地引起的社会变动。
② 康有为和章太炎晚年批评中国"赤化"运动与苏联的关系问题，与此一问题的争论有部分关系。
③ 又如，中国共产党领导的革命，与苏联和第二国际有密切联系，但中国共产党获得了相对于苏联的独立性，走出了一条马克思主义中国化的道路。
④ 例如，五四新文化运动孕育和推动了较强力量的文化思想运动之后，形成了相对较强的文化自主性。

改变，思想分歧也在何谓文化自主等问题上呈现出来。前面讨论的全赢全输型构想，以及分层次混合型构想，包含了对文化自主的不同理解：中国思想文化发展的关键，是中国文化必须保证其根本的不变？还是中国能够根据时势变化，自主决定文化发展的选择去取与应时创新？中国思想文化的纯粹性和独异性问题，与国家主权及思想文化的独立性和自主性问题，是两个有所不同的问题。域外思想文化的跨国传播与接受，意味着国家文化的纯粹性和独异性的危机或破坏，但不一定意味着国家主权和文化独立性的丧失和危机。中国文化的自主性有其依托，相关讨论主要集中于两个方面：一方面是中国文化传统的本根问题，近代主张中国文化发展须以其本根为基础的论者，对于何谓中国文化的本根，有不同的论述，侧重儒家、佛家、道家、法家、兵家、草根文化、三教合一等，不一而足；另一方面是文化发展方向的当下决断，古今中外文化，究竟如何选择如何融汇，论者各自根据具体的需要有不同的主张。全赢型论者多侧重于第一个问题，全输型论者与多层次混合型论者则同时涉及这两个方面。① 在20世纪中国革命进程中形成的集大成的思路是"古为今用，洋为中用"，古代传统和域外文化皆为独立自主的中国所用，五湖四海众多文化的"中国化"涵盖面很广，② 其中最重要的成果自然是马克思主义的中国化。③ 将文化自主

---

① "全盘西化"论者有全然放弃文化自主问题的，也有认为"全盘西化"才能文化自主的。
② 例如，1956年9月，毛泽东在会见参加中共八大的波兰统一工人党代表团奥哈布等时指出，"帝国主义是不怕我们的几千年文化的。古董当然是要保护的，但我们更需要现代的科学和文化"。[中共中央政策研究室编《毛泽东年谱（1949–1976）》第2卷，中央文献出版社，2013，第640页] 其实，中国化进程不仅指中国对域外文化的吸纳和转化，也是中国内部与外部互动的整个历史进程中的关键部分。汪晖指出，移民、通婚、风俗变迁、制度调整和其他社会流动是世界历史中的普遍现象，在中国历史中，这些变化和融合也包含着佛教、伊斯兰教、蒙古文化、满洲文化和汉文化在局部区域的传播和融入，以及不同地域的地方化过程。但在王朝建设和长期的社会化过程中，这些要素和取向经常相互渗透、错综交织，以中国化为主导的方向，最终成为生生不息的中国文明的内在部分。参见《民族研究的超民族视角——跨体系社会及中国化问题》，《西北民族研究》2021年第1期。
③ 马克思主义中国化包含了建立中国的知识体系的努力和方法，其中融汇了中国传统思想和马克思主义等多源流的思想方法。张志强指出，马克思所讲的客体性思维，可以理解为通过不断去除主观，从而让客体自身作为客体呈现的方式，这个过程是改造主观世界与改造客观世界的统一。这种"对象决定方法"的态度是一种克服了主体形而上学的实际哲学，是一种包容世界整体的真际观来导引我们对实际的认识。参见张志强《经史传统与哲学社会科学》，《开放时代》2022年第1期。

理解为自主决定文化发展的选择去取与应时创新的主张,重视文化的流动性,这种流动性既跨越一国内部的民族地域,也跨越不同民族国家的边界,事实上构成了对文化边疆意识的超越。

其三,传统夷夏之辨指出了族群(种族)学习异文化对自身文化的重塑问题,以夏化夷或以夷变夏的议题描述了文化习得重塑自身文化的深度。基于相似的认识逻辑,吸纳和学习西方文化的过程中会出现文化上"以夷变夏"的情况;无论人们对此一趋势有何种评价,都无法否认这一事实的客观存在。[①] 近代思想文化的重塑与夷夏之辨时期的思想文化重塑是关联和延续的。

中西文化辩论不可避免地包含了文化融汇问题与多层面的选择去取问题。在三千年未有之大变局中,区别对待中国文化与其他国家和地区文化的主要关切,在于中国文化的根本能不能变、要不要变,更在于中国和中国文化在新的世界格局中能不能保有独立性,能不能重新确立或者确认自己的优势。这些争论中常见的有关中国思想文化的民族主义意识,包含了对于思想起源的族裔归属的关注,对于在中国起主导性作用的思想资源的族裔起源的焦虑,对于外族思想占据主流的政治文化后果的严重性的判断,以及对于中国在文化和政治上丧失独立性的担忧。

### (二) 大同论述的近代转型

文化思想上的"三千年未有之大变局"在夷夏之辨议题上最为明显的表现,是中西文化多层次融合发展成为影响很大、持续推进的一种主张。这是传统夷夏之辨发展过程中未曾有过的景象。这一重要突破,产生了一系列重要问题,带来了一系列重要变化,例如,如何分析、比较和判断中国文化与域外其他文化之间的优长之处,如何整合多元文化的优长之处,在融合进程中如何处理中国文化要素与域外文化要素之间的关系,如何在吸纳域外文化优长之处的同时保持中国的独立性,等等。

不过,这些问题并不仅仅是在夷夏之辨及其近代演变的框架中被讨

---

[①] 有关清末民初夷夏之辨的研究文章对此已多有讨论。例如,曾亦的《〈公羊〉微言与康有为的〈孔子改制考〉》梳理了冯桂芬、康有为、谭嗣同、梁启超、徐勤、薛福成等人的以夷变夏论,见郭晓东主编《多元视角下的康有为问题》(现代儒学第三辑),生活·读书·新知三联书店,2018。

论的。明代后期逐渐发展起来的大同论述，是试图超越夷夏之辨的一种论述框架。它在清代后期持续演变，成为影响力与夷夏之辨不相上下甚至后来居上的论述。它关注的问题仍然是中国文化与其他异质文化之间的关系，但提供了一种不同于等级化的夷夏之辨的东西文化关系构想。

明清易代之际，"大同"开始被一些思想家用作吸纳不同类型文明尤其是欧洲文明的思想"容器"，大同论述事实上开始成为一种文化战略论述。方以智是其中的代表人物，他的大同论述是清末康有为提出的"立全球公理之学"的先声。方以智开始从整合中国、印度和欧洲等不同文化的角度论述大同，他在《东西均》首篇"扩信"指出：

> 愚故以天地信自然之公，以自心信东西之同。同自生异，异归于同，即异即同，是知大同。专者虽不肯同，而全者不可不以大同为任。[①]

方以智在《系辞》"天下同归而殊途，一致而百虑"及陆九渊的阐释"东、南、西、北海有圣人出焉，同此心，同此理也"的基础上，提出"信东西之同"的主张，认为"全者不可不以大同为任"。《东西均》中屡屡提及欧罗巴或耶稣，这句话中的"西"，不仅指印度之"西方"，而且指欧罗巴。方以智以地球为对象，对"源流"做了富有寓意的新阐释。他针对"源一而流分"的传统论述，提出"源分而流一"的独特论述：

> 其始发源也，皆两山之间，泉出于山之凹，一山十凹则十溪，则始源之多也无量数。渐流至麓而成溪，溪与溪合，出与别河合；渐合渐大，始与四渎合，然后乎海，岂非源分而流一乎？[②]

他认为古人没有意识到这一点，是因为"此有地心之理，古人未阐，俟人悟耳。人知水自上而流下也，岂知水自下而流上乎？"他提出的新解

---

[①] 方以智：《东西均注释》（外一种），庞朴注释，中华书局，2016，第56页。
[②] 方以智：《东西均注释》（外一种），第379页。

释是,"各海皆吸入地心,地心转经络而上升,各沁于各山之顶,而总须弥之顶亦一顶也。源而流,流复为源,乃一轮也。合邪(耶)稣及佛林僧之说测之,是知源之一者,多源皆本于地心之源,故曰一也。地心犹纥利陀耶之肉团心,而质多耶心寓之。天地一分,天心通于地心,虚贯一切实中,则贯地心明矣。此足为公心寓人心之证。"① 这一"公心寓人心之证",也可以看作东西思想"源分而流一"以及"流复为源"的一种隐喻。"流(一)复为源(分)"是"同自生异"的过程,"流一"经过"各海皆吸入地心,地心转经络而上升"的转换机制,提供"源分"的基础,此所谓"多源皆本于地心之源"(这一过程因此不同于"源一而流分")。"信东西之同""源分而流一""流复为源"等论述意味着大同的内涵发生了重要的变化,从传统华夏"天下"的大同,转向新世界(囊括了欧洲等地区)的大同。经历这一转型之后,大同思想开始在两个层面上同时展开,一是中国之内的大同,一是全球之大同。方以智也是明代中后期兴起的"三教合一"论的重要理论家。如果说"三教合一"是中国思想史中试图超越夷夏之辨的重要努力之一,这一思潮出现在明代中后期并非偶然。在方以智这一重要节点上,可以看出这一思潮兴起与大同论述兴起有类似的倾向和密切的关联。②

方以智等明末清初思想家将大同概念运用于认识和处理全球多元文化问题,在传统思想中发掘了"大同"的资源,重新阐释其内涵,以回应和容纳他们从利玛窦等传教士那里接触到的西方文化。当时他们对日益逼近的西方的了解非常有限,尚未意识到这是全球范围内"以文明之国入野蛮之国"的历史进程中的一部分。先期到达中国东南沿海的葡萄牙和荷兰等国的殖民者,还没有长期殖民澳门或台湾等地的军事和政治能力,但方以智等思想家从当时传教士并不全面的介绍中,已经大致意识到,他们带来的欧洲知识是一套另有渊源、需要重视的文化。方以智对西欧文化的定位,与先贤们对蛮夷文化的定位已有不同。他设想的大同,主要是一个试图包容不同源流的思想文化的框架,放弃了以往夷夏之辨的思路,另辟新路。相对于以往的夷夏之

---

① 方以智:《东西均注释》(外一种),第379~381页。佛林,即东罗马帝国。
② 笔者另有待刊的专文讨论方以智的大同观念。

辨，其大同论述有明显的区别。其一，"源分而流一""信东西之同"将中国文化、来自印度的佛教、来自欧洲的天主教等文化放在相对平等的位置之上，没有用类似于夷夏之辨的等级化和差异化的描述。其二，大同既是目标，致力于囊括全球不同地域的知识和思想，也是方法，可以提供容纳多种异域文化的容器和框架。容纳不同文化成为最为重要的事情，中国与其他国家之间的相互对待则不再是最关键的问题。其三，"全者不可不以大同为任"，初步提出了以大同为框架整合全球多元文明的战略设想。

研读方以智等明末清初思想家的论述，可以看出，当时已经发展出不同于夷夏之辨的处理多种异域文化的新思路。经由方以智等人的重新阐释，大同概念在明清之际发生了一次重要转型，大同逐渐成为一种处理全球多元文化关系的文化战略构想。从整个近代中国思想发展的进程来看，关于"列强环伺"大变局下的中国思想文化发展的讨论，从明末开始即存在两条并行的进路：一是传统的夷夏之辨的发展、调整和变化；二是在夷夏之辨之外，发掘大同的思想资源，发展出致力于容纳和整合全球不同文化的新思路。从传统夷夏之辨的衰落到大同论述的兴起的思想转型，是深刻体现思想文化领域"三千年未有之大变局"特点的思想史脉络。方以智等思想家重释大同，是思想文化领域对"三千年未有之大变局"的最早反应之一。

近代大同论述的含义和重要性，需要放在从夷夏之辨衰落到大同论述兴起的思想转型进程中理解和把握。康有为的"大同立教"思想及实践的特点和方法论意义，也需要放到这一历史脉络中，才能充分展现出来。[①] 这是一条超越以往夷夏之辨的新的文化道路。康有为以大同之义为中心重释儒学经典，以此为框架评价和整合全球思想和知识，以及《大同书》以西方近代社会科学的分科之学作为论述框架，主要在三个方面拓展和深化了近代的大同论述的转型。其一，大同不仅是"源分而流一"的容纳框架，而且是蕴含了深厚的微言大义的思想体系，是有关太平大同世的具体的价值体系。其二，大同提供了在太平大同世的远景

---

[①] 本书重点梳理和讨论的近代大同思想发展的历史线索，是从认识和回应"三千年未有之大变局"的角度着眼的。本书第三章是这一思想史脉络研究的开始，先期纳入本书，以呈现大致轮廓。

中整合全球文明的框架，孔子的大同之义囊括了近代西方的价值体系。其三，康有为提供了两条整合全球文明的进路，一是重新阐释孔子的大同之义，借孔子之名做整合，在全球文化语境中重新确立中国思想的领先位置；二是康有为自己作为整合者，提供一套新的有关大同的理论论述。

在"三千年未有之大变局"展开之际，大同论述打开了中国文化在巨变中容纳创新的思想空间，这是开创新局的重要一步，但远非终局。无论从容纳全球不同文化的角度说，还是从太平世远景的角度说，大同论述都承诺了一个新的世界或者新的东西文化关系，是一种视野、规划和愿望。就东西方文化在近现代中国的具体位置的形成而言，思想家的规划和视野有重要意义，但更重要的是，人们在寻求中国独立和民族解放的实践进程中，如何具体地吸纳、整合和运用不同的思想资源。大同论述提供了整合全球不同文化及其优长之处的视野，具体的整合则是在中国应对现实挑战的进程中展开的。处于"三千年未有之大变局"之际的种种整合，既需要处理不同思想资源及其国际网络的复杂关系，也需要面对中国及国际的各种实际问题，尤其是中国从帝制向共和转型的过程中的各种难题。这些文化政治实践，既超出了大同论述的框架，也超出了"列强环伺"变局之下的东西方文化定位和中国文化定位的问题。按康有为的论述，从帝制到共和的变局，是近代中国更为深刻和重要的巨变。无论是夷夏之辨及其延续和变化，还是大同论述，抑或是东西方文化论战，都需要到应对从帝制到共和的"三千年未有之大变局"的思想战场上去检验。中国知识分子的近代转型，是在从帝制到共和的大变局中全面呈现出来的。

## 三　清末民初政/教专业阶层的分流趋势与文化领导权问题

从帝制到共和制的共和革命层面看，思想文化领域的大变局是国家政治结构发生根本性变化，国家政治权力与国家文教权力（意识形态领导权）之间呈现分离态势，国家文教权力处于未定状态，知识分子群体作为国家政治重构进程中活跃的重要力量，在国家政治空间中的角色和位置发生了重要变化。辛亥革命和民国肇建是三千年巨变的关节点，康有为在此一时期的政治思考和实践，包括民国建立之前尝试建立政党，以及之后将重点转向组织孔教会、推动"定孔教为国教"，提供了理解知识分子角色与位置巨变的重要案例。

康有为倡扬孔教和定孔教为国教的主张，可谓此前罕有的知识分子"入世"方式。古代中国有一个重要的政治传统，王权要保持对于文教或宗教的控制力，中国历史上中央王朝基本没有教权的建制性设置，康有为推动定孔教为国教，事实上是要开创中国政治的新架构。在近代的太平天国运动中，教权成为政治性建构，虽然洪秀全与杨秀清的教内身份失序问题成为运动分裂的重要原因，但没有形成政权与教权双峰并峙的局面。像袁世凯这种有丰富政治历练的人物，容易明白中国这一政治传统的基本逻辑，知道在国家政权之外设立教权，容易形成政权与教权的对峙，是一种容易导致国家分裂的政治结构。出于这一显见的原因，康有为的立孔教设想在戊戌变法时期就遭到多数革新派士大夫的反对，在民国初年也遇到了袁世凯统治集团的抵制。康有为推动定孔教为国教，国教的设立事实上将为孔教会提供开展广泛民众动员的关键基础。政权与教权都以更多动员民众作为一个重要目标，两者之间分歧、制衡乃至对立的一个重要表现将是民众动员。国教在民众动员方向上可以获得较大的增长潜力，其政治影响力不仅仅是在既有政治架构中"分一杯羹"。

康有为一方面介入争夺或重塑国家政权的政治斗争，是国家政治道路之争的重要参与者，另一方面试图在国家权力结构中开辟"教权"的新空间。康有为对"教权"的重视，呈现了他对清末民初政权与教权实质性分离之后出现的新政治空间的洞察力，这一点并不能因为孔教运动的主要目标落空而简单地否定。康有为推动"定孔教为国教"的政教思想和实践，提出和触及了从君主制向共和制巨变进程中思想文化转型的重要议题：其一，重建进程中的国家，如何在全球文化流动的背景下确立教权，教权能不能成为国家政治架构中相对独立的设置；其二，随着文教的普及和民众的崛起，教权如何在政与教日趋疏离分流的基础上建构。在20世纪20年代，国教问题淡出，在此后的政党政治时代，文化的领导权问题尤其是政党对文化的领导权等问题兴起。① 对康有为政教观的重新讨论，有助于我们重新认识辛亥革命之后的政教关系问题。

## （一）巨变时期的"政教分离"与"教权"空间想象

康有为在变法失败流亡海外初期，回应倾向共和革命主张的欧榘甲、梁启超等弟子，主张中国应当实行君主立宪制，引发革命派的反击。他指出，帝制瓦解将带来原有"君主"之位虚悬的政治难题，认为在清帝失位的情况下，势必会有其他人来抢帝位：

> 中国枭雄积于心脑者，人人有汉高、明太之心，吾见亦多矣。古今天下，安得遇尧、舜、华盛顿？……今所见革命之人，挟权任术，争锱铢小利而决裂者，不可胜数。如此之人，使其有天下而望其行尧、舜、华盛顿之事，是望盗跖之让国也。②

帝制瓦解之后，围绕国家最高权力必然会有激烈政争。列强环伺的巨变，西方殖民者侵略与瓜分中国的危机，使得围绕国家政权的政治斗争更为错综复杂。民初中国如何走出政治瓦解的乱局，在共和制基础上重新建立稳定的国家权力中心，是一个待解的难题。

康有为结合全球政教体制变化的状况，分析了清朝帝制崩溃之际"政教分离"的大趋势。1912 年初，康有为在政教疏离的意义上重新定义"政教分离"，提出一套另类的"政教分离"论。《中华救国论》分析了尚争之"政"与养心之"教"的分离：现实政治"争势利"、讲诈伪，与信仰宗教、尊崇道德，虽然相互矛盾背离，但可以"两不相碍而两不

---

① "领导权"是列宁主义理论范畴，也是中共党史和革命史及相关表述的一个核心范畴，有其特别的理论脉络。参见李放春《瞿秋白与"领导权"的定名——Hegemony 概念的中国革命旅程（1923 – 1927）》，《近代史研究》2021 年第 5 期；〔英〕佩里·安德森《原霸：霸权的演变》，李岩译，当代世界出版社，2020。具体就"文化领导权"概念而言，葛兰西的这一概念在 20 世纪 90 年代，才真正在中国批评话语中成为一个值得注意的存在。参见王璞《葛兰西与中国左翼：重新评价一场错过的相遇》，《文艺理论与批评》2022 年第 3 期。本文像使用"教权"概念那样，在比较宽泛和实质性的层面使用"文化领导权"概念。但不管如何使用这一概念，领导权之为领导权，是以政治领导者（主要是政党）与大众的关系为前提和基础的。

② 《康有为全集》第六集，第 319 页。

相失"。这是对"政教分离"的重新定义,他将这个意义上的"政教分离"视为现代世界列国竞争格局之下的合理状态,认为当时中国也适宜实行这种政教双轨的"分离"。① 中国与欧洲各国的情况并不一样,存在两种不同的"政教分离":欧洲各国的问题是各个民族国家之"政"相对于罗马教廷之"教"获得独立性,康有为指出的中国问题则是"教"从"政"的辖制中分离出来,"教"取得相对于共和国家之"政"的相对独立空间。19 世纪中期以降,中国经历了文教大一统格局终结的变化。② 康有为意识到,"教权"将在国家政治重建过程中重新确立,教权之位与君主之位一样,存在有待群雄相争的空缺局面。

从国家政治权力辖制之下分离出来的"教权"空间问题,主要有如下三个方面内涵。

其一,国家"教权"归属之争,既是国家政治权力争夺的一部分,也是思想文化领域的道路斗争和权力争夺。传统帝制时期政教权力都统一于皇权之下,随着帝制的瓦解,政权与教权相分离,不仅原有"君主"之位虚悬,"教主"之位亦处于虚悬状态。帝制的终结与民国政治的长期分裂及战争,既意味着国家政治权力的未定状态,也意味着国家意识形态权力的未定状态。在一个国家的"教权"空间里,不一定有国教;即使有国教,也会有诸教之争;就中国而言,即使定孔教为国教,还有谁是教主之争。

国家"教权"空间并不是知识分子的专属空间,而是不同政治力量争夺的一种国家权力空间。在共和制条件下,同样很难存在排斥国家政治权力介入的文教权力空间。康有为推动"定孔教为国教",遇到的争论和挑战首先是民国要不要有一个国教,康有为的主张在民初国会中是少数派意见。将"教权"简化为"国教",使之成为思想文化权力的专属空间,是康有为一厢情愿的构想。同时,在重建国家政权的政治斗争过程中,新的以政驭教的努力逐渐浮现。共和建立及更迭过程是围绕国家权力重构的政治斗争过程,争夺国家政治权力的政治力量需要获取文化领导权,文化斗争成为民初政治竞争格局中新政治力量锻造和组织起

---

① 《康有为全集》第九集,第 327 页。
② 详细讨论参见本书第七章。

来的重要方式。这种国家政治结构未定状态下的政治和思想文化竞争形势，为知识分子群体提供了前所未有的政治空间，对现代知识分子群体的知识思想生产有深刻的影响。

其二，究竟是哪一种思想文化在国家"教权"空间占据优势，要看斗争和竞争的具体情况。在"教"的领域，"道术已为天下裂"成为常态，即思想文化领域的分化、竞争或斗争成为常态。共和制取代帝制是现代中国救亡与复兴的主要路径，共和的建立和更迭也是国家制度、结构及相关知识的系统性再造。知识、思想和文化是这一系统性再造及其政治斗争的重要组成部分，其作用要远超以往王朝易代之际。在这一巨变过程中，国家政治权力的拥有者很难仅仅凭借其权力位置而拥有意识形态领导权。对于国家权力拥有者而言，意识形态领导权的获得不是一劳永逸的事情，而是要在共和制发展的进程中不断争取；对于争夺国家权力的政治力量而言，在意识形态领导权的争夺中取得优势，可以形成政治斗争中的社会动员优势，成为取得政治斗争优势的重要基础。在"革"数千年帝制及其文教基础之"命"的过程中，知识分子群体发起的各种思想运动的一个共同特点是，或多或少地参与有关共和国家建构的思想文化竞争和政治斗争。

其三，19世纪20世纪之交的中国知识分子正在经历生存境遇的历史性变化：以科举制等精英人才选拔制度为杠杆形成的"以政驭教"格局，是以往知识分子"达则兼济天下，穷则独善其身"的基础；在科举制瓦解之际，近代思想启蒙与知识普及渐成燎原之势，知识分子作为一个社会阶层，在新的政教关系中探索道路，逐渐形成新的社会文化生态。在新的文化生态中，知识分子主动或被动地卷入国家重建的政治斗争，成为争夺文化领导权的斗争主力。这一斗争状况在20世纪经历了重要演变，但无论如何演变，知识分子作为争夺文化领导权斗争的主力，其作用奠基于更为广阔的社会政治运动，文化领导权的形成最后需要呈现为主导性的社会政治潮流，后者是前者的实现形式与证明。没有社会政治潮流及其主导权作为基础，就不可能真正获得文化领导权，这是共和时代的"新君主"不再可能是个人而必须是政党的重要原因。政党有其思想上的领袖，但领袖的思想及其力量必须以政党或其他形式的"组织起来"为前提。

康有为的"政教分离"论述，是对帝制转向共和制进程中政教关系发展趋势的一种概括性论述，也是用以支撑其"定孔教为国教"主张的关键论证环节之一，并非不可移易的规律论述。康有为看到了旧的"教权"瓦解之后群龙无首的政治空间，这是其洞见，但他的论述对如下两种情况几乎视而不见：一是新的政治必然寻求新的文化领导权，可能形成新的政教协同；二是致力于争夺"教权"的社会政治力量也会致力于争夺国家政治的主导权。与其说他没有看到这些被忽略的方面，不如说他做了故意的省略，其论述方式说到底与其战略选择有关。他在民国建立之后转而忽视政党斗争，承认自己一方在政党斗争中已经落后，进而放弃这一斗争路径，其实是承认己方缺乏政治斗争的能力，自认并无直接争夺国家权力的基础，而需要曲线进取。不是他不知道"教权"的争夺必须以政治竞争实力为基础，而是他企图在缺乏政治竞争实力的条件下，寄希望于孔圣人认同及孔教认同在中国人和政治精英中占据多数这一社会基础（其实是康有为的预估），以及将孔教会发展成跨政党的宗教（或者说，发展成伪装成宗教的政党），以在议会中形成不在场的多数派，说服国会"定孔教为国教"。在共和时代呼吁或诱导执政者让渡"教权"，在理论上是可能的，但也仅此而已。这一策略的投机性在于，他放弃了争夺国家权力的政治斗争努力，转而乞灵于国家权力体系听从其诱导的偶然配合。试图称帝复辟的袁世凯在这个问题上不仅没有配合他，反而扶持其他尊孔组织以削弱孔教会影响力，共和政府配合的可能性更小，此一策略必然落空。不过，并不能因为康有为这一策略的落空而简单地忽略它，恰恰相反，康有为此一策略和设想，呈现了参与"教权"竞争或者说文化领导权竞争的知识分子群体的一种重要行为模式。康有为这种依附性的道路，基本局限于知识文化领域，主要是文化运动和宗教运动，提供了知识分子群体参与政治文化斗争的重要案例。

## （二）政治阶层—文化阶层的"分流"与文化权力的三元结构

在中国帝制的末期，社会知识体系快速膨胀，官僚体系囊括最优秀知识精英的原有格局被打破，初步出现官僚体系与知识精英群体的"分流"趋势。政与教领域的分离首先表现为从业者群体的阶层分流。康有为所论述的尚争之"政"与养心之"教"的分离，首先表现为政治官僚集团与文教专业集团之间的分流趋势。这是康有为重新定义的"政教分离"形成的社会基础,也是传统政教关系巨变的一个重要表现。

中国传统帝制下政教关系的重要特征是,朝廷通过科举制等人才选拔制度,将最优秀的知识精英基本网罗于官僚体系之下。这种政治人才与文教人才较多重叠的制度安排和社会阶层状况,是传统帝制"以政驭教"的社会基础。孔子所说的"学而优则仕,仕而优则学",从个体修身入世的层面指出了"仕"与"学"连接的方向,是传统帝制时代人才选拔与官僚体系之间高度融合的理想状况,对后世政教关系发展有深刻影响,预言了此后二千余年修学与入仕关系的基本状况。[1] 需要指出的是,在政与教的关系方面,儒学内部也有不同的论述或理想,例如,"吏士合一""官师合一"是一种,[2] "君臣共治天下"作为"得君行道"的方式是另一种[3]。在近年以来研究界的一些讨论中,前一种被认为是古代中国的政教一元形态,后一种被解读为政教二元形态,因而有古代中

---

[1] 钱穆在讨论汉代乡举里选制度时指出,汉代从昭宣以下的历任宰相,几乎全是读书人,可说中国历史自此以后的政府,是"崇尚文治的政府",即士人政府。见氏著《中国历代政治得失》,生活·读书·新知三联书店,2001,第16页。拉铁摩尔认为,(古代)中国的文学教育将士大夫与官僚连接为"孪生的统治阶级",这种文学相当深奥难习,而且拒绝一切简单化及走入民间的倾向。参见氏著《中国的亚洲内陆边疆》,第35页。

[2] 例如,王安石有"吏士合一"的论述与实践,参见宫崎市定《王安石的吏士合一政策》,载刘俊文主编《日本学者研究中国史论著选译》第5卷,中华书局,1993,第451~490页。黄振萍认为,经历唐末五代之乱,宋初从上到下都有重新确立政治秩序的诉求,有回归三代的思潮。王安石受此影响,认为变法的根本之处在变"人",变学究为秀才,把"儒生"与"文吏"相结合,通过"学"达成"吏"与"士"的合一,从而内圣外王兼备,明道通政并举。"吏士合一"的理想目标,王安石进一步改革科举制度,以经义取士代替诗赋取士,"以经术造成人材"。参见黄振萍《王安石的吏士合一思想探析》(未刊稿)。王安石此一对中国政治思想和实践有重大影响的主张和变革,显示传统帝制中国的"以政驭教"有一个逐渐发展和成熟的过程,也显示政与教、仕与学有较高程度的重叠。又如,章学诚有"治教无二,官师合一"等论述,见叶瑛《文史通义校注》,中华书局,1985,第131页。对于此一问题,研究界有不同评价。如徐复观在讨论《周官》时指出,王莽吸收了后来法家"以吏为师"的思想,是基于文化专制主义的表现,《周官》的教化思想空洞混乱,完全没有反映出先秦及两汉私人讲学之盛,及师道之隆。参见徐复观《中国经学史的基础 周官成立之时代及其思想性格》,九州出版社,2014,第327、399页。更多的讨论参见吴震《孔教运动的观念想象:中国政教问题再思》,复旦大学出版社,2019。其中有关章学诚论述的讨论见此书第42~58页。

[3] 例如,余英时《朱熹的历史世界——宋代士大夫政治文化的研究》(生活·读书·新知三联书店,2004)关于此一问题的分析曾引发重要讨论。

国的政教关系究竟是哪种类型的议题。① 这一议题隐含的参照物是欧洲政教关系演变问题，要强调的则是"教"相对于"政"的位置问题。将"君臣共治天下"之"得君行道"解读为政教二元形态，要看参考的是中世纪欧洲的政教分立、对峙与混战的二元状态（教权对于欧洲各国政权的控制只是这一状况下的局部现象），还是近代欧洲"政教分离"之后的二元形态。康有为深刻指出，古代欧洲"千余年受战争惨酷之祸"的主要原因在于裂国封建与政教分立的相互作用，"然欧洲若无教皇，诸侯或能被削；今上下有此牵掣，自此国王选于教皇之手，国王常为所制。以故变乱频仍，民不安其生，而欧土封建所以久长而生出非常之变，皆教皇为之也"。② 在中国历史上，在佛教放弃建立与政权分立对峙的教权的努力之前，佛教与政权之间曾有过王权为避免教权控制的暴力排佛等冲突，③ 但儒学（或者说儒教）显然没有经历过这种充满暴力与悲剧的挣扎。④ "君臣共治天下"之"得君行道"的二元状态，与中世纪欧洲的政教关系状态毫无接近之处，更能呼应的是近代欧洲"政教分离"原则

---

① 参见吴震《孔教运动的观念想象：中国政教问题再思》。
② 参见康有为《日耳曼沿革考》，《康有为全集》第八集，第242、247页。可见，康有为非常清楚政教二分导致一国之内形成两个政治中心的巨大难题。讨论欧洲近代的"政教分离"原则的形成问题，有必要看到，西罗马帝国灭亡前后政教关系的重大变化及此后欧洲一直无法走出政治碎片化困境（直到今天的俄乌战争将欧洲政治碎片化的困境非常清晰地展现出来）。西罗马帝国末期立基督教为国教的政策导致的世俗政权与教权的二元分立与对峙，以及世俗政权的分封制，是欧洲陷入政治碎片化困境的两个主要原因。参见张文木《基督教佛教兴起对欧亚地区竞争力的影响》（清华大学出版社，2015）。从这个角度看，其实在西罗马帝国末期，欧洲已经进入政教分立的时代，为此后政治碎片化格局之下的长期战争埋下关键伏笔；近代欧洲逐渐形成的"政教分离"原则，只是应对政教分立的政治碎片化困境的一种对策，主要的影响是教权不再拥有辖制民族国家的合法性与政治军事实力，但并不能从根本上改变欧洲的碎片化困境。所以，欧洲政教之间的分立和对峙，与近代民族国家从教权的控制之下获得自主性的"政教分离"，是两个不同又有密切关联的现象和问题。它们的关键区别在于，中世纪欧洲政教的分立与对峙，教权不仅有其世界性的组织系统，而且形成了类似于国家的政治经济和军事建制和实力，近代"政教分离"原则扩展到欧美世界之后，教权不再有这种政治经济和军事霸权和实力。因此，并不是说，欧洲在确立"政教分离"原则之后，才进入政教分立的时代，西罗马帝国末期即已开始形成政教二元分立对峙的格局。理解欧洲政教关系演变的这一复杂之处，对于梳理围绕中国政教关系问题的很多讨论，有重要意义。笔者另有论文讨论此一问题。
③ 参见张文木《基督教佛教兴起对欧亚地区竞争力的影响》。
④ 秦始皇的焚书坑儒并非此类情况。康有为指出，"中国墨子有巨子之传，犹教皇也，当时传巨子，死者已百数人。"见《康有为全集》第八集，第247页。

确立之后的政教关系。从问题意识上看,"政教分离"框架下的天主教建制可能是一种有强大吸引力的文化权力建制,但问题是,从"君臣共治天下"之"得君行道"的具体历史形态看,尽管君未必有资格承载"道统",但毕竟能够承担"道统"之儒学文臣是在朝廷的政治官僚体系中活动的,君权官僚系统与儒学精英群体有着高度的重叠,这与"政教分离"原则下的近现代欧美政教关系仍有重大差异。因而,关键不在于政与教是否二元,无论是"吏士合一""官师合一",还是"君臣共治天下"之"得君行道",古代中国的国家政权与儒学之教都是有差异但能够融合于一体的二元;关键在于教是否有自己的独立组织与活动场域,① 中国古代的国家政权与儒学并不是各有组织体系,而是主要的儒家精英都在国家官僚体系中活动,政与教有着高度的重叠和融合,此为钱穆所言之"崇尚文治的政府"。

与此相应,"入世"抑或"出世",是古代中国知识分子立身处世的关键问题,也是古代知识分子研究的主要议题之一。"达则兼济天下,穷则独善其身",描述了中国知识分子在皇权政治体系中的理想处世方式。在宗姓皇朝以政驭教的体制下,士大夫为官任职或者入幕参赞,施展才干,兼济天下,获得一定的位置,这是所谓"达"和"入世"。在以政驭教的王朝政治体系中,教化之权的最高象征是皇权,知识分子的知识权力基本上笼罩于王朝教化体系之下;知识分子如果不在王朝体制之中,较难获得参与政治或"党争"的群体影响力。例如,明代后期影响颇大的东林党人,其影响力仍然建立在一拨又一拨人才担任朝廷要职的基础之上。疏离于王朝官僚阶层体系的"出世"状态,意味着放弃、拒绝或者难以直接介入影响国家发展的具体政治议程,但并不影响知识分子个体的政治思考与撰述。无论"出世"还是"入世",士大夫的首要问题都是自身对于与王权(朝廷)关系的态度,这也是传统时代政教关系的重要问题。

近代中国政教关系的巨变则是,"仕"与"学"逐渐分流,"学而优

---

① 孔教的组织化及其效率,是康有为阐述"政教分离"的主要问题意识,是其建立孔教及相关政治活动相对于传统儒学与政权关系的巨变之处。传统儒学与政权的高度融合关系,尽管有二元分化之处(例如,儒学一直有相对于王权的批判作用),却从来没有走上建立全国性组织网络的道路,这是传统儒学的关键特点。也就是说,儒学保持对于王权的批判性张力等思想分歧层次的政教二元分化,与宗教组织化等政治运行层面的二元分化,有着重大差异,需要有所区分。

则仕，仕而优则学"这一人才循环的传统闭环逐渐瓦解。"学"在辛亥革命之前已发生巨变，学校和工业部门开始兴起，知识精英阶层出现历史性变化；辛亥革命之后，"仕"亦发生巨变，不同政治力量的政治斗争和军事斗争长期存在，不只是围绕既有国家机构的政治争夺，还有自成体系的谋求建立新中国的斗争。

就"学"而言，鸦片战争失败及随后列强的相继入侵，大大加速了明代中后期以降中国思想文化格局的变化。近代科学技术随着坚船利炮的大量传入，科技和工业领域专业分工的逐渐发展，歧异纷出的域外思想的传播与碰撞，种种潮流汇聚在一起，形成帝国末期的知识"爆炸"态势。以往科举制赖以为基础的知识思想体系，很难再囊括这些知识思想。尽管晚清官僚集团试图通过洋务运动和变革科举制等努力消化和吸纳新的知识思想，但官僚集团要包纳新学与旧学的知识精英，越来越困难。张之洞在《劝学篇》中指出"古来世运之明晦，人才之盛衰，其表在政，其里在学"，[①] 问题是"学"已大变。"学"的内容从以人文思想为主的格局，快速向自然科学、社会科学与人文思想众多专业门类并重的知识格局演进。康梁变法之前在广州万木草堂和湖南长沙等处的教学变革尝试，以及《日本书目志》等著述，已初步呈现新的专业化的知识架构。[②] 19世纪末20世纪初的"学"的变化，以及相应的社会变革，带来知识精英阶层的重大变化。一是科举制的废除，多元知识在社会的传播，推动了知识群体和学生群体数量的较快增长。[③] 各类学校和海外留

---

[①] 张之洞：《劝学篇》，中州古籍出版社，1998，第42页。相关讨论参见张广生《"保国"以"保天下"：〈劝学篇〉文明—国家重建的筹划》，《学术月刊》2021年第9期。

[②] 关于清末民初知识专业化发展的系统分析，参见桑兵等《近代中国的知识与制度转型》，经济科学出版社，2013。

[③] 戊戌变法期间，湖南时务学堂学生成为当地维新运动的骨干。1900年自立军起义时，留日学生和湖北武备学堂、两湖书院的学生起了重要作用。到1905年，中国的新式教育体系已经初具规模，学生人数从1902年的6912人（含小学生5000余人）猛增到1905年的258876人（含小学生23万余人）。一些重要城市分别聚集了数千学生，形成一股不可忽视的社会力量。此一期间，武备学堂加速发展，直隶等17省的22所陆军武备学堂学生达3048人。教会学校发展速度亦快，到1905年，仅基督教系统的学生就有57683人（含中高等学生13137人）。1905年废除科举制之后，兴学热潮持续推进。总计1911年国内学生在300万人左右，是1905年的近12倍。相关分析及征引材料，参见桑兵《晚清学堂学生与社会变迁》，北京师范大学出版社，2020，第二章"国内学生群体的兴起与学潮初盛"、第三章"1905年后的兴学热潮与学生状况"。

学生越来越多,进入官僚系统不再是大多数求学者的首要目标,官僚系统也难以容纳快速增长的知识精英群体。仕而优或向学,学而优则未必仕。① 明代后期以降文人游幕的勃兴,以及部分文人主要在商业等领域活动,是文人数量快速增长和官僚系统(以及科举制)难以充分容纳的早期表现。② 二是"学"的内容远较传统时代繁复,知识的专业分工使得"学"不再是此前科举制的"学",这些知识逐渐超出传统官僚系统所需要的知识训练,但官僚系统多少能够认识到,科技等新兴知识对于国家建设而言有其重要性。清末民初,各类学校和新兴的工业等部门开始成为容纳知识人群的重要专业部门,"仕"与"学"、官僚系统与知识精英群体的分流开始形成。

"仕"与"学"的分化,官僚系统与知识精英群体的分流,不是指官僚系统不再从知识精英群体中选拔人才,而是指从官僚系统与知识精英阶层高度重叠的传统时代,转向官僚系统与知识精英阶层少数交叉重叠、多数分流的格局发展,"学而优则仕"变成了知识精英群体多元人生选择中不再那么重要的一种。知识精英阶层仍然是政治官僚系统主要的人才"蓄水池",但进入官僚系统的知识精英在知识阶层中的比例,随此一阶层人数的不断递增而有逐渐递减的趋势;进入政治官僚系统或

---

① 罗志田分析了清末民初从士到知识人,再到知识人的边缘化与边缘知识青年的兴起的"社会权势"的持续转移,参见罗志田《道出于二:过渡时代的新旧之争》,北京师范大学出版社,2014,第10~37页。知识人群的大量增长必然会带来知识阶层的分化,既会有仍然在权力中心的知识分子,也会有大量的边缘化知识青年。
② 游幕一直是清代文人的一种重要生活方式。清初经世之学之风部分得益于文人游幕的佐理政事与参赞戎幕,例如顾祖禹入徐乾学幕府,利用纂修《一统志》的机会完成其《读史方舆纪要》。清代中期西北史地考察的兴盛与文人游幕更有极大关系。道光初年到清朝瓦解之间的文人游幕尤其值得注意。按尚小明归纳,由于内忧外患并至,士人对社会现实的关注远远超过乾嘉时期,此一期间游幕的士人更多地介入现实事务方面。清代中后期游幕的文人在知识场域日益重要,康有为、梁启超以更像幕僚而非科举官僚的身份参与帝国顶层变革,是处于官僚体系边缘的知识精英的重要性快速上升的重要标志。康梁参与戊戌变法,可以视为文人游幕的高峰时刻,也是落幕时刻。参见尚小明《学人游幕与清代学术》,社会科学文献出版社,1999,第一章"清代学人游幕的发展演变"。关于明代士子在商业领域的状况,参见〔加〕卜正民《纵乐的困惑:明代的商业与文化》,方骏等译,广西师范大学出版社,2016。徐霞客这样以游历名山大川为业、但同时与传统参与政务的知识分子群体保持密切来往的文人,并非偶例,也是明末知识分子群体变化的一个重要表现。

者军政系统，仍然是知识阶层的重要流向之一，但知识精英流向其他专业部门的比例越来越高。

官僚系统与知识精英阶层分流的时代，仕有仕的文化，学有学的文化，两个领域的话语体系的差异逐渐扩大，运行、竞争或斗争的方式也不一样。相对于传统王朝时代仕与学的文化颇为接近的情况，这是很大的变化。官僚系统与知识精英阶层多数分流、少数交叉重叠的格局，借用"学而优则仕，仕而优则学"的表述模式，主要包含仕而优则仕、仕而优则学、学而优则仕、学而优则学四种理想情形。一是仕而优则仕，政治、行政和军事领域的领袖或人才不仅在这些领域发挥长才，而且用在政治军事斗争过程中形成的文化来辐射、影响或吸纳文教专业工作者。仕而优则仕指的是仕"以我为主"，不是不要文化影响力，不是不争夺文化领导权，也不是用文教的专业方式去建立文化影响力，而是主要用在政治斗争实践中形成的方式建立文化影响力。不同主义、代表不同阶级、不同类型的"仕"（包括政党的科层人员），有不同的方式和效果，有的可能效率颇高，有的可能效率很低，要看具体情况。二是仕而优则学，指的是政治从业者不用自身在政治实践中形成的文化，而用文教领域的专业方式去建立文化影响力。三是学而优则仕，指的是专业的文教从业者不用专业的方式形成文化影响力，而直接进入政治领域或介入政治斗争，用政治场域的文化和方式建立政治影响力。四是学而优则学，指的是专业的文教从业者用专业的方式形成文化影响力，这种文化影响力可能也有其社会或政治的影响力，要看具体情况。这四种模式并不总是泾渭分明，往往相互交叉，形成更为复杂的状况，但这四种情形是基础的模式。"学而优则仕"与"仕而优则学"，难点不在于学与仕的专业领域之间的跨界，而在于能够在不同的专业领域用适宜于各个专业领域的方式工作："学而优"者以"学"的方式很难做好"仕"的工作，需要把握"仕"的特殊之处；"仕而优"者以"仕"的方式也很难做好"学"的工作，需要把握"学"的特殊之处。这是"仕"与"学"在社会阶层、话语体系、斗争方式和行动逻辑等方面出现系统性分化之后的新情况。在官僚系统与知识精英阶层分流的时代，"学而优则仕，仕而优则学"即使在个体主观愿望层面或仍有很大影响,① 与"学""仕"较多重叠的传统时代相比也已经不是一回事了,它们已经变成难度较大、相对少见的情况,更常见的是仕不及学、学不及仕的疏离状况。②

在专业分工发展、政治阶层与文化阶层分流的背景下,中国社会的文教权威不可避免地发生了相应的结构变化:传统帝制时代的文教权威集中于以皇权为最高象征的官僚系统,在学校等社会专业部门兴起之后,文教权威至少分散于局部重叠而主体分流的两个系统之中:一是官僚系

---

① 张文木指出,"学"与"仕"是两种不同的人生实践形式,其运作也各有其难以替代的特殊规律。政界的运作规则多是垂直的,行政的有效性及其副作用均源自它的垂直性,垂直则要求人事服从;而学术的运作规则多是横向交流的,学术的有效性及其副作用则源自它的平等性,平等则拒绝服从。他由此更欣赏"学而优则学,仕而优则仕"的守成心态。参见氏著《谈谈学术与政治的和谐与宽容》,《世界经济与政治》2006 年第 2 期;《战略学札记》,海洋出版社,2018,第 532 页。

② 这种官僚阶层与文化精英阶层的"分流",是民族国家现代转型进程和知识专业分工体系发展进程中的全球普遍现象。德国社会学家马克斯·韦伯 1917 年 11 月的演讲《以学术为业》(或译为《科学作为天职》),以及 1919 年 1 月的演讲《以政治为业》,对这一趋势有深刻的分析。他受邀探讨在现代世界中生活与精神的关系,尤其是脑力劳动作为职业的情形,回应当时德国年青一代关心的"我们时代的意义与使命"和"国家与文化中的领袖问题"。韦伯分论"以学术为业"与"以政治为业",前提是在专业上学术与政治已出现分流的趋势。如其所论,学术已经成为一项"围绕专业经营"的"天职",同时,政治也发展成一种经营,例如先进的政党组织形式及其官员队伍的职业化。参见〔德〕马克斯·韦伯等《科学作为天职:韦伯与我们时代的命运》,李猛编,生活·读书·新知三联书店,2018,"编者说明",第Ⅱ、Ⅳ、41 页;《学术与政治:韦伯的两篇演说》,冯克利译,生活·读书·新知三联书店,2013,第 70、85 页。韦伯这两篇讲演对个体选择的政治文化环境的分析,可以看出他对专业化时代学术与政治的专业经营差异的洞见。韦伯的论述充满张力。他论述政治领域和学术领域的专业化的特点,都强调客观性,但他同时通过对比,指出了两者截然不同之处。政治家的决定性素质是,在现实中与人与事都能保持距离,保持客观性,庸俗的虚荣是其死敌;而在学术和学者的圈子里,虚荣是一种职业病,相对无害,与政治家的情况完全不同。学术(科学)的天职是"知道事物之间的关联",以"事情"或"事务"为核心的专业化,意味着决定人类生活命运的"最重要"的知识;同时韦伯认为课堂应与价值判断的"诸神之争"保持距离,教授们作为政府雇员不应成为先知或救世主,科学的天职"不是预言者或先知凭借恩典的天赋散布神圣之物或启示,也不是贤人或哲学家沉思世界意义的组成部分"。韦伯进而明确指出,如果教授们觉得自己的天职是介入世界观和党派政见的斗争,"他可以走出课堂,到生活的市场上去",但在课堂之外的政治场域的斗争,决定性手段是暴力。参见〔德〕马克斯·韦伯《学术与政治》,第 100~102、108 页。在韦伯的支配社会学中,就事论事的"事务性"被看作官僚制支配贯彻行政工作专业化的根本原则。见〔德〕韦伯《支配社会学》,康乐、简惠美译,广西师范大学出版社,2010,第 46 页;李猛《专家没有精神?——韦伯论官僚时代的科学与文明》,载马克斯·韦伯等《科学作为天职》,第 38、41、277、283 页。

统，二是学校等知识教育专业系统。官僚系统仍然汇聚了大量知识精英，但一般官僚很难像传统王朝官僚那样，一方面从事繁复的军政工作，另一方面从事日益专业化的研究工作，知识精英尤其是新学精英必然越来越多地集中于文教专业部门。以此为基础，思想文化领域呈现出此前罕有的态势，即传统王朝时代的政治思想分歧往往表现为官僚体系内部分歧和斗争的形式，而在官僚系统与文教专业系统分流的时代，社会舆论空间成为政治思想分歧和斗争的另一主要空间，知识文化界的思想争论往往更为活跃和重要。从仕与学关系近代巨变的视角看，社会舆论空间是仕与学这两个领域共享和相互渗透的空间，或者说，是仕、学与大众的三元关联空间，大众是将仕与学这两个日趋疏离的阶层联系起来的一个重要纽带。[①]

中国知识分子的"入世"与"出世"也随之发生了历史性转变，从传统二元的政/教关系架构中的人生选择，转向共和时代的政治官僚系统—文教系统—民众的三元关系架构的人生选择。[②]

一是仍然有"入世"与"出世"之别，但关键的变化在于，在国家政治权力与文教权力逐渐分离之后，知识分子"入世"的方式不再局限于参与官僚体系内部的政治角逐，亦可以在文教领域寻求相对独立的政治影响力。康有为的思想和实践所呈现的"入世"方式的转变，主要在于这一方面。知识分子阶层之所以能够在文教领域建立相对独立的政治影响力，根本原因在于文教专业场域自成体系，共和时代大众的崛起则提供了超出既有官僚体系的新空间。共和时代知识分子阶层的政治能力，既在于他们有机会进入国家官僚系统，也在于他们能够直接参与或发起社会动员。在军阀混战的时期，后者甚至更为重要。知识分子越来越重视走向民间开展文化普及和社会动员，民众文化教育普及程度在这一潮流推动下持续提升，越来越多的民众在国际国内危机状况下参与军事斗争和社会斗争，这些因素都促成了大众在共和时代的崛起。在倡扬"从

---

[①] 按照韦伯论述的视角，充满分歧与斗争的社会舆论空间是专业化学术与专业化政治之外的领域，大众动员应与专业化学术或政治区隔开来，那是斗争性学术和斗争性政治的事情。

[②] 这一分析框架参考了崔之元关于"上层"（中央政府）、"中层"（地方政府和新兴资本大户）和"下层"（广大挣工资谋生的老百姓）三元政治架构的分析。参见崔之元《"混合宪法"与对中国政治的三层分析》，《战略与管理》1998年第3期。

群众中来,到群众中去"的无产阶级政党政治兴起之前,大众在共和时代的政治场域中已经成为比较重要的因素。拿康有为推动定孔教为国教来说,一方面,这是针对民国初期已有政治架构而言的,企图建立相对于政权有独立性的教权,在政治精英阶层包括国会议员中形成孔教会会员占多数的局面;另一方面,定孔教为国教,国教成为日常性社会动员的基础平台,也包含了依靠中国社会多数尊崇孔子的社会文化基础,形成大众多数认同和成为孔教会教徒的局面的企图。大众多数认同孔教,进而可能认同孔教会,意味着经过孔教会动员的民众,可能成为孔教会巩固乃至扩张其政治影响力的社会基石。无论是孔教会,还是国教,都以组织化为关键特征,同时涵盖政治文化精英以及社会大众。

二是文化普及与科学普及有划时代推进,基础教育、大学体制、知识专业体系逐步建立,知识分子日益成为数量庞大的社会阶层之后,不在政治官僚体系内部的知识分子跃居多数,不以进入官僚体系乃至参与政治为人生目标的知识分子也跃居多数。无论"入世"还是"出世",辛亥革命以降的中国知识分子越来越以文化教育的专业分工作为安身立命的基础。知识分子存身于从小学到大学(或研究机构)的国家教学研究体系之内,从事专业化的教学或研究工作,既可能介入国家政治场域,也可能疏离于国家政治,迹近古代的隐士。现代国家教育文化体系为大量知识分子提供了不问世事的物质文化条件。进而知识分子人生选择的首要问题,不再是"入世"或"出世",而是以学问研究为业,以政治为业,还是以其他职业为业,或者说,选择何种专业,投身哪一或者哪些领域。晚年康有为处于现代国家教育文化体系开始形成的时期,但他回国后没有像梁启超那样进入现代大学任教,而是创办"天游书院"这种更为传统的机构。①

总结上述讨论,政治阶层与文化阶层的分流,"仕"与"学"的疏离,包括两个层面:一是如果没有组织化的社会政治进程的有意干预,政治阶层与文化阶层的分流会不断扩大;二是相对于阶层分流,专业化

---

① 在参与张勋复辟失败之后,他基本从朝野政治斗争中淡出,也有"出世"一面,"霸业销烟,禅心止水;饮山水绿,坐忘人世"(出自杭州西湖"三泉映月"景点保存的康有为撰写的对联)。他晚年超然于民初基本成型的专业分科体制之外,但他对其文化资本的运用,本质上与任职于大学、疏离于官僚体系的知识分子无多大区别。

思想文化学术与政治斗争领域的分流更为深刻，即使社会政治的组织化进程也未必能够改变这种专业领域的分流与疏离。政治阶层与文化阶层的分流，"仕"与"学"在专业领域的分流，使得"仕"不及"学"、"学"不及"仕"不可避免地成为常态。"仕"要获取教权或文化领导权，要跨出官僚体系之外去赢取"学"领域的支持、呼应或协同，相对于传统以政驭教的时代更为困难；"学"的阶层要获取教权或文化领导权，首先要获得"仕"领域即国家官僚系统的认可，当然更是难上加难。康有为论述的"政教分离"趋势，包含了对于"学"与"仕"疏离趋势的洞见。这既是当时的基本状况，也是康有为争夺教权要应对的大难题。

### （三）从教权到文化战线问题：政治阶层与文化阶层在分流中的再合流

与辛亥革命之后政治社会的分裂、冲突和战争相应，20世纪上半叶中国的文教权力处于分裂、冲突和严重不稳定的状态。近四十年间，中国文教权力建构问题经历了从教权问题到领导权问题的演进，是中国现代政治和思想变迁的一个重要现象。

康有为提出的教权问题，与五四新文化运动之后逐渐呈现的文化战线的领导权问题，有重大差异，也有接近之处。两者的根本区别在于，教权问题是在既有国家政治架构中谋求国教的创立，即教权的实体化，而文化战线的领导权是在致力于打破旧的国家机器、建立新的国家机器的革命进程中寻求文化领域的领导权，这个领导权不是康有为想象的那种在已有稳定结构中的建制，而是在流动的政治军事运动进程中的新建构；教权的设立依赖于既有国家机器的决定，而文化战线的领导权取决于政党以我为主的政治文化能力。两者的相近之处则在于，无论争取教权，还是争夺文化的领导权，都要应对政治阶层与文化阶层分流趋势之下的新问题和新挑战，尤其是"仕"不及"学"、"学"不及"仕"、政不及学、学不及政成为分流趋势下的常见状况。

康有为推动的"定孔教为国教"议程，既是对政治阶层与文化阶层分流趋势的顺势利用，也包含了应对分流带来的难题的策略。

其一，康有为处于国家文教权威从皇权官僚体系向多元结构分散的转折期，要借政教"分流"之势在共和时代谋求"定孔教为国教"的

"便宜",将教权视为当时国家政治架构中一个可经诱导而建立的、在既有秩序中"分一杯羹"的政治建制,所以主要讲"分流",很少讲"合流"。他之所以敢于在民国建立之后提出建立国教的问题,不只是复制西欧国家曾经普遍存在、当时仍有部分国家保留的政治建制,还有内部形势变动的基础。他看到了晚清和民初的官僚系统在文教领域共同存在的难题,即在思想和知识"爆炸"的时代,当时的官僚体系很难再建立19世纪以前皇权的那种文教权威。一方面,他提出国教议题,以政教疏离为前提,利用相关论述寻求建立相对独立的教权。他并没有将孔教会界定为一个政党,没有让孔教会成为一个参与议会权争的普通政党,而是试图使孔教会成为一个跨政党的宗教,主要通过支持定孔教为国教的议员们在民国议会中推进此一议程,这一战略不仅着眼于最大限度地增强孔教会的代表性和支持率,而且着眼于将孔教和国教塑造为主要活跃于思想文教领域的组织,将思想文教领域与政治领域做相对疏离的区隔。另一方面,他事实上并没有局限于政与教的疏离,恰恰相反,无论从推动定孔教为国教的角度,还是从持续加强孔教会影响力的角度,孔教会在政治和文化精英阶层(尤其是国会议员和中央地方军政要员)中的影响力和组织能力都是决定性因素,教权的争夺是以政治实力为基础的。康有为推动定孔教为国教,构造一个相对独立的文教场域的目标,本身是政治性的,是介入政治领域,推动政治格局的重大调整,不得不受到政治场域斗争状况的制约。

其二,康有为试图通过作为跨政党宗教的孔教会,推动政治精英与文化精英在分流中的再合流,但缺乏统合二者的实力。康有为对于国教教权的理解,重心是孔教会的组织化,以及定为国教之后进一步组织化的可能性。孔教会的组织化主要着眼于国会议员以及其他政治和文化精英中的影响力(虽然孔教会在这一方向上的组织规模并不比康梁主持的政党好多少,但他的意图是明确的),同时初步着眼于在社会大众中的影响力。康有为从根本上改变了以政驭教的传统思路,他领导的群体没有机会、没有能力也没有意愿将文化精英与政治精英统合于国家机器之中(孔教会尚且游离于国家机器之外),而是试图将两个阶层的精英统合于跨政党的孔教会之中。在康有为和孔教会这里,统合政与教的平台不是国家机器,而是跨政党的宗教组织。这是教权争夺进程中政治阶层与文教阶层从分流走向再合流的崭新形式。

孔教会创造了促进政与教再合流的新形式，但无法实现推动议会"定孔教为国教"的目标，说到底是缺乏以此种政治战略统合政治阶层与文化阶层的社会基础，动员能力和组织能力太弱。康有为一派的骨干在戊戌变法失败之后长期流亡海外，辛亥革命之前在海外与革命派的竞争中已显颓势，民国建立之后在中国政坛是影响较小的派系。他在辛亥革命之前强调政党政治，忽视陈焕章等弟子在孔教方面发力的努力；辛亥革命之后重视跨政党的孔教会，在政党政治方面则基本放弃。康有为争取教权的工作与政治政党争取政权的工作是割裂开来的，也缺乏资源来诱导或说服袁世凯及其部属、其他军阀以及其他政党的议员，寻求建立国教的许可。

其三，康有为主要试图通过政治阶层、文化阶层和普通大众对孔子的尊崇，来形成关于立国教的上层共识和社会共识，提供政治阶层与文化阶层再合流的思想基础。其中又主要有两个支点。一是重释孔子的大同论述，虽然大同论与其保皇主张存在较大冲突，他无法主要通过大同论述做社会思想动员，但他仍然需要大同论述来证明孔子够资格做共和时代的"全球教主"。他意识到，新的国家文教权威需要以思想文教领域的统摄性权威的形成为基础，需要以全球化时代的思想文教领域的权威为前提，需要在政治阶层中形成有竞争优势的影响力。二是重释孔子"三世说"中的"不可躐等而进"等论述，主张不能超越当前历史阶段的具体条件采用共和制。无论哪个支点，康有为主要的设想是，既然多数中国人尊崇和认同孔子，那就很可能支持孔教会及其主张，这个设想接近于"靠天吃饭"。这一设想面临两个重要挑战：一是在严重的国际国内危机中，还有多少政治和文化精英认为靠孔子思想能成功应对中国的危局；二是有多少人会因为认同孔子而认同孔教会（而不是袁世凯扶持的其他尊孔组织）。

康有为通过重释孔子，以阐释孔子的大同论述为中心，提供了一套以大同立孔教的系统论述。看起来他自己也对这套论述深感安慰，不认为孔子或者儒学思想需要在应对"三千年未有之大变局"中接受再检验：他将从帝制到共和制的大变局视为更重要的大变局，但并没有将"教"的解决实际问题的能力作为更重要的问题。他以大同为中心重释孔子之义，强调孔子的大同论述，早就包含了近代西方标举的、所有被认为是先进的价值,主要用来论证孔子有资格做"全球教主",把孔子作为孔教运动的标志,确立中国和世界未来的方向,而不是用来回应和解决现实危机。根据他在戊戌变法之后对"三世不可躐等而进"的更为系统的阐释,解决中国现实问题的钥匙在孔子有关升平与小康的论述之中。康有为在争取教权的过程中明确地将孔子的大同之义悬搁起来,把"大同"排除在现实政治议程之外。

陈独秀等五四新文化运动的骨干正是在孔子之义与现实危机的关系这一根本问题上发起了对康有为大同立教论述的系统挑战,要颠覆的主要是康有为有关孔子作为"中国教主"的论证。陈独秀等人并没有把康有为有关孔子是"全球教主"的论述太当一回事。其中的一个重要原因是,康有为自己对于孔子"全球教主"地位的论述基本都是寥寥几笔,不太重视,甚至他在全球游历的过程中也没有对此太当真。在他周游列国的叙述里面,基本上看不到他对欧美人说,你们来遵从我们的孔子,孔子凭借其大同论述足以担当"范围万世"、覆盖全球的"大地教主"。[①]可以比较孔子周游列国与康有为周游列国。戊戌变法之后康有为周游列国十六年,与孔子周游列国有一个非常大的区别,孔子周游列国是在还有周天子的环境下去推行自己的政治理想,春秋列国有关于三代以及统一国家的共识,康有为周游列国没有这样的环境和条件,他所经历的欧美社会完全没有这种类型的共识。[②]同时代较早大张旗鼓地宣扬要以中国精神救治欧美之病的,是辜鸿铭。与此相应,在这一方向上,陈独秀等人主要的批判对象是辜鸿铭。

康有为是新文化运动初期最主要的批判对象和理论对手(其"大同立教"论述第一次遭遇系统性的批驳),同时也可以说,他的定孔教为国教主张(与大同立教、君主立宪制等形成系统论述),为五四新文化运动一代知识分子提供了重要启发。在回应政教疏离带来的难题的上述三个方面,康有为都堪为站在新文化运动对立面的先行者。首先,把握

---

① 康有为有李秉宪等韩国弟子,但目前还没有看到他有与欧美弟子的交往记载。
② 汪晖指出,丁韪良以及当时中国知识分子用春秋战国来比附近代国际关系的时候,其实是有问题的。这个问题主要不是对于近代以来国际秩序的理解,而是用近代国际秩序的模式来理解春秋战国时期的国家间关系,会忽视春秋时期还有一个周天子的存在。从孔子周游列国和康有为周游列国的区别,可以明显地看出这个特点。参见汪晖《现代中国思想的兴起》,第 707~736 页。

政治与文教的疏离与分流趋势,并在此基础上,意识到文教领域可以成为社会政治革命的能动场域,成为打造新的政治架构、形成政治影响力的重要基础。康有为将国教建制作为改变政治版图的支点的企图虽然失败了,但打开了文化阶层介入社会政治大变局的想象空间。其次,打开了从思想文化变革入手打造组织化社会运动和政党的想象空间,提示了文化阶层与政治阶层既分流又合流、在分流中再合流的必要性与可能性。康有为组织孔教会的主要思路是利用中国社会对孔子的普遍尊崇,以孔教会作为推动政治阶层与文化阶层再合流的组织基础。陈独秀、李大钊等新文化运动骨干认为孔子和儒学救不了深度危机中的中国,要用能够救中国的新思想新文化打造新的文化运动和社会运动。后者在救中国的进程中扩大影响力,探索组织化亦即建立新政党的道路,吸纳康有为在推动政党和宗教的组织化方面的经验和教训。新文化运动的开始阶段曾提出文化运动不问政治,这一将文化领域与政治领域区隔开来的定位,与康有为的政教疏离论,以及韦伯对专业化学术思想的界定,都有接近之处。在文化运动的组织化进入政治运动的组织化阶段之后,后者成为更主要的力量,但文化运动仍然是积极能动的领域。在这一阶段,问题的关键不再是文化领域的相对独立性问题,而是不同路向的文化政治的斗争。最后,康有为表面强调大同却在实践中搁置大同,被动地"靠天吃饭",以为馅饼自然会从尊崇孔子的中国社会公众之"天"掉下来,其参与复辟运动的惨败呈现了其大同立教理论的根本局限,五四新文化运动及此后的马克思主义中国化探索,是从洞见和系统批判康有为的局限起步的,开启了思想理论与政治军事运动不断往复互动的新进程。社会主义和共产主义的目标和信仰不再只是纸面的承诺,而是内在包含于分阶段推进的革命运动之中。

康有为有关政教疏离的论述及其应对思路,包含了前瞻性的部分,这里联系葛兰西的文化领导权论述与毛泽东的《在延安文艺座谈会上的讲话》做进一步的讨论。① 应对政治阶层与文化阶层分流趋势下政不及

---

① 葛兰西与瞿秋白有关"领导权"的思想,都与他们在苏联驻共产国际工作期间接触到领导权理论思想有关。参见张历君《瞿秋白与跨文化现代性》,香港中文大学出版社,2020;李放春《瞿秋白与"领导权"的定名》,及该文所引 Perry Anderson、Craig Brandist 的相关论文。

学、学不及政等难题,不同政党有不同的策略。参考对文化领导权有理论自觉和政治自觉的马克思主义政党的战略思考,可以更清晰地看出,总体上已经落后的康有为的政教思想及实践探索,也有前沿和先锋的一面。不是说康有为的政教分离及相关论述开启了葛兰西、瞿秋白和毛泽东等共产主义革命家的思考,事实也并非如此,而是指出他们的思考包含了相近的问题意识,可以放在有关政教分离的全球思想史脉络中讨论,这些思考是全球范围更多思考线索中的重要部分。

葛兰西也分析了政治权力与"市民社会"权力相对分离的趋势,启蒙运动最重要的后果是"政教分离"——不仅是国家与教会的分离,而且是政治权力与所谓"市民社会"权力的相对分离,特别是与掌握在"市民社会的机构"(阿尔都塞后来把葛兰西的这个说法发展为"意识形态国家机器")及其知识分子手中的意识形态权力的相对分离,即解除意识形态与政权之间那种直接而单一的肯定性关系。这是比"三权分立"更为根本的分权形式,正是这种分离使"意识形态统一"成为一个现代的难题。[①] 现代社会的意识形态领导权争夺的基本格局,一是政治阶层与文化阶层"分流"的客观趋势,二是这两个阶层与大众形成三元结构,"学"与"仕"可能同时展开社会大众的动员,两者之间可能存在竞争。

葛兰西将政党视为现代政治的"新君主",提出有机知识界的问题,都是应对"政教分离"的战略思考。他在《狱中札记》中指出,"政党在自己的范围中执行自己的职能,比国家在更广泛的领域中执行自己职能,更加完全、更加有组织:成为一定社会集团政党党员的知识分子与这个集团有机的知识界融合起来,和它更巩固地联系起来,而知识分子在国家生活中却是软弱无力地参加,有时简直是微不足道地参加"。[②] 这一论述针对的问题是"政教分离",尤其是政治阶层与文化阶层的"分流"问题,这一问题已经不可能像君主制时代那样,通过将文化精英阶层吸纳到国家官僚体系中来解决,但文化领导权的获取又必须有效地应对这两个阶层的疏离与分流难题。解决这一难题的办法就是政党的组织

---

[①] 参见陈越《领导权与"高级文化"——再读葛兰西》,《文艺理论与批评》2009年第5期。
[②] 李鹏程编《葛兰西文选》,人民出版社,2008,第360页。

建设，即政党可以成为将政治阶层与文化阶层同时容纳进来的组织形式，但国家机器则不可能，这是葛兰西为什么说政党比国家"更加完全、更加有组织"，知识分子参与政治的主要路径是政党的组织而非国家机器。这是政党之所以是"现代君主"的一大关键。与此相应，之所以知识分子在"国家生活"中"软弱无力"与"微不足道"，关键原因在于政治阶层与文化阶层"分流"之后的疏离表现为专业分化、话语分化、习惯分化等一系列分化，如果知识分子在国家官僚体系中不能转换角色和调整自我，很难顺利地发挥自己的才干。但政党的组织生活的逻辑，是以政治信仰、政治原则与政治运动为轴心的，有普通党员参与的相对大的空间，这与国家官僚体系有所不同。他认为，"政党的全体党员应当看作知识分子"，这一断言看起来可笑，但非常正确，重要的是政党应当实行领导和组织作用，即是教育的、精神力量的作用。① 按照这一思路，"学"的阶层除非走向政党化，否则不可能凭借其专业性赢得政治场域的激烈斗争。有能力争夺国家意识形态领导权的，主要是组织化的政党。在这个层面，葛兰西认为，"现代政党、其实际发生、其发展、其形式的问题"是最有兴味的问题，这是"任何基本社会集团有机知识界范畴和传统知识界范畴之间的差别"② 的关键所在。

因此也就可以理解，为什么葛兰西要批判官僚化，认为文化领导权的争夺要通过政党领导的实践中的运动来实现。他在讨论"一个集团的核心组织"的法统问题时指出，"核心组织在'法律上'的连续性（法统）不应该是拜占庭—拿破仑式的（即有所谓永恒的法典为依据），而应该是罗马—盎格鲁-撒克逊式的，也就是说，这种法统的基本特征就在于它的方法是现实主义的，并且始终同处在不断的运动变化中的实际生活保持密切的联系"。思想领导权需要在"不断的运动变化中的实际生活"中实现，需要不断分析和解决实际进程中的各种问题和挑战，在理论与实践的互动过程中达到。③ 思想领导权一定要跟不断运动中的实际生活保持密切的关系，领导权问题不单单是一个思想领导权的问题，思想领导权需要与实际的政治过程紧密结合在一起，这是它真正

---

① 李鹏程编《葛兰西文选》，第 361~361 页。
② 李鹏程编《葛兰西文选》，第 359~360 页。
③ 参见李鹏程编《葛兰西文选》，第 155~156 页。

第一章 中国思想文化"三千年未有之大变局"之际的"大同立教"

的要害。

　　毛泽东的《在延安文艺座谈会上的讲话》开篇即指出，要讨论的问题是"文艺工作和一般革命工作的关系"，这一问题视野的基础是"文武两个战线"的区分，即"文化战线和军事战线"。① 区分"文武两个战线"与其他战线，是对专业分化、政治群体与文化群体分流的客观现实（"事实"）的把握和概括。之所以会有文武两个战线的区分，之所以"文艺工作和一般革命工作的关系"会成为中国共产党的文艺工作首先要提出的问题，是因为存在两个层面的文化领域与政治领域的分流问题。一是不同政党普遍面临的分流问题。五四新文化运动兴起之际，中国已经进入官僚体系与文化精英阶层"分流"、文教权威分散于官僚体系和文教等专业部门的时代。社会政治斗争和思想斗争既存在于包括北洋政府的各种政治军事势力之间，也存在于以学校和报刊为重心的社会舆论界。在新的政治进程中，学校等机构仍然是与政党政治体系保持"分流"态势的专业部门。这种文教权威分散于不同专业部门的社会结构，给政党政治进程中的文化领导权争夺带来了很大的挑战：政党及其知识精英在政治斗争和思想斗争中形成的文化领导权，要延展至文教专业部门，并不是一件容易的事情。二是在中共内部，武的战线与文的战线亦有分流现象。毛泽东在讲话开始指出了一个特殊原因，即十年内战时期，革命的文学艺术运动与当时的革命战争，"在总的方向上是一致的，但在实际工作上却没有互相结合起来"，原因是"当时的反动派把这两支兄弟军队从中隔断了"。② 紧接着毛泽东就指出一个更为重要的分流现象，即全面抗战爆发后，革命的文艺工作者到延安和各个抗日根据地的多起来，上述特殊的分流问题不复存在，但问题是，文艺工作者到了根据地，"并不是说就已经和根据地的人民群众完全结合了"。③ 武的战线和根据地的人民群众的结合程度，与文的战线和根据地的人民群众的结合程度，存在着差别，这是更为重要的分流现象，其原因是多元的，包括政治与文化的阶层分流，文化思想学术的专业化与追求相对独立的习惯诉求，

---

① 《毛泽东选集》第三卷，人民出版社，1991，第847页。
② 《毛泽东选集》第三卷，第847~848页。
③ 《毛泽东选集》第三卷，第848页。

不同观念态度乃至立场的分歧。① 这些分流现象带来的难题的具体表现，即是"文艺工作者的立场问题，态度问题，工作对象问题，工作问题和学习问题"。②

从前面讨论的近现代思想史的共同问题线索来看，毛泽东在这一讲话中提出的、要回答的首要问题是，在文的战线与武的战线及其他战线存在"分流"现象的情况下，怎样才能让它们汇聚在一起，既分流又合流，在分流中合流，成为革命政党在文武两个战线齐头并进、团结协作的生力军。基础性的框架是中国共产党的党员队伍包括了文武两个战线的精兵强将，这是参加座谈会的所有人已有的共识，是讲话中没有展开的部分。这是应对分流难题的首要的、前提性的战略，即人员庞大的文武两条战线不可能通过容纳于政治科层系统中的方式来整合，只能在不断壮大的党的组织中整合。从这个角度看，问题的重心在于，在党内的组织框架（以及与党外的统一战线）中，文武两条战线如何能够超越知识文化普及时代的分流趋势，形成分流中再合流的新局面。毛泽东在"引言"部分提出的问题和"结论"部分的分析，都以党的组织发展为前提和基础，事实上已经排除了类似于传统王朝时代的以政驭教、将政教精英都吸纳于官僚体系的道路选择，不再考虑以科层化体系吸纳与整合不同战线的知识分子，只有政党本身能够提供知识普及时代政治阶层与文化阶层再合流的组织架构。同样道理，在党的组织内部，不可能也没有必要以武的战线去统合文的战线，或者以文的战线去统合武的战线，问题并不在于武的战线与文的战线二者的关系。这些是讲话没有明言的部分，但是非常关键和基础。

那么，在党的组织之内如何促成政治队伍与文化队伍在分流中再合

---

① 在"武的战线"上，在江西苏区革命根据地时期，人民战争的道路已经形成，军事与群众日常生活的相互渗透和转化，成为人民战争的核心问题。即党和军队的结合，党通过军队跟农民运动、土地改革之间的结合，党及其领导下的苏区政府对经济生活的管理，党在民众工作中展开的文化运动，不但改变了革命的具体内容和中心任务，而且通过政党、军队、政权和农民运动的多重结合，创造了一个全新的革命政治主体。在人民战争条件下，中国共产党与根据地政府处理的不是简单的军事问题，而是日常生活的组织问题，产生了政党和政府的群众路线问题。参见汪晖《二十世纪中国历史视野下的抗美援朝战争》，《文化纵横》2013 年第 6 期。

② 《毛泽东选集》第三卷，第 848 页。

流?毛泽东提出的战略事实上是,武的战线与文的战线同时投入共同的事业,共同的组织生活,在共同的事业和政治过程中去消化两条战线与人民群众结合程度不一样的问题。共同事业是为人民服务的事业,党的组织生活是共同投入这一事业的基础。也就是说,数量庞大的政治队伍与文化队伍的再合流已经不可能在科层制架构中实现,需要在为人民服务的共同事业、共同政治过程中实现。这是为什么毛泽东在"引言"部分提出的问题是"文艺工作和一般革命工作的关系",到结论部分的开头,"问题的中心"却变成了"基本上是一个为群众的问题和一个如何为群众的问题"。[①] 进一步说,中国共产党及其推动的统一战线架构中的文的战线(或者武的战线),选择"为群众"的道路,意味着与其他道路选择之间的分歧、冲突或斗争。从当时整个中国社会的情况来看,政治军事文化斗争同时展开,政治与文化的分流同时存在,中国共产党在文化战线的领导权说到底呈现为政党体系内外的文与武多条战线汇流形成的力量,亦即人民当家做主救中国和打造新中国的力量。在毛泽东的论述框架中,武的战线与文的战线都有其专业性,这是一个客观事实,但在党的组织中,专业分工不是问题的重点(分工可以得到尊重,同时可以在跨界的工作中锻炼干部),重点在于每个人在"为群众"问题上的道路选择,在于政治—文化—群众三元结构中的方向选择。由此看来,康有为强调政教疏离的客观趋势,但并不认为政或教有着不应突破的专业区隔,而是将政/教与大众的关系(亦即孔教会的影响力问题)放在更为重要的位置,深刻地把握了共和时代政治文化的中心问题。

　　解读葛兰西与毛泽东的相关论述,可以看到他们与康有为的论述都是以政治阶层与文化阶层的疏离分流趋势为基础的,他们也都在回应这一趋势带来的诸种难题,即争取教权或者文化战线的领导权面临的诸种挑战。当然他们的回应思路不一样,毛泽东与葛兰西大体接近但有差异,他们与康有为则有很大差异。这里主要试图指出他们的问题框架之间的接近之处。

---

[①] 《毛泽东选集》第三卷,第853页。走进群众和深入生活的社会文化潮流转弱之后,政党政治的文教权威与专业知识部门之间会形成新的互动模式,前者的权威向文教专业部门的扩展则需要寻找新的方式。

**结论：将分流中的"再合流"作为文化领导权的分析框架**

基于他们的问题框架的接近之处和差异，我们可以进一步将政与教、政治阶层与文化阶层分流中的"再合流"作为分析政党政治时代文化领导权构成及力量强弱的主要理论模型。政治政党的前提条件是重要的，同时可以考虑其他前提条件下的状况，但这是需要另外讨论的问题。简要而言，政党政治时代的分流中的"再合流"分析框架主要包括如下四个方面。

其一，在知识文化普及程度越来越高的现代社会，随着文化阶层的数量持续增长，知识的专业分工日趋繁复，大众在国家政治生活中的话语权和重要性逐渐提升，政治阶层与文化阶层的分流是不可避免的客观趋势和事实。这一分流趋势在多个层面同时出现，其中有阶层的分流，有不同道路和方向的分化与斗争，有基于专业领域的自主性诉求与政治斗争介入专业领域之间的冲突，等等。即使通过特定的政治文化议程，可以推动部分政治阶层与文化阶层的"再合流"，政与教、政治阶层与文化阶层的分流都是难以改变的客观现实。在这一进程中，无论是政务专业阶层还是知识专业阶层都会产生基于专业领域的相对自主性的诉求。文化思想领域的专业性诉求内在地根植于现代知识的专业分化，以及知识阶层的知识生产既反映社会其他阶层诉求又希望保持自主性的充满内在张力的特点。随着政治阶层与文化阶层分流的逐渐发展，传统帝制时代的"学而优则仕，仕而优则学"成为相对少见的"旋转门"状况，常见情况是政不及教、教不及政的疏离。

其二，在政治阶层与文化阶层分流的大趋势中，会出现不同形式的推动政治阶层与文化阶层"再合流"的努力，使之成为争取文化领导权的关键社会基础。"再合流"有不同方式。首先，"再合流"的基本框架有不同类型，有的以国家官僚体系为主要框架，有的以政党为主要框架，或者以宗教等其他的社会政治组织平台为主要框架。"旋转门"是国家官僚体系内部的政教合流的常见形式，但相对于庞大的专业阶层而言，国家官僚体系的容量是极其有限的。政党将政治阶层与文化阶层作为党员吸纳于其体系之内，有强大的吸纳能力，成为最有效的推进政治阶层与文化阶层"再合流"的方式，在这个意义上，政党是现代社会的"新君主"。康有为领导的孔教会则试图成为跨政党的宗教平台,容纳整合政治阶层与文化阶层,希望起到跟政党类似的、更具代表性的作用。其次,不同的政党(或准政党组织)推动两个阶层"再合流"的方式很不一样,从根本上说是政治—文化—人民群众的三元结构中的关系不一样。孔教会主要从政与教的关系考虑问题,虽然有争取民众的视野,但在这个问题上"靠天吃饭",以为中国人认同孔子或儒学,就会支持孔教会,缺乏真正坚实的社会基础。中国共产党作为信仰马克思主义的无产阶级先锋政党,在延安时期形成的成熟战略是,文的战线、武的战线和其他战线都在党的领导下致力于"为群众"、为人民服务,在共同的政治进程中形成政治专业群体、军事专业群体与文化专业群体等群体的"再合流",在此基础上形成夺取全国范围的文化领导权的有力基础。如果说,康有为及其弟子陈焕章等人领导的孔教会走的是一条依附性的与民众仍有较大距离的道路,即自己放弃开展政治斗争的艰苦组织,而试图通过依附某些政治力量(例如发起复辟运动的"辫帅"张勋)实现获取"教权"的目标,然后再依托"教权"的优势位置去巩固和扩大政治影响力;那么,从新文化运动"练兵"走向缔造中国共产党的知识分子群体,是在锻造新国家的政治斗争乃至军事斗争进程中争夺文化领导权,其文化领导权的竞争与建立新的人民共和国的斗争密切互动、融为一体,是一条自主奋斗、动员民众的道路。后一道路从文化运动开始,又没有仅仅将争夺文化领导权作为主要目标,而是拓展为政治、经济、军事、文化等系统性运动,在缔造人民共和国的同时形成政与教在分流中的合流。

其三,无论何种形式的干预政教分流趋势的政治文化议程,无论何种形式的推动"再合流"的努力,对政治阶层与文化阶层的分流趋势的改变都是有限的;从一国之内的整体情况来看,分流仍然是具有整体性特点的趋势,"再合流"只是在这种大趋势中形成局部性的合流,但文化领导权正是以这种局部性的合流为基础的。这种总体上分流、局部出现再合流的形势,可以称为"分流中的再合流"。一个国家内部以局部再合流为基础的文化领导权,需要具体情况具体分析,文化领导权的掌握程度决定于再合流的领导力量在社会总体中的权重与影响力,从全球范围的文化领导权的争夺而言,关键要看局部再合流的建构方式、动员程度和整合深度。

其四，在形成文化领导权的"分流中的再合流"进程中，文化领域有很强的能动性潜力。文化领域的能动性有不同的类型，在国家建构进程、稳定国家的发展进程中的能动性也有所不同。例如，五四新文化运动在辛亥革命和民国建立的新地基之上，提出了军阀混战时代的新问题，要通过打造新文化来创造新政治，在打造新政治、捍卫共和的过程中打造新文化，意识形态领导权不是既定政治架构中已有的、有待夺取的部分，而是需要通过新的文化运动和政治运动去创造和争夺的部分。但不管哪种类型，政治与文化的再合流的形成进程，需要放在政治—文化—人民群众的三元结构中去观察和思考。20世纪中国政治实践曾经创造的一种在政教分流的基础上争取文化领导权、推动政教再合流的新方式，是形成"从群众中来，到群众中去"的新的人民政治，专业知识精英不是在进入科层系统的过程中，而是在走进社会大众和深入生活的社会文化潮流中，在推动知识分子实现知识文化的社会价值的过程中，在各自的专业领域、各自的战线形成共同的政治认同和信仰。新的道路不在政治—文教的二元关系中，而在政治—文教—人民群众的三元关系中。[①]

---

[①] 在资本力量非常强势的市场社会，无论政与教，还是政教关系的状况，都深受资本力量的影响，因而需要进一步分析资本集团与政、教之间的复杂关联。但政与教的关系仍然是这一背景条件下的主要分析对象。在资本力量的驱动之下，也可以形成"分流中的再合流"，其影响力也需要具体情况具体分析。葛兰西曾讨论"大工业家有没有自己固定的政党"问题，认为答案是否定的，"大工业家在轮流利用现有的一切政党，但是他们本身却没有自己的政党"，"他们关心的是保持一定的力量对比，他们完全根据政治棋局的变化，用自己的资金去轮流支持这个或那个政党，以造成这种力量对比"。参见李鹏程编《葛兰西文选》，第140页。

# 第二章　从立公理之学到以大同立教：
## 康有为奉孔子为"大地教主"的过程与方法[*]

无论今天的康有为阐释者是否乐意，将孔子塑造为"大地教主"，并着力阐发孔子的大同太平之义，是康有为倡立孔教的重心之一。[①] 要全面深入地理解康有为的思想尤其是孔教思想，需要把握康有为将孔子塑造为"大地教主"的思想脉络。

康有为立学和立教的方法是大胆而独特的：首先致力于综合全球诸教诸学，建构全球性的公理之学，并为公理之学确立"宜于人道"的衡量标准，进而他指出，孔子之道最宜于人道，孔子的太平大同之学即是人类公理所在，孔子堪为"大地教主"。[②] 以此为基础，康有为主张立孔教，并认为作为"人道教"的孔教在全球诸教的竞争中占有优势。[③]

这一理论实验不仅试图以开辟全球性公理之学的方式"保教"，而且为了确立孔子之学在全球诸教中的优势地位，热情肯定了对现代乌托邦的追求，并认为孔子的太平大同思想提供了最合人道因而是最好的指引，从而把孔子塑造为主张人人平等、"远近大小如一"的带有革命性的"大地教主"。康有为这一经学阐述和创教改制试验，在当年晚清帝国同情维新变法的士人群体中引起了强烈的震荡，在戊戌变法期间给他

---

[*] 本章刊发于《哲学动态》2015年第3期，刊发时有删节。
[①] 对于今天试图将康有为"整合"成民族主义儒学典范的人们而言，康的这一特征是最大障碍，或者是最应予批判的地方。
[②] "天既哀大地生人之多艰，黑帝乃降精而救民患，为神明，为圣王，为万世作师，为万民作保，为大地教主。"参见《孔子改制考》"序"，《康有为全集》第三集，第3页。
[③] 如《中华救国论》（1912）说："太古尚鬼，则神教为尊；文明重人，则人道为重。要神道人道，其为教人民则一也。孔子者，以人道为教，而亦兼存鬼神。譬如君主有立宪专制之异，神道之教主独尊，如专制之君主焉；人道之教主不尊，如立宪之君主焉。不能谓专制之君主为君主，立宪之君主为非君主，则不能谓言神道者为教，而言人道者非教矣。"参见《康有为全集》第九集，第325～326页。

的另一种"改制"行动——维新变法带来了很大的麻烦。①

变法失败、流亡海外之前，康有为讨论变法改制的一个主要框架是，中国面临从"一统之世"向"治敌国并立之世"的巨变（或者从"以一统垂裳之势治天下"向"以列国并立之势治天下"的巨变），因此中国的治法必须发生改变。康有为强调通过学习和容纳泰西之法而立公理之学。同时，这一论述方式提出了在全球视野中重新思考"别内外"的问题，并由此提出在世界这一新的"天下"寻求"大地远近大小若一之大一统"，亦即重新阐释孔子有关太平大同世之义。在这一时期，经由"别内外"的问题意识，包括大同一统之太平世的"张三世"②的重要性逐渐凸显。而当1899年梁启超等得意弟子上书希望他退休、表达倾向排满革命的主张之时，康有为则对弟子们的革命倾向表示了坚决的反对，开始了第二次集中的经学诠释。"时中之圣"成为这一时期塑造的孔子形象的重点，以"不可躐等而进"解释"三世"成为新的核心主题，这一主题的重要性毫不亚于阐释太平世之义。本章主要讨论康有为流亡之前从试图立全球公理之学到阐发孔子大同世之义、以此奉孔子为"大地教主"的演进。

## 一　秩序巨变、泰西之法与公理之学

所谓"敌国并立之世"或者"列国并立之势"，指的是"泰西诸国之相逼"这个意义上的中国数千年未有之巨变，"一统垂裳之势"指的是"汉、唐、宋、明一统之旧"③。康有为认为，中国从一统之世的秩序向列国并立的秩序的时势转变，意味着清政府必须变革以适应这数千年未有之变局。如《上清帝第一书》（1888年12月10日）说：

---

① 参见黄彰健《戊戌变法史研究》，上海书店出版社，2007；桑兵《庚子勤王与晚清政局》，北京大学出版社，2004；茅海建《戊戌变法的另面——"张之洞档案"阅读笔记》，上海古籍出版社，2014。
② 汤志钧曾强调"大同"说相对于"三世"说的重要性，因为康有为把《公羊》三世和《礼运》"大同""小康"相糅合，而将之称为"大同三世"说。参见汤志钧《近代经学与政治》，中华书局，2000，第282~283页。
③ 《外衅危迫分割洊至急宜及时发愤大誓臣工开制度新政局折》，见《康有为全集》第四集，第12页。

## 第二章 从立公理之学到以大同立教：康有为奉孔子为"大地教主"的过程与方法

今之时局，前朝所有也，则宜仍之，若知为前朝所无有，则宜易新法以治之。夫治平世，与治敌国并立之世固异矣。昔汉臣魏相专主奉行故事，宋臣李沆谓凡人士上利害，一切不行，此宜于治平之世也。若孙叔教改纪，管仲制国，苏绰立法，此宜于敌国并立之世也。今但变六朝、唐、宋、元、明之弊政，而采周、汉之法意，即深得列圣之治术者也。①

"列国并争"概念的移用暗示了民族－国家体系的特点："战国之诸侯，为今之属国，强则服之，弱则叛焉。"② 在一个以强权的公法作为法理基础的国际关系中，要想获取平等地位，唯一的办法是把中国放置在列国纷争的环境中，以改变原有的"一统之法"来实现变法图强。③ 从"一统垂裳之势"向"列国并立之势"的转变，是康有为对清帝国及其朝贡体系危机的一种描述，也是对必然走向新的国际体系的感知，维新变法则是对这一变局的回应。

康有为认为，泰西之国因为列国争雄而变法、强大，因此泰西之法包含了"列国并立之势"的变法强盛之道。④ 这是否也意味着中国维新变法的最好依据是泰西之法呢？

1879年，22岁的康有为稍有涉猎数种西书，初次游历香港，"乃始知西人治国有法度，不得以古旧之夷狄视之"，此后他"渐收西学之书，为讲西学之基矣"⑤。讲求西学一直是此后康有为立学的主要兴趣之一，戊戌变法失败后的环球游历更为他讲求西学提供了特殊的机缘。而儒学"圣道"更是他一生立学思考的重心所在。康有为对这两者的关系有清

---

① 《康有为全集》第一集，第183页。
② 《康有为全集》第二集，第237页。
③ 参见汪晖《现代中国思想的兴起》，生活·读书·新知三联书店，2004，第730~731页。
④ 《与洪右臣给谏论中西异学书》（1891年）论泰西之法长于列国并立之势："何谓势异？中国自从三代故为一统之国，地广邈，君亦日尊。以一君核万里之地，而又自私之，驾远驭，势有所限，其为法也守，其为治也疏，听民之自治。然亦幸赖其疏且守，若变而密，则百弊丛生矣。泰西自罗马之后，分为列国，争雄竞长，地小则精神易及，则君虚己而下士，士尚气而竞功，下情近而易达，法变而日新。此势之绝异也。"（《康有为全集》第一集，第336页）
⑤ 《康有为全集》第五集，第63页；吴天任《康有为先生年谱》，（台北）艺文印书馆，1994，第23页。

晰的意识，如其弟子张伯桢整理的《南海师承记》(1896~1897 年在广州万木草堂的听讲笔记)"学章"所记康有为的看法：

> 圣道既明，中国古今既通，则外国亦宜通知。……况乎相迫而来，我之所为，彼皆知之；彼之所为，我独不闻，尤非立国练才之道。……若仅通外学而不知圣道，则多添一外国人而已，何取焉。①

"外学"与"圣道"并重，是康有为立学的一个重要特征。②

康有为进行了一次非常大胆的以"圣道"吸纳"外学"的理论实验，即试图建构全球公理之学。他在 1888 年之前的《万身公法书籍目录提要》《实理公法全书》《公法会通》等系列作品中开始详论"公法""实理"。他认为："如出自几何公理之法，则其理较实；出自人立之法，则其理较虚。又几何公理所出之法，称为必然之实，亦称为永远之实。人立之法，称为两可之实。"③ 这里论人立之"实理"，是要强调类似于几何公理的"公理"一面，而非虚的一面，"实理"是公理的另一种说法。

首先，公理、公法之为"公"，有其尺度，这一尺度就是"有益于人道"和"合众人之见"。例如，《实理公法全书》开头就说：

> 凡天下之大，不外义理、制度两端。义理者何？曰实理，曰公理，曰私理是也。制度者何？曰公法，曰比例之公法、私法是也。实理明则公法定，间有不能定者，则以有益于人道者为断，然二者均合众人之见定之。……凡一门制度，必取其出自几何公理及最有益于人道者为公法，其余则皆作比例，然亦分别比例之次第焉。其

---

① 《康有为全集》第二集，第 216~217 页。
② 在此之前，已有人在异域有所游历，外学也有所积累，但同时也深研"圣道"的不多。比如他的同乡及好友黄遵宪 1877~1894 年曾在日本、美国、英国、法国、意大利、比利时、新加坡等国家任外交官，著有《日本国志》(1887 年完成，1890 年出版) 和《日本杂事诗》(第一个版本为 1879 年北京同文馆本) 等作品，这些作品也曾启发康有为。而黄遵宪在 1902 年给梁启超的信中，称自己"中国旧学，初亦涉猎，然不喜宋学，又不喜汉学，故无一成就"。参见《黄遵宪集》，天津人民出版社，2003，第 490 页。
③ 《康有为全集》第一集，第 147 页。

难易分别之处，要皆合众深明公法之人议定之。①

在康有为这里，"人道"是一个核心概念，与"人性"有重要区别。人道并不是自然生成的，而是经过人为努力（包括圣人的教化制作）之后才呈现的"人之道"。在教养、经历或能力不同的人那里，在不同人的不同种努力那里，"人道"并不一样。康有为根据多大程度上"有益于人道"来判断诸教的优劣。

其次，另一标准"合众人之见"也是得到公理、公法的途径，它意味着以地球为单位的公理、公法，需要合地球之深明公法的人来众议公断。合众人之见求得公理、公法，需要整合全球各种文明的智慧精华。《实理公法全书》"整齐地球书籍目录公论"陈列了多种万国公法书籍。②《公法会通》则说，"公法乃地球上古今众人各出其心思材力总合而成"。③"合众人之见"的看法与尊奉教主之言有根本区别。本章后面会论及，到1898年《孔子改制考》刊行之后，康有为较少强调"合众人之见"，而是认为孔子阐述的教义也就是圣人的见解已经笼罩泰西之法，孔子之学和孔教最根本的特征就是"人道之教"；他用儒学的中心概念"仁"来表述"人道"的标准，根据仁的多少和差等来加以区分和评价。尽管如此，对于康有为而言，试图"合众人之见"的过程却是重要的，他经过了这一过程，才会发展出"合众人之见"即容纳于孔子之学的判断。④

虽然康有为对"一统之世—敌国并立之世"转变的论断在当时并非独此一家，但他建立公理、公法之学的抱负很特别。知道数千年未有的时势转变的发生，并不必然会产生立公理公法之学的冲动。这种在新的时势下建构具有普遍性的义理制度的计划，既意味着康有为意识到儒学

---

① 《康有为全集》第一集，第147页。
② 《康有为全集》第一集，第159~160页。
③ 《康有为全集》第一集，第161页。
④ 康有为一直保持综合诸教、立公理之学的愿望。如他在晚年的《长安演讲录》中指出："夫地球之上，各教之多，皆海人为善。然人数至众，风土至异，吾少著《大同书》，即拟联合诸教。往年英教士李提摩太，博学能仁而有识人也，尝与吾言，谓：大地多教，决非一教主所能统一。吾教同人攻吾叛教，吾谓非此不能保教也。欲采大地各教主之所长，联合诸教，约吾共行之。吾深韪其说与吾同。今万国道德会之设，犹前志也。"《康有为全集》第十一集，第288页。

可能失去在已知世界的普遍性的危机，又意味着康有为试图为中国重建一套在已知世界具有普遍性的义理制度。但写作论公理公法系列文章的时期，他还没有清晰表明，可以通过重新诠释孔子之学，直接在孔子之学中找到公理公法的源头和基础，直接在孔子之学的地基上建立公理公法之学，从而重建儒学在已知世界的普遍性。在何种意义上可以说先圣学说包含了今日公理公法，成了其立公理之学的一大挑战。

## 二 反思的进展：从中国敷教于民到全球大同之义

康有为在"一统之世—敌国并立之世"的秩序巨变中看到了泰西之法的重要性，产生了建构公理、公法之学的设想，同时，展开对中国之学的反思，是不可避免、一体两面的一步。以反思二千年来之学为问题框架，康有为对二千年之前的圣王之治和孔子之学的阐释重点有一个变化和调整的过程。在 19 世纪 80 年代后期，康有为对"二千年来之学"的批判，重点在于遗忘了先王和孔子有关敷教于民和上下之通的精义；而到甲午战败之后成书的《春秋董氏学》和《孔子改制考》时期，他的批判重点转化为"二千年来之学"遗忘了孔子的太平大同之义，即从强调"教"进展为用什么"教"的问题。

康有为在《教学通义》（1885 年）及同期的《民功篇》等篇什中已经指出，中国二千年来之学的问题在于失先王之道、孔孟精义，不再敷教于民，变成了局限于士人阶层的学问。追究中国"二千年来之学"的缺失，而且认为缺失在于遗忘、遮蔽了先王之道和孔孟学说的精义（如民贵君轻），当下需要重振被遗忘的先王之道和圣学精义，是康有为在 1889～1890 年与廖平初晤之前就已经形成的重要问题意识。

《教学通义》开篇"原教第一"即指出后世之治衰败的原因就在于"合教于学"，忽视了对天下之民（甚至包括吏）的教化。在这里"教"与"学"有区别，"教"是指对天下之民的教化，而"学"只是士人的道艺修行。[①]《教学通义》认为光有士人群体的学习教化是不够的，这种教化还需要敷教

---

[①] 参见《教学通义》，《康有为全集》第一集，第 21、53 页。"后世礼乐虽失，而未失于朝廷之上；义理虽坏，而未忘于魁垒之儒。此汉、唐二千年来所由苟且为治也。惟养民、教民之学，则无复几微少存者。"

于民，普及一般民众。《教学通义》开篇指出将问题确定为敷教于民、开启民智的原因：

> 朝无才臣，学无才士，闾无才将，伍无才卒，野无才农，府无才匠，市无才商，则国弱。上无礼，下无学，朝不信道，工不信（疑作"度"），君子犯义，小人犯礼，则国已。①

康有为从人数多寡的角度指出了"民"在国家政治中的重要性，以及敷教于民的重要性，认为轻视"民"在政治上是本末倒置，会导致治理疏乱乃至亡国。康有为无疑认为，务本之要是敷教于民。因而康有为提出要恢复古制，即"古者道与器合，治与教合，士与民合"，振兴"公学"，即"庶民则不徒为士，凡农、工、商、贾必尽学之"②，重新敷教于民。与《教学通义》同期的《民功篇》也认为，"二千年来"中国的主要问题是，秦朝之祸以后，重君轻民，民智不开。③ 从儒学发展史来看，对于"教"的分歧是儒学内部分歧的重要争议点。以汉儒来说，西汉初期在"教"方面呈现两种不同的路线，一种是贾谊等荀子后学主张的"以礼为治"，另一种是以董仲舒为代表的公羊家主张的"以德化民"。这两种路线是汉儒内部长期争论的问题，而且深刻影响了汉代政治的发展。在汉代，"以礼为治"和"以德化民"可能已经被用来解释"小康""大同"之说。④ 从呼应经学史的角度来看，康有为从"教"切入二千年来之学的问题，在写作《教学通义》《民功篇》时即已经隐现尊董以及强调太平大同一统的思路走向。⑤

康有为也强调"通"的重要性。《民功篇》认为，在政治上谋及卿士、与士人阶层商议之外，也需要谋及庶人，听一般老百姓的意见，跟

---

① 《康有为全集》第一集，第 19 页。
② 参见《教学通义》，《康有为全集》第一集，第 53、47、40、21 页。
③ 参见《民功篇》，《康有为全集》第一集，第 89~94 页。
④ 参见陈苏镇《汉代政治与〈春秋学〉》，中国广播电视出版社，2001，第二章"'以礼为治'和'以德化民'——汉儒的两种政治学说"，第 120~194 页。
⑤ 《民功篇》论秦祸时论及，"孔子有元宗之才，尝损益四代之礼乐，于《王制》立选举，于《春秋》尹氏卒讥世卿，又追想大同之世，其有意于变周公之制而光大之矣"（《康有为全集》第一集，第 89 页）。

他们商量。这是立意于上下之"通",其中包含的议题是扩大民权、开启民智、增进民众的政治参与。这与《上清帝第一书》(1888年12月10日)强调上下之"通"是一致的。① 在同期的《论时务》一文中,康有为阐述了如何"通",其中包括设上下议院、大力促进士子游历外国、铸银钱等,引用《洪范》提出"谋及卿士"(上议院)和"谋及庶人"(下议院)的设想。② 从强调敷教于民到谋及庶人,都显示康有为对西方民权思潮有所吸纳。

在康有为的论述里,究竟是更重视"教",还是更重视"通",这是有变化的。他在《上清帝第一书》阐述变革主张的重点是"通",而从《上清帝第二书》(1895年5月2日)开始,论述的首要重点变成了"教"。《上清帝第二书》和《上清帝第三书》文章结构相近,也颇多重合之处,首要问题都在"教民",次则论谋及庶人之"通"。全面落笔在"教",视教为根本,教既是通的基础,也是种种变法得以成功的前提。康有为对泰西之法也有一个相应的观察,指出:"尝考泰西之所以富强,不在炮械军兵,而在穷理劝学。"③

1895年上书(《上清帝第四书》)之后,康有为在北京和上海曾组织强学会,影响颇大,其要旨仍然表述为敷教于民。如《京师强学会序》指出"徒以风气未开,人才乏绝,坐受陵侮"④,《上海强学会序》开篇指出"夫挽世变在人才,成人才在学术,讲学术在合群,累合什百之群,不如累合千万之群,其成就尤速,转移尤巨也",《上海强学会章程》指出"以中国之弱,由于学之不讲,教之未修,故政法不举"⑤。由此可见,"教"是种种变法之"通"的基础所在。而改革科举则是推动敷教于民的重要举措,"而科举不改,积重如故,人孰肯舍所荣而趋所贱哉?"⑥ 以上所有反思的共同特点在于,它们都着眼于中国一国之内的上下之"通"与敷教于民。

---

① 《上清帝第一书》中说:"今上下否塞极矣,譬患咽喉,饮食不下导,气血不上达,则身命可危。知其害而反之,在通之而已。"参见《康有为全集》第一集,第183页。
② 《康有为全集》第一集,第166页。
③ 《康有为全集》第二集,第42页。
④ 《康有为全集》第二集,第89页。
⑤ 《康有为全集》第二集,第93页。
⑥ 《康有为全集》第二集,第84页。

## 第二章 从立公理之学到以大同立教：康有为奉孔子为"大地教主"的过程与方法

反思和批判"二千年以来"的中国学术和治法，认为二千年来的中国遗忘或者遮蔽了先王之治或者孔子学说中的部分精义，并通过重新揭示、阐发这部分精义指出中国变革的方向，这无疑是一种托古立学改制的论述结构。虽然《孔子改制考》（1897 年冬开始刊刻，1898 年初面世）是康有为最著名的托古改制论述，但他托古改制的思考要远早于《孔子改制考》和《春秋董氏学》（1893~1897 年）的写作。只不过随着康有为全面转向今文经学，周公之治淡出，孔子学说跃居首要位置。康有为对二千年来之学的反思，同时也是建构全球性公理公法的一种努力，是对先王先圣之学与公理公法的契合点的追索，这些思考扩展为用什么来教民的问题。正是在一过程中，康有为形成了建立孔教的主张。

从 1889~1890 年与廖平初晤，到《新学伪经考》刊刻（1891 年秋 7 月）前后，追溯"二千年来之学"的症结仍然是康有为的兴趣所在，但在已有基础上做了重要推进。19 世纪 80 年代后期，康有为对"二千年来之学"的弊病究竟应该追溯到什么时期，并不是很确定，有时说"自汉以后"，有时也说从暴秦开始。而《新学伪经考》对此做了不同的解释，不再将问题的源头追溯至"暴秦"或"自汉以后"，而是清晰地确定于刘歆篡乱孔子的六经，"始作伪乱圣制者自刘歆，布行伪经篡孔统者成于郑玄"①。

康有为在全面转向今文经学之后，重新评估了二千年来之学的问题，并将之归结为如何正确理解孔子学说。但在《新学伪经考》中，讲求"孔子大义"的重点何在，用何种学说使得孔学能"传之四洲"，还不明晰。② 在目前所见康有为的同期作品中，对后世之学的批评（"被遗忘的'孔子大义'"）仍然主要在于君贵民轻，如《致朱蓉生书》（1891 年 7 月 28 日）说："至于后世，君日尊侈，惟辟玉食之言，叶水心早已疑之。仆亦意此为古文家乱人者。……试问今学民贵君轻之义，有竭天下以供一人之义否？……讲求既入，自能推孔子之大义，以治后之天下，生民所攸

---

① 《康有为全集》第一集，第 355 页。
② 1897 年康有为在广西时曾寄梁启超《孟子公羊同义证传》刊发，梁启超即表示了不同意见，并催促他抓紧完成《孔子改制考》等书。参见吴天任《康有为先生年谱》，第 134 页。

赖，更有在也。"①

大约在1893年之后，康有为逐渐突出阐述有关"太平世"思想，并明确认为它是孔子大义之所在。② 他对刘歆以后儒学的批评以及对"太平世"的阐释，是沿着敷教于民、泽被于民和谋及庶人等方面逐渐扩展的，即太平世意味着这些方面的实现。《如有王者必世而后仁》（1893年）在目前所见康有为作品中较早表述了出自今文经学脉络的"三世说"思想："《春秋》托王，所为张三世欤！"③ 此处重点是阐释"太平世"，重点是敷教于民达到"人人有士君子之行"的程度。作于1894年冬的《书余莲珊尊小学斋集后》区分孔子改制与刘歆之罪的要点也在于"泽被生民"。④《上清帝第二书》的重点也是敷教于民、泽被于民和谋及庶人，如"夫先王之治天下，与民共之，《洪范》之大疑大事，谋及庶人为大同"。⑤ 从《如有王者必世而后仁》一文以降，到1895年，其间康有为在多次讲学中已经讲解"张三世例"，但从目前留下的学生笔记来看，⑥ 康有为已经较多提及"三世说"中关于太平世的部分，逐渐将遗忘太平世视为"二千年来之学"的主要缺失和刘歆篡乱之罪的要点。

到《春秋董氏学》（1897年刊刻）和《孔子改制考》，康有为延续了此前关于"二千年来之学"的问题意识和批判模式，更为明确地认为，后世之学所湮没的主要部分是有关太平之治的内容，并且有所铺陈

---

① 《与朱一新论学书牍》，《康有为全集》第一集，第315页。
② 伯纳尔认为，康有为从《万国公报》1891年12月~1892年4月连载的美国作家贝拉米《回顾》中译本那里获得灵感，他使用的"大同"一词与贝拉米有关，这促使康有为把"大同"这个词的概念从过去转为未来，并吸收到他的理想国的设计中去，看来这种可能性是很大的（参见〔美〕伯纳尔《一九○七年以前中国的社会主义思潮》，丘权政、符致兴译，范道丰、陈昌光校，福建人民出版社，1985，第15页）。如果只就托古改制而言，康有为托古改制的思想方法在他接触贝拉米之前即有，这种思想方法在中国思想中有源远流长的传统，并非来自贝拉米的影响。
③ 《康有为全集》第二集，第4页。
④ 《康有为全集》第二集，第11页。
⑤ 《上清帝第二书》，参见《康有为全集》第二集，第44页。《万木草堂口说》在讲解"洪范"的时候也有类似说法，参见《康有为全集》第二集，第153页。
⑥ 张伯桢整理的《康南海先生讲学记》（1896年秋）和《南海师承记》（1896~1897年）记有"张三世例"的讲释，《万木草堂讲义》（1897）"七月初三夜讲源流"有简单记录，《万木草堂口说》（1896年）则有讲小康、大同、孔子改制的记录，无"张三世例"的讲解记录。

地阐释了太平大同的状况。康有为对二千年（刘歆篡伪）以来之学的反思，到此告一段落。康有为在《孔子改制考》序言开篇即写他读了孔子遗言之后的感叹：

> 使我不得见太平之泽、被大同之乐者何哉？使我中国二千年、方万里之地、四万万神明之裔不得见太平之治、被大同之乐者何哉？使大地不早见太平之治、逢大同之乐者何哉？①

康有为指出要害在于不知太平大同之义：

> ……（孔子）生于乱世，乃据乱而立三世之法，而垂精太平，乃因其所生之国，而立三界之义，而注意于大地远近大小若一之大一统。……圣制萌芽，新歆遽出，伪《左》盛行，古文篡乱。于是削移孔子之经而为周公，降孔子之圣王而为先师，公羊之学废，改制之义湮，三世之说微，太平之治，大同之乐，暗而不明，郁而不发。我华我夏……非惟不识太平，并求汉人拨乱之义亦乖刺而不可得，而中国之民遂二千年被暴主、夷狄之酷政，耗矣哀哉！
>
> 朱子生于大统绝学之后……蔽于据乱之说而不知太平大同之义，杂以佛老，其道榖苦，所以为治教者，亦仅如东周、刘蜀、削督之偏安而已。②

《春秋董氏学》也说：

> 大义多属小康，微言多属太平。为孔子学，当分二类，乃可得之。此为《春秋》第一大义。自伪《左》灭《公羊》而《春秋》亡，孔子之道遂亡矣。③

而按照公理公法之学的"有益于人道"的标准，太平世是"人道之

---

① 《康有为全集》第三集，第3页。
② 《康有为全集》第三集，第3页。
③ 《康有为全集》第二集，第324页。

至"。例如：

> 尧、舜为民主，为太平世，为人道之至，儒者举以为极者也。[1]

《春秋董氏学》和《孔子改制考》将"蔽于据乱之说而不知太平大同之义"确定为二千年来之学的主要缺失，因而他要去二千年以来之学之蔽，重新揭示孔子"张三世"之义，立太平大同之学。而以公理公法之学"有益于人道"的标准加以权衡，则阐发孔子的太平大同之学，可以看作立全球性公理公法之学的一种努力，是以太平大同之学（人道之至）为公理公法之学。康有为认为"仁"是孔子立教的根本，并以"仁"的大小来区分等次。[2] 在《春秋董氏学》和《孔子改制考》这一阶段，康有为最为重要的发展是阐释"太平世"之义，对三世更替则很少讨论。要在康有为流亡初期遭遇倾向排满革命的弟子们的挑战之后，对"三世"更替进化的阐释才成为与太平世阐释同样重要甚至更为重要的内容。

## 三 奉孔子为"大地教主"的理由与动力

康有为并没有止步于阐释"太平世"之义，而是完成了一个重大的跳跃，由阐发孔子的太平大同之学，进而奉孔子为"大地教主"，开始致力于建立孔教。

在流亡海外之前，康有为的著述主要包括两个方面：一是托古改制、变法强国，二是托古立教、阐释大同之义。康有为对这一区分是自觉的，他在1891年致朱一新的信中指出，变法改制方面不能发挥作用，就专门

---

[1] 《康有为全集》第三集，第149页。
[2] "凡圣人立教必有根本，老子以天地为不仁，孔子以天地为仁，此宗旨之异处。"参见《康有为全集》第二集，第389页。"孔子之道最重仁。人者，仁也。然则天下何者为大仁？何者为小仁？鸟兽、昆虫无不爱，上上也。凡吾同类，大小、远近若一，上中也。爱及四夷，上下也。爱诸夏，中上也。爱其国，中中也。爱其乡，中下也。爱旁侧，下上也。爱独身，下中也。爱身之一体，下下也。……后世不通孔子三世之义，泥乱世、升平之文，反割放生为佛教，宣孔子之道日隘也。"《春秋董氏学》，参见《康有为全集》第二集，第390页。

## 第二章 从立公理之学到以大同立教：康有为奉孔子为"大地教主"的过程与方法

用力于孔学，而且希望它能"传之四洲"。他说：

> 仆昔者以治国救民为志，今知其必不见用……故杜门来，专以发明孔子之学，俾传之四洲，行之万世为事。①

而且他特别提醒朱一新，"仆言改制自是一端"，他讲孔子改制与变法改制是有区别的：

> 仆窃不自逊让，于孔子之道，似有一日之明，二千年来无人见及此者，其它略有成说。先辟伪经，以著孔子之真面目；次明孔子之改制，以见生民未有；仆言改制自是一端，于今日之宜改法亦无预，足下亦误会。以礼学、字学附之，以成一统；以七十子后学记续之，以见大宗。②

这段话也陈述了康有为的写作计划。这意味着在1891年康有为写就《新学伪经考》的时候，已经对后续的写作有了通盘的考虑。1897年初康有为赴广西讲学，其间与唐景崧、岑春煊等人商议创立圣学会，这是康有为建立孔教的一个初步尝试。他在《两粤广仁善堂圣学会缘起》（1897年4月）开篇说："天下所宗师者，孔子也。孔子何以为圣？为其仁也。仁者爱人。……专崇孔子，又未专明孔子之学。"③ 康有为认为，以"仁"为中心明孔子之学，是尊孔子为圣和建立孔教的基础。

甲午战败之后成书的《春秋董氏学》和《孔子改制考》，与康有为此前反思二千年来之学的作品相比最大的变化，就是将"立学"直接等同"立教"。例如，《春秋董氏学》"自序"开篇便说：

> ……无教者，谓之禽兽。无道者，谓之野人。道、教何从？从圣人。圣人何从？从孔子。孔子之道何在？在"六经"。④

---

① 《康有为全集》第一集，第325页。
② 《康有为全集》第一集，第325页。
③ 《康有为全集》第二集，第268页。
④ 《康有为全集》第二集，第307页。

称孔子为"大地教主"是需要理由的。康有为以立学为立教，认为孔子"张三世"之学对太平大同的阐述，是全球性公理之学的最好载体，同样的道理，他奉孔子为"大地教主"的主要根据，就在于孔子"张三世"，在据乱世对太平大同早有预见和规划，"生于乱世，乃据乱而立三世之法，而垂精太平，乃因其所生之国，而立三界之义，而注意于大地远近大小若一之大一统"。① 这是孔子之学足以发展为全球性宗教的最主要理由。由此可以看出，康有为在建构公理之学的同时展开对二千年来之学的反思，是回应秩序巨变最为重要的努力，重释太平大同则是这一努力的成果和终点。只有重新发现孔子"张三世"论及太平大同的思想，康有为才有信心和理由认为孔子之学是全球性公理之学的最好载体，认为孔子是"全球教主"，认为孔教足以成为全球性宗教。② 康有为说，他曾经想自己做教主，但后来发现孔子之道无处不在，无法超越，所以最后还是奉孔子为大地教主。③ 也许，康有为说自己曾想做教主，指的正是建立全球性公理之学的努力。不管是否如此，康有为认识到孔子之学的巨大价值，发现原来建立公理之学的基础就在孔子的太平大同学说这里，的确经过了一段时间的摸索。康有为立学的努力不仅为其立教设想提供了基础，其立教的愿望亦推进了立学的探索，为寻求孔子大义提供了动力和方向，其立学和立教不可分离。只有意识到太平大同学说在康有为整个立学论述中的枢纽位置，我们才能理解，为何康有为在

---

① 《康有为全集》第三集，第3页。
② 康有为在《长安讲演录》（1923年11月）中坦承："若无《春秋》三世、《礼运》大同之学，则孔子之道已不能范围今世矣。……以孔子之教，通于三世，圆融无碍。今欧美之制，不能外之。"见《康有为全集》第十一集，第285页。
　　汪晖认为，晚清儒学面临的最大困境是：随着帝国成为世界资本主义的边缘区域，儒学"万世法"同时沦为一种不合时宜的"地方性知识"。在以康有为、廖平为代表的兴盛阶段，欧洲中心的"全球知识"正在成为支配性的知识，如果无法在儒学内部发现能够包容这一"全球知识"的框架，并按照这一新的儒学普遍主义设计变革的蓝图，儒学就无法避免没落的命运。这一过程促使清代今文经学从一种王朝的合法性理论转化为一种王朝的变法改制理论，从一种有关中国的万世法转化为有关世界的普遍真理，并最终导向对以民族-国家、殖民体系和工业化过程为基调的全球关系进行批判性的反思。晚清儒学普遍主义关注的不仅是"中国"问题，而且是"世界管理问题"（参见汪晖《现代中国思想的兴起》，第741～744页）。晚清儒学普遍主义最为极致的一次努力，是康有为建立全球性孔教的构想和行动。
③ 《参政院提议立国之精神议书后》，《康有为全集》第十集，第206页。

## 第二章 从立公理之学到以大同立教：康有为奉孔子为"大地教主"的过程与方法

戊戌变法失败后的长期流亡生涯中，会反复致力于《大同书》的写作（即使声称此书必须在他过世之后若干年才能出版面世，以免为祸世人），在晚年会沉浸于"天游"的畅想，并自号"天游化人"。

进一步的问题是，在孔教教义的设想方面，康有为为什么没有满足于敷教于民、谋及庶人这些早期对孔子之学的诠释要点，而要顺着"张三世"的视野向太平大同进取，以大同立教？

根据康有为的自述，中法战争对其大同思想的形成（或者说领悟）有关键意义。《大同书·绪言》这样回顾：

> ……已而强国有法者吞据安南，中国救之，船沉于马江，血蹀于谅山。……康子避兵，归于其乡。……虽然，乡人之酬酢，里妇之应接，儿童之抚弄，宗姓之亲昵，耳闻皆勃豀之声，目睹皆困苦之形。……若夫民贼国争，杀人盈城，流血塞河，于万斯年，大剧惨瘝，呜呼痛哉，生民之祸烈而救之之无术也！人患无国，而有国之害如此哉！若夫烹羊宰牛，杀鸡屠豕，众生熙熙，与我同气，刳肠食肉，以寝以处，盖全世界皆忧患之世而已，普天下人皆忧患之人而已，普天下众生皆戕杀之众生而已。苍苍者天，厚厚者地，不过一大杀场、大牢狱而已。……神明圣王孔子早虑之忧之，故立三统三世之法，据乱之后，易以升平、太平；小康之后，进以大同，曰"穷则变"，曰"观其会通以行其典礼"，盖深虑守道者不知变而永从苦道也。吾既生乱世，目击苦道，而思有以救之，昧昧我思，其惟行大同太平之道哉！①

《我史》（1899 年）所附"光绪十三年丁亥年（1877）日记"也曾扼要论述废列国之君、去列国之争、合天下为一的设想。② 不过，如上节所述，从康有为 19 世纪七八十年代的各种作品来看，他注意的主要是敷教于民和上下之通，很少论及太平大同之义。

康有为真正大量展开对太平大同的论述，尤其是完成《春秋董氏

---

① 《康有为全集》第七集，第 1~6 页。
② 《康有为全集》第五集，第 71 页。

学》与《孔子改制考》二书,是在中国甲午战败之后。根据中法战争影响康有为大同思想的逻辑,也可以推测,很可能是中国败于日本强烈刺激了康有为,推动他认为,应该以孔子的大同太平之道来将人类世界救出苦海。从强调敷教于民与上下之通的角度看,强调太平大同之义,也是前者的升级版本,即康有为从甲午战败更为清晰地意识到清朝政府的衰败,也更为明确地意识到社会动员的重要性和迫切性,而太平大同之义可以更有力地进行社会动员,更有效地敷教于民,促进上下之通。康有为的这一思考,同时以反思性的方式表达出来,把反思的重点非常明确地从中国一国之内的"通"推进至全球范围的"通"和"大一统",认为二千年来之学的症结在于,未能发展出覆盖整个人类大地的太平大同思想。

不仅如此,在康有为的思考中还包含了被大同太平思想所"压抑"的、未必很合乎"仁"的部分,即二千年来之学遗忘大同之义(包括甲午战败)使中国丧失了影响周边和更远区域(乃至海外拓殖)的能力。在康有为看来,中国本来有向全球扩张的机会,并且他对海外拓殖抱有浪漫幻想。① 他在甲午战争之前甚至主张应以决死之心,先发制人攻击日本本土,"分而攻之,有八道焉",并认为如中国力量不够,可以"海关贷数千万金"或"割无用之地"来换取英、俄、德、法等国帮助。② 甲午战败可能进一步刺激了他对于中国未能有力地向周边扩张的痛惜和失望,进而认为"二千年来之学"缺失的一个后果是中国丧失了遍及全球的影响力。这种对二千年来机会丧失的痛惜意味着,康有为并没有因为中国在中法战争、中日甲午战争中的挫折,而放弃对于中国在世界拥有重要位置、承担重大责任的期待。

康有为试图以全球大同之义为基础建立影响"遍及四洲"的孔教,就是对于走向衰落并不太久、面临政治和文明危机的帝国应勇于抗衡乃至超越的呼吁。就抗衡而言,除敷教于民首先需要"教""以教制教"

---

① 《我史·光绪十四年》:"久旅京师,日熟朝局,知其待亡,决然舍归,专意著述,无复人间世志意矣。既审中国之亡,救之不得,坐视不忍,大发浮海居夷之叹,欲行教于美,又欲经营殖民地于巴西,以为新中国。"《康有为全集》第五集,第74页。
② 《康有为全集》第二集,第13~14页。

回应教案频发的挑战①之外，康有为力主立孔教是对文明危机（"教"的危机）的反应。他在1891年与朱一新辩论的时候就已看到，西方的"奉教之国"跟金、元等反而被中原文明同化的"无教者"完全不一样，"必将以其教易吾教耳"。②《上清帝第五书》（1898年1月初）则警告，中国如果无教，将被列强视为野蛮，有可能沦入非洲黑奴的境地："昔视我为半教之国者，今等我于非洲黑奴矣；昔憎我为倨傲自尊者，今则侮我为聋瞽蠢冥矣。按其公法均势保护诸例，只为文明之国，不为野蛮，且谓剪灭无政教之野蛮，为救民水火。故十年前吾幸无事者，泰西专以分非洲为事耳。今非洲剖讫，三年来泰西专以分中国为说。"③康有为上呈《孔子改制考》的奏折也提及无教会沦为非洲状况的忧虑，"西人谓：吾为无教之国，降之为三等野番，故近年使臣，皆调从非洲，横肆凭陵，实用待野蛮之法，固由国弱所至"。④他由此提出废八股、立孔教会为官方教会的变法主张，"教会之名，略如外国教部之例，其于礼部，则如军机处之与内阁，总署之与理藩院"。"令天下淫祠皆改为孔庙，令士庶男女咸许膜拜祭祀，令孔教会中选生员为各乡县孔子庙祀生，专司讲学，日夜宣演孔子忠爱仁恕之道。"⑤

就超越而言，康有为将孔学大义的阐释重心确定于太平大同之义之后，认为孔子之道经过重新阐发，"宣加布护，可以混一地球"。⑥在他看来，在这种变局之下以教制教，所立之教应该同样是全球性宗教；他

---

① "以为保教办案，亦在于变法而已。变法之道，在开教会、定教律而已。"参见孔祥吉《康有为变法奏章辑考》，北京图书馆出版社，2008，第257页。茅海建认为，康有为对西方教会及其相关法律并不知详，所拟"以教制教"的方案，亦近同于说梦，但康却认为，如此办理后，"从此教案皆有定式，小之无轻重失宜之患，大之无借端割地之害，其于存亡大计，实非小补"。参见茅海建《从甲午到戊戌：康有为〈我史〉鉴注》，生活·读书·新知三联书店，2009，第446页。
② 《康有为全集》第一集，第325页。
③ 《康有为全集》第四集，第2页。
④ 孔祥吉：《康有为变法奏章辑考》，第259页。
⑤ 《请商定教案法律，厘定科举文体，听天下乡邑增设文庙，并呈〈孔子改制考〉折》（1898年6月19日），参见孔祥吉《康有为变法奏章辑考》，第258~260页。茅海建分析此折认为，康有为要求建立"敕建"的孔教会，明为"以衍圣公为总理"，实为"公举学行最高为督办"。参见茅海建《从甲午到戊戌：康有为〈我史〉鉴注》，第446~447页。
⑥ 《与朱一新论学书牍》，《康有为全集》第一集，第325页。

显然视孔子之学为公理公法的最好载体，而且视孔教为中国复兴、成为世界性帝国的基石，因此称孔子为"大地教主"。康有为在给朱一新的信（1891年）中清晰地表达了他的思路：

> 今地球四洲，除亚洲有孔子与佛、回外，余皆为耶所灭矣。使吾国器艺早精，舟车能驰于域外，则使欧、墨、非、奥早从孔学可也。耶氏浅妄，岂能诱之哉？吾既不能早精器艺，坐令彼诱之而坐大，此不宣扬之失策也。夫吾孔子之教，不入印度，而佛能入中国，岂孔学不及佛哉？传与不传异耳。①

可以看出，康有为对孔子之教尚有基本的信心，问题不在于"教"是否足以应付世变，而在于传与不传。更重要的是，他将传教的关键视为"诱之"，即要传教，就要能"引诱"那些被传教的人。这也就意味着康有为的目标是要在孔子之学中找到最能"引诱"世人的内容。无疑，康有为认为泰西之治有比二千年来之学更能引诱人的东西，诸如敷教于民、谋及庶人。而康有为的思路是，沿着这一方向，通过经学诠释提出比泰西之教更高更好的内容。与其说这是与西方抗衡，不如说康有为对中国有更高的期待，在他这里，中国似乎不应该也不能够偏安一隅。康有为在1891年的一篇文章中即比较中西之学，认为中国之教（三代礼乐之教）更有益于人道：

> 然泰西之政，比于三代，犹不及也。三代有授田之制以养民，天下无贫民，泰西无之。三代有礼乐之教，其士日在揖让中，以养生送死，泰西则日思机智，惟强己而轧人，故其教养皆远逊于我先王也。②

康有为衡量"诱人"程度的标准即他建构公理公法之学的标准——"有益于人道"，或者"仁"。这些标准也同样用于他对泰西之治的评价。

---

① 《与朱一新论学书牍》，《康有为全集》第一集，第325页。
② 《与洪右臣给谏论中西异学书》，《康有为全集》第一集，第337页。

如，《南海师承记》"讲仁字"一节载康有为的看法："外国之强全在能仁，中国一自私自利之天下，故弱至今日。"① 泰西之治的传播无疑也在重塑"仁"的含义。在权衡诸教、立公理之学的过程中，"仁"的含义发生着变化，其中最主要的线索是平等的扩张，这种扩张必然挑战和打破传统帝制社会既有的等级秩序和结构。不过，与其简单地将这一过程视为"以夷变夏"，不如说在中国思想传统内部的确蕴含了与近代西方思潮互动的可能性，因此康有为在中国传统内部能够找到这样的酵素，他的立学过程就是对中国传统的一种发掘过程。

因为有权衡诸教诸文明、建构公理之学的抱负，康有为的经学诠释不仅是对儒学经典的重新理解，也是对整个中国传统、对中国诸教（有"诸子创教"之说）的重释和重组，以及对全球已知文明的综合。例如，在太平大同的最根本特征——"无差等"——方面，儒墨问题是康有为重释中国传统时处理的一个重大问题。他有时认为墨学"有差等"，有时认为"无差等"，有些犹豫和矛盾。此一时期康有为一直强调"兼爱"是儒家本身就有的面向，不能将其归于墨家或者佛教。也就是说，康有为首先要通过重新诠释确立孔子之学在中国思想内部的综合性，这种对中国思想本身的综合为以孔子之学总揽世界诸教（尤其是近代平等思想的兴起）提供了更广阔的基础。康有为对儒墨问题的重点分辨以及这一矛盾的存在，提示这里正是其学说的要害所在。② 到康有为在《大同书》细致阐述太平大同的时候，他沿着从"有差等"向"无差等"的方向迈出了最后的一大步，也在素王立教"诱人"的进程中走出了更大的一步。

## 四 康有为的方法：以建立全球公理之学为基础展开反思和建构

在梳理了康有为以立全球公理之学为中轴，从注重敷教于民到设想

---

① 《康有为全集》第二集，第228页。这种紧张，在流亡之后有所变化，康有为后来经常批评西方之不仁。
② 蒙文通《儒墨合流与〈尸子〉》一文分析儒墨合流与新时代平等思潮的关系，认为墨子"以极端平等之思想，摧破周秦之贵族阶级政治，墨家之要义，一变而为儒者之大经。自取墨以为儒，而儒之宏卓为不可及也"。参见蒙文通《经学抉原》，上海世纪出版集团，2006，第184页。

以全球大同之义为基础立孔教的思想发展之后，笔者认为，康有为反思"二千年来之学"的问题意识值得回味：为什么他只问"二千年来"，不问"数千年来"，对整个中国历史文化做一个彻底的检讨和反思？

康有为没有一竿子把整艘船打翻，仍然坚持对三代之治的理想和对孔子之学的信念；同时他不否认中国之学已经面临的困难和问题，认为"二千年来之学"需要对这些问题负责。不过即便如此，检讨二千年来之学的症结，结论也未必是孔子思想（或者先王之治）的某部分精义被遗忘，也可以用类似"一统之世—敌国并立之世"的论述结构，直接宣称中国二千年之学都要推倒重来，引入列国并立时代的泰西诸圣经，并以此为公理、公法之学。如果直接以泰西之学全盘取代中国之学，这样必然与泰西之学不出中国之学的如来佛掌、中国之学可以不变的保守看法截然对立，陷入要么以夷变夏、要么以夏变夷的对立死结。

康有为的特别之处就在于，他并没有因为"一统之世—敌国并立之世"的转变，直接以泰西之法为参照和标准来反思中国之学，而是经过了以已知文明为基础建构全球性公理公法之学的环节，以公理公法之学为参照来反思中国二千年来之学。以全球各地文明包括中国文明为基础所构想的公理、公法之学，不仅是反思中国之学、中国之教的具有超越性的参照，也是发现中国之学、中国之教"（最）有益于人道"的动力；不仅是发现泰西之学、泰西之教所包含的"公理公法"的路径，也是反思泰西之学、泰西之教的参照。这一超越性的参照使得反思泰西之治是可能的、合理的。"列国并立之公理"并非公理的全部；公理公法之为公理公法，最重要的原因在于它"最有益于人道"，这才是康有为的最高原则。在敌国并立之世，如果没有全球性公理公法这一超越性参照，对一国之学的分析和反思，只可能在与异国之学的二元对立中展开。要是这二者恰好在国际政治中也是处于敌对状态或者"征服－被征服"的关系，那么，这两种不同的文明就难以超越对立关系或者主奴关系，要么截然对立，要么一方臣服于另一方，很难通过互为参照而有效地认识自己和他人。

在康有为反思二千年来之学的思路中，的确包含了一种预见或者预设，即在二千年以前圣王确立的义理制度中包含了公理公法。其中的关键原因在于，康有为在建构公理之学的时候，一开始就确定了"（最）

有益于人道"的标准,这一标准与儒家经典之间的亲缘关系,使得康有为可以回到儒家经典中寻找近代公理公法的远古回音。根据"有益于人道"的原则和标准,康有为所认为的理想社会,应该仍然是"有元宗之才"的孔子所损益的"四代之礼乐"。不过,这种预设和断定仍然是需要论证的——究竟先圣的什么学说包含了公理公法(或者指出了今日公理的方向)仍然是不确定的。在《教学通义》和《民功篇》中,我们还看不到先圣先王的义理制度与公理公法相呼应的阐释。反思二千年以来中国之学的过程也是追寻(在他看来)足以预示今日公理公法的先圣精义的过程,但这并不是一蹴而就的事情。

换个角度看,未必不可以说,如果不是康有为对三代之治和孔子之学仍然保留着强烈的信念,他也没有动力、信心和意识来支撑建构全球性公理之学的抱负;如果不是自己还有值得遵从和珍惜的祖宗之法,如果只是"文明的侨居地",而不是"文明的诞生地"①,也就没有什么必要再花费精力去综合创制一套公理之学,也会缺乏创制一套超越自己所追随的先进文明的公理之学的能力,因为已经没有支撑这种超越性视角的根基。

康有为在主张学习西人政学、建构公理之学的同时,仍然能够回过头来讨论中国的"学"和"教",重新发现中国之学与教中堪称"教"的所在,没有走向非此即彼的极端,是非常特殊的。他的托古改制是一种争取那些对传统抱有温情和敬意的人们支持的策略,其灵魂在于建构全球性公理公法的抱负。如果没有这种抱负,在列国并立之势、在泰西文明的威压之下,作为策略的托古改制很难证明中国的古学圣经仍然有存在的价值。康有为在列国并立之势的托古改制,与前朝往代的任何一

---

① 参见福泽谕吉《文明论概略》,北京编译社译,商务印书馆,1959,第193页。福泽谕吉的方法论是了解康有为方法论的很好的参照。《文明论概略》1874年成稿,此书一开始即确立方法论,提出"以西方文明为目标",主张通过以西方为典范来实现日本的独立和富强。福泽谕吉虽然认为西方文明也并非至高无上、永世长存的,但在根本上认为"必须以欧洲文明为目标,确定它为一切议论的标准,而以这个标准来衡量事物的利害得失"(第11页)。这个方法论不可能产生出不同于甚至高于欧洲文明的可能性。这本书也因此成为日本"脱亚入欧"的奠基性著作之一。康有为对福泽谕吉有所了解,他在《春秋笔削大义微言考》中说:"近日本福泽谕吉以一布衣,而太子寿之国主礼焉。"参见《康有为全集》第六集,第186页。

次托古改制都有着根本的不同，他必须回应数千年未遇的文明挑战：站在全球多种文明的新地基之上，中国之"古"还有先验的权威吗？中国之"古"难道不同样是甚至首先是要埋葬的对象？

建构全球性公理公法的抱负的存在，是能够托古改制的前提，只有通过建构全球性公理公法的努力，才能为中国之"古"、为孔子之学的价值提供论证。而确立"（最）有益于人道"的目标和标准，并不会因为它与儒学的亲缘关系而没有合法性，否则没有任何一种标准有合法性——关于衡量公理之学标准何在的争议，将是新的诸教之争。康有为并未动摇三代之治最有益于人道的信念；他从中抽取"人道"的概念并将之立为标准，是至关重要的一步。因此，康有为的经学诠释既非以夷变夏，也非以夏变夷，而是在综合夷夏的基础上建构公理之学。

反思二千年来之学的这种思路和方法，无疑并不拒绝学习泰西或者其他区域，也为反思泰西之法留下了余地。反思二千年来之学的动力显然在于列国并立这一数千年未有之巨变。如果康有为没有意识到这一巨变，他不会去追问二千年来之学的问题（如其所言，"使彼不来，吾固可不变"[①]）。追问二千年来之学的问题意识的产生，是对秩序巨变做出反应的一种方式，也可以说是因秩序巨变而发现泰西、学习泰西的问题意识的另一面。康有为这一提问方式，可以看作自鸦片战争以来长期流行于清朝士子中的"西学中源说"的一个演进和变种。康有为在讲学和文章中经常提及，西方思想都可以在中国思想尤其是儒学中找到线索。康有为的区别和变化在于，他意识到，在中国思想中可以找到西方思想的影子，并不等于在当时的清朝文教政治中同样能找到泰西之法或者思想的附会内容，他因此将先圣先王的圣经精义和后世的传承实践区分开来。这是他检讨二千年来之学的问题前设。于是，对康有为而言，反思即建构：对二千年来之学的反思，即是对儒学经典的重新理解和诠释，是对经学中所包含的"公理公法"（孔子太平大同之义）的发掘，由此经学也为建构全球性公理公法、建立全球孔教提供了关键的资源。

---

[①] 《与朱一新论学书牍》，《康有为全集》第一集，第323页。

# 第三章 "大同立教"的近代脉络与清代今文经学[*]

通过上一章对康有为"大同立教"思想形成过程的研究，我们发现，清代今文经学发展的线索与中外思想碰撞的线索不断交织。

康有为经历了从"全球公理之学"到"以大同立教"的发展变化，这一变化过程中的关键环节，是他对中国"二千年来之学"的反思。其反思在两个方向都经历了变化的过程。其一，19世纪80年代后期，康有为对"二千年来之学"的弊病究竟应该追溯到什么时期，并不是很确定，有时说"自汉以后"，有时也说从暴秦开始。1889～1890年与廖平初晤之后，在1891年秋刊刻的《新学伪经考》中，康有为不再将问题的源头追溯至"暴秦"或"自汉以后"，而是清晰地确定于刘歆篡乱孔子的六经。其二，他并不是一开始就认为"二千年来之学"的主要问题在于遗忘了孔子的太平大同之义，这是中日甲午战争前后的事情；在此之前，康有为强调的是对"上下之通"与"敷教于民"的忽视乃至遗忘。

19世纪90年代初康有为的今文经学框架形成之际，这两条问题线索便汇合在一起了。一条问题线索是对中国"二千年来之学"的反思，"二千年来"的分期判断与对"暴秦"的批判有关，另一条问题线索是对今文经学基本论题（"太平世"问题）的重新思考。这两条问题线索有联系，今古文之争的肇因"焚书坑儒"即与"暴秦"有关，但两条思考线索并不完全一样。以往在晚清今文经学发展史的线索中讨论康有为，重点关注的问题是康有为是否抄袭廖平，强调指证"刘歆篡伪"议题的重要性。但是，相对于康有为对于太平世的阐释而言，指证"刘歆篡伪"未必更为重要，也未必是决定性的一步。

这两条思想线索各有其历史脉络，并不是在康有为这里才开始汇合，

---

[*] 本章内容曾以"儒学史叙述的分断与孔子之义的比附式诠释——清代今文经学发展脉络新探"为题刊发于《中国哲学史》2019年第6期。

它们都可以上溯到晚明时期以及清代今文经学的初兴时期。

以往对于清代今文经学的研究，基本上是从经学内部或者中国社会及思想内部着手的。例如，艾尔曼对欧洲传教士以传播科学的方式在华传教与对常州今文经学都有精深的研究，他曾指出明末清初科学争论与经学研究之间的诸多互动线索，又如，清代关于早期医学的古今之辩与经学学者之间的汉宋之争遥相呼应，"如'五经'的考据学者通过对远古学问的重视来克服近代程朱传统中的不当之处"。① 但他基本没有论及常州学派兴起与传教士来华之后引发的中西思想互动之间可能存在的联系。

清代今文经学"殿军"康有为的思考无疑是在中国与域外思想的强烈碰撞中展开的，但人们同样较少关注康有为的今文经学思想与中外思想碰撞之间的可能联系。以往对康有为的公羊学思想脉络的研究，往往侧重强调他与晚清公羊学之间的关联；对其大同思想来源的研究，则往往侧重强调他对西方乌托邦思想的阅读。② 这两个方向的研究基本上是相互分割的，对于康有为大同思想的发展与晚明以来思想家的关系，讨论较少；对于康有为对西方乌托邦思想的接受的分析，也较少放在康有为与晚明以来全球思想交流碰撞的关系网络中分析。

通过晚明以来"秦火断裂论"的流变，可以梳理出此一论题中的两条线索，一是以秦始皇"焚书坑儒"为断裂节点叙述儒学史，二是重新阐释孔子之学。在这些论题演变过程中，可以重新勾勒晚清今文经学的

---

① 〔美〕艾尔曼：《科学在中国（1550—1900）》，原祖杰等译，中国人民大学出版社，2016，第294页。
② 《大同书》与西方思想的关系线索，一直并不太清楚。这与康有为引用往往不注出处的写作方式有关，这在古代的写作中也是一种普遍的习惯。朱维铮认为，康有为的大同论与中国传统学说及近代外来学说的思想联系问题，我们的学术界并没有解决。"与其说康有为的这个构想，来自古老的儒学经传，不如说来自某种外来学说。但来自哪种外来学说呢？马悦然提出了两种可能，即可能来自马克思，也可能来自贝拉米。由于《大同书》曾述及'共产'、'工党'的政见，也曾暗袭《回头看纪略》关于未来社会的流通和分配制度的构想，因此我们不能否认康有为吸取马克思或贝拉米的可能性。……康有为尽管善于掩饰他的见解由来，在《大同书》内仍不小心地流露出他曾研究过傅立叶的'法郎吉'即公社设想，便是证明。""然而，倘若要判断康有为吸取的是哪一种外来学说，则至少在目前，我们尚无可奉告，因为中国学者对这个庞杂的乌托邦论，的确还缺乏学术史意义的源或流的研究。"（参见康有为《大同书》，朱维铮编校，生活·读书·新知三联书店，1998，"序"第23～24页）

发展线索，并呈现有所不同的思想脉络关系图景，那就是，相对于"刘歆篡伪"议题而言，"太平"议题要更为重要和关键，在"太平"议题上给予康有为更多启发的人，可能对康有为的影响更为深刻。

康有为思考过程中的两条线索，为我们提供了一个探索晚明以来思想发展进程的重要契机。晚明以来中外思想碰撞与清代今文经学发展之间的关联线索，虽然在今天被人们所忽视，但在清末民初康有为活跃的时代，这些线索并非隐晦不明。例如，在袁世凯政府回应"定孔教为国教"议题的公文中，可以看到对晚明以来这些思想发展轨迹的论述。1912年9月《内务部批国务院交孔道会代表王锡蕃等请立案呈》在援用康有为"大同立教"论述的同时，勾勒了晚明"互市以来"的变化：

> 新陈递嬗，与时推移，求其立言足以隐括前后贯澈古今者，厥惟孔子。孔子生贵族专制时代，不敢过为高论治术学术，每多按指时事，而大同一派独授颜曾，其大义微言实足以树共和政体之模而立世界大同之极。……重以秦政专横，坑焚儒籍，遂使孔子升平太平之义未能因时大彰，仅得荀卿所演小康一派，合乎专制者独行于世。二千年间，许郑王孔程朱阮戴诸人阐扬明发，余蕴毕宣。究其言之也愈精，即与共和大同之义相悖也愈甚，盖时势使然，非孔孟所及料也。互市以来，欧学东渐，有清一代说经之士始稍稍知所改迁，顾王黄刘魏龚等率皆主张微言大义，直追颜曾，于是孔子升平太平之旨，共和大同之理，乃如日月之初升，嶓岷之始导。①

本章尝试在众多学者已有研究的基础之上，从全球史的层面梳理清代今文经学发展的脉络，分析利玛窦等欧洲传教士挪用今古文之争的议题之后，在后来中国思想界如何激荡起泰西思想与今文经学的互动和对话。在近代以来全球思想交流的语境中，对晚明以降全球思想交流与清代今文经学发展之间的关联做初步的梳理，勾勒"大同立教"在近代中国流变的复杂线索。

---

① 《内务部批国务院交孔道会代表王锡蕃等请立案呈》（1912年9月12日第135号），载《政府公报》（中华民国元年九月分·呈批），北京印铸局，第5页。这些论述对康有为"大同立教"论述的援引，参见本书第六章。

## 一 "秦火断裂论"的展开：欧洲传教士的适应策略与儒学史叙述的分断

来自意大利的天主教耶稣会传教士利玛窦（1552~1610）在华传教初期，改变了此前传教士采纳佛教僧侣的称号和仪表的传教策略，转而采用"西儒"的称号，通过在儒学内部寻找与天主教义相协调或相类同的论述，以扩大天主教耶稣会的影响，争取更多中国人入教。①

利玛窦以天主教义比附儒学的策略主要有二。其一，以秦始皇"焚书坑儒"为节点，将儒学史一截为二，认为暴秦之后的儒学发展背离了孔子之义，尤其是认为宋明儒学的发展本质上是援佛入儒，严重歪曲先圣之意。其二，将天主教义比附先秦儒学，尤其是孔子"五经"之义。在此后采取适应性策略的阶段（欧洲礼仪之争之后发生变化），传教士以西方科学比附先秦古典算术与比附"五经"尤其是易经，是比附的两个重点。《利玛窦中国札记》这样批评后儒："我们试图驳斥这种哲学，不仅仅是根据道理，而且也根据他们自己古代哲学家的论证，而他们现在的全部哲学都是有负于这些古代哲学家的。"②

利玛窦在《天主实义》中分析了为什么中国诸经典中对天堂和地狱只字未提，这是因为中国的圣人未能够使他们的全部教理流传下来。这其中或者是因为他们的某些说法未被记录下来，或者是由于这些传说虽被记录下来了，但后来又失传了；或者是由于后代人因无知而不相信这些事，便将之删节了。③《天主实义》第二篇这样批驳宋明理学的核心范畴"太极"与"理"："但闻古先君子，敬恭于天地之上帝，未闻有尊奉太极者。如太极为上帝，万物之祖，古圣何隐其说乎？"④

孟德卫认为，利玛窦认为九部中国经典著作中，孔子亲自撰写了

---

① 参见〔法〕谢和耐《中国与基督教——中西文化的首次撞击》，耿昇译，商务印书馆，2013。
② 〔意〕利玛窦、〔法〕金尼阁：《利玛窦中国札记》，何高济等译，何兆武校，中华书局，1983，第102页。
③ 参见〔法〕谢和耐《中国与基督教》，第21页。
④ 《天主实义》，参见周岩编校《明末清初天主教史文献新编》（上），国家图书馆出版社，2013，第73页。

"五经",当时可能参考了今文经派的观点,这一今文派观点今天受到了人们的质疑。① 孟德卫忽略了的是,推断利玛窦了解儒学今古文之争并参考今文经派观点的更重要证据,是他将"焚书坑儒"作为其儒学史叙述的分断节点。这是利玛窦以"西儒"角色展开适应策略的关键依托。孟德卫认为,利玛窦显然不了解儒学经典在文本问题上的复杂性和根深蒂固的争议。② 其实,今古文之争由来已久,以秦火作为断裂节点叙述儒学史的做法由来已久,利玛窦未必对这些知识的具体内容有深入全面的了解,但他在对关键问题的把握方面显示出了相当强的敏锐性。

此前的思想史叙述中,"三代想象"往往是以分断叙述为基础的,以秦火为节点的分断论述也并不鲜见。如韩愈的《原道》便以秦火作为中国思想发展叙述的分断节点:"周道衰,孔子没,火于秦,黄老于汉,佛于晋、魏、梁、隋之间。其言道德仁义者,不入于杨,则归于墨;不入于老,则归于佛。"利玛窦有可能了解韩愈这一论述。韩愈以此一叙述为基础阐述排佛的观点,利玛窦同样以此一叙述为基础来批判佛教,与佛教展开宗教竞争。利玛窦认为佛教败坏和曲解了古人的正确教理,把迷信和无神论传到了中国,导致 11~13 世纪的理学哲学家、唯物主义诠释的传播者们都背离了古代经典的实质精神。相对于韩愈的分断论述,利玛窦有一个非常重要的区别,后者不再只是回向三代或者回向孔子,而是由此建构将天主教义(或者各种欧洲学说)与先秦典籍、三代理想或者孔子之义相类比、化约或等同的桥梁,开拓了一个此前所未有的方向。

利玛窦开创了一套新的儒学史叙述模式,主要包含两个方面的内涵:一是以此前已有的秦火分断的儒学史论述模式为基础,在这个意义上它是旧的;二是将天主教义与孔子著述相比附,这是新的要素。相对于此前的叙述,新要素的介入改变了整个叙述结构,其重心不再着眼于秦火之后的道统承继问题,意在捍卫道统,而是直趋源头,着眼于先秦元典的重新阐释,争夺孔子之义与三代的解释权。在新的论述架构中,对秦火之后的叙述基本变成了一种历史问责,既是对秦火的问责,也是对后

---

① 〔美〕孟德卫:《奇异的国度:耶稣会适应政策及汉学的起源》,陈怡译,大象出版社,2010,第 44 页。

② 〔美〕孟德卫:《奇异的国度:耶稣会适应政策及汉学的起源》,第 51 页。

世偏离原初圣人思想的问责；由于新的欧洲思想要素（以比附先秦典籍的形式）的加入，原有的道统承续问题被边缘化了，如何在新的中欧对比的全球语境中重新理解先秦典籍，成了核心的问题，这事实上已经是重新创造道统的问题。传教士们批判后儒而比附先儒，这种"合儒"努力的最终目标，是要以天主教的经院神学代替儒教，以达到"超儒"的目的。① 利玛窦结合上述两个方面形成的论述模式，对后来中国思想的发展产生了非常重要的影响。笔者这里将这一论述模式称为"秦火断裂论"。

后来这类论述的例子很多。例如，清初法国传教士、索隐派重要代表人物白晋在以耶释《易经》时曾指出，在后世的阐释中，《易经》的先天之道由于焚书坑儒而中断，后天之道等待圣人先师来开启。② 这一论述模式为信教的中国士大夫所接受。徐光启、李之藻和杨廷筠等人都把它当作先秦天学思想不传的重要原因。例如，徐光启在其为欧几里得几何学（《几何原本》）所作的译者序言中提到，中国古代算学自秦朝焚书之后，消失了二千年："故尝谓三代而上，为此业者盛，有元元本本、师传曹习之学，而毕丧于祖龙之焰。"③ 又如，杨廷筠《西学凡·序》指出，"儒者本天，故知天，事天，畏天，敬天，皆中华先圣之学也。《诗》《书》所称，炳如日星，可考镜已。自秦以来，天之尊始分；汉以后，天之尊始屈"。"千六百年天学几晦，而无有能明其不然者"，要等到"利氏自海外来"，它们才能重新"洞会道原，实修实证"。④ 王启元1623年分析了这一论述模式的策略性特征，认为在时机合适的时候，传教士们还会将这一否定逻辑延伸至孔子："天主之教首先辟佛，然后得入

---

① 多有学者强调这一点。例如，侯外庐的评论是："秦、汉以来的一千六百年，被说成是中国史上的黑暗时代，这样也可以说明耶稣会会士传来天主教的意义之伟大了！……然而这种洋道统的宣传，却正逢上中国启蒙学者们攻打中国'道统'的时代，不但如此，中国这时已经出现了'二千年帝王皆盗贼'的命题，企图作神学的王者师的教士们，是显得多么不光彩！"参见侯外庐主编《中国思想通史》（第四卷·下册），人民出版社，2011，第557页。
② 参考陈欣雨对白晋《易钥》的介绍。参见陈欣雨《白晋易学思想研究——以梵蒂冈图书馆见存中文易学资料为基础》，人民出版社，2017，第114页。
③ 《徐光启全集》第四集，朱维铮、李天纲主编，上海古籍出版社，2010，第4页。相关讨论参考〔美〕艾尔曼《科学在中国》，第220页。
④ 张西平等主编《梵蒂冈图书馆藏明清中西文化交流史文献丛刊（第一辑）》第三十五册，大象出版社，2014，第183~184页。

其门，次亦辟老，亦辟后儒尚未及孔子者。彼方欲交于荐绅，使其教伸于中国，特隐忍而未发耳。愚以为佛氏之说易知，而天主之教难测，有识之士不可不预为之防也。"[1]

传教士的西学东渐，与此一时期的中国思想和学术产生了重要的互动。究其大端，一是关注实学包括西方实学，传教士以欧洲科技引起的好奇与钦佩，成功地扩大了在晚明清初朝野的影响力；二是与考据学风的兴起有密切关联，考据之风兴起的一个重要指向，即考究先秦典籍中的算术等科学论述，以回应传教士所传播的欧洲新科学。"秦火断裂论"的儒学史分断叙述模式在明末清初的传布，与考据辨伪的趣向之间，已有互动之关系。

## 二 争夺先圣之意的解释权：清代士大夫问题意识的"反客为主"

西方传教士比附先秦典籍的努力，推动了士大夫阶层对先秦典籍的重新认识与思考。"秦火断裂论"的新旧两个层面内涵的影响有所不同，旧的层面容易有较多共识，引起的反弹相对较小，新的层面激起了更多的批评乃至否定。

西方传教士的比附论述与清代实学及考据学共享的问题意识是，在宋明儒学之前寻找实学或先圣之意的源头，通过考据之学（或者所谓"索隐"）来奠定此一基础。两者的不同之处是，传教士致力于在先秦典籍中寻找比附圣经的资源，而中国士大夫的解释思路是多元的。一些中国士大夫在认可儒学史的秦火断裂叙述的前提下，迅速发展出一种思路，提出让汉学能够涵纳泰西之学的论述。这是在基本接受与基本反对之外，晚明以降中国士大夫回应利玛窦等欧洲传教士的适应性策略及儒学史阐释的第三种立场，试图在新的全球背景下确定中国思想尤其是儒学的位置。

"西学中源说"是其中重要的一种。不少研究者认为"西学中源说"迟滞了对西方近代思想的接受，其实"西学中源说"的内在结构与实际

---

[1] 王启元：《清署经谈》，上海古籍出版社，2017，"圣功列叙篇三"，第343~344页。

影响要远为复杂。"西学中源说"将西方传教士提出的问题进行了一次重要的"翻转":利玛窦等传教士的问题意识是,从天主教进入中国的目标出发,在中国儒学中寻找对应物;提出"西学中源说"的部分中国士大夫的问题意识是,从确立中国儒学主导地位的目标出发,以先秦儒学的年代早于耶教创始为根据,寻找"西学中源"的证据。这两个过程无疑都充满误读,包括"创造性误读",但关键问题不在于这些误读在今天看来是否正确,而要看这些误读在近代以来的历史进程中发生着什么变化,起到了何种作用。明末清初的"西学中源说"所讨论的重点领域是科学。梅文鼎(1633~1721)是早期的代表人物。这是一种试图以中国思想学术为基础,消化泰西之学的努力,呈现了争夺先秦典籍解释权和经学主导权的意识形态格局。

先秦典籍解释权的争夺的另一重要表现形式是,究竟是基于天主教还是基于儒家经学阐释某一概念或者现象。从这个角度看常州今文经学的起源与发展,可以在中国与西方的思想遭遇中找到新的线索。

清代今文经学的开创者庄存与(1719~1788)的经学论述并没有像后来的康有为那样表现出对"西学中源说"的热情,但他对"西学中源说"的代表著作《数理精蕴》曾下过很大功夫,对其问题意识和清初论争的基本状况应有了解。1741年,23岁的庄存与曾"归购《数理精蕴》一书,覃思推算,至得眩晕疾。凡书至繁赜处,他人或望洋意沮",而他"必欲详究而后快"。[①]《数理精蕴》全称《御制数理精蕴》,是康熙皇帝令梅文鼎之孙梅瑴成(1681~1763)领衔编写的一部数学百科全书,包括大量西方数学知识。该书的编纂始于1712年,成于1722年,历时10年。在常州今文经学诸家中,重视数学研究的并非偶例,例如庄存与著有《算法约言》一卷,汤洽名(张惠言弟子)著有《勾股算指》一卷、《太初术长编》二卷,董祐诚著有《割园连比例图解》三卷、《椭圆求周术》一卷、《斜弧三边求角外术》一卷、《堆垛求积术》一卷、《三统术衍补》一卷。[②]庄存与的女婿、刘逢禄之父刘召扬"将一生的才华贡献

---

① 庄勇成:《少宗伯养恬兄传》,参见《毗陵庄氏族谱》卷二十《传记·家传》,转引自汤志钧《清代经今文学的复兴:庄存与和经今文》,中国人民大学出版社,2015,第34页。
② 参见《武进阳湖两县合志》,转引自龚自珍《龚自珍诗集编年校注》,刘逸生、周锡校注,上海古籍出版社,2013,第414页。

于诗歌、经学、数学、医学研究"。① 庄存与直接讨论算学的著述《算法约言》，同样是以康乾时期欧洲传教士与中国士大夫互动为背景的。

龚自珍在被钱钟书称为"常州学派总序"②的《常州高材篇，送丁若士（履恒）》（1827年）中称："……乾、嘉辈行能悉数，数其派别征其尤。《易》家人人本虞氏，愆纬户户知何休。……近今算学乃大盛，泰西客到攻如雠。"③龚自珍对常州学派脉络有深入了解，指出常州学派学人与"泰西客"在"算学"等问题上的对垒，提示了这一问题在常州学派思想发展进程中的重要位置。一个重要的例子是诗中所谓"奇人一董"的董祐诚（1791~1823）。

徐松曾向董祐诚出示元代丘处机所作《长春真人西游记》，并就此文中的日食问题询问董祐诚，董祐诚在《长春真人西游记跋》中做了考辨，并指出："里差之说，《素问》《周髀》已言之。元代疆域愈远，故其理愈显。欧罗巴人诩为独得，陋矣。"④董祐诚在《大秦景教流行中国碑跋》中指出：

《大秦景教流行中国碑》有云，判十字以定四方，后人目为西洋天主教之祖。王氏《金石萃编》以大秦在欧罗巴南，虽陆路可通而甚辽远，似不能合为一。按明王徵作《〈奇器图说〉序》，称景教碑颂与天主教若合符节。徵亲从汤若望邓玉涵等游，所言自当有据，大抵西域诸教皆宗佛法，后来更创新奇，灭弃旧教，故或奉阿丹或奉耶稣，而清真寂灭，诸旨则彼此同袭。回回之教出于大秦，欧罗巴之教复出于回回。碑称三百六十五种肩随结辙及真寂真威升真真常真经，既与回回教相合，而汤邓诸人初入中国，尚不忘其所本，迨其术既行则并讳之。梅定九谓西洋之学因回回而加精，戴东原谓西洋新法袭回回术，其云测定乃欺人语，诚哉是言也。自唐以来，回教既遍天下，而欧罗巴以微技见录，日久蔓滋，今则商贾之贸易，

---

① 〔美〕艾尔曼：《经学、政治和宗族——中华帝国晚期常州今文学派研究》，赵刚译，江苏人民出版社，1998，第47页。
② 钱钟书：《谈艺录》，生活·读书·新知三联书店，2001，第342页。
③ 《龚自珍诗集编年校注》，第409页。
④ 《董方立文甲集》卷下，《清代诗文集汇编》，上海古籍出版社，2010，第13页。

士大夫之陈设，无不以洋制为工。以中国有数之金币易海外无益之奇淫，而愚民复时为耶稣邪教所煽惑，虽严旨禁除，而根株未绝，景教之流毒，不知其何所底矣。①

《大秦景教流行中国碑》立于781年，由波斯传教士Yazdhozid建立于大秦寺的院中。该碑于1623年出土，被视为基督教在中国传播的一个重要史料。龚自珍与徐松交游颇多。董祐诚的这些辩驳，应是龚自珍所言"近今算学乃大盛，泰西客到攻如雠"的重要例证。

庄存与重新发掘今文经学的脉络，重视明代赵汸的《春秋属辞》，批评秦火之后的时代，如龚自珍《资政大夫礼部侍郎武进庄公神道碑铭》所概括："幼诵六经，尤长于《书》，奉封公教，传山右阎氏之绪学，求二帝三王之微言大指，闵秦火之郁伊，悼孔泽之不完具，悲汉学官之寡立多废，惩晋代之作僭与伪，耻唐儒之不学见绌，大笑悼唐以还学者之不审是非，杂金玉败革于一衍，而不知贱贵，其罪至于亵帝王，诬周孔，而莫之或御。"② 以秦火为断裂节点的历史叙述，以及批评秦火之后的各个时代，这一"秦火断裂论"在今文经学的阐释框架中得到充分伸展。庄存与及其他常州学派学者固然是从经学内部，从中国内部展开论述的，是"以我为主"的，不是像欧洲传教士那样从外界视角做否定或批判，但常州今文经学以秦火作为经学史分断节点的论述结构与传教士的"秦火断裂论"有接近之处。相近的论述框架承载的具体内涵大异其趣，这种文化现象是跨文化对话和互动的产物。

目前所见庄存与著述中，明显隐含与当时传教士论述之间对话意味的例子是在阐释易经时对"上帝"的频繁使用。在康熙时期，白晋（1656~1730）、傅圣泽（1665~1741）和马若瑟（1666~1736）等传教士曾着力于易经研究，康熙与白晋、傅圣泽等人就易经的理解曾有密切的深入研讨。《周易》成为当时传教士最为看重的典籍之一，主要有两个议题方面的原因：一是易经与算学的密切关系，如康熙认为，"算法之理，皆出于易经"③；二是易经的神秘主义色彩，为传教士的比附或索隐

---

① 《董方立文甲集》卷下，第14页。
② 《龚自珍全集》，王佩诤校，上海古籍出版社，1999，第141页。
③ 蒋良琪：《东华录·康熙八九》，中华书局，1980，第348页。

提供了广阔的空间。①

在涉及天主教义的领域，较少有人主张"西学中源"，认为天主教的上帝信仰起源于先秦。传教士们寻找 God 的较好译法（是"天主"还是"上帝"等）的方式，是以天主教义为本位，在中国习语中寻找合适的呈现方式。利玛窦是第一个用"上帝"来称呼基督教的神的西方人，认为在先秦典籍中出现过的"上帝"是更适合的中译，他把基督教与中国古代的早期宗教等同起来，在当时情势下强调基督教与中国古代宗教的同一性。这种方法后来被一些新教传教士效仿。② 传教士及其中国响应者的这些阐释，激发出对"上帝"的不同解释。例如，明末王启元在《清署经谈》中对儒者的"上帝"与天主教的"上帝"做了详细区分，并指出了其中的政治文化内涵，"盖儒者论上帝，是天地开辟所即有者，《周礼》所谓昊天上帝是也。……如西洋之说则又是先有天地，数千年而后始有天主也"。他指出天主教在文化上与儒学之间的冲突，会远大于佛学与儒学之间的冲突，需要严格辨析"上帝"之含义："佛之教虽自以为尊于上帝，然上帝与佛为二人，犹能辨之也。天主自谓上帝矣，与中国者混而为一矣。人将奉中国原有之上帝耶？抑奉彼之天主耶？吴楚之僭王号，《春秋》犹严辨之，而况混上帝之号者哉？"他更严厉指出："且佛与儒争教，其兆在下；天主与上帝争名，其兆在上。既欲斥小中国之儒宗，又欲混淆上帝之名号，此其志不小，其兆亦不小。"③

庄存与在《象传论》《系辞传论》等著述中，多处引用和阐释《诗经》等先秦典籍中包含"上帝"的诗句，给出了对"上帝"的理解。在他的解释中，上帝是万物万世的治理者，但同时"上帝"并不能主宰和决定一切，人世间的具体状况要看人自身的作为。例如，《序卦传论》引用《诗经·小雅·正月》"瞻彼中林，侯薪侯蒸。民今方殆，视天梦梦。既克有定，靡人弗胜。有皇上帝，伊谁云憎！"一节，明确指出：

---

① 参见〔美〕魏若望《耶稣会士傅圣泽神甫传：索隐派思想在中国及欧洲》，吴莉苇译，大象出版社，1999；〔丹〕龙伯格《清代来华传教士马若瑟研究》，李真、骆洁译，大象出版社，2009；〔德〕柯兰霓《耶稣会士白晋的生平和著作》，李岩译，大象出版社，2009。
② 参见〔美〕托马斯·赖利《上帝与皇帝之争——太平天国的宗教与政治》，李勇、肖军霞、田芳译，谢文郁校，上海人民出版社，2011，第 16 页。
③ 王启元：《清署经谈》，第 326~328 页。

"民有安危而天无明暗。……天因人而定之也。"① 他认为上帝能治万世的原因是主乱者会自取灭亡，人世间有自身的治乱循环，老天爷和上帝其实并无爱憎。"人违天斯谓乱，天监人斯谓罚。……自上古以来，主乱之人，未有不堕命亡氏者，废兴存亡，上帝所以治万世而不乱也。夫岂有所爱憎于其间哉？是故治乱相巡，邪正相乘，昼夜相因，寒暑相迎。"② 又如，《彖传论》引用周朝开国史诗《诗经·大雅·大明》中的"维此文王，小心翼翼。昭事上帝，聿怀多福。厥德不回，以受方国"，详细讨论了"殷末三仁"之一箕子的选择与周文王的关系，指出："建侯者天子，建天子者上帝。洪范之陈，陈此义也；父师作诰，诰此穷也；麦秀作歌，歌此正也。藉使王纣从箕子之志，庸文王之圣，则上帝奚必丧殷而作周邪？"③ 在庄存与看来，如果商纣王和周文王的良莠发生变化，殷商一朝的命运是会改变的。庄存与所论述的"上帝"是多面的，已经融入了一些人格神的特征，但与天主教义一神信仰之"上帝"判然有别，不是传教士所说的万物主宰者。庄存与阐释先秦经典中的"上帝"概念，与比附先秦经典的传教士对"上帝"的解释截然不同，可以看作在当时朝野对耶稣会士传教仍有一定兴趣的氛围之下，力图更为原真和清晰地解释先秦典籍中的"上帝"意涵的努力。庄存与在世时并不以经学名世，他曾担任礼部侍郎和经筵讲官，其《味经斋遗书》在他生前并未刊印，但多有反映他以经典授读皇子时的思想。庄存与在阐释易学和《诗经》时对"上帝"的重视，折射了清初时期进入朝廷的传教士影响之下"上帝"概念的受关注程度，也隐含了庄存与通过释经争夺"上帝"解释权的努力。

## 三 "太平"解释权的争夺：以太平释天国与常州今文学派的太平论

鸦片战争之后，"西学中源说"与传教士比附论相抗衡的重点议题逐渐从科学转移到政治思想。这一变化和转移过程中的关键事件是太平

---

① 庄存与：《味经斋遗书·系辞传论》，阳湖庄氏，1882，第94、95页。
② 庄存与：《味经斋遗书·系辞传论》，第95页。
③ 庄存与：《味经斋遗书·彖传论》，阳湖庄氏，1882，第23页。

## 第三章 "大同立教"的近代脉络与清代今文经学

天国运动。在信奉太平教义的太平军与标举儒学圣教的湘军团练的对垒过程中,出现了争夺"太平"概念解释权的思想斗争。

托马斯·赖利在《上帝与皇帝之争——太平天国的宗教与政治》中强调太平信仰是洪秀全"对古典上帝信仰的复兴和回归",挑战了自秦始皇以来的皇权秩序的合法性。他认为,以往太平天国研究的一个缺陷是,未能展示洪秀全对皇帝制度的渎神性所给出的控告,并在这一控告下讨论太平宗教。洪秀全运用利玛窦开创的传教方法,把基督教与中国古代的早期宗教等同起来,在当时情势下强调基督教与中国古代宗教的同一性。① 这一方法也就是本章所讨论的"秦火断裂论"。

洪秀全对拜上帝的宣扬和对秦以来中国政治的否定与批判,对利玛窦"秦火断裂论"的沿袭并不是全盘搬用。

其一,在旧的层面即以焚书坑儒的秦始皇为断裂节点叙述中国思想史或历史方面,洪秀全基本袭用。例如,《天条书》初刻本指出:

> 又有妄说拜皇上帝是从番。不知中国有鉴史可考,自盘古至三代,君民皆敬拜皇上帝。藉使三代时君民不是敬拜皇上帝,缘何《大学》有"《诗》云'殷之未丧师,克配皇上帝'"……盖拜皇上帝这条大路,考中国、番国鉴史,当初几千年,中国、番国俱是同行这条大路。但西洋各番国行这条大路到底;中国行这条大路到秦汉以下,则差入鬼路,致被阎罗妖所捉。②

1853年刊印的《三字经》这样说:"中国初,帝眷顾,同番国,共条路。盘古下,至三代,敬上帝,书册载。……至秦政,惑神仙,中魔计,二千年。"③《原道觉世训》亦言:"历考中国史册,自盘古至三代,君民一体皆敬拜皇上帝也。……至秦政出,遂开神仙怪事之厉阶,祀虞舜,祭大禹,遣入海求神仙,狂悖莫甚焉。"④ 这些论述有两个共同特点:一是

---

① 参见〔美〕托马斯·赖利《上帝与皇帝之争——太平天国的宗教与政治》,第6、15~16页。太平天国(拜上帝教)运动使得"上帝"一词被全面接受为God的译法。
② 参见夏春涛编《中国近代思想家文库·洪秀全洪仁玕卷》,中国人民大学出版社,2015,第185~186页。
③ 《太平天国印书·上集》第四册,江苏人民出版社,1961,"三字经"第8~9页。
④ 《太平诏书》,参见夏春涛编《中国近代思想家文库·洪秀全洪仁玕卷》,第30页。

以秦政为分断节点；二是认为中国在秦以后"二千年来"的问题是不再拜上帝。周伟驰将此称为洪秀全的"中国异化史观"。① 在洪秀全这里，也可以称为"中国拯救史观"。

其二，在新的层面（把基督教与中国先秦典籍或三代之治相比附或相等同），洪秀全与利玛窦有着微妙而关键的差异。在表述形式上，两者是相近的；其区别在于，洪秀全强调的拜上帝，实际上是"以我为主"，创造性地运用基督教的拜上帝观念，是拜上帝观念的一种中国化运动，是伴随着主权建构的一次宗教运动。它不是以认同基督教全球治理结构为前提的宗教运动，而是以太平宗教运动的教权为最高主权的宗教建国运动。也就是说，太平天国运动所拜的"上帝"，既是普遍化的上帝，也是包含了主权含义的、中国化的上帝。

这一特点体现在"太平天国"的命名上。洪秀全以经学"张三世"中的"太平世"的太平大同之义释"天国"，"天国"亦是对三代之治的追摹。《原道醒世训》引述了《礼记·礼运》中对大同世的著名论述：

> 退想唐虞三代之世，天下有无相恤，患难相救，门不闭户，道不拾遗，男女别涂，举选尚德，尧舜病博施，何分此土彼土……盖实见夫天下凡间，分言之，则有万国，统言之，则实一家。皇上帝天下凡间大共之父也，近而中国是皇上帝主宰化理，远而番国亦然……是故孔丘曰："大道之行也，天下为公，选贤与能，讲信修睦。故人不独亲其亲，不独子其子，使老有所终，壮有所用，幼有所长，鳏寡孤独废疾者皆有所养。男有分，女有归。货恶其弃于地也，不必藏于己；力恶其不出于身也，不必为己。是故奸邪谋闭而不兴，盗窃乱贼而不作，故外户而不闭，是谓大同。"②

《天朝田亩制度》与《资政新篇》显示，太平天国运动试图发起一场深刻的社会运动，它们所提出的目标要比基督教义的视野更为广阔。《天朝田亩制度》呈现了太平天国建立公有制度的理想，这与基督教义有关，同

---

① 参见周伟驰《太平天国与启示录》，中国社会科学出版社，2013。
② 参见夏春涛编《中国近代思想家文库·洪秀全洪仁玕卷》，第27页。

时，其中对社会制度尤其是公田制度的设计，大多源自《周官》制度。①《资政新篇》则提出了较为全面的发展资本主义和开展国家建设的纲领。

从晚明以来"秦火断裂论"流变的角度看，洪秀全的论述提出了两个有重大社会冲击力的问题：一是对秦以后"二千年来"中国的批判；二是对太平之义的阐释和宣扬。这是一次对传统社会秩序与名教秩序的强烈冲击，激起了儒家士大夫的强烈回应。在太平军从广西向北进军的过程中，另一种新的社会动员模式出现了。拜上帝教对一般社会习俗的挑战，引发了地方社会地主士绅阶层的自发反弹，并由此形成以"团练"为中心的南方社会内部的动员。曾国藩意识到了地方士绅地主自发动员的重要性，因势利导，一方面针对拜上帝教的反孔运动，以保卫名教为号召进行社会动员，推广组织"团练"的经验，另一方面以地方团练为基础，建立成有建制的地方军队，并成功取得朝廷的信任。② 这种社会动员方式与拜上帝教以外来信仰进行动员的模式完全不同，一是同样以信仰做动员，不过要捍卫的是拜上帝教所要反对的儒教，二是"团练"扎根于乡土，首先进行在地的社会动员，既直接在本土作战自卫，也组成有建制的军队运动作战。这种以捍卫儒教为旗帜、本土动员乃至本土作战的动员模式，同样是此前所未见的。

曾国藩阵营的主要趣向是宋学，其针对太平天国的对抗论述主要沿着宋学的脉络展开。在此期间，还有另一脉络的卫教主张。常州今文学派的戴望（1837~1873）等士子明确提出，要争夺对"太平"之义的解释权。

戴望在战争期间，曾携母避入城郊山中，"久而饥困，无所得食"，后来其母在湖州死于战乱，"至痛在心，未壮而艾"。③ 他也曾入曾国藩的幕府，但与其中趣向和氛围并不投合。戴望在致张星鉴信中主张通过振兴孔子"微言"来维护圣教："世事纷纭，师资道丧，原伯鲁之徒，咸思袭迹程朱以自文其陋，一二大僚倡之于前，无知之人和之于后，势不至流入西人天主教不止。所翼吾党振而兴之，征诸古训，求之微言，

---

① 参见罗尔纲《太平天国史纲》，岳麓书社，2013，第71~84页。
② 参见〔美〕费正清编《剑桥中国晚清史（1800—1911）》上卷，中国社会科学出版社，1993，第314~315页。
③ 施补华：《戴子高墓表》，载戴望《戴氏注论语小疏》，郭晓冬校疏，华东师范大学出版社，2014，第293~294页。

贯经术、政事、文章于一,则救世敝而维圣教在是矣。"① "流入西人天主教"也指太平天国运动对太平之义的宣扬。戴望所说的"微言",即他及其师宋翔凤(1777~1860)阐释《论语》的"素王"和"太平之治"。宋翔凤在《论语说义》(1840)中强调:"……此二十篇,寻其条理,求其旨趣,而太平之治、素王之业备焉。"②戴望在《论语注序》中说:"……深善刘礼部《述何》及宋先生《发微》,以为欲求素王之业、太平之治,非宣究其说不可。"③宋翔凤在太平天国运动初期亡故,其言"微言"和"太平之治"已包含了对近代以来巨变的反应。戴望的论述因其遭际更为明晰,直接回应了"太平"观念在近代农民运动中的兴起与传播。

戴望对太平天国运动提出的问题的回应,主要在于对太平之义的阐释。晚清今文经学对"秦火断裂论"两条问题线索的回应,是在康有为那里汇合的。

## 四 反思"二千年来之学"与"大同立教": 今文经学的"秦火断裂论"

上一章已经讨论过,在戊戌变法之前,康有为的思想有一个发展的过程,一是儒学史叙述分断节点有变化,二是对分断节点之前经典思想的比附式诠释的重点有调整。这两个部分的调整变化的时间点是接近的,都在中日甲午战争前后,但两者并非完全重合。

19世纪80年代中后期,康有为即采用分断模式叙述儒学史,反思二千年以来的中国之学。他最初对"二千年来之学"的弊病究竟应该追溯到什么时期并不是很确定。有时他说"自汉以后",如《教学通义》认为虽然秦始皇焚书坑儒,但圣王之学还是流传下来了,"夫秦始焚书,而'六艺'、'九流'灿然并在;周公修学,而夏礼殷乐荡尽无传,亦可异矣"。问题是从汉高祖开始的,"汉高起于无赖,其臣……安有范围一世之学术?……汉家杂用王霸者,以今霸为治,以古王为教,于是教学

---

① 戴望:《戴氏注论语小疏》,第295页。
② 宋翔凤:《论语说义》,华夏出版社,2018,第1页。
③ 汤志钧:《清代经今文学的复兴:庄存与和经今文》,第86~87页;曾亦、郭晓东:《春秋公羊学史》(下),华东师范大学出版社,2017,第1056~1109页。

与吏治分途二千年矣"。① 这一看法可能与其师朱次琦论谱牒之学有关。朱次琦在《南海九江朱氏家谱序》开篇曾指出:"谱牒之学史学也。……《史记》纪五帝讫夏殷周秦并详其子孙氏姓而世本一,书汉志隶春秋家。盖先王谱学之设,实与宗法相维而表里乎?国史宗法立而士大夫家收族合,食至于百世不迁,而奠其系世,辨其昭穆……是故黄农虞夏之胄阅数千祀而可知也。世禄废,宗法亡,谱学乃旷绝不可考。汉兴天子奋于草茅,将相出于屠牧,率罔知本系所由来。"② 这一看法将汉高祖之兴作为谱学中断的节点。有时康有为也以暴秦为分断节点。③

从1889~1890年与廖平初晤,到《新学伪经考》刊刻(1891年秋7月)前后,康有为将"二千年来之学"症结的源头清晰地确定于刘歆篡乱孔子的六经,但讲求"孔子大义"的重点何在,依托哪些重点可以让孔学"传之四洲",还不明晰。大约1893年之后,康有为逐渐突出阐述"太平世"思想,并明确认为它是孔子大义之所在,逐渐将遗忘太平世视为"二千年来之学"的主要缺失和刘歆篡乱之罪的关键。到甲午战败之后成书的《春秋董氏学》(1897年刊刻)和《孔子改制考》,康有为前所未有地明确论证,后世之学所湮没的主要部分是有关太平之治的内容,并且有所铺陈地阐释了太平大同的状况。康有为对二千年(刘歆篡伪)以来之学的反思,到此告一段落。

康有为将太平大同之学与西方平等民主共和等相比附,是"西学中源"论述的一种变体,也是此类论述的一个高峰④。他的后期政论文中多有"西学中源"的分析,认为欧洲"新世"的诸多思想和制度可以在中国传统中找到对应物。例如,他将中国古代地方自治形式比附欧美地方自治,认为"拿破仑三区之法"与"汉人郡、县、乡之制","美国之州郡并听自治"与"古公、侯大国之封建",法、英、德、日本"乡邑自治"与"子、男小国附庸之制"(及中国乡邑自治之俗)

---

① 《康有为全集》第一集,第44、45页。
② 《朱九江先生集》卷八,载《清代诗文集汇编》,第625卷,第76页。
③ 《康有为全集》第一集,第89页。
④ 在清代有关算术等科学的讨论之外,晚清域外游记中也多有关于"西学中源"的讨论。参见陈室如《近代域外游记研究(1840—1945)》,(台北)文津出版社,2007,第134~141页。

之间是一致的。① 又如，康有为观看了欧洲各国绘画，了解其大概脉络和格局之后，认为欧洲油画的画法在北宗院画那里都有，还进一步尝试考证欧洲油画起源于北宗院画，并由此重新评判画之南北宗。康有为对南北宗之争的评断，对当时的中国美术界产生了震撼性的影响。他的欧洲油画"中源论"的"考证"应和者寥寥，但对中国历史脉络的重新认识的影响则要大得多。康有为这种"以复古为革新"的论述模式在五四新文化运动时期遭遇了全面批判，随后走向衰落。

分析康有为的思考与"秦火断裂论"两条问题线索的关联，可以有两个结论。

其一，康有为对"二千年来之学"的反思，承续了太平天国运动的问题意识，其答案最初从"暴秦"开始，后来才确定为刘歆篡伪这一今古文之争的关键议题。无论是"暴秦"，还是刘歆篡伪，关键节点都是秦始皇"焚书坑儒"。《新学伪经考》强调或论证刘歆篡伪，对于反思"二千年来"的中国及学术的思考有所推进，但并非决定性的。"大同"在此书中尚未成为中心议题，意味着廖平对康有为的影响主要在于攻刘歆篡伪。

其二，将"二千年来之学"的缺失确定为遗忘了孔子的"太平大同之义"，延续了太平天国运动期间宣扬天国"太平"与戴望等今文学家重释"太平之治"的思想斗争中的问题意识。由于太平天国运动被否定，康有为与此一问题意识的关联无法彰显。此一问题是晚明以来中国与西方之间思想对话或对抗的关键议题之一，也是康有为"大同立教"思想的关键前缘之一。康有为论证刘歆篡伪最后的落脚点是重释"太平大同之义"，他与宋翔凤、戴望等晚清今文经学的联系更值得注意。康有为推进的关键一步是，将大同思想认定为引领全球思想的"天王山"。他事实上认为"全球公理之学"的关键是大同之义，大同之义是引领全球人类发展的思想，囊括了共和民主等先进思想；孔子之所以堪称大地教主，乃是因为他早就说了大同之义。

* * * *

本章是笔者尝试在全球史视野中梳理清代今文经学脉络的开始。这

---

① 参见《康有为全集》第七集，第283~284页。他一方面指出"美国之州郡并听自治"与"古公、侯大国之封建"之间存在"封建其众人"和"封建其一人"的重大区别，另一方面仍然强调它们在自治地域大小方面的一致性。

一脉络，与以往研究重点强调的今文经学内部脉络是相互纠缠、相互支撑的。指出这一脉络，并非否定后者的重要性。勾勒这一长期不被注意的脉络，可以促进对今文经学内在脉络的重新认识。

这里指出清代今文经学的复兴与欧洲传教士借助传播科学传教等西学东渐潮流之间的互动关系，意在重新勾勒晚明以来中国士大夫在吸收和消化域外知识和文化方面持续而重要的努力，这些努力对于晚清时期知识分子及时提出各种探索性的方案，提供了极为重要的基础。晚清时期人们开始觉悟中国遭遇数千年未有之巨变，并非恍然醒悟或者"在白纸上画画"，而是在长期的充满矛盾冲突的思考积累之上发展起来的。这些积累，本身是中国文明积累厚度、反应能力和容纳能力的一种表现。

这里勾勒的这一脉络，并非"冲击—反应"模式的一个版本，而是强调中西文化在明末清初的碰撞的互动特征。首先，利玛窦等人的"秦火断裂论"是对以往儒学史叙述及今古文之争议题的承续和发挥，这一敏锐的挪用是文化互动的产物，可以视为中国儒学史叙述发展变化的一部分。其中的关键是，当时中国国力的强大程度和中国文明的重量迫使已处于殖民进程中的欧洲传教士以较为平等的姿态寻找"本地化"的契机。其次，欧洲传教士带来的科学等域外知识，激发明末以降的思想家群体将这些知识吸纳和消化于中国文明母体内的努力，试图以此维系自身的主体性甚或有所扩张。"西学中源"论的发展，或者直接重释孔子之义等努力，太平天国运动对基督教知识的直接反向挪用和"中国化"，都体现了这种努力。这种吸纳的过程，逐渐"翻转"了利玛窦等人阐释的"秦火断裂论"。到康有为这里，这一论题被全盘"翻转"了，变成了重构中国文明自主性的一种尝试：一方面，以秦火为断裂节点的叙述模式被承继；另一方面，"秦火断裂论"的叙述模式变化为中国文明吸纳西方文明的一种"思想容器"。这一"思想容器"在五四新文化运动时期基本被打翻和重铸，但后来在儒学发展及其他方面仍然有较大影响力。

这里所勾勒的互动线索，试图从一个侧面呈现中国文明自主性意识的确立过程，以及对将西方要素纳入中国文明体系之内同时重塑自身的方式和道路的探索。这一互动的过程，也是中国文明在新的历史条件下重新确立自主性的一段值得重视的过程。

# 第四章　康有为经学思想的调整和发展[*]

关于康有为思想发展的特点，梁启超在回顾自己与其师的分歧时引述的康子自道广为人知，"吾学三十岁已成，此后不复有进，亦不必求进"，梁启超认为"启超与康有为最相反之一点，有为太有成见，启超太无成见"。[①] 康有为亦曾认为梁启超"流质易变"。[②] 相对于梁启超的多变，康有为的思想比较稳定，几乎没有自我颠覆性的变化，但并非三十岁之后就没有思想调整。上一章分析的康有为"以大同立教"思想的成熟，是在中日甲午战争前后，此时他已近四十。根据目前能看到的文献，他在此之前的作品（不包括他在甲午战争之后的回顾，因为他有可能倒填日月）较少论及大同。一方面，这是康有为思想非常重要的发展，相对于此前主要强调"通"与"敷教于民"而言，这是一种发展和变化（不是自我否定式的变化，而是有了增量的变化）；另一方面，他后来一直坚持这一立教的思路。

在流亡海外初期，康有为在坚持大同立教的思路的同时，在阐释孔子之义方面发生了重要的结构性变化。这一变化同样不是自我否定式的变化，而是一次以反思此前思想和行动为基础的重要思想调整。

以往的康有为研究大多将1897年前后的《春秋董氏学》《孔子改制考》与《春秋笔削大义微言考》（1901）、《中庸注》（1901）、《孟子微》（1902）、《大学注》（1902）、《论语注》（1902）、《礼运注》（1901~1902）诸书混杂而论。笔者认为康有为在前后两次集中释经之间存在重要的思想调整，而且这一调整是其一生思想中最为关键的枢纽所在。这

---

[*] 本章整合了《康有为的释经与共和革命》（《古典研究》2011年冬季号）与《康有为的经学思想调整刍议——以〈春秋董氏学〉与〈春秋笔削大义微言考〉的比较为例》（《中国哲学史》2014年第2期）两篇论文，以及《大同立教的双重困局与不同应对——康有为的政教观初论》（《开放时代》2015年第3期）的一部分。

[①] 梁启超：《清代学术概论》，上海古籍出版社，1998，第89~90页。梁启超所引康有为的话可参见《与沈刑部子培书》，"至乙酉之年而学大定，不复有进矣"，《康有为全集》第一集，第237页。康有为与梁启超等弟子谈话时，可能有时也会这样说。

[②] 《康有为全集》第七集，第189页。

一调整最为直接的动因,是 1899~1902 年康有为与倾向革命的梁启超、欧榘甲等弟子之间围绕共和革命展开的辩论。①

## 一 革命辩论与康有为的第二次释经高峰

晚清围绕共和革命的论战,最早并非在康有为等保皇派和章太炎等革命派之间展开的,而是在康有为和他的弟子之间展开的。理解康有为在戊戌变法失败、流亡海外之后的变化,关节点在于梁启超、欧榘甲等康门弟子基于共和革命的立场对康有为的挑战,以及康有为对此的回应。

康有为重视中国革命浪潮并做出强烈反应(他在戊戌变法时期即已对孙中山等人的革命主张及活动有所了解,并有所接触),是在戊戌变法失败、流亡海外之后。直接的起因是梁启超等弟子与孙中山等革命者密切往来、商量合作,倾向革命并挑战康有为的权威,其中的标志性事件是 1899 年"十三太保"劝康有为退休事件。

根据丁文江《梁任公先生年谱长编初稿》,冯自由的《中华民国开国前革命史》第十四章"壬寅支那亡国纪念会"、《革命逸史》(第二集),康有为 1899 年 2 月离开日本后,梁启超等弟子与革命派交往密切,逐渐倾向革命。1899 年 6 月,在梁启超家里,因遭缉捕经台湾到日本避难的章太炎与孙中山第一次会面,"相与谈论排满方略"。这一次会面是短暂的,却是革命派的重要时刻,因为从这一次会面开始,革命派开始获得理论上的支撑,开始在思想文化上确立"革命"的正面价值,从而改变了社会变革的动力结构,即康有为所说的从"变自小民"转变为

---

① 20 世纪 50 年代中期,李泽厚与汤志钧就《大同书》有所辩论,李泽厚认为,革命派与改良派明确划清界限的时间并不是 1901~1902 年,而是 1903~1905 年;并认为 1903 年是为大家所忽视而实际是一个很重要的关键的年头,这一年的重大事件包括梁启超赴美、回东京大唱"开明专制",与此同时,孙中山和革命派陆续发表文章,开始真正与改良派"明确划清了界线"(参见李泽厚《中国近代思想史论》,人民出版社,1979,第 155~156 页)。尽管如此,1901~1902 年对于了解康有为的思想仍然是极为关键的时期,因为虽然革命派与改良派的决裂在 1903 年之后,但康有为在 1899 年"十三太保事件"之后即已感到革命浪潮的巨大冲击,而且从那时起即深入思考,着手回应这一挑战。康有为思考的重要调整,不是等到改良派与革命派正式决裂才开始的,而是在获知弟子们开始向他挑战的时候就开始了。有关"十三太保事件"的原委参见桑兵《庚子勤王与晚清政局》。

"变自士夫"。① 在同一个月，梁启超与韩文举、欧榘甲、梁炳光等十三人连署上书康有为，劝其谢事退隐。其中明确提出共和革命的主张："国事败坏至此，非庶政公开，改造共和政体，不能挽救危局。今上贤明，举国共悉，将来革命成功之日，倘民心爱戴，亦可举为总统。吾师春秋已高，大可息影林泉，自娱晚景。洛超等自可继往开来，以报师恩。"康有为怒不可遏，立即勒令梁启超前往檀香山办理保皇会事务，不许稽延，又令欧榘甲赴旧金山任《文兴报》主笔，康门弟子称这十三人为叛徒。②

"十三太保"事件看起来并没有激起1902年那种针锋相对的辩论，似乎随着康有为令梁启超、欧榘甲赴美而告平静。但此次事件对康有为的冲击是巨大的，他对弟子们的革命想法的回应，事实上在1900年稍得安静的机会之后即开始了。他的回应方式是再次诠释儒家经书，以孔子形象的再塑造来容纳革命浪潮的冲击，这一努力奠定了他后半生的思想走向。

自1900年7月26日起，康有为在丘菽园、林文庆等华侨的帮助和英国殖民地政府的安排下，避居马来西亚的丹将敦岛和槟城（槟榔屿）等地；1901年12月7日（光绪辛丑年十月二十七日）又前往印度东北部的山城大吉岭，一边游历休养，一边埋头著述，直至1903年5月。在这一时期，康有为不用再东躲西藏，亦无时事相扰（1900年自立军起义失败、唐才常牺牲之后，康有为不再用力于武力勤王），居住环境也颇为安静，完成了多部经书的研究，包括《中庸注》（1901）、《春秋笔削大义微言考》（1901）③、《礼运注》（1901~1902）、《孟子微》（1902）、《大学注》（1902）、《论语注》（1902）。④ 康有为这一时期集中释经，是

---

① 《康有为全集》第六集，第332页。
② 参见丁文江、赵丰年编《梁启超年谱长编》，上海人民出版社，1983；冯自由《中华民国开国前革命史》，广西师范大学出版社，2011；吴天任《康有为先生年谱》，第274~275页。
③ 《大庇阁诗集》中有诗题云："补撰《春秋笔削大义微言考》，草堂旧注已焚失，出亡后自庚子十一月朔冬至始业，辛丑六月二十日注成于槟榔屿英督署之大庇阁，凡百九十七，书成题之。"见《康有为全集》第十二集，第216页。序言末尾亦有提及。
④ 吴天任：《康有为先生年谱》，第276~382页；张克宏：《亡命天南的岁月：康有为在新马》，华社研究中心（吉隆坡），2006。

其阐释和发明儒学的第二次"高峰"。就其一生著述来看，康之释经有两次"高峰"，此前的第一次是在戊戌变法之前，写就《新学伪经考》（1891）、《春秋董氏学》（1893~1897）和《孔子改制考》（1892~1898）等著作。与第一次释经相比，第二次"高峰"时期康有为的释经有了重要的变化和调整，它们是在理论上对革命思潮的回应。他的为革命思潮所吸引的弟子们，就是这些释经著作首要的"隐含读者"和对话对象。

就公之于众的辩论而言，康有为介入革命辩论的开始，是1902年6月所写的两封长信《答南北美洲诸华商论中国只可行立宪不能行革命书》和《与同学诸子梁启超等论印度亡国由于各省自立书》。它们是康有为就革命问题给保皇维新派内部同仁的信，算是保皇维新派的内部辩论。也就是说，无论从1900年开始的经典诠释看，还是从1902年的辩论看，康有为对共和革命思潮的反驳，都是从保皇派内部辩论开始的。此后1903年章太炎发表《驳康有为论革命书》，则可视为保皇派和革命派正面交锋的开始。①

1899年"十三太保"事件与康有为第二次释经高峰之间的关系，清晰地显示回应共和革命是康有为第二次集中释经的主要问题意识。在流亡之后到1900年7月之前，康有为曾从日本赴加拿大，其间曾短期赴英，谋求英政府支持光绪复辟未果，返回加拿大。这是康有为第一次游历北美和欧洲。但因为当时其注意力主要在于光绪复辟的政治实务，他并未用力于考察欧美政俗。康有为的欧洲游记主要写于1904~1908年环球旅行期间，也是在这一时期，他才有机会通过亲身游历而深入了解欧美各国的政教风俗。康有为在1900~1902年的释经著作中所呈现的思想变化与他在日本、加拿大和英国的短暂游历有一定关系，但更重要的原因在于他在理论上对共和革命的沉潜思考，这些思考为其1904年之后的欧美游历做了重要的准备工作。②

"十三太保"事件促使康有为不得不面临一道难题，那就是，人们开始主张排满革命乃至要求推翻帝制、建立民主国家，这一要求与他之

---

① 章太炎正面阐述革命主张则要更早，始于1901年的《正仇满论》。
② 与《大同书》一样，这些释经著作也有后来补写的部分，但他对"三世说"的阐释并未因此有重大调整。

前关于太平大同的教义阐释不仅不矛盾,而且正是沿着他所谓公理之学的方向前进。如果不赞同革命,那么,他如何能坚持太平大同的教义?这就完全暴露了戊戌变法期间处于模糊状态的大同公理之学的危机,以内部分歧的形式尖锐地呈现了康有为立教化民的内在矛盾:大同太平教义如何与清朝帝制相协调?政教如何能协同?

既然问题内在于康有为以经学诠释为基础所立的"公理之学",那么他也必须首先通过经学诠释来回应弟子们的挑战。康有为的基本态度是,继续坚持将太平大同之学视为孔教教义的关键所在,又反对当下发动民主共和的革命。既然当下中国的政治方略并非太平大同之学,那么就应该另有所在。康有为认为答案仍然在于孔子教义之中,孔子对据乱世和小康世同样给出了正确的指引(这并非指可以全盘不变,而是指从孔子之道中同样可以找到改良举措的依据),而这些指引与太平大同之学是不一样的。于是孔子有关据乱世和小康世的学说的重要性大大提升,它们是指导政治实践的思想基础;二千年来中国之学的价值在这个意义上也要重新理解和评估,不可能再像流亡之前那样全盘否定了。他的第二次释经高峰包括了对《四书》的重新理解,这一举动相对于戊戌变法之前对朱熹的批评来说,毫无疑问意味着重大的变化。另一个重要例子是,成于1903年的《官制议》改变了《新学伪经考》中全面否定刘歆的态度,给予了部分肯定,"然刘歆多读周世列国之遗书,于立国之制,有极纤悉精密而为后世治一统之制所不及者,故以今日欧人立国之政考之,亦多相合"。[①]重新诠释"三世说"在这个背景下成为第二次大规模经学诠释的中心问题(第一次大规模经学诠释的中心问题则是"太平大同世"问题)。

## 二 以"大地教主"为"圣之时者"

通过第二个经学诠释高峰期的释经努力,康有为重塑了孔子的形象,重塑了对孔子的信仰,孔子不仅是一个在与诸教的"诱民"之争中胜出的"大地教主",而且是一个对大地之上各种情况都能对症下药的"圣

---

[①] 《康有为全集》第七集,第241页。

之时者"、"圣医"和"大药王"。

"医"与"药"是康有为一直很喜欢用的比喻结构,在流亡海外之前的写作中,他也曾用过这一比喻,但基本用于"一统之世——敌国并立之世"的问题结构,强调学习泰西之法的重要性。如《进呈〈日本变政考〉等书乞采鉴变法以御侮图存折》(1898年4月10日):

> 夫安以今为列国竞长之时,则必以列国竞长之法治之,而不可参以分毫大一统之旧。如治病然,或凉或热,病症既变,用药全反。若犹参用旧方,医必不效,终归死亡而已。故辨症贵真,趋时贵急。①

康有为第二次经学诠释高峰期所著六本作品,有三本的序言用了药与医的比喻,可见这一比喻在描述孔子形象及其教义方面的重要性。这三处比喻基本用于"三世说"的问题中,强调"大药王"孔子的药箱中无药不备,能处理古今中外的各种问题,而后人应该因地制宜。

如《春秋笔削大义微言考·自序》用这一比喻批评二千年来之学该进取而不进取。这一意思延续了维新变法阶段康有为的看法:

> 昧昧二千年,瞀焉惟笃守据乱世之法以治天下。病愈而仍服旧方,儿壮而仍衣襁褓。群盲相证,以为此名医所开之方,不敢不食;父母所遗之服,不敢不衣也。②

《礼运注·序》则批评超越发展阶段而用补药,这是流亡之后的新看法:

> 幼孩不能离襁褓,蒙学不能去严师。害饥渴者,当醉饱以济其虚,不能遽与八珍。病伤寒者,当涤荡以去其邪,不能遽投参术。乱次以济,无翼以飞,其害更甚矣。若子弟成人,尚必服以襁褓,寒邪尽去,尚不补以参苓。泥守旧方而不知变,永因旧历而不更新,非徒不适于时用,其害且足以死人。③

---

① 《康有为全集》第四集,第48页。
② 《康有为全集》第六集,第4页。
③ 《康有为全集》第五集,第553页。

《孟子微·序》也强调病变方变，需因地因时制宜：

> 民贵君轻，乃孔子升平之说耳。孔子尚有太平之道，群龙无首，以为天下至治，并君而无之，岂止轻哉？大医王药笼中何药不具？其开方也，但求病瘳，非其全体也。病变则方又变矣，无其病又不能授以药也。岂有传独步单方，而可为圣医乎？①

在同期及此后的作品中，康有为用这一比喻结构的地方也非常多，大多用于"三世"的问题框架内。

这样的孔子形象，用传统的说法，就是"圣之时者"。《春秋笔削大义微言考·自序》指出：

> 康有为乃言曰：孔子之道，其本在仁，其理在公，其法在平，其制在文，其体在各明名分，其用在与时进化。……故其科指所明，在张三世。其三世所立，身行乎据乱，故条理较多；而心写乎太平，乃意思所注。虽权实异法，实因时推迁，故曰孔子圣之时者也。若其广张万法，不持乎一德，不限乎一国，不成乎一世，盖浃乎天人矣。②

有关"时"，康有为最常引用的是《中庸》中的"溥博渊泉，而时出之"。《中庸注》解"溥博渊泉，而时出之。溥博如天，渊泉如渊"一句，着眼点也是孔子之学覆盖整个三世，对每一世都能对症下药：

> 言孔子之聪明睿智如天之溥博，如泉之渊深，寥廓流行，无所不有，随其时而出之，以治世也。时当乱世，则出其拨乱之法。时当升平，则出其升平之法。时当太平，则出其太平之法。天覆无方，泉流无定，行止因时而已。③

---

① 《康有为全集》第五集，第412页。
② 《康有为全集》第六集，第3页。
③ 《康有为全集》第五集，第390页。

## 第四章 康有为经学思想的调整和发展

在康有为笔下,作为"圣之时者"的孔子对近代中国问题的预判之"行止因时",表现在两个不同的方面。一方面是流亡海外之前康有为最关注的变法改制的论证,即在升平世不应该仍然泥守据乱之道:

> 孔子之法,务在因时。当草昧乱世,教化未至,而行太平之制,必生大害。当升平世,而仍守据乱,亦生大害也。譬之今当升平之时,应发自主自立之义、公议立宪之事,若不改法则大乱生。孔子思患而预防之,故制三重之道,待后世之变通以去弊。此孔子立法之至仁也。①

另一方面是大同新教很重要,但不能现在就采用大同之道,这是康有为遭遇弟子们挑战之后的一个主要看法:

> 孔子发明据乱、小康之制多,而太平、大同之制少。盖委曲随时,出于拨乱也。孔子之时,世尚多稚,如养婴儿者,不能遽待以成人,而骤离于襁褓。据乱之制,孔子之不得已也。然太平之法、大同之道,固预为灿陈,但生非其时,有志未逮耳。进化之理,有一定之轨道,不能超度。既至其时,自当变通。故三世之法、三统之道各异,苦衷可见,但在救时。②

这里的"时"即二千年以来儒学所说的"时势"。

综合这两种情况,康有为的基本意见是,既要变,又要不变。变是相对于二千年以来之治而言的,不变则是相对于由据乱变为升平的升平而言的,即不能躐等而进大同之世。康有为屡屡强调"不可躐等而进",如《春秋笔削大义微言考》指出:"故《礼运》大同之法……但一时不能遽行此制。此据乱也,先讥大夫之世;及升平世,刺诸侯之世;至太平世,贬天子之世;亦以渐而进也。"③

由是可以理解,康有为讲"礼时为大",针对的主要是躐等而进大

---

① 《康有为全集》第五集,第 387 页。
② 《康有为全集》第五集,第 388 页。
③ 《康有为全集》第六集,第 21 页。

同之世的主张。这正是"十三太保"事件之后康有为回应革命思潮的要点所在。不过，重新阐发和强调"礼运"的价值，改变此前对中国二千年来之学以否定为主的看法，并不是对大同教义的否定，而是在继续阐发大同教义的同时，重新着重正面阐发"礼运"对于当时中国的重要性，即在保皇变法的意义上阐发"礼"和秩序的重要性。这意味着，康有为不仅要在立教化民、"诱民"方面与泰西之教争夺解释权，而且要在现实变革层面依凭经学阐释获得解释权。

## 三　"三世说"阐释的结构性变化[①]

与孔子形象的变化相应，康有为在1900年之后三年间的经学再诠释，首先是一种结构性的变化，即在建立孔子的大同新教之外，将据乱、

---

[①] 近年来，新发表的康有为研究论文或著作，越来越多地强调1899～1903年康有为与梁启超等弟子辩论的影响。笔者在《人之差等与人道重构——康有为的人性论》(《五四运动与现代中国——思想史研究》第七辑，上海人民出版社，2009）中提出以康有为流亡海外为界划分其思想的前后期，指出《万木草堂口说》等前期文献与《中庸注》《孟子微》等后期文献之间有区别，但当时对前后期的变化调整的具体内涵缺乏深入全面的把握。《康有为的释经与共和革命》(《古典研究》2011年冬季号）与《康有为的经学思想调整刍议——以〈春秋董氏学〉与〈春秋笔削大义微言考〉的比较为例》(《中国哲学史》2014年第2期）等文进一步指出，康有为流亡伊始与梁启超等弟子之间展开的辩论，是康有为的思想重要调整的节点。马永康的《从"三统""三世"到"三世三重"——论康有为的思想》(《华东师范大学学报》2010年第3期）是较早发表的分析此一思想调整的研究成果。对康有为思想的具体理解，以及究竟发生了怎样的调整等问题，笔者与马永康的看法有较多不同之处，但对于这一思想调整节点的判断是一致的。对于康有为"三世说"阐释的变化问题，相关研究者有赞同者，也有进一步的讨论。茅海建在《论戊戌变法时期康有为、梁启超的政治思想与政策设计》(上、下)(《中国文化》2017年第45、46期)、《戊戌时期康有为"大同三世说"思想的再确认——兼论康有为一派在百日维新前后的政治策略》(《社会科学战线》2019年第1期）等文中，以康有为及众多弟子的丰富材料，论证了康有为在戊戌变法期间已经有了"大同三世说"的思想。茅海建的这一分析是有力的，康有为论述孔子的太平大同之义，今文经学"三世说"的框架是基本知识背景，讲太平世，不会拒绝讲据乱世和升平世。不过，如果从分析康有为思想调整的角度看，在流亡伊始与欧榘甲、梁启超等弟子辩论的前后，康有为的思想调整并不是从只讲太平大同之义转向同时讲"三世"（如果有这样的论断，无疑站不住脚），而是从主要强调孔子的太平大同之义，转向既强调孔子的太平大同之义，又强调三世"不可躐等而进"。在流亡海外之前，康有为及其弟子在少数几处已经论及三世"不可躐等而进"，但这一论题在康门当时的论述中是边缘的；茅海建整理和分析的康有为及其弟子们在流亡海外之前关于"三世"的论述，大多数是强调太平大同论题的重要性。

升平各种情况下的治法也一律以孔子之学加以说明和描述，确立孔子为无所不能、无药不备、无病不治的"圣之时者"和"大药王"这一新的信仰。这改变了流亡海外之前将孔子改制立教一面的价值主要锚定于太平大同教义的思路，开始注重以孔子之道来正面阐释现实政治变革的主张，尤其强调孔教对于中国政俗人心有极其重大的意义。孔子教义最有价值的部分也不再仅仅是太平大同部分，而变成了涵盖据乱、升平、太平三世的整个孔子学说和教义。

"三世说"的结构性变化集中表达了康有为经学阐释的结构性变化，他不再仅仅突出阐释太平大同，而是同时将对三世更替进化的重新阐释也提升为其中的支柱性内容。康有为对孔子之道的解释重点也从太平大同转变为"主于时，归于权"，他在解释《论语》"子曰：可与共学，未可与适道；可与适道，未可与立；可与立，未可与权"一句时说：

> 孔子之《春秋》有据乱、升平、太平三世，《礼运》有大同、小康，《易》有潜龙、见龙、飞龙、群龙无首、归魂、游魂。若执一而不知时中，则为拘儒小儒而害大道矣。故孔子之道主于时，归于权。①

康有为经学阐释的这一结构性变化，实质在于突出了"三世说"内部的断裂性，强调三世之间"并行不悖，各因时宜，虽相反而相成"，突出现状（升平世）与太平大同之间的断裂。所谓"虽相反而相成"，指出了三世更替并不是依次持续进化，三世之间的关系也并不只是方向相同、程度不同，而是"三世相承而相反"②。《论语注》对此有详细解释：

> 天有阴阳，故教有经权。常变、开阖、公私、仁义、文质，皆有二者。故三统不同，三世互异；大同与小康相反，太平与乱世相反。能思其反，乃为合道；若从常道，反不合道矣。故循常习故之

---

① 《康有为全集》第六集，第453页。
② 《康有为全集》第五集，第388页。

人，不知深思天理人事之变，则不能行权。若于人事能思之，于物理思之，于时变思之，既思其正，而又思其反，正反既具，真道乃见。故六经终于《易》，以变为义；是篇终于权，以思其反为义。孔子虑后人拘守一隅，特著是义，以教人无泥常而知权，当深思而知反。……盖天以变为运，人以变为体。①

《春秋笔削大义微言考》也曾以君主是否"无事游观"为例解据乱与升平"相反而相成"，并称孔子为"时中之圣"②。因为有这种相承相反的断裂存在，不同世之间的过渡未必是平顺的，也有可能需要跨越一道鸿沟，所以康有为有不能躐等而进的劝诫和警示。升平世和太平世之间的鸿沟主要是君主的去留问题。

流亡海外之前，康有为论述变法改制的主要架构是"一统之世—敌国并立之世"而非"三世说"。但是，革命浪潮在中国知识阶层兴起之后，"一统之世—敌国并立之世"的论述结构（及康有为所欲建立的"公理之学"）就面临一个严重的麻烦和危机：君主立宪和民主共和政制难道不都是"敌国并立之世"泰西之国的治法？康有为重新阐释三世更替，建立了另一种历时性的维度，其主要特点是区分升平（君主立宪）与太平（民主共和），而在"一统之世—敌国并立之世"的历时性维度中，很难区分君主立宪与民主共和。

康有为用"乱世—平世"的论述结构，来回应革命的冲击，与"一统之世—敌国并立之世"的论述结构很不一样。《孟子微》这样比较乱世与平世："盖乱世各亲其亲，各私其国，只同闭关自守。平世四海兄弟，万物同体，故宜饥溺为怀。不概乱世主于别，平世主于同。乱世近于私，平世近于公。乱世近于塞，平世近于通，此其大别也。"③ 这一比较与对"一统之世—敌国并立之世"的阐释有类似之处（如"塞"与"通"之别），但敌国并立之世并不一定是平世，其中有一个重要区别，即这里的平世的主要特点在于"同"和"公"，而敌国并立之世的主要特点或许在于"争"和"私"。康有为认为中国的治国思路应该从一统

---

① 《康有为全集》第六集，第454页。
② 《康有为全集》第六集，第81页。
③ 《康有为全集》第五集，第421页。

之世转向敌国并立之世，反对马上从乱世转向平世，认为不可躐等而进，强调君主对于维护中国统一和称雄于大地的极为重要的作用：

> 孔子岂不欲即至平世哉？而时有未可，治难躐级也。……故独立自由之风，平等自主之义，立宪民主之法，孔子怀之，待之平世，而未能遽为乱世发也。以乱世民智未开，必当代君主治之，家长育之。否则团体不固，民生难成。未至平世之时，而遽欲去君主，是争乱相寻，至国种夷灭而已。犹婴儿无慈母，则弃掷难以成人。蒙学无严师，则游戏不能成学。故君主之权，纲统之役，男女之别，名分之限，皆为乱世法而言之。①

就现实政治中守君臣大防而言，康有为在流亡前后的看法未必有根本性的变化。他在革命浪潮的冲击之下，在如下两个方面变得更为清晰。其一，正面阐述君主的重要性。他对于"君主"的重要性的认识，主要不是从"君臣大防"的角度而言的，而是从"君主"在国家治理的整合功能而言的。其二，指出太平大同之教并非对于现实政治的主张，而只是化民之教的教义，这是他重新阐释三世更替的核心所在。

作为"圣之时者"的孔子形象的突出以及三世更替的再阐释，也提供了一个解释现实世界和世界历史的叙述框架。它与作为全球性公理之学的太平大同教义所指不同，但都是孔子之道的组成部分。世界历史进程不是以国度或者文明体来表征的，而是以"仁"的多少和等次来表征的。康有为在《孟子微》中这样说："世虽有三，道似不同，然审时势之并行不悖，故其道只有一。一者仁也，无论乱世平世，只归于仁而已。此孟子第一义。"② 也就是说，世界历史和各国历史不过是"仁"在时间之流中的表现形式。

为了容纳世界各国的历史和经验，康有为在此前区分仁的等次的基础上，扩展了"三世"的划分，强调三世而九世、九世而八十一世的更为细致的区分，以描述更为复杂的时势与跨地域经验。如，"三重者，三

---

① 《康有为全集》第五集，第 421~422 页。

② 《康有为全集》第五集，第 414 页。

世之统也。……每世之中，又有三世焉。则据乱亦有乱世之升平、太平焉，太平世之始，亦有其据乱、升平之别。每小三世中，又有三世焉。于大三世中，又有三世焉。故三世而三重之，为九世。九世而三重之，为八十一世。展转三重，可至无量数，以待世运之变，而为进化之法。此孔子制作所以大也。盖世运既变，这旧法皆弊而生过矣，故必进化而后寡过也"。①

可以看出，在康有为这里，孔子之所以能被称为"大地教主"，在于他在"知"方面的全能。如果没有革命浪潮的兴起，康有为可以继续在现实政治与立教化民之间保留原有的模糊性，政教之间隐含的矛盾则可以通过其他方向的论证加以调和（后来康有为引述英国宪政的理论和经验对此进行了补充论证）。但革命潮流的涌现，推动康有为对现实世界的状况提供有效的解释和辨析，三世更替的再解释也是在这个时候才成为中心问题。

康有为的海外游历恰好为三世更替的再阐释提供了解释世界历史和现状的条件。但由于康有为在十六年海外流亡过程中对各国的了解有所变化，更由于他的亲身游历更多地改变了之前通过阅读得来的印象，康有为在重释三世更替描述世界状况的时候，不可避免地会出现前后矛盾的地方。康有为在第二个经学阐释高峰期之前，只在日本待了半年时间，在加拿大和英国有短暂逗留，因此，在第二次经学阐释期及之前、之后这三个时间段，康有为对具体国家究竟在三世更替进化的框架中处于何种位置，是有不同判断的。例如，《孟子微》中说："今法、美、瑞士及南美各国皆行之（指民主，引者注），近于大同之世，天下为公，选贤与能也。"②《意大利游记》（1904）中则说："吾昔者视欧美过高，以为可渐至大同，由今按之，则升平尚未至也。"③ 前后变化非常明显。

因此，康有为的"三世说"给人的印象往往是混乱的，这就不奇怪了。三世更替再诠释之所以给人如此印象，康有为自己把其中的关键原因说得很清楚：

---

① 《康有为全集》第五集，第387页。
② 《康有为全集》第五集，第421页。
③ 《康有为全集》第七集，第374页。

> 三世之义，无往不在。就今校地球未通之前，则今为太平而昔为升平，太古草昧为乱世矣；若就将来太平言之，则今亦为据乱也。①

"三世之义，无往不在"的根据是传统意义上循环论的"三世说"，即三世更替是循环往复的变化过程。在循环论的"三世说"架构中（虽然这段话的循环论特征已经比较模糊），我们才能以不同的时间节点为参照点，以三世来评价和定位前后的历史时期。这与直线发展的时间结构中表述世代变迁的各种三段论或阶段论，有着根本的差异。

另一个原因在于，这一再诠释本质上是为了在公理之学（大同教义）与时势之间确定主体行动的方向。在三世更替的框架内描述各国及整个世界的历史、现实和未来，首要的目的并不是客观认知世界历史变迁，而是呈现和把握未来的方向（所谓处据乱世而托意太平）。康有为自己已经指出："孔子假十二公而分托三世，称某公者，但借以立法，不必泥也。不然，昭公非太平之世，不待辩矣。"② 因此三世更替的再阐释与具体情况结合时显得前后不统一，的确没有必要一一辨析澄清。③

总之，一方面，康有为的"三世"表述有混乱之处，但并不意味着他的基本脉络也是混乱的；另一方面，"三世说"的再诠释作为康有为思想的支柱性内容之一，出现这种前后矛盾的"混乱"，不能轻易放过，事实上它们正是了解其思想的一个重要切入口。尤其要分辨康有为第一次和第二次释经高峰之间的差别，不能简单地将康有为的经学诠释混一而论，也不能简单地说康有为经学诠释的变化是海外游历所致。

---

① 《康有为全集》第六集，第248页。
② 《康有为全集》第六集，第261页。
③ 例如，房德邻指出，康有为对他的"三世说"的解释并不总是一致的，他在不同的时期有不同的说法，在同一时期，甚至同一部书中也有不同的说法，这种解释上的混乱主要是因为他需要通过阐发儒学的"微言大义"来表达自己的思想，可能由于其个人处境、思想的不同而不同；因此对康有为的"三世说"，需要具体研究才能明白其具体含义（参见房德邻《儒学的危机与嬗变——康有为与近代儒学》，文津出版社，1992，第101~102页）。李泽厚在20世纪50年代中期与汤志钧就《大同书》的讨论中则认为，"三世说"的确有某些变异，但这种变异并不十分重要；至于实现"君主立宪"到底是"升平"还是"太平"，当时的中国是"据乱"还是"升平"，"君主立宪"到底是"据乱世之太平"还是"太平世之据乱"，这些都是无关实质的次要问题，如果有人硬要在这上面做文章，钻牛角尖，研究这些"升平""太平"，恐怕是上了康有为的大当了。（参见李泽厚《中国近代思想史论》，人民出版社，1979，第153页）

## 四 比较《春秋董氏学》与《春秋笔削大义微言考》

要深入探究康有为此次思想调整的具体内容，有必要比较《新学伪经考》《春秋董氏学》《孔子改制考》与 1900~1903 年写的六本释经著作。这里笔者尝试从比较《春秋董氏学》与《春秋笔削大义微言考》切入，分析康有为思想的这一重要调整。

### （一）一致之处：传在口说与传在文字的对立

首先分析《春秋董氏学》与《春秋笔削大义微言考》一致的方面。在前后两书中，康有为一直都强调传在口说与传在文字的对立。

《春秋董氏学》反复强调古今学者只有在言及《春秋》时引义而不引经文这一"非常怪事"。如：

> 凡传记称引《诗》《书》，皆引经文，独至《春秋》，则汉人所称皆引《春秋》之义，不引经文，此是古今学者一非常怪事。而二千年来乃未尝留意，阁束传文，独抱遗经。岂知遗经者，其文则史，于孔子之义无与。买椟还珠，而欲求通经，以得孔子大道，岂非南辕而北其辙，入沙漠而不求乡导，涉大海而不求舟师，其迷罔而思反，固也。于是悍者斥为断烂之报，废之学官。虚者不能解，则阁置不道，以四书别标宗旨。然而《春秋》亡，孔子道没矣。[①]

康有为这样论春秋学史：

> 《春秋》一书，朱子以为不可解，此朱子之虚心也。孙明复、胡安国、萧楚之流，专言贬恶尊王攘夷，则《春秋》易知，安得谓之微乎？若非董子发体微、难知、得端、博贯之例，则万八千字会盟、征伐，寥寥大义，何能治天下哉？荆公"断烂朝报"之疑诚

---

[①] 《康有为全集》第二集，第 356 页。

然，妄议荆公者，若为尊经，实以焚经耳。①

《春秋董氏学》重复强调"《春秋》之作在义不在事，故一切皆托"，批判"伪《左》""知有事而不知有义"。如：

> 自伪《左》出，后人乃以事说经，于是周、鲁、隐、桓、定、哀、邾、滕，皆用考据求之，痴人说梦，转增疑惑，知有事而不知有义。于是，孔子之微言没，而《春秋》不可通矣。尚赖有董子之说，得以明之。……盖《春秋》之作在义不在事，故一切皆托，不独鲁为托，即夏、商、周之三统亦皆托也。②

而《春秋》之义传在口说：

> 然大贤如孟、荀，为孔门龙象，求得孔子立制之本，如《繁露》之微言奥义不可得焉。董生道不高于孟、荀，何以得此？然则是皆孔子口说之所传，而非董子之为之也。③

《春秋笔削大义微言考》同样指出"引《传》而不引经文"的"至奇"之事：

> 然皆引《传》而不引经文，其所谓《春秋》义，似别为一书，而与今所尊之经文渺不相属者，此乃至奇宜究心之事。（"《春秋》在义，不在事与文"考）④

因而，《春秋》之作义不在事；《春秋》之义传在口说，而不传在文字：

---

① 《康有为全集》第二集，第328页。
② 《康有为全集》第二集，第324页。这两段话都重复出现于第367页。
③ 《康有为全集》第二集，第307页。
④ 《康有为全集》第六集，第5页。

若以孟子可信，学《春秋》者，第一当知孔子所作《春秋》为《春秋之义》，别为一书，而非今《春秋》会盟征伐一万六千四百四十六字史文之书也。（"《春秋》在义，不在事与文"考）①

故学《春秋》者，第一当知《春秋》之大义传在口说，而不传在文字。（"春秋之义，传以口说，而不传在文字"考）②

因而康有为认为《春秋》其实有四本。"结序"曰：

《春秋》有四本。
一、鲁史原文，"不修之《春秋》"。孟子所见"鲁之《春秋》"、公羊所见"不修《春秋》"是也，今佚。可于《公》《穀》"书不书"推得之。
一、孔子笔削，"已修之《春秋》"。世所传《春秋》一万六千四百四十六字者是也。
以上二本皆文。
一、孔子口说之《春秋》义。《公》《穀》传之。
一、孔子口说之《春秋》微言。公羊家之董仲舒、何休传之。
以上二本皆无文，而口说传授者。③

这四本《春秋》的区分，一目了然地呈现了传在文字与传在口说之间的对立。

### （二）从以董为宗到调和口传诸家

从《春秋董氏学》到《春秋笔削大义微言考》最为明显的变化是，后者称引董氏的地方忽然变少，乃至只是偶尔提及，而主要依托《公羊传》、《穀梁传》和何休的《春秋公羊传注疏》逐句疏解《春秋》。

在《春秋董氏学》中，康有为这样说：

言《春秋》以董子为宗，则学《春秋》例亦以董子为宗。董子

---

① 《康有为全集》第六集，第5页。
② 《康有为全集》第六集，第5页。
③ 《康有为全集》第六集，第9页。

之于《春秋》例，亦如欧几里得之于几何也。①

　　董子为《春秋》宗，所发新王改制之非常异义及诸微言大义，皆出经文外，又出《公羊》外，然而以孟、荀命世亚圣，犹未传之，而董子乃知之。又公羊家不道《穀梁》，故邵公作《穀梁废疾》。而董子说多与之同，又与何氏所传胡母生义例同。此无他，皆七十子后学，师师相传之口说也。公羊家早出于战国，公羊不出于汉时，别有考。犹有讳避，不敢宣露，至董子乃敢尽发之。②

此处康有为对何休墨守公羊家法而攻《穀梁》是基本认同的，认为董仲舒的意见与此接近。他又说：

　　故《春秋》专为改制而作。然何邵公虽存此说，亦难征信，幸有董子之说，发明此义……董子醇儒，岂能诞谬。若是，非口传圣说，何得有此非常异义耶？此真《春秋》之金锁匙，得之可以入《春秋》者。夫《春秋》微言暗绝久矣，今忽使孔子创教大义如日中天，皆赖此推出。然则此篇为群书之瑰宝，过于天球河图亿万无量数矣。王仲任曰：孔子之文，传于仲舒。③

"传经表第七"说：

　　至于汉世，博士传"五经"之口说，皆孔门大义微言，而董子尤集其大成。……董子接先秦老师之绪，尽得口说，《公》《穀》之外，兼通"五经"，盖孔子之大道在是。虽书不尽言，言不尽意，圣人全体不可得而见，而董子之精深博大，得孔子大教之本，绝诸子之学，为传道之宗，盖自孔子之后一人哉！④

可以看出，就口传孔子大义微言而言，《春秋董氏学》奉董为宗，而对

---

① 《康有为全集》第二集，第323页。
② 《康有为全集》第二集，第357页。
③ 《康有为全集》第二集，第365页。
④ 《康有为全集》第二集，第416页。

《公羊传》、《穀梁传》和何休注疏都稍有所抑。

《春秋笔削大义微言考》则将董仲舒作为与公、穀、何及刘向相并列的一家。如"自序"中说：

> 董子，群儒首也。汉世去孔子不远，用《春秋》之义以拨乱改制，惟董子开之。凡汉世学官师师所传，惟公、穀二家，实皆孔门弟子、后学口说。然则求《春秋》之义于公、穀、董、何及刘向之说，其不谬乎？……据今二家口说所存者，虽撮什一于千百，微言大义，粲然具在，浩然闳深，虽其指数千，不尽可窥。然综其指归，亦庶几得其门而入焉。①

此处强调了董仲舒在笔载孔子口传方面的开创性地位，但不再是奉董子一人为宗，而是认为从公、穀二家所存口说，已可得其门而入。

"发凡"又说：

> 今《公羊》《穀梁》二传犹在，则孔子《春秋》之口授大义在《公》《穀》二传，至可信据矣。故学《春秋》者，当知《公》《穀》为口传孔子《春秋》义之书。②

这里说，通过公、穀二家已可得入《春秋》之门，董子的地位自然不再像《春秋董氏学》所强调的那样高。但《春秋笔削大义微言考》并没有否定《春秋董氏学》的基本判断，即前引"董子，群儒首也"，又如，"董子醇儒，为公羊学，而所称《春秋》非常异义，多出公羊外"③，董子的地位仍然重要。

例如，两书都通过晋楚邲之战论述夷夏之辨唯德是视，基本说法都一样，只不过《春秋董氏学》强调"若非董子发明此义"，而《春秋笔削大义微言考》就不再这样说了，而是综合了《公》《穀》二传和《春秋繁露》来阐释"大同"之义。

---

① 《康有为全集》第六集，第3页。
② 《康有为全集》第六集，第5~6页。
③ 《康有为全集》第六集，第6页。

## 第四章　康有为经学思想的调整和发展

《春秋董氏学》"春秋微言大义第六下""夷狄"条论及邲之战，徐勤案语曰：

> 泥后儒尊攘之说，则当亲者晋，不当亲者楚也，何德之足云？《春秋》之义，唯德是亲。中国而不德也，则夷狄之；夷狄而有德也，则中国之。无疆界之分、人我之相。若非董子发明此义，孔教不过如婆罗门、摩诃末之闭教而已。①

徐勤另有案语曰：

> 若无董子，则华夏之限终莫能破，大同之治终末由至也。②

《春秋笔削大义微言考》释"夏六月乙卯，晋荀林父帅师及楚子战于邲，晋师败绩"，除了删掉"若无董子"的说法之外，几乎与徐勤案语一模一样：

> ……曰：春秋无达辞，从变而移。今晋变而为夷狄，楚变而为君子，故移其辞以从其事。……案：后儒尊攘之说，则当亲者晋，不当亲者楚也，何德之足云？不知《春秋》之义，中国、夷狄之别，但视其德。中国而不德也，则夷狄之；夷狄而有德也，则中国之。无疆界之分、人我之相。否则，孔教不过如婆罗门、摩诃末之闭教而已。……若莫知此义，则华夏之限终莫能破，大同之治终末由至也。③

但两书之间变化的真正要害，并不在于董子评价的微调，而在于康有为转而调和公、榖、董、何、刘向以及孟、荀诸家，并综合诸家以重构或者说复原《春秋》口说的面貌。它突出强调，传承《春秋》口说的诸家各有特点和所长，应互相补充，以整合出一个"孔子口传"的大局和全貌。也就是说，相对于《春秋董氏学》，《春秋笔削大义微言考》最

---

① 《康有为全集》第二集，第415~416页。
② 《康有为全集》第二集，第414页。
③ 《康有为全集》第六集，第179页。

为重要的变化在于,前者强调董氏学与其他诸家之异和特立高标,而后者强调包括董氏学在内的口传诸家之同,以及在异中有同、同中有异的基础之上的孔子口说的全貌。例如,接着前引"董子醇儒,为公羊学,而所称《春秋》非常异义,多出公羊外"而来的,是"与胡毋生之传于何休全合,与穀梁家之刘向亦合,与孟子合。董子岂杜撰者哉?何君亦岂及此哉?盖皆七十子后学口传于孔子,故自然相合尔"。①

康有为这样阐述"读《春秋》最要法",认为何休笃守公羊家法而攻《穀梁》,是走过了头:

《春秋》一文多含数义,弟子各述所闻,正以互引而备,不必以其互异而攻,此为读《春秋》最要法。惜何君尚未悟此,以笃守家法而作《穀梁废疾》,同室操戈,致来伪《左》之外侮欤!②

这一对何休的批评,与前引《春秋董氏学》倾向于认同何休据《公羊》攻《穀梁》,已有明显变化。又如"'《公》《穀》以义附经文,有同经同义、同经异义、异经同义,而舍经文传大义,则其口说皆同'考"中说:

……试舍一万六千四百四十六字之史文,徒摘《公》、《穀》之口传大义,则无一不同,特附史文,时有异同耳。此犹同记要言而各编电报字码,字码虽异,而要言无殊也。一部《春秋》之义,可以此通之。……何君墨守《公羊》,而攻《穀梁》为废疾;盖犹未明密码之故,泥守所传之电码以为真传,而不知《穀梁》所传之电码亦是真传也。遂使刘歆、贾逵缘隙奋笔,以《公》、《穀》一家而鹬蚌相持,遂致伪《左》为渔人得利。岂非先师墨守太过,败绩失据哉!今学《春秋》者,第一最要,当知孔子《春秋》义虽为一书,而分条系于史文中,各家条系时有异同,其系事文无关宏旨,惟传大义同一发明。若通此例,《春秋》义自大光明发现矣。若不通此,犹是云埋古道,不得见庐山真面目也。③

---

① 《康有为全集》第六集,第6页。
② 《康有为全集》第六集,第64页。
③ 《康有为全集》第六集,第6页。

又如，康有为将董仲舒质难以《榖梁》为宗的江公，与何休攻《榖梁》相提并论，有所批评：

> 董、何传《公羊》，董难江公，何作《废疾》，若水火然。试舍弃所系之经文，但述大义，则董、何与榖梁无不合者，可一一条证之，以明口说之真。盖同出于孔门后学，故莫不同条共贯也。故学《春秋》者，当知董、何传口说与《榖梁》及刘向学说全合，则于《春秋》四通六辟，无所窒碍矣。①

进一步的问题是，诸家口说之异同，究竟集中在哪些问题上？它们又如何互相补充和整合？在康有为这里，问题主要在于如何理解孔子的"三世说"。正是在这一点上，《春秋笔削大义微言考》相对于《春秋董氏学》，有着实质性的调整和变化。

### （三）从大同"一统"到"三世"渐进

与上述变化相应，相对于《春秋董氏学》，《春秋笔削大义微言考》的中心命题也发生了变化，前者的中心命题是全球"大一统"的太平大同，后者的中心命题变为"三世说"。

与《春秋董氏学》奉董为口传之宗相应，此书诠释"三世"的重点在于，突出强调董子口传保留了太平世之义。这一旨趣与同期的《孔子改制考》是一致的。当时，康有为基于与泰西之教就"诱民"而展开教义竞争的需要②，重新阐释和突出孔子的太平大同思想。在《春秋董氏学》和《孔子改制考》时期，孔子的主要形象是"注意于大地远近大小若一之大一统"③ 的"大地教主"。

---

① 《康有为全集》第六集，第7页。
② 1891年康有为在给朱一新的信中说："今地球四洲，除亚洲有孔子与佛、回外，余皆为耶所灭矣。使吾国器艺早精，舟车能驰于域外，则使欧、墨、非、奥早从孔学可也。耶氏浅妄，岂能诱之哉？吾既不能早精器艺，坐令彼诱之而坐大，此不宣扬之失策也。夫吾孔子之教，不入印度，而佛能入中国，岂孔学不及佛哉？传与不传异耳。"康有为将传教的关键视为"诱之"，他的目标是要在孔子之学中找到最能"引诱"世人的内容。参见《与朱一新论学书牍》，《康有为全集》第一集，第325页。
③ 《孔子改制考》，《康有为全集》第三集，第3页。

如《春秋董氏学》"春秋微言大义第六下"：

> 太平之世，大小、远近若一。大同之治，不独亲其亲，子其子，老有所终，壮有所用，鳏寡孤独废疾者有养，则仁参天矣。后世不通孔子大道之原，自隘其道，自私为我，已遁为老学，而尚托于孔子之道，诬孔子哉！孔子之道衰，自大义不明始也。[1]

> 然则天下何者为大仁？何者为小仁？……推远庖厨之义，孔子不杀生之意显矣。但孔子因民性情、孔窍之所利，使道易行耳。不爱鸟兽、昆虫，不足谓仁，恶杀昭昭哉！后世不通孔子三世之义，泥乱世、升平之文，反割放生为佛教，宜孔子之道日隘也。[2]

康有为认为孔子作为大地教主"代天发意"。《春秋董氏学》"孔子春秋代天发意"条：

> 杨子曰：圣为天口。孔子之创制立义，皆起自天数。盖天不能言，使孔子代发之。故孔子之言，非孔子言也，天之言也。孔子之制与义，非孔子也，天之制与义也。天之制与义，游、夏自不能赞一辞，余子安能窥测？但观其制作，服从而已。[3]

康有为这一时期对全球"大一统"的太平大同思想的强调，将董仲舒"大一统"的思想扩展到经历了列强环伺的"数千年未有之大变局"之后的新时势，扩展到诸国相争、类似春秋战国的全球格局。康有为奉董为宗而对东汉何休有所贬抑，重"大一统"而不强调"三世""三统"之说，接近于庄存与的今文经学研究。[4]

---

[1] 《康有为全集》第二集，第389页。
[2] 《康有为全集》第二集，第390页。
[3] 《康有为全集》第二集，第365页。
[4] 汪晖指出，历来学者对于庄存与的今文经学研究评价不高，因为他没有像刘逢禄那样严格按照何休三科九旨的家法整理和诠释《春秋》。庄氏学术更多受到董仲舒的影响，却更为自由地将政治性见解渗透到他的《春秋正辞》之中。参见汪晖《现代中国思想的兴起》，第553页。

在《春秋董氏学》中，康有为也论及"三世"的异同，这些零星的论述，后来在《春秋笔削大义微言考》中上升和扩展为主要内容。但这些论述在《春秋董氏学》中并不居于中心位置。如：

> 《春秋》义分三世：与贤不与子，是太平世。若据乱世，则与正而不与贤。宣公在据乱世时，而行太平世之义，不中乎法，故孔子不取。所谓王法，即素王据乱世之法。《史记》谓"垂空文以断礼义，当一王之法"是也。①

又如：

> 变法欲逊顺而说，勿强骤之。圣人之道为千万世，不以期月。②

在《春秋董氏学》中也已出现将孔子视为"大医王"的比喻：

> 孔子创义，皆有三数以待变通。医者制方，犹能预制数方以待病之变，圣人是大医王而不能乎？三统、三世皆孔子绝大之义，每一世中皆有三统。③

全球"大一统"是康有为对"三世"之"太平世"的延展性诠释，他通过叙述这一理想，来回应西方列强在全球不断拓殖的"列国并争"的局面。这一中心主题与"三世说"无疑有着密切关联。以全球"大一统"作为理想与诉求，与"列国并争"的政治现实之间存在紧张和冲突。

"三世说"在《春秋笔削大义微言考》中之所以成为中心主题，主要是因为康有为要处理理想诉求与政治现实之间的紧张关系。康有为1899年与部分弟子开始革命辩论之后，进行了自我调整，转而强调"不能骤进"于大同之世，不可骤行大同之义。这种调整表现在对《春秋》的诠释上，中心环节是将"三世说"改造为一个"合采"、容纳和协调

---

① 《康有为全集》第二集，第320页。
② 《康有为全集》第二集，第407页。
③ 《康有为全集》第二集，第370页。

不同选择的论述结构。

这一结构仍然延续《春秋董氏学》对大同世之义的强调，如：

> ……然在据乱世而陈太平之义，当无不以为大逆不道者，反于人心则人不从。然则孔子及公、穀先师蕴此异义，万无写出成书之理；除口传外，更无别法矣。……至于晋乱，《公》、《穀》有书无师，口说遂亡，后人皆不知教主改制、据乱、升平、太平之义。中国轻视董、何之说，不知为孔子微言，甚且怪之，无人传习。于是中国之治教遂以据乱终。绝流断港，无由入于升平、太平之域，则不明董、何为孔子口说之故也。①

但更重要的是，这一时期康有为对"三世说"的阐释，强调的是"各因其时世以施之"：

> 此三世之大义，该括《春秋》全经，发扬孔子非常异义，通变宜民之道，以持世运于无穷在此矣。……盖孔子之道无定，但以仁民为主，而各因其时世以施之，至其穷则又变。……孔子譬如医生，多备数方，以待病变而服之，无一定之法也。惟其先后之序，因时出之。②

概括而论，康有为这一"三世说"阐释有如下两个重点。

其一，指出"三世之理相反，而适时各当"③，突出"三世说"内部的断裂性，强调三世之间"并行不悖，各因时宜，虽相反而相成"，突出现状（升平世）与太平大同之间的断裂。所谓"虽相反而相成"，指出了三世更替并不是依次持续进化，三世之间的关系也并不只是方向相同、程度不同。如康有为释"九月，宋人执郑祭仲"：

---

① 《康有为全集》第六集，第 7 页。
② 《康有为全集》第六集，第 16~17 页。在《论语注》中，这个意思表述为"孔子之道主于时，归于权"。《康有为全集》第六集，第 453 页。
③ 《康有为全集》第六集，第 7 页。

> 古人之有权者，祭仲之权是也。权者何？权者反于经，然后有善者也。……何君述口说曰：权者称也，所以别轻重。喻祭仲知国重君轻，君子以存国除逐君之罪，虽不能防其难，罪不足而功有余，故得为贤也。此孔子专发国重君轻之义，而托此以明权，乃升平世之法。《孟子》曰：民为贵，社稷次之，君为轻。民贵君轻者，升平之法也。盖国者，人民、种族共保。有国然后托君以治之，岂可以一君而累一国之人民、种族乎？故有不幸迫于强国之势，易君可也，害灭人民、种族不可也。①

康有为对"三世之理相反，而适时各当"的强调，与他从奉董为宗转而强调《春秋》往往一文多义，"弟子各述所闻，正以互引而备，不必以其互异而攻"，是一致的。前者正是后者主要的实质性内容。

其二，强调不可躐等而进，而需要朝着大同世"以渐而进"。如：

> 故《礼运》大同之法，曰"天下为公，选贤与能"。……但一时不能遽行此制。此据乱也，先讥大夫之世；及升平世，刺诸侯之世；至太平之世，贬天子之世；亦以渐而进也。②

又如：

> 明当先正京师，乃正诸夏；诸夏正，乃正夷狄，以渐治之。……世虽升平，未能太平，故未能远近如一，以进化有渐，不能骤进也。③

既然强调"不能骤进"于大同之世，不可骤行大同之义，那么，大同之义在当下的意义主要在于"立教"层面，在于指出未来的方向和前景，但就现实当下的改革而言，大同之义并不能骤然而行。

到《春秋笔削大义微言考》时期，孔子的主要形象从《春秋董氏学》时期"注意于大地远近大小若一之大一统"的"大地教主"，调整

---

① 《康有为全集》第六集，第46页。
② 《康有为全集》第六集，第21页。
③ 《康有为全集》第六集，第205页。

成了作为"圣之时者"的"大地教主",根据时势而行权变。如此书"自序"所论,"虽权实异法,实因时推迁,故曰孔子圣之时者也"。

由此看来,《春秋笔削大义微言考》调和口传诸家,实质上要调和的是从据乱世、升平世与太平世的不同视角出发的不同解释。

《春秋董氏学》指出,大义与微言的区别在于"大义多属小康,微言多属太平"①。《春秋笔削大义微言考》进一步分析谁传大义,谁传微言。在有的地方,康有为认为,董、何口传升平、太平之义极详,而《公》《穀》所写为据乱大义,升平、太平之义反若无之。②而在有的地方,康有为则认为,据乱、升平大义为《公》《穀》所传,而太平微言为董、何所传。③康有为究竟认为《公》《穀》所传为据乱之义,还是升平之义,或者董、何所传是否也包含有升平之义,不必过于考求,因为一书所传原本并不限于一义。关键在于,《春秋笔削大义微言考》的基本方法是在阐释具体的春秋经文过程中梳理与综合诸家口传。康有为强调对于三世之义的不同,"但在合采,不必互难",不然徒为"伪《左》"得渔翁之利。④以康有为释《春秋》"卷二 桓公"中"突归于郑"一句为例:

> ……学者取其权义而略其事与文,则无所窒。吾今所发悟,特在于斯,故于《春秋》之说皆无少碍者。其有不同,则经实兼数义,而先师各传之。但在合采,不必互难,则孔子之大义尽得不漏,而《春秋》诸说亦无复碍。吾今发明《春秋》专在于斯,学者其尽心焉!⑤

---

① 《康有为全集》第二集,第324页。
② 《康有为全集》第六集,第6~7页。
③ 《康有为全集》第六集,第4页。
④ 康有为在《春秋笔削大义微言考》中强调"三世之义"兼得,与他强调口传与文字的对立,并不是一回事情,需要有所区分。强调不能泥于文字,不能像"伪《左》"那样泥于据乱之义,意思是不能只知道据乱之义,这并不等于彻底否定、拒绝承认据乱之义的重要性和合理性。对于据乱世阶段的问题,需要以孔子的据乱之义来分析时势,指导行动。
⑤ 《康有为全集》第六集,第47页。(着重号为引者所加)

从"其有不同,则经实兼数义"的角度看,《春秋笔削大义微言考》反复强调的"《春秋》无达辞""实与文不与"①等论述,别有一番意味。

### (四)"霸国之义"与"三世之义"

《春秋》公羊学中的"实与文不与"意味着政治合法性与道德合理性的内在矛盾,"实与文不与"的书法则是为了克服礼仪(尤其是道德诉求)与现实需求的矛盾。② 在《春秋笔削大义微言考》中,康有为将新的全球时势以及他在海外游历过程中对世界各国的知识和了解,纳入了对《春秋》的阐释,使其展现出很不一样的面貌。他不是在董仲舒"大一统"的框架内,而是在调和口传诸家的框架中完成了这一阐释。一方面,康有为将"三世说"扩展为对全球历史的道德评价系统,并将全球"大一统"(并延续郡县制的架构)作为太平世的核心内涵;另一方面,承认"霸国之义大倡"的政治现实,承认"霸国"在"列国并争之世"出现的合理性,但同时以"三世之义"来权衡"霸国"的作为是否"文明",是否具有合法性。在这一阐释结构里,康有为确立了孔子的"礼义"标准——"人道之文明"。

基于上述"三世说"阐释的重要变化,《春秋笔削大义微言考》将"三世说"拓展为评价时势的一种尺度,以春秋学解释当时的世界局势。③ 康有为在不同领域分辨了据乱、升平、太平之义,例如:就王权而言,乱世之法,人王总揽事权;升平之世,人主垂拱无为;太平之世,一切平等,贬及天子,无王可言。④ 就官制而言,据乱,先讥大夫之世;升平,刺诸侯之世;太平,贬天子之世。⑤ 就孔子税法而言,贡者,乱世之法;助者,升平之法;彻者,太平之法。⑥ 就产业而言,据乱世为大农之世;升平世为大工之世;太平世为大商之世。⑦ 就男女而言,据乱

---

① 如《康有为全集》第六集,第98页;又如第214页论《春秋》每一义中多兼是非两义;等等。
② 参见汪晖《现代中国思想的兴起》,第560~561页。
③ 逐句考《春秋》的大义微言,本身就是时势分析具体展开的一种形式。
④ 《康有为全集》第六集,第15页。
⑤ 《康有为全集》第六集,第21页。
⑥ 《康有为全集》第六集,第183~184页。
⑦ 《康有为全集》第六集,第37页。

世,男女有别,以明妇礼,一夫数妻之制行之最久;升平世,人皆有教,女亦有权,必一夫一妻相平;太平世,则教化纯美,人人独立,可不必为男女大别。① 就种族而言,据乱世为爱种族之世;升平为争种族合种族之世;太平则一切大同,种族不分,无种族可言,而义不必立。②……以上这些区分,都是康有为将"三世"作为道德评价尺度的不同运用。

康有为认为"帝"、"王"与"霸"意味着不同的道德评价,他这样区分皇、帝、王、霸③:

> 孔子曰:皇象元,逍遥术,无文字,德明谧。德合天者称帝,河、洛受瑞,可放。仁义合者称王,符瑞应,天下归往。天子者爵称也,圣人受命,皆天所生,故谓之天子。……德能合天,故称帝。称帝者五:黄帝、帝颛顼、帝喾、帝尧、帝舜是也。……民主莫圣于尧、舜,与天同大,故孔子尊之为帝。……非五帝之德同天,不得为帝也。……德合元者称皇,其惟庖牺逍遥无为至矣极矣。……皇帝二字,乃孔子所创定。李斯学于荀卿,而传孔学者也,乃以此妄奉秦政。后世因之,遂为人主之定号,而以王封群臣。然王为天下所归往,与皇帝道虽有殊,其实一也。《国语》曰:今之王,古之帝,此岂可以封臣下乎?……德非上合天元,而以一时得位称之,非孔子所许也。若罗马之称该撒,奋破罗以人名为之,只为霸义,不足以当此之尊崇文明矣。天子为爵称,凡有位者,人人可称之,孟子曰"天子一位"是也。④

他认为"霸"与"王"的区别在于前者是"以力服人",后者是"民所往归":

> ……又发明民所往归谓之王,然则必亿兆讴歌,朝觐公举为之,

---

① 《康有为全集》第六集,第59、78页。
② 《康有为全集》第六集,第67~68页。
③ 《文中子·问易》有"强国战兵,霸国战智,王国战义,帝国战德,皇国战无为"的说法。
④ 《康有为全集》第六集,第197页。

然后可谓之王。大同之世，所谓选贤与能也。若夫以力服人，此只可谓之霸，不能谓之王。如后世唐太宗、宋太祖，只能谓之唐太霸、宋太霸而已。至于秦始皇、元太祖、明太祖，暴骨以逞，只可谓之民贼。其欧亚各洲及再有他地，义亦不能外也。通乎孔子此义，而后可论诸教之是非，古帝者之得失也。①

康有为认为当时是"霸国之义大倡"②的时代，应当以"霸"而不是以"帝"来评价世界诸强："自路多父不朝罗马，后此渐自称该撒。然至今奥该撒与后、太子，尚受封于教皇。故该撒真为中国之霸，今译为帝，非也。"③又如，"盖霸者实位也，非空名也。春秋之霸主无定国，诸侯推为霸则霸矣；亦有父子相袭者，如晋是也。德国古立王，亦由各侯国公推，亦有父子世者，与春秋同；盖德之王，实德之霸也"④。他甚至认为，能通透地了解今天的欧洲，就可以通《春秋》了。"昔奥为霸，今普为霸，犹齐、晋之代兴也。今联邦名德意志，春秋泗上十二诸侯名诸夏，皆用古之盛名，亦同。盖德意志自古为欧洲一统国也。通于今欧洲乎，可以通《春秋》。"⑤

后来，康有为在1912年5~6月写的《中华救国论》中说："今以美之共和，而自麦坚尼、罗士福以来，亦复大昌霸国之义。（日人译为帝国，义未妥，今易之。）"这里他修正了《答华商书》中对日本人所译的"帝国主义"的介绍，认为日译"帝国主义"所涉及的情况只能算是"霸国"而不是"帝国"，因为"帝国"意味着很高的道德评价。

康有为指出，"文明国"未必是文明的，他将"文明"视为一个本质性的概念，而将"文明国"与"野蛮国"视为相对的概念。这一区分方法与他的"夷夏"观中包含的区分方法是一致的，究竟是"夷"还是"夏"，要看具体做得怎样。同样，区分野蛮和文明也是"无定地、无定人、惟行是视"，因而他认为入侵北京的八国虽然号为"文明国"，其实

---

① 《康有为全集》第六集，第60页。
② 《康有为全集》第六集，第324页。
③ 《康有为全集》第六集，第109页。
④ 《康有为全集》第六集，第123页。
⑤ 《康有为全集》第六集，第109页。

是野蛮的：

> 孔子言公，纯乎公理者也。其行而文明也，则野蛮亦文明之；其复野蛮也，则野蛮之。故文明、野蛮无定地、无定人、惟行是视。凡师兵入国，多掠人妻、居人室，此野蛮莫甚之行，而号称文明之国多行之。英美德法俄日意奥八国之师入顺天犹然，俄法德最甚，此亦还为野蛮者矣。①

问题在于，既然"文明国"往往是野蛮的，为什么还称它们为"文明"？"文明"的含义究竟是什么？康有为在《物质救国论》（1904 年）中对"文明"有如下特别的解释：

> 故夫文明者，就外形而观之，非就内心而论之。以吾所游大地几遍，风俗之至仁厚者，应以印度为冠焉。……可由是推之，鄙僻之区多道德，而文明之地道德反衰。盖巧智之人，多外观而少内德也，比比矣。……如以道德论文明也，则吾断谓印度之文明，为万国第一也。……然则所谓富强者，则诚富强矣，若所谓道德教化乎，则吾未之知也。是其所谓文明者，人观其外之物质而文明之耳；若以道德风俗言之，则忠信已浇，德性已漓，何文明之云？……故以欧美人与中国相比较……如以物质论文明，则诚胜中国矣。若以道德论之……则谓中国胜于欧美人可也。②

由此可知，康有为所谓"文明国"的"文明"有其特别的定义，是从外形、从物质层面定义的"文明"，而非从内心、从道德层面定义的"文明"。也就是说，"文明国"之为"文明"，指的其实是它们在工艺、汽电、炮舰和兵力方面的优势。因此，"文明国"准确地说应该是"物质之文明国"。

康有为又明确地提出了"人道之文明"的概念，即孔子所立的"礼

---

① 《康有为全集》第六集，第 283 页。
② 《康有为全集》第八集，第 66～67 页。（着重号为引者所加）

义"标准。按这一标准（判断"中国"或"夏"的标准），他对中国存亡的忧虑，也是对"人道之文明"存亡的忧虑。他在《春秋笔削大义微言考》中强调孔子重"中国"者在于"人道之文明"：

> 按孔子所以重中国者，谓先王礼乐、文章、政治之所存，人道之文明也。文明国当崇礼义，不当不仁而自翦伐。然以文明国灭文明国，虽无道而文明无损也；若文明国从野蛮以灭文明国，则胥天下而为野蛮，而文明扫地、人道退化矣。此生民非常之大忧也，故孔子不与之。①

康有为对"文明国从野蛮以灭文明国"的"霸国"行径提出了强烈的批判。同时"霸国之义大倡"的确是客观的政治现实，不仅中国面临被号为"文明国"的列强以野蛮之法所灭的危险，而且整个世界都可能"文明扫地、人道退化"。这种对"霸国"威胁的意识和忧虑，既是康有为思想调整的一个重要内容和动因，也充分呈现了"三世说"论述结构内部的复杂性。

### （五）调和口传诸家的政治含义：企图整合革命派弟子

由此看来，康有为对"但在合采，不必互难"这一"读《春秋》最要法"的强调，并不仅仅是就如何理解《春秋》而言的。其中包含了对他与梁启超、欧榘甲等弟子的革命辩论的回应。以他们的革命辩论为背景，康有为通过"读《春秋》最要法"要跟弟子们说的是：保皇改良与共和革命虽有矛盾，但只是我们这些孔子教义传人"各述所闻，正以互引而备，不必以其互异而攻"，真正的、共同的敌人是慈禧、荣禄这些顽固不化的后党，他们相当于那些泥于据乱之义的"伪《左》"。

康有为常说自己是在中国首先提倡大同公理和民权的人，但现在还不到实行大同公理的时候。一言以蔽之，民主共和固然是好，但时机未到。如，他在介入革命辩论的重要书信《答南北美洲诸华商论中国只可行立宪不能行革命书》（1902）中说：

---

① 《康有为全集》第六集，第221页。

……今革命民主之方，适与中国时地未宜，可为理想之空言，不能为施行之实事也。不然，中国之人，创言民权者仆也，创言公理者仆也，创言大同者仆也，创言平等者仆也；然皆仆讲学著书之时，预立至仁之理，以待后世之行耳，非谓今日即可全行也。仆生平言世界大同，而今日列强交争，仆必自爱其国，此《春秋》据乱世所以内其国而外诸夏也。……①

康有为在用"三世说"来阐述不能躐等而进搞共和革命时，往往会在前面加上一句，说他在中国比大家都更早阐述大同之义。又如，1911 年 12 月，康有为在《共和政体论》中说：

……此义理之公也，孔子之志也，吾生平之愿也。昔著《大同书》，专发此义，以时尚为至，故先主立宪。今其时矣！惟共和之政体甚多，吾国人之言共和者，几若以美国之政体尽之，则犹有误蔽也。今特论之。②

康有为这里虽然说行共和制"今其时矣"，但整篇文章的主要意思是说不能遽行共和，而应该走"君主之共和国"的道路，即实行君主立宪制。

在激烈批判民国初期共和实践的长文《共和平议》（1917）中，他更是在开头便说：

吾二十七岁著《大同书》，创议行大同者。吾两年居美、墨、加，七游法，五居瑞士，一游葡，八游英，频游意、比、丹、那，久居瑞典。十六年于外，无所事事，考政治乃吾专业也。于世所谓共和，于中国宜否，思之烂熟矣。其得失关中国存亡至重也。……吾今亦悬此论于国门，甚望国人补我不逮，加以诘难。……③

---

① 《康有为全集》第六集，第 321 页。
② 《康有为全集》第九集，第 241 页。
③ 《康有为全集》第十一集，第 2 页。

这一说法突出地显示，在康有为那里，一直存在着立孔子大同之教义与现实改革之间的紧张。其中包含两个主要问题。

其一，康有为在流亡之前阐发孔子的大同之义，以及后来虽然认为中国不能遽行共和大同之制，但仍然积极阐释大同之义，其主要目的是在全球诸教相争的背景下，为立孔子为大地教主、立孔子之教为大地之教争得义理的高地。从康有为介入革命辩论之后的论述，反过来可以更为清晰地看出，他在流亡之前对大同微言的强调，主要目的并不是在现实状况下改革，而是在诸教相争的情况下立教。因此，虽然康有为在与革命派的论战中，认为遽行共和制反而会祸及中国，但他在阐释立孔教的思想时，又必须强调孔子口传的大同之义，强调孔子学说三世之义兼备。他虽然对《大同书》的刊印比较谨慎，但1913年《不忍》杂志已刊布甲、乙二部，他对大同之义的阐释也早已比比皆是（例如，梁启超1899年为他所作的传记已公布了概要）。

其二，为什么不能行民主共和之制，而要根据现实时势实行君主共和制，或者说君主立宪制？康有为对此最为核心的论证，是认为"三世"之间存在需依次而进、不可随意逾越的次序：

> 仆在中国实首创言公理、首创言民权者，然民权则至在必行，公理则今日万不能尽行也。盖今日由小康而大同，由君主而民主，正当过渡之世，孔子所谓升平之世也，万无一跃超飞之理。凡君主专制、立宪、民主三法，必当一一循序行之；若紊其序，则必大乱，法国其已然者矣。①

这一以"三世"为基础的时势分析，是经过重新阐释的"三世说"的直接运用。又如：

> ……夫美之不能遽行无君、均产，犹中国之未可行革命、民主也。欧洲须由立宪君主，乃可渐致立宪民主；中国则由君主专制，必须历立宪君主，乃可至革命民主也。自夏徂冬者，必历秋之凉和，

---

① 《康有为全集》第六集，第314页。

乃可由盛暑而至严冬，岂有一日能成者哉！①

至于为什么"必须历立宪君主"，最关键的原因则是，在列强环伺的大变局之下，需要解决国家权力中心的巩固与形成的问题，如果国家陷入分裂内争的局面，则更易为列强所瓜分：

> ……若有大乱，以法乱之例推之，必将数百年而复定，否亦须过百年而后定。方列强竞争，虎视逐逐，今方一统，犹危殆发发，若吾同胞相残毁，其能待我数百年平定而后兴起内治乎？鹬蚌相持，渔人得利，必先为外人有矣，若印度是也。②

他认为以君主立宪制（君主共和制，即当时英国宪法学家白哲特所谓"伪装的共和制"）设立虚君之位，是一种避免权争而维持一个国家权力中心的有效方法。如《共和政体论》所说：

> 盖虚君之用，以门第不以人才，以迎立不以选举，以贵贵不以尊贤。夫两雄必不并立，才与才遇则必争，故立虚君者，不欲其有才也，不欲其有党也，然后冢宰总百官以行政，乃得专行其志，而无掣肘之患一也。夫立宪之法，必以国会主之，以政党争之，若无虚君而立总统，则两党争总统时，其上无一极尊重之人以镇国人，则陷入无政府之祸，危恐孰甚。……君主者无用之用至大矣。……盖立一无权之君主，人不争之，于是驱其国人，只以心力财力，运动政党，只以笔墨口舌，争总理大臣，而一国可长治久安矣……③

接下来的问题是，立宪君主制是否可能？在光绪帝身亡之前，康有为非常强调光绪帝之可期待以及应予期待：

> ……然前言英、法变争百数十年，流血数百万而后得之，其余

---

① 《康有为全集》第六集，第 325 页。
② 《康有为全集》第六集，第 317 页。
③ 《康有为全集》第九集，第 245～246 页。

各国虽不至是，然皆几经争变流血而后得。惟戊戌之年，皇上赫然变法，百日维新；薄海额手而望自强，万国变容而为起敬。已然之效，天下所知，非同虚想也。……夫万国力争流血所不得者，而皇上一旦以与民；我四万万不待流血、不待力争，而一旦得欧洲各国民自由民权之大利，此何如其大德哉！有君如此，岂忍负之？……①

同时，康有为对"是否要革命"的回答事实上是比较模糊的。他在《答南北美洲诸华商论中国只可行立宪不能行革命书》中数次指出，如果有光绪帝被毒杀身亡之类事变，则"言革命可也"。如：

……故审时者，无皇上之圣仁而绝望于西后、荣禄，言革命可也；有皇上之圣仁，则不必言也。有皇上之圣仁而已遭毒弑之大变，而绝望于高丘之无女者，言革命犹可也；有皇上圣仁而历劫不坏，则犹有可望中国自强、生民自由之日，则不可言也。②

康有为关于是否应该革命的模糊态度，显示他在保皇改良与共和革命之间、在升平世之义与太平世之义之间，至少是有那么一点弹性的。

这里要指出的是，事实上这种弹性在康有为流亡之前就存在，甚至更为明显。而康有为在介入革命辩论之后重新诠释"三世说"，其实也是对这种弹性和模糊性的一种反思，虽然他的反思显然比较有限。

### （六）从"争于下"到"得于上"：康有为反思变法与思想调整

在流亡之后的康有为那里，即使绝望之后发动革命，其目标也不是建立民主共和制，而仍然应该是君主立宪制。在民国建立之后，康有为仍然致力于鼓吹君主立宪。

在戊戌变法之前，康有为大致经历过从偏向于民权革命到偏向于君主立宪的变化。他自己对于这一过程的回忆并不鲜见，但在《与赵曰生

---

① 《康有为全集》第六集，第 321 页。
② 《康有为全集》第六集，第 321 页。

书》（1901年8月后）中表达得相对清晰。这封给赵必振①的书信，是康有为较早详细回应先前受自己影响较深但逐渐倾向革命的弟子和友人的作品，比前面提及的两封长信也许要更早一些。他在这封信中说：

> 当戊戌以前，激于国势之陵夷。当时那拉揽政，圣人无权，故人人不知圣上之英明。望在上者而一无可望，度大势必駸駸割鬻至尽而后止，故当时鄙见专以救中国四万万人为主。用是奔走南北，大开强学、圣学、保国之会，欲开议院、得民权以救之。因陈右铭之有志，故令卓如入湘。当时复生见我于上海，相与议大局，而令复生弃官返湘。以湘人材武尚气，为中国第一，图此机会，若各国割地相迫，湘中可图自主。以地在中腹，无外人之干涉，而南连百粤，即有海疆，此固因胶、旅大变而生者。诚虑中国割尽，尚留湘南一片，以为黄种之苗，此固当时惕心痛极，斟酌此仁至义尽之法也。卓如与复生入湘，大倡民权，陈、黄、徐诸公听之，故南学会、《湘报》大行。湘中志士，于是靡然发奋，人人种此根于心中，如弟所云是也。②

黄彰健在《戊戌变法史研究》开篇即引用康有为这封信，作为康有为的确曾有"保中国不保大清"企图的重要证据。③ 这一分析有其道理，不过其重点不在于是否保大清，而在于是要民权革命，还是要保皇改良。康有为在《答南北美洲诸华商论中国只可行立宪不能行革命书》中对此也有叙述。他这样回顾多年来人心在民权革命与保皇改良之间的反复回荡：

> ……及都邑破、乘舆出、巨款赔，积极而复有近者勉强变法之诏。然而学堂既开，报馆既出，译书既盛，游学既众，民智日开，

---

① 赵必振（1873~1956），字曰生，号星庵，湖南省常德人，先后就读于常德德山书院、长沙湘水校经书院，受康有为今文经学影响较深。曾任《清议报》《新民丛报》校对、编辑，常以"赵振""民史氏"笔名撰文。
② 《与赵曰生书》，《康有为全集》第五集，第400页。
③ 参见黄彰健《戊戌变法史研究》，第2~4页；桑兵《庚子勤王与晚清政局》，第351~352页。

新说日出，即如戊戌之春，湖南已发自立易种之论，幸而皇上赫然维新，故异说稍释。及己、庚之间，溥儁立，京城失，人心骚动，革命之说复起。及去年旧党渐诛，回銮日闻，天下人人侧望，咸以为皇上立即复辟，异说渐静。及回銮后，不闻复辟，至今半年，天下复嚣然愤然而谈革命自立矣，广西之乱又起矣。顷闻撤帘有信，而贼臣阻之。……①

康有为清楚，维新派在湖南活动时，已有"异说"兴起。他也说自己曾"欲争于下"：

今日天下滔滔，志士发愤，或舍弃身命而为之，岂非欲中国变法自强、不受分割哉？岂非欲吾旅外同胞不受欺辱、独立不羁哉？岂非欲吾国民自由、有立宪法、有议政权哉？凡此皆天下之公理，万国之大效，而仆生平之素论定志，舍身为之，与天下志士有同心者也。故仆昔在京师，曾合各直省举人与京师士夫开强学会、保国会争民权矣，盖不得于上，则欲争于下也。②

也就是说，康有为是在有了得君行道的机会之后，才改变"争于下"的策略，转而既求"得于上"，又重视以君主立宪为目标的"争于下"。他在革命辩论中非常强调陷于囹圄中的光绪帝仍可寄予厚望，同时留有余地，认为如果光绪帝驾崩则可革命，基本逻辑与变法之前并没有太大的区别。

因此，康有为真正有所调整的地方在于，相对于流亡之前，他与革命派对话的过程中，在以君主立宪为目标（无论是否发起针对清政府的革命）这一点上，比以往要清晰得多。他对"是否应革命"则持明确反对同时稍有保留的模糊态度。

我们需要进一步追问：为什么康有为在流亡之后的革命辩论中，虽然在是否应该革命的问题上有模糊性，但在主张当时中国应该实行君主

---

① 《康有为全集》第六集，第325页。
② 《康有为全集》第六集，第314页。

立宪制、保留君主虚位（不管是否通过革命来达到这一目标）这一点上，却是非常清晰的？为什么康有为在流亡之前对于究竟是"得于上"还是"争于上"比较摇摆，流亡之后却比较清晰地执着于"争于上"，以及为应保留君主之位而辩护？是否因为康有为认为君主立宪制有着公理式的合理性，有着确定不移的必然性？

如前面所引述，康有为逐渐发展出一套对君主立宪/君主共和制的合理性的正面论述，即保留虚君之位可以避免权争而维持一个国家权力中心。他也在海外游历过程中意识到，除法、美等少数国家之外，当时西方大多数国家仍然保留了君主。他对"列国并争"格局下中国内部君主不存、分裂争战的各种危险和恶果，也给出了详细有力的分析（参见其《共和平议》等文）。但问题是：其一，在康有为以"三世说"为骨干的论述结构中，君主立宪显然并不具有终极的合理性，它仍然只是一种过渡性的制度安排，只是具有暂时合乎时势的合理性，最终中国还是将进入民主共和的大同世；其二，根据前面的讨论，康有为事实上绕过了一个更为根本的问题，即中国在列强环伺格局下如何建立一个稳固的、团结的国家权力中心，是否只有虚君立宪制或者君主制一类道路。这正是革命派发起挑战的核心问题所在，也是后来中国革命探寻的一个中心问题，革命派也有自己的答案和论证。我们无疑不能忽略这一问题，也不能忽略围绕它展开的复杂辩论（包括谁更切合时势、更有合理性的比较）。

但康有为显然绕开了这一问题，即对革命同样可能为中国打造一个稳固的权力中心的问题基本不予考虑。前述革命辩论的核心问题包含了如下质疑：民主共和的时机真的没到吗？康有为根据"三世说"的框架给出的回答是否定的。但这一回答从根本上说是一种对时势的界定，是一种从保皇的角度出发做出的判断，而不是一种全面透彻的辨析。康有为充分意识到了革命潮流兴起与人心之变的现实，其"三世说"阐释也提供了道德评价和判断的尺度，但有意思的是，他很少就共和革命的逻辑与可能性进行具体、全面的历史分析。

康有为对戊戌变法失败的痛惜和反思，是民主共和时机未至这一判断形成的最初动力，也是主要的动力之一。当时之人及后世多批评戊戌变法失败是因为变法者过于急切，但康有为反思戊戌变法的关键要点，并不在于此。相反，他后来仍然认为，有强有力的君主的支持，改革速

## 第四章　康有为经学思想的调整和发展

度是可以很快的。他在致华商的信中说：

> ……吾昔游英京伦敦，未到则极慕之，及游其中，则尚未有电灯、电车也。盖以众议办事之难也。若以君权变法，则举欧美至美之政器艺术，可数年而尽举之。故吾尝妄谓中国强犹反掌也，三年而规模立，十年而治化成，实藉数千年君权之力而行之。戊戌之时，上未有权，而百日维新成效如此。此仆亲办之事，天下公认之效，非以美言欺人者也。①

康有为的反思在于，维新派最初以为对"上"不能抱有希望，于是"笔墨"不谨，挑战当时仍然被士大夫阶层普遍认同的君臣大防，因而招致的反对力量过于强大。他的《孔子改制考》被禁，甚至翁同龢、陈宝箴等支持者也有异议，是典型例子。在前引给赵必振的信中，康有为说：

> ……复生之过鄂，见洞逆，语之曰：君非倡自立民权乎？今何赴征？复生曰：民权以救国耳。若上有权，能变法，岂不更胜？复生至上海，与诸同人论，同人不知权变，犹为守旧论。当时《知新》亦然。复生到京师，即令吾晓告《清议》、《知新》诸报。然当时京师之哗谤，文悌攻我保国会，谓吾欲为民主，保中国不保大清，致荣禄得藉此以报那拉。于是圣主几弑，而令中国几亡，酿至今八国入京，东三省破割。虽诸贼之罪，而亦吾党当时笔墨不谨，不知相时而妄为之，有以致之。此机甚大，如机器之转轴能发不能收，则并创设机器师，亦同归于尽而已。夫行道岂有一定？相时为之。《中庸》所谓道并行而不悖，溥博渊泉，而时出之，山梁雌雉，时哉时哉！复生得乎时者也。夫圣主之挺出，岂独天下不知，即吾开保国会时亦不知。……及既见圣明，乃知出于意表。试问天生此，又今遍令诸艰，不以为救中国计而何哉？②

---

① 《康有为全集》第六集，第320页。
② 《康有为全集》第五集，第400页。（着重号为引者所加）

在"虽诸贼之罪,而亦吾党当时笔墨不谨,不知相时而妄为之,有以致之。此机甚大,如机器之转轴能发不能收,则并创设机器师,亦同归于尽而已"这一反思之后,紧接着便是康有为在流亡后的各种论述中反复引用的《中庸》所说的"道并行而不悖"。这清晰地显示了,康有为以"道并行而不悖,溥博渊泉,而时出之"为框架重新阐释"三世说",强调当时中国适合保皇改良,包含了他对戊戌变法失败、失去历史机遇的痛惜和反思。他很少表达对戊戌变法失败的反思,这是偶见的一例,因此值得特别注意。

康有为后来一直无法走出对于戊戌变法失败、丧失历史机遇的痛惜,无法走出对于变法失败的深切反思(在晚清崩溃之前,他一直试图重新塑造、重新迎接"得于上"的历史机遇),孜孜不倦地论证在当时中国保留君主之位的必要性与合理性。他对"得于上"的可能性的估计,对保留君主之位的政治效力的坚持程度,与他对戊戌年历史机遇的真实感受,以及对这一机遇流失的痛惜之心,是密切相关的。

### (七)三世并行不悖与内外分立的错觉:康有为的内在冲突

与立孔教问题上"知其不可而为之"不同,康有为在阐释孔子太平大同之义的问题上,针对梁启超、欧榘甲等倾向革命的弟子们的挑战,做出了重要的调整。这一重新阐释孔子的努力,也是康有为立孔教的一部分,即立孔教固然一如既往,教义的阐释却可以不断变化。

戊戌变法失败和康门内部围绕共和革命的辩论开始之后,在立孔教问题上,康有为不再强调教案等基督教的"文明"威胁,而是主要从内部政治的需要着眼,论述道德教化和民风养成(有赖于孔教)的重要性。在阐释孔子大同思想的问题上,康有为强调的也不再只是孔子思想如何"范围天下",而是同时针对中国内部正在出现的分裂危机,将全面阐释"三世说"作为与大同阐释同样重要的新的中心论题。

1902年5月,康有为为回应梁启超等人的挑战与海外华侨中影响渐大的共和革命思潮,写下《答南北美洲诸华商论中国只可行立宪不能行革命书》和《与同学诸子梁启超等论印度亡国由于各省自立书》这两封长信。这两封信是康有为介入共和革命辩论的代表作,他在1899年以后的释经中对"三世说"的重释,提供了回应分省独立等共和革命思想的理论基础。前一封信中的一段话比较全面地表述了他对"三世说"的重释，反映了他的自我调整：

> 夫孔子删《书》，称尧、舜以立民主；删《诗》，首文王以立君主；系《易》，称见群龙无首，天下治也，则平等无主。其为《春秋》，分据乱、升平、太平三世。据乱则内其国，君主专制世也；升平则立宪法，定君民之权之世也；太平则民主，平等大同之世也。孔子岂不欲直至太平大同哉？时未可则乱反甚也。今日为据乱之世，内其国则不能一超直至世界之大同也；为君主专制之旧风，亦不能一超至民主之世也。不然，国者民之所积者也，国者民之公产也；孔子言天下为公，选贤与能，固公理也。欧洲十余国，万战流血力争而得民权者，何不皆如法之革命，而必皆仍立君主乎？必听君主之世守乎？甚且无君主则迎之异国乎？此非其力之不能也，有不得已之势存焉。故礼时为大，势为大，时势之所在，即理之所在，公理常与时势相济而后可行；若必即行公理，则必即日至大同无国界、无家界然后可，必妇女尽为官吏而后可，禽兽之肉皆不食而后可，而今必不能行也。①

这段话阐述了"公理与时势"的关系，"礼时为大，势为大，时势之所在，即理之所在"，指出了把握"时势"的首要意义。如果说，19世纪90年代康有为发起儒学内部的重大革命、重新解释大同太平世，是要为中国儒学回应西方文明的冲击寻找一条道路，那么，这次他调整此前的经学阐释，突出"时势"相对于"公理"的重要性，则是要发展出一套理论，用以回应和处理变自内生的革命思潮。

康有为对"公理与时势"关系的诠释，与现实政治有着密切的关系，即究竟采用君主立宪制还是共和民主制，要根据"时势"而定，如果适合君主立宪制便不能"躐等而进"。在"公理与时势"的关系结构下，康有为对当时"时势"的具体理解包含多个层次。其一，光绪帝能否复辟，这将决定是否应该革命造反。其二，在未至大同之时，中国在

---

① 《康有为全集》第六集，第313~314页。

世界格局中的基本处境和角色。就基本处境而言，如何在列强环伺的格局中保国自强，"方今外人侵压之力，岂能从容以百年之乱待之"①；就中国的角色而言，如何在走向天下大同的过程中发挥重要作用："我中国人民之众，居地球三分之一，土地等于欧洲，物产丰于全美，民智等于白种，盖具地球第一等大国资格，可以称雄于大地，可以自保其种者也。"② 其三，在中国国势最低落的时候，康有为将中国一统的历史传统和认同扩展为新的世界格局中的大同一统理想。而以大同一统为目标，究竟是君主立宪还是共和民主，并不是问题的关键所在；将至大同之时，"时势"的中心问题是如何实现大同和世界的一统和平。综合言之，康有为在革命辩论中所强调的"时势"最为重要的指向在于，指出君主立宪对于维系中国一统、自强、"称雄于大地"乃至与其他"霸国""联邦"而为一统大地的重要的策略性作用。

将"四书"重释及其他二书与《答南北美洲诸华商论中国只可行立宪不能行革命书》上述论述对照，可以大致判断，后期释经六书作于1899年至此一时期，并非康有为倒填日期，虽然其中有些细节明显是此后至辛亥革命期间补入的。后期释经六书（《大学注》仅有序言）在1902年前后发表的，只有《孟子微》卷一和卷二的前半部分，此书其他部分是后来在康有为1913年创办的《不忍》杂志陆续发表的（《礼运注》节选刊发，《中庸注》《春秋笔削大义微言考》《论语注》只在《不忍》上发表了序言），1916～1917年由上海广智书局出版铅字排印本。而康有为选择发表《孟子微》这些部分，也是有其意图的。梁启超1902年正月发表《保教非所以尊孔论》，当时在立孔教方面正与康有为有所争论，他在当年10月给康有为的信中指出，发表《孟子微》这些部分，可以让外人了解康有为与其激进弟子们的区别：

……虽然，别异之常恐有痕迹，徒使人不谅其心，以为我党羞，故以为莫如先生作文数篇，发先生之宗旨，以之登于报中，则人之见者，亦可以知先生非如后辈者流，好为急激之言矣。现已将《孟

---

① 《康有为全集》第六集，第320页。
② 《康有为全集》第六集，第324页。

## 第四章 康有为经学思想的调整和发展

子微》一篇分载报中，外人之疑，亦当稍释矣。以后更能有数篇，则别异亦章章也。①

康有为相对于"急激"后辈之"别异"，主要在于对"不可躐等而进"的强调。例如发表于《新民丛报》第十号（光绪二十八年五月十五日）释《尽心上》"孟子曰：君子之于物也，爱之而弗仁。于民也，仁之而弗亲。亲亲而仁民，仁民而爱物"一段：

> 孔子立三世之法：拨乱世仁不能远，故但亲亲。升平世仁及同类，故能仁民。太平世众生如一，故兼爱物。仁既有等差，亦因世为进退大小。……其时不同，故其理亦不同也。……但方当乱世、升平，经营人道之未至，民未能仁，何暇及物？故仅能少加节制以减杀机。……至于太平世，众生如一，必戒杀生。当时物理化学日精，必能制物代肉。则虎豹豺狼之兽久已绝种，所余皆仁兽美鸟，众生熙熙，同登春台矣。
>
> 佛之戒杀，在孔子太平世必行之道，但佛倡之太早，故未可行。必待太平世，乃普天同乐，众生同安，人怀慈惠，家止争杀，然后人人同之也。凡世有进化，仁有轨道，世之仁有大小，即轨道大小，未至其时，不可强为。孔子非不欲在拨乱之世遽行平等、大同、戒杀之义，而实不能强也。可行者乃谓之道，故立此三等以待世之进化焉。②

又如发表于《新民丛报》第十七号（光绪二十八年九月一日）释《离娄下》"禹、稷当平世"一段：

> 《春秋》要旨分三科：据乱世，升平世，太平世，以为进化，《公羊》最明。孟子传《春秋公羊》学，故有平世、乱世之义，又能知平世、乱世之道各异。然圣贤处之各因其时，各有其宜，实无

---

① 丁文江、赵丰年编《梁启超年谱长编》，第 278~279 页。
② 《康有为全集》第五集，第 415~416 页。

可如何。盖乱世各亲其亲，各私其国，只同闭关自守。平世四海兄弟，万物同体，故宜饥溺为怀。不概乱世主于别，平世主于同。乱世近于私，平世近于公。乱世近于塞，平世近于通，此其大别也。孔子岂不欲即至平世哉？而时有未可，治难躐级也。如父母之待婴儿，方当保抱携持，不能遽待以成人之礼。如师长之训童蒙，方用夏楚收威，不能遽待以成学之规。故独立自由之风，平等自由之义，立宪民主之法，孔子怀之，待之平世，而未能遽为乱世发也。以乱世民智未开，必当代君主治之，家长育之。否则团体不固，民生难成。未至平世之时，而遽欲去君主，是争乱相寻，至国种夷灭而已。犹婴儿无慈母，则弃掷难以成人。蒙学无严师，则游戏不能成学。故君主之权，纲统之役，男女之别，名分之限，皆为乱世法而言之。

至于平世，则人人平等有权，人人饥溺救世，岂复有闭门思不出位之防哉？若孔子生当平世，文明大进，民智日开，则不必立纲纪、限名分，必令人人平等独立，人人有权自主，人人饥溺救人，去其塞，除其私，放其别，而用通、同、公三者，所谓易地则皆然，故曰"礼时为大"。……凡此道皆相反，而尧、舜大同，禹、汤、文、武小康，亦易地皆然也，《中庸》所谓"道并行而不悖"也。通此，乃知孔道之大。如不揣时地而妄议圣人，则是生于冬者而议夏时不用重裘，长于赤道者讥冰海人之衣不葛，岂非井蛙不可以语海，夏虫不可以语冰，曲士不足以语道哉？此为孔子第一大义，"六经"皆当以此通之，否则虽圣人之制作，亦有不可用矣，岂知孔子为圣之时者哉？……由此言进化治教，方不歧误耳。①

问题是，如果后期释经诸书在1902年前后便已基本完成，为何康有为只发表了《孟子微》的一小部分，其他部分到1913年之后才陆续发表？康有为曾有意推迟《大同书》的出版，生前仅有甲、乙两部刊于1913年的《不忍》杂志。梁启超手写《南海先生诗集》四卷本（1911年日本影行），在编辑体例方面，基本按写作日期先后排定，但将《大同书成题词》置于诗集之首，足见《大同书》之重要性。梁启超在此诗

---

① 《康有为全集》第五集，第421~422页。

后的按语中说："二十年前，略授口说于门弟子；辛丑、壬寅间，避地印度，乃著为成书。启超屡乞付印，先生以今方为国竞之世，未许也。"崔斯哲手写《康南海先生诗集》十五卷本（1937年商务印书馆影行），在此处的按语也说："书成，既而思大同之治非今日所能骤几，骤行之恐适以酿乱，且以今为国竞之世，因秘其稿，不肯以示人。"① 不过，很难说"四书"重释等书也是因为较多地阐释大同之义而推迟出版，毕竟这些书在1916~1917年悉数出版面世了。康有为在生前尚有不少手稿尚未发表，例如一些海外游记，笔者倾向于认为，后期释经诸书大部发表和出版较晚，并无特别的考虑，主要原因还是流亡海外，作品印行多有不便。《孟子微》1902年刊发的部分，以及其他文章中涉及释经的论述，已可呈现康有为有关"不可躐等而进"的基本意见。

倒是后期释经诸书在1913年后的刊布，意味着康有为并不拒绝强调大同思想，虽然他对全文刊布《大同书》有所顾忌和保留。对孔子太平大同之义的阐释，始终是康有为立孔教的关键根据，即使他认为太平大同世不可躐等而进，这并不等于他因此忌讳论及大同。一般性地论述大同（重释"四书"），与详细深入地想象和描绘大同（《大同书》），还是有区别的。

康有为1899年之后在释经诸书中反复论述"不可躐等而进"，直接的动因是回应梁启超、欧榘甲等人以分省独立的方式发动民主革命推翻清政府的主张。康有为认为，分省独立会让中国陷入分裂危机，并为环伺的外国列强提供分化瓦解、殖民控制的机会。分裂危机的肇端不止于此，康有为定孔教为国教的主张如果落实，与分省独立的主张一样，可能成为国家政治分裂的一个诱因，只是康有为的论述忽略了这一议题。

令康有为感到分裂危机来临的更重要的刺激，还是民主革命思潮兴起之后革命力量与清朝帝制之间绝对冲突的态势。这一重刺激与康有为对戊戌变法失败的反思纠缠在一起。如前所述，康有为意识到了推动变法期间"欲争于下"，"笔墨不谨"，阐释孔子太平大同之义，招致朝野士子有关突破君臣大防的普遍异议，是变法失败的一个重要原因。他认为光绪帝可以寄托（不仅有恩），因此主张在现实政治层面不能以共和

---

① 《康有为全集》第十二集，第136页。

民主这一太平大同之义作为切近的目标，而应坚持君主立宪制。他从戊戌变法经历中，意识到了大同之义在现实政治中会引发分裂与冲突，他并不认为秉持大同之义能够迅速掌控这一冲突（失控和失败都将导致政治分裂危机），于是他的立场转而更为接近变法期间的温和批评者。进而，民主革命力量（追求大同的政治力量）与清朝皇权之间的决裂与冲突，本身成为康有为坚持"不可躐等而进"的更主要理由，即无论光绪帝是否能够重返执政，民主革命都可能引发国家分裂的政治危机并为外敌所乘，这一可能性令康有为在现实政治中排除共和民主的选项。

康有为经历了戊戌变法之后，明确了现实政治中如何处理太平大同之义的态度，这一调整所要处理的基本问题是政治分裂的危机。按康有为的论述（如前述两封长信），民主革命浪潮兴起引发了分裂危机，因而他试图以"不可躐等而进"的"三世说"框架安顿现实政治中的大同追求，针对性地消解民主革命的冲动和意识。分裂危机同样是梁启超、欧榘甲等人所处理的问题，但他们有不同的解释。在他们看来，清政府屡战屡败，地方势力在这一衰落过程中崛起（如八国联军侵华期间的东南互保事件），国家瓦解和分裂危机在革命思潮兴起之前即已存在；清政府与列强的沆瀣一气，更是国家危难的原因所在。[①] 这是另一种意义上的分裂危机，康有为认为可以通过清政府的变革和自强来应对。[②]

如果以大同世与小康世的冲突来描述民主革命与清朝皇权之间的冲突，那么事实上这一现实冲突内在于康有为自身：他既要坚持以孔子大同之义作为立教的核心教义，又要在现实政治中反对以大同作为目标，这一内在矛盾和冲突无疑是尖锐的。康有为发展出"三世说"的结构来调适这一内在冲突，从而使得这一冲突在他的思想中的表现，与现实政治中的冲突很不一样。或者说，康有为的"三世说"阐释未必能化解现实政治冲突，但对于他自身思想的调适却很重要。康有为反复引用《中庸》"道并行而不悖"来重新阐释孔子"三世说"与因时权变，如：

> 夫行道岂有一定？相时为之。《中庸》所谓道并行而不悖，溥

---

[①] 参见欧榘甲《新广东》。
[②] 参见前面已多次引用的康有为分别致梁启超等弟子与南北美洲诸华商的两封长信。

博渊泉，而时出之，山梁雌雉，时哉时哉！①

康有为调适内在思想冲突的主要方式，便是强调大同世与小康世"并行而不悖"，具体而言，是作为思想的"大同"与作为实践的"小康"并行不悖。由此可以清晰地看出，在这一构想中，大同只针对和应对中国与西方"文明"竞争和思想竞争层面的问题。大同并不是作为现实问题的解决途径而存在的，它是论证孔子"范围天下"的理由，是对外"文明"竞争的需要和产物，而不是内在需求的产物；它在实践中可以被搁置起来，只是一个缺乏现实针对性和现实生命力的蓝图（尽管《大同书》首先针对的是现世中的诸种苦）。康有为的"道并行而不悖"，在大同仅仅局限于思想领域的条件下，才是可能的。

在康有为这里，"大同"思想的阐发动力来自让孔子思想（中国文明）"范围"天下和万世的强烈需求，如果"大同"仅限于思想领域，这意味着他事实上假定，环伺之列强对于中国的最大威胁，主要是思想和文明层面。"大同""不可躐等而进"，也就意味着，"大同"所连带的"以文明之国入野蛮之国"的问题不再被认为是紧要的问题。既然三世可以"并行不悖"，那么"三世"就不只是一个时间性的概念，还是一个空间性的概念，例如，"太平世"指已进入太平世的国家，"升平世"指已进入升平世的国家。三世之并行不悖，一个主要的含义是进入太平世的国家、进入升平世的国家与尚处于据乱世的国家并行不悖。三世并行不悖，也可以指进入太平世的国家与进入升平世的国家"并行不悖"。这种三世之间空间性的并行不悖，意味着不同国家之间相互关联的断裂，意味着"以文明之国入野蛮之国"这一问题在康有为的思考中退居次要位置。事实也的确如此。康有为在流亡期间，逐渐发展出一套中国道德文明优于西方、物质领域落后于西方的论述。中国道德文明领先的重要表现，是人道教（孔子之教）优于神道教（其他宗教），中国之重义优于欧美之重争（《泰西以竞争为进化让义几废》）。② 在康有为后期的孔教论述中，人道教论题的重要性并不亚于大同之义的阐释。既然中国在道

---

① 《康有为全集》第五集，第400页。
② 《康有为全集》第六集，第372页。

德文明方面优于西方，也就不必再认为"以文明之国入野蛮之国"是一个严重的挑战。

无论将"大同"仅仅局限于思想领域，还是强调中国与西方文明在"大同"问题上的竞争，或者中国道德文明优于西方、物质领域不如西方的论述，康有为的这些意识有一个共同特点，都认为中国与列强的关系主要是一种"并行不悖"的竞争关系，即所谓"国竞之世"。在"国竞"的视野中，一方面，康有为意识到"以文明之国入野蛮之国"这种外部因素渗透到内部甚至成为主宰性要素的现实状况，其个人实践（如以大同立教）也显示了外部要素的深刻影响与他对外部要素的主动吸纳；另一方面，似乎"以文明之国入野蛮之国"只是一种威胁，是一种可以被迟滞的可能性，而不是时刻存在、不断推进的历史过程，因而即使面临这种威胁，中国仍然可以保持一种整体性的存在，作为一个整体性的国家与列强竞争。诸如民主共和等"大同"思想，似乎能够仅仅停留于思想层面，而不在中国内部的现实政治中产生影响，不会衍化出相应的政治力量；相对于内部分裂危机存在的列强瓜分威胁，似乎也不是已经渗透内部分裂过程并深刻影响内部政治的现实力量，而是一种静态的有待处理的外部存在。康有为的三世并行不悖的构想，既是时间性的，也是空间性的；既包含了一国之进化次第，也包含了内部与外部并行不悖的构想。他通过对"国竞"的强调，建构出整全国家相对于整全国家的并立和竞争的理想图景。① 这一理想图景只是一种与现实状况截然有别的意识建构，即一种错觉。

总而言之，康有为的"三世"阐释，试图建构并行不悖的"太平世"、"升平世"与"据乱世"，并行不悖的大同思想与（否定大同的）现实行动，并行不悖的重"义"之内部与重"争"之外部，用以劝阻激

---

① 就此而言，孔子思想动员民众于"内"，形成一个整体性的内部，建立和巩固孔子思想在中国内部的领导权，是孔子思想"范围天下"的前提条件；如果这样一个整体性内部无法形成，那么，孔子思想"范围天下"便会因为内部基础的瓦解而无法实现。康有为在流亡之前之所以认为维新运动能速成，认为孔子可以作为"注意于大地远近大小若一之大一统"的"大地教主"（《康有为全集》第三集，第3页），一个关键的前提是他认为中国作为一个整体性的政治体存在着，这个整体性的政治体很容易消化维新运动引起的分化与斗争。也就是说，托孔立教以统一中国为前提，是一个统一中国的产物。

进弟子，调解自我的内在冲突。这些并行不悖的图景折射了康有为的愿望，包括让大同（如民主共和）追求停留于思想阶段，让重"争"之列强尊重中国变法自强的努力而不深度介入和渗透。由于思想与行动、内与外事实上必然有着深度的纠缠，思想与行动互为因果、相互激荡，外部列强也早已在强势地塑造中国的内部政治格局，故思想与行动、内与外的并行不悖只是康有为的一厢情愿，他的这一构想和愿景难以说服其激进弟子（与他们的经验反差过大），更不用说孙中山、章太炎等革命派，反而使自己陷入内外分隔的错觉，在一定程度上失去了行动力。康有为丧失政治行动力的一个重要征兆是，"三世说"所建构的阶段论是一种没有过渡论的阶段论，在思想与行动、内与外的多重分隔之上，康有为既没有表现出向大同阶段过渡的现实行动愿望，也没有过渡的基础和可能，时间性意义上的不同阶段，事实上变成了一种很难有交汇点的平行线。当思想与行动、内与外的分隔不仅在认识层面被打破，而且在实践行动层面被自觉打破时，一种有过渡论的新的阶段论才可能出现。

## 五  为什么释"四书"，而不是释"六经"？

上一节比较了康有为在戊戌变法之前编撰的《春秋董氏学》与流亡之后写的《春秋笔削大义微言考》，重点讨论了后者相对于前者的变化。本节从分析《孔子改制考》与康有为流亡初期重释"四书"的延续性，以及重释"四书"与《大同书》的关系入手，讨论康有为在流亡前后的一致性和稳定性一面，即坚持以阐释大同为基础立孔教的思路。但这一延续性，又包含了儒学经典阐释的一个重要变化，即重心转向深入阐释孔子口传的大同微言。

康有为与部分弟子的分歧爆发之后，他即着手重释"四书"（另两部释经著作是《春秋笔削大义微言考》和《礼运注》），同时写作《大同书》。他曾有意推迟《大同书》全书的刊布，一般认为他在后期对大同思想的流传抱有非常谨慎的态度。细读康有为同期对"四书"的重释，则不难发现，虽然他对《大同书》全书刊布的确谨慎（一个原因是，新文化运动之后，他认为共产主义思想的兴起可能成为苏俄控制中国的一个工具①），但他在流亡之后对大同思想的传播并没有抱有秘而不宣的态度，并没有仅限于对弟子的密授，而是抱有比较开放的态度。这一状况，与大同思想在康有为立教思想中占有非常重要的位置有关。

（一）释经重心转向阐释孔子口传的大同微言

以 1899 年介入与梁启超、欧榘甲等倾向革命的弟子之间的争辩为界，康有为前后各有一次集中的释经。根据此前《新学伪经考》《春秋董氏学》《孔子改制考》所指示的方向，康有为此后著述一个颇具可能性的方向是，像《春秋笔削大义微言考》那样，逐句疏解辨析《诗》《书》《礼》《乐》《易》五经。有意思的是，康有为并没有这样做，却转而释"四书"和《礼运》篇。他的这一著述安排的逻辑是什么？有何含义？这意味着他在《新学伪经考》贬低刘歆以降二千年经学之后，改变了看法，而对朱熹别有褒奖吗？

据康有为在万木草堂时期的弟子、辛亥革命后负责刊刻康有为著作的张伯桢的描述，1914 年，"时伯桢拟刻丛书，先师知之，乃将生平诸稿编定见授"，其中包括《今文易学》《今文诗学》《今文书学》《今文礼学》《礼类》《乐记注》。② 而据 1920 年前后康有为与日人某君笔谈时的自我介绍："吾所著发明孔教之书，有《孔子改制考》、《伪经考》二书均戊戌年奉旨焚了，今再刻。《改制考》已刻成，未印。《论语注》、《中庸注》、《孟子微》，又《春秋微言大义考》，又《春秋董子学》。君曾见若干部？"③ 其中并无张伯桢的出版计划中列入的上述诸书。在康有为其他的文献中，也基本没有提及自己在 20 世纪曾按其今文经学的思路完成《诗》《书》《礼》《乐》《易》诸经的疏解。如任启圣所言，"康氏著书，往往先有题目，实际并未完成。如所著多国游记，或有诗而无记，或有记而无诗，或只有一草本，写明某处有某馆、某碑、某木、某石，或与

---

① 例如，康有为在 1926 年 1 月 5 日《致吴佩孚等电》中专论"拒赤化"问题，认为："俄民以赤化戕民数千万，夺民之产为赤军所有，饰曰共产，遂欲推行于全球。既为欧美国际所阻，利吾中国内乱，乃以金钱、学说、武力收吾国人。……若仍是非不辨，仇友不明，中俄无界，殆哉其亡！……于从赤化者，则共诛之，吾中国其庶几乎！"参见《康有为全集》第十一集，第 407 页。
② 夏晓虹编《追忆康有为》，生活·读书·新知三联书店，2009，第 115、122 页。
③ 《康有为全集》第十一集，第 118 页。

某人谈话,皆不能连缀成章"①,故张伯桢1914年的出版计划中所列书目并非都已有成稿(例如《画镜》《文镜》),上述有关五经诠释的著作应都是规划,并未完成。

《新学伪经考》攻刘歆"作伪乱圣制",关键的主张是"六经"非周公所作,而是孔子所作,刘歆之罪在于"夺孔子之经以与周公,而抑孔子为传;于是扫孔子改制的圣法,而目为断烂朝报。'六经'颠倒,乱于非种"。②《孔子改制考》则正面立论,阐述孔子作"六经"而"改制"的具体含义在于,改拨乱世之法,立太平大同之制,即"改除乱世勇乱争战角力之法,而立《春秋》新王行仁之制",刘歆作伪的要害在于使"太平之治,大同之乐,暗而不明,郁而不发",攻新学伪经的意义就在于,"见大同太平之治也,犹孔子之生也"。③既然"六经"乃孔子所作,那么在孔子这里"见大同太平之治"首先应该从"六经"中寻找:

> 孔子之为教主,为神明圣王,何在?曰:在"六经"。"六经"皆孔子所作也,汉以前之说莫不然也。学者知"六经"为孔子所作,然后孔子之为大圣,为教主,范围万世而独称尊者,乃可明也。知孔子为教主,"六经"为孔子所作,然后知孔子拨乱世,致太平之功,凡有血气者,皆曰被其殊功大德,而不可忘也。④

《孔子改制考》区分了孔子所作之"经"与口授弟子及后学之"传"和"说"。他指出,"六经"为孔子所作之经,其他如大小戴记和《系辞》都只能算"传":

> 孔子所作谓之经,弟子所述谓之传,又谓之记,弟子后学展转所口传谓之说,凡汉前传经者无异论。故惟《诗》、《书》、《礼》、《乐》、《易》、《春秋》"六艺"为孔子所手作,故得谓之经。如释

---

① 任启圣:《康有为晚年讲学及其逝世之经过》,载夏晓虹编《追忆康有为》,第387页。
② 《康有为全集》第一集,第355页。
③ 《康有为全集》第三集,第3~4页。
④ 《康有为全集》第三集,第128页。

家佛所说为经，禅师所说为论也。弟子所作，无敢僭称者。后世乱以伪古，增以传、记。……今正定旧名，惟《诗》、《书》、《礼》、《乐》、《易》、《春秋》为"六经"，而于经中虽《系辞》之粹懿，《丧服》之敦恳，亦皆复其为传，如《论语》、《孟子》、大小戴记之精粹，亦不得不复其为传，以为经佐。而《尔雅》、伪《左》咸黜落矣，今正明于此。"六经"文辞虽孔子新作，而书名实沿旧俗之名，盖无征不信，不信民弗从，欲国人所共尊而易信从也。①

并指出孔子有关大同太平的微言主要是通过口授传给弟子的：

> 孔子大义微言，条理万千，皆口授弟子。若传之于外，导引世人，大率以三年丧、亲迎、立命三者。其士大夫则以礼乐辅之。②

在康有为看来，正是因为孔子的大同微言是口传密授给弟子，人们很难仅仅通过阅读"六经"经文而把握孔子有关大同小康的微言大义。上节已指出，《春秋董氏学》与后期的《春秋笔削大义微言考》一样，自始至终都强调了传在口说与传在文字的对立和区别，即不知口传，则会像王安石那样认为《春秋》不过是断烂朝报而已。

康有为指出，孔子多"不言之教"，后世需要通过口传才能"得其门而入"：

> 夫孔子之道广矣博矣，邃矣奥矣，其条理密矣繁矣，又多不言之教，无声无臭，宜无得而称焉。请掸其涯，求其门。……其传而在六艺者，邹鲁之士、搢绅先生能言之。《诗》以道志，《书》以道事，《礼》以道行，《乐》以道和，《易》以道阴阳，《春秋》以道名分。……然则六艺之中，求孔子之道者，莫如《春秋》。……《春秋经》多无传无说，凡无传者一千零八条，无说者七百零五条，其遗落不闻者，盖已多矣。据今二家口说所存者，虽撮什一于千百，

---

① 《康有为全集》第三集，第 128 页。
② 《康有为全集》第三集，第 185 页。

微言大义，粲然具在，浩然闳深，虽其指数千，不尽可窥。然综其指归，亦庶几得其门而入焉。①

《礼运注》亦指出，"既乃去古学之伪，而求之今文学，凡齐、鲁、韩之《诗》，欧阳、大小夏侯之《书》，孟、焦、京之《易》，大小戴之《礼》，公羊、穀梁之《春秋》，而得《易》之阴阳之变、《春秋》三世之义，曰：孔子之道大，虽不可尽见，而庶几窥其藩矣。惜其弥深太漫，不得数言而赅大道之要也，乃尽舍传说而求之经文"。②

而口传之微言大义的中心内涵，在于小康与大同学说，这也是"孔子改制之义"的关键所在。康有为认为，刘歆以后的儒学不明白这一点，是中国未能在西方之前向"升平、太平"之世拓进的主要原因：

> 孔子仰推天命，俯察时变，却观未来，豫测无穷，故作拨乱之法，载之《春秋》。删《书》，则民主首尧、舜，以明太平；删《诗》，则君主首文王，以明升平。《礼》以明小康，《乐》以著大同，系《易》则极阴阳变化，幽明死生，神魂之道。作《春秋》以明三统三世，拨乱、升平、太平之法。……刘歆欲篡孔子圣统，必先攻改制之说。故先改《国语》为《左氏传》，以夺口说之《公》、《穀》。《公》、《穀》破而微言绝、大义乖。故自晋世《公》、《穀》废于学官，二家有书无师，于是孔子改制之义遂湮，三世之义几绝。孔子神圣不著，而中国二千年不蒙升平、太平之运，皆刘歆为之。③

由此看来，康有为的经学阐释一直包含相互关联而有不同侧重的两个基本方面：一是辨"伪经"，要害在于依孔子立教，托孔子立教，尊孔子为教主，因而要论证六经非周公所作；二是阐释孔子的大同学说，关键在于以大同立教，因而强调"口说"之"大义微言"的重要性，即康有为要把古时只在师生间"口说"密传的大同微言形诸笔，公诸世，以应"数千年未有之大变局"。从戊戌变法之前康有为的经学阐释来看，

---

① 《康有为全集》第六集，第3页。
② 《康有为全集》第五集，第553页。
③ 《康有为全集》第六集，第425页。

经历了从第一个问题向第二个问题拓展的过程：《新学伪经考》主要解决的是辨"伪经"的问题，当时"大同"并未成为他阐释孔子学说的重心；到甲午战败之后所著的《春秋董氏学》和《孔子改制考》，"大同"开始成为康有为重新阐释孔子、托孔子立教的重心，开启了康有为重释孔子的进程。《孔子改制考》尚未对孔子口传之大同微言有详细的阐释，康有为的这一工作，事实上是在1899年第二次集中释经的时候才展开的。

康有为在1899年与梁启超等弟子围绕共和革命问题产生严重分歧和冲突之后，开始释"四书"，这是他重释孔子的延续。他在这一阶段，之所以没有选择重释"六经"（除《春秋》外），而是重释"四书"，是因为他考虑的重点已经不是辨"伪经"的问题，而是重释孔子的问题（包括释"大同"和释"三世"），即口传微言与经文大义、传在口说与传在文字的区别问题，以及辨别哪些内容是口传微言的问题。康有为重释"四书"时，也有辨伪，例如释"子曰：巧言、令色、足恭，左丘明耻之，丘亦耻之。匿怨而友其人，左丘明耻之，丘亦耻之"。他认为此章为古文伪《论语》，"刘歆所窜入也。……其详见吾所撰《伪经考》。《论语》如此伪文甚多，当分别考之也。非齐、鲁之旧，应删附书末伪篇中"。① 但辨伪不是他重释"四书"的重点所在。康有为的论述重心在于，将孔子后学之"传"中包含的那些口传的微言大义阐发出来。

如按上引《孔子改制考》对"经"与"传"的区分，那么"四书"皆为传，其中多有口传之微言大义，这是康有为最为关注的部分。例如，他这样分析《中庸》作为"教论"（释家有"经"与"论"的区分）的重要性：

> 瞯然念孔子之教论，莫精于子思《中庸》一篇。……恨大义未光，微言不著，予小子既推知孔子改制之盛德大仁，昔讲学广州，尝为之注。……逡巡退思，此篇系孔子之大道，关民生之大泽，而晦冥不发，遂虑掩先圣之隐光，而失后学之正路。②

---

① 《康有为全集》第六集，第414页。
② 《康有为全集》第五集，第369页。

## 第四章　康有为经学思想的调整和发展

康有为在解释《论语》"子赣曰：夫子之文章，可得而闻也；夫子之言性与天道，不可得而闻也"时，这样强调口传对于理解孔子的重要性：

  文章，德之见乎外者，六艺也，孔子日以教人。若夫性与天道，则孔子非其人不传。……此与《中庸》所称"声光化民，末也；上天之载，无声无臭，至矣！"合参之，可想像孔子性与天道之微妙矣。……《易》曰：书不尽言，言不尽意。天下之善读孔子书者，当知六经不足见孔子之全，当推子赣、庄子之言而善观之也。①

### （二）托孔立教：重释"四书"、阐释大同与"托以动众"

康有为通过阐释"四书"之口传来重释孔子学说，释大同仍然是中心问题之一。如他在《官制议》（1903）"序（手稿）"中所言："且今竞争之世，不患不变法，患不讲德育。故吾日写夙昔所注之《礼运》、《大学》、《中庸》、《论语》、《孟子》、《春秋微言大义考》暨《人类公理》，以明大同太平之义［下缺］见政议始待焉。"② 例如，他在《大学注》中批评朱子"误分经传"，因为《大学》作为《戴记》中的篇目，都是传，都是"孔门弟子后学传孔子之说"，同时他也指出朱子选入"四书"的《大学》和《中庸》两篇，都"诚为精要"，只不过朱子不明孔子在其中口传的"太平之道"：

  若夫内圣外王，条理毕具，言简而意该者，求之孔氏之遗书，其惟《大学》乎？……是篇存于《戴记》，朱子以为曾子所作，误分经传。夫《诗》、《书》、《礼》、《乐》、《易》、《春秋》，孔子圣作，乃名为经，余虽《论语》只名为传，《礼记》则为记为义，况一篇中岂能自为经传乎？篇中仅一指曾子，亦无曾子所作之据。惟记皆孔门弟子后学传孔子之说，孔子之微言大义实传焉。朱子特选《中庸》与此篇，诚为精要。惟朱子未明孔子三世之义，则于孔子

---

① 《康有为全集》第六集，第411~412页。
② 《康有为全集》第七集，第232页。

太平之道，暗而未明，郁而不发。方今大地棒通，据乱之义，尤非所以推行也。①

康有为对《中庸》篇末"《诗》曰：予怀明德，不大声以色。子曰：声色之于以化民，末也。《诗》曰：德辅如毛。毛犹有伦。上天之载，无声无臭。至矣！"一段的解释，与《大同书》篇末由大同论天游，有接近之处。他这样论述：

> 声，经说也。色，礼乐也。明德者，天命昭灵不昧之德也。孔子之意，以为以经说礼乐教人，教之于烝民既生之后，教之于大地混沌之时，末事也，圣人之不得已者也。教者必当以明德化普天下人，皆明其明德，使普天下人皆光明。普天下世界人物，无有愚顽闻污之性，山川草木并放光明，光辉相照，不待于教，乃孔子意也。虽然，此太平之世，建德之国，不可骤得也。子思盖言六经垂教，三重立法，皆区区从权立法之末事，非孔子神明之意。尚有诸天元元，无尽无方，无色无香，无音无尘，别有天造之世，不可思议，不可言说者。此神圣所游，而欲与群生同化于天天，此乃孔子之至道。天造不可言思之世，此必子思所闻之微言，而微发之于篇终，以接混茫。此书开端，本之于天以为道教。末终，归之于天以发神明。开天明道，则万绪千条皆为有。还天明德，则无声无臭皆尽无。精矣，深矣！非圣孙子言，乌能知圣人不可测之神哉？②

康有为认为，曾子对孔子大道体会不深，因而《论语》在"六经之口说犹传"之时，"不过附传记之末，不足大彰孔道也"。不过这是借以了解"孔门之圣师若弟之言论行事"最重要的文献之一，而且在"刘歆篡圣，作伪经以夺真经。公、穀《春秋》，焦、京《易》说既亡，而今学遂尽，诸家遂掩灭，太平、大同、阴阳之说皆没"之后，六经口传逐渐湮灭，《论语》对于把握理解孔子的大同微言来说，又颇为重要了。

---

① 《康有为全集》第六集，第355页。
② 《康有为全集》第五集，第392页。

## 第四章 康有为经学思想的调整和发展

他指出：

> 《论语》既辑自曾门，而曾子之学，专主守约。……宋叶水心以曾子未尝闻孔子之大道，殆非过也。曾子之学术如此，则其门弟子之宗旨意识可推矣。……盖朝夕雅言，率为中人以下而发，可人人语之，故易传焉。若性与天道，非常异义，则非其人不语，故其难传，则诸教一也。曾学既为当时大宗，《论语》只为曾门后学辑纂，但传守约之绪言，少掩圣仁之大道，而孔教未宏矣。故夫《论语》之学，实曾学也，不足以尽孔子之学也。……圣道不泯，天既诱予小子发明《易》、《春秋》阴阳、灵魂、太平、大同之说，而《论语》本出今学，实多微言，所发大同神明之道，有极精奥者，又于孔子行事甚详。……自六经微绝，微而显，典而则，无有比者；于大道式微之后，得此遗书，别择而发明之，亦足为宗守焉。其或语上语下，因人施教，有所为言之，故问孝问仁，人人异告。深知其意而勿泥其词，是在好学深思者矣。……其经文以鲁《论》为正，其引证以今学为主，正伪古之谬，发大同之渐。①

又说：

> 天下闻曾子之教者，误以为孔子之道即如是。于是孔子之大道闇没而不彰，狭隘而不广，此孔教之不幸也。子思之学出于子游，荀子之言最可信据。王肃不知考，伪《家语》以为子思学于曾子。程、朱误信之，又附会为子思、孟子之正传，以《大学》为曾子之书，与《中庸》、《论语》、《孟子》名为四子。……于是，中国之言孔学者，仅在守身，而孔子重仁之大道，一切皆割弃，甚至朱子见《礼运》之大同且疑之矣。②

例如，康有为这样解"颜渊、季路侍，子曰：盍各言尔志？子路曰：愿

---

① 《康有为全集》第六集，第 377~379 页。
② 《康有为全集》第六集，第 437 页。

车马衣裘与朋友共，敝之而无憾。颜渊曰：愿无伐善，无施劳。子路曰：愿闻子之志。子曰：老者安之，朋友信之，少者怀之"：

> 老者养之以安，朋友与之以信，少者怀之以恩，此明大同之道，乃孔门微言也。《礼运》孔子曰：大道之行也，与三代之英，丘未之逮，而有志焉。盖孔子之志在大同之道，不能行于时，欲与二三子行之。……三者虽有精粗小大，而其志在大同则一也。大同者，孔门之归宿，虽小康之世，未可尽行，而孔门远志，则时时行之，故往往于微言见之。……故大同必自能舍财物始，先绝贪吝之根，乃可入大同之世也。……故大同必老安、少怀、友信，绝去仅私其家之事，乃可成大同之道也。①

刊于《新民丛报》第十号的《孟子微》"序"开篇即说：

> 传孔子《春秋》之奥说，明太平大同之微言，发平等同民之公理，著隶天独立之伟义，以拯普天生民于卑下钳制之中，莫如孟子矣！……吾中国之独存此微言也，早行之乎，岂惟四万万神明之胄赖之，其兹大地生民赖之！吾其扬翔于太平大同之世久矣！②

康有为认为，孟子的性善说包含了"尧、舜与人人平等"，即人人皆可为尧舜的含义：

> 人人性善，尧、舜亦不过性善，故尧、舜与人人平等相同。此乃孟子明人人当自立、人人皆平等，乃太平大同世之极。而人益不可暴弃自贼，失其尧、舜之资格矣。此乃孟子特义。③

康有为的"四书"重释中对大同的阐释，较流亡之前诸书要远为详细。与《春秋笔削大义微言考》在不同领域区分阐释据乱、升平、太平

---

① 《康有为全集》第六集，第415页。
② 《康有为全集》第五集，第412~413页。
③ 《康有为全集》第五集，第417~418页。

之义类似，康有为在重释"四书"时，也从王权、官制、税法、产业、男女、种族等问题对大同世状况有所描述。这一现象提示，"四书"重释与同期写作的《大同书》之间存在很强的呼应关系。

康有为的经学阐释之所以要以大同为重点，主要是因为，在他看来，孔子在当代仍然能够"范围"世界、"范围"万世，关键就在于其学说早就包含了大同思想。或者说，只有发掘孔子学说中的大同思想，才能证明孔子思想在当代世界和共和时代的至高价值。他晚年在给朝鲜弟子李炳宪和日本来客讲述其著述时，直白地透露了这一考虑。在《与日人某君笔谈》中，康有为指出，如果不讲大同，那么在民主之世，"孔子不能行"：

> 今所最要明者，是三世之义。因二千年来，程朱诸先生皆据乱之说，今已行民主，故世之诟孔子者，以君臣义之故。若知三世升平太平之义，则知孔子之道如春夏秋冬，兼备四时，无所不有。庄子所谓"四通六辟，本末精粗，无乎不在"也。故孔子是圆通无碍，无所不包，欲攻之而无可攻也。盖人道义，又兼神道，故不可遗也。
>
> 朱子虽贤，而所得仅据乱之道，不能范围今之世，故虽可敬而不能尊奉矣。此乃时之所为，无如何也。……吾所作《伪经考》，乃专攻刘歆古文各经之伪，而还西汉今文之真，然后《公羊》可明，三世大同之说可出。孔子乃范围无外，而不受攻焉。否则仅如刘歆、朱子之所传，则经民主后，孔子不能行。①

在给朝鲜弟子写的书信或序记中，康有为屡次论及，如果不阐发孔子的大同思想，儒学孔教如何能"范围欧美民主社会之义"，又如何能"范围天下"：

> 惟自汉刘歆伪作古文诸经，篡乱圣统，晋唐传之，虽以朱子之才贤，不能无蔽焉。故可解，不知公、穀、董、何之口说。于是太

---

① 《康有为全集》第十一集，第118页。

平大同之义断绝闭塞矣。徒存据乱之说，则不能范围欧美民主社会之义，遂至孔教为新学所疑攻，岂不耗哉！夫朱子无得于六经，只能发明四书。然所发明者，犹是据乱之说，仅能得孔子一端，偏安割据而已。朝鲜所传为孔教者，实刘歆篡伪之经，朱子割据之教，非孔子本教之真也。①

夫自刘歆篡乱圣经，朱子偏安圣统，于是孔子三世之道不明，只存据乱一义而已。太平大同之道，阗忽闭塞，则何能范围天下乎？②

康有为在《答李参奉书》（1923年5月2日）③ 中，这样陈述他对李炳宪的指导："但据诸经据乱之说，狭小孔子范围，则对于欧米民主之政，国际之学，及一切新说，皆不能范围，则孔子之道，岂不穷而将弊乎？故与李君炳宪极言之。"④ 又如，《答朴君大提学书》（1924年秋）中指出：

朱子之发扬道义，激励人心，教莫切焉，功莫大焉。其尊之甚至，故隐忍久之，欲为朱子讳，然无如民主之国既多，社会之说盛行，若不发明孔子大同之道，而徒称号偏安之朱子，则孔子之教恐亡也。孔教亡而朱子何所附焉？⑤

在给陈焕章的信中，康有为则提到讲太平大同之义，可以不让人们认为共和时代孔教不再可行：

吾注有《礼运》、《中庸》、《四书》、《春秋》及《礼记》选，可以宣讲，发明升平、太平、大同之义，令人不以君臣道息而疑孔教之不可行。但以勇猛之力，精切之辨，忧大教之废，伦纪之坠，家人之失，启诱大众，计无不来归者。⑥

---

① 《康有为全集》第十一集，第260页。
② 《康有为全集》第十一集，第263页。
③ 李参奉系李忠镐，培山书堂的建立者。
④ 《康有为全集》第十一集，第244页。
⑤ 《康有为全集》第十一集，第346页。
⑥ 《康有为全集》第九集，第337页。

## 第四章　康有为经学思想的调整和发展

虽然康有为在生前并未刊布《大同书》全书，但他在国内演讲宣扬孔教，并不讳言孔教之兴有赖于大同之说这一点。他在《长安讲演录》中即指出：

> 今若只守朱子据乱之说，今中国已为共和不必论，而欧美各共和国皆天下为公。若无《春秋》三世、《礼运》大同之学，则孔子之道已不能范围今世矣。……以孔子之教，通于三世，圆融无碍。今欧美之制，不能外之。
>
> 然则虽知孔子之教，当知《春秋》三世之义，当知《礼运》大同之说。欲知大同之说，当求西汉今文五经之说，而黜东汉以来伪古文五经之说，进而求之六纬。吾有《伪经考》、《孔子改制考》、《春秋笔削微言大义考》、《论语注》、《中庸注》、《孟子微》，皆发此义。庶几孔教可兴，大同之治可睹，而诸君尊孔之心为之大慰。于今日会讲，有厚望焉！①

他在《覆山东孔道会书》（1914年）中说："幸乃发为《公羊》三世之微言，证明《礼运》大同之奥旨，推兹大义，遍注群经。明拨乱之外，尚有升平、太平之深微；知小康之上，犹有天下为公之大道。……群经注成，陈祭庚子，而以《孔子改制考》先焉。欲以孔道推四海而皆准，范千世而罔外。"②《孔教会章程》亦明确说："孔子何道不有，何尝但主专制而不主共和哉？学之不讲，是吾所忧也。今集同志，讲孔子升平、太平、大同之道，观其会通，以行其典礼。"③

康有为以大同为重点释经，从另一角度说，也是按照他所理解的孔子托古改制的模式，托孔改制，托孔立教。④ 康有为指出，"孔子改制，专托尧、舜、文、武"⑤，他自己则专托孔子，主要方法是强调"口传"，

---

① 《康有为全集》第十一集，第285页。
② 《康有为全集》第十集，第28页。
③ 《康有为全集》第九集，第349页。
④ 汪晖关于康有为与晚清儒学普遍主义的分析，参见《现代中国思想的兴起》，第741~744页。晚清儒学普遍主义最为极致的一次努力，即康有为建立全球性的孔教的构想和行动。
⑤ 《康有为全集》第三集，第150页。

通过阐释"口传"大义微言,来发掘孔子经义中的大同思想。

康有为以阐释孔子大同思想为重心托孔立教,更深层的着眼点是以此动员民众。康有为托孔子阐释大同思想,阐释自己的大同思想,都是由"数千年未有之巨变"所激发,尤其为中日甲午战争清政府战败所激发。甲午战败使康有为更为清晰地意识到民众动员的重要性与迫切性。立孔教对于康有为的重要性,首先是在民众动员的层面凸显出来的。甲午战败之后,他找到的最能动员民众的思想资源是孔子的太平大同之义。

康有为对立教与民众动员的关系,有清晰的阐述。他在给朱一新的信(1891年)中说:"今地球四洲,除亚洲有孔子与佛、回外,余皆为耶所灭矣。使吾国器艺早精,舟车能驰于域外,则使欧、墨、非、奥早从孔学可也。耶氏浅妄,岂能诱之哉?吾既不能早精器艺,坐令彼诱之而坐大,此不宣扬之失策也。夫吾孔子之教,不入印度,而佛能入中国,岂孔学不及佛哉?传与不传异耳。"[①] 他将传教的关键视为"诱之",意味着其目标是要在孔子之学中找到最能"引诱"世人的内容。

康有为在《孔子改制考》中指出,孔子和墨子所言尧、舜、文王之事正相反对,他们所言未必是尧、舜、文王的事实,而是因为尧、舜、文王在中国为"人人所尊慕",可以"托以动众":

> 孔子厚葬、久丧,墨子薄葬、短丧,相非相反,而皆自谓尧、舜、禹、汤、文、武之道。……可知"六经"中之尧、舜、文王,皆孔子民主、君主之所寄托,所谓尽君道,尽臣道,事君治民,止孝止慈,以为轨则,不必其为尧、舜、文王之事实也。若尧、舜、文王之为中国古圣之至,为中国人人所尊慕,孔、墨皆托以动众,不待言矣。[②]

这一"托以动众",也是康有为托孔子释大同的着眼点和基本逻辑所在。离开了民众动员的目的,很难理解康有为为什么会以大同为中心托孔立教。

康有为的立孔教战略,强调孔子思想(扩大而言,儒学乃至中国文

---

① 《康有为全集》第一集,第325页。
② 《康有为全集》第三集,第150页。

化）在巨变时代继续"范围天下"的能力，也是一种增强动员能力的方法。让孔子思想"范围天下"的动力偏向于"外"，动员民众的动力则偏向于"内"。托孔立教的努力首先着眼的自然是中国内部，无论是孔子，还是尧、舜、文王，他们为中国内部的民众所尊慕，但未必为域外的民众所尊慕，因而他们能够"托以动众"，首先和主要是对于中国民众而言的。从这个角度看让孔子思想"范围天下"的努力，一方面，这包含了使孔子思想成为一种全球普遍性思想的愿望，表现了康有为在巨变时代葆有对中国以及儒学的信心与期待；另一方面，这也是在内部动员民众之时论证孔子思想具有领导权的核心方式，是对内说服民众信仰孔教的重要方法。在经历"数千年未有之巨变"之后，论证孔子思想有着"范围天下"的地位和价值（相对于域外思想尤其是西方思想的地位和价值），成了确立孔子思想在中国内部的领导权的关键所在。

不过，需要注意的是，康有为《大同书》的基本架构并不仅仅源于孔子经义。根据前面的分析，康有为后期的释经作品，将《孔子改制考》揭示的托孔改制、以大同立教的议题做了比较详细的展开，通过阐释《春秋》经（及口传诸家）和"四书"中的口传微言，阐发了孔子的大同思想，那么，康有为是否一定还要将孔子之经与后世"经论"中的大同论述组合起来，形成一本大同论呢？他没有这么做，而是沿着早期《实理公法全书》建立"全球公理之学"的架构，从"康子自道"的叙述角度，铺展了他对大同世的思考和描述。"大同"的主论题可以看作对孔子大同思想的发挥，但无疑也是康子自己的大同论。《大同书》的论述架构以"人之不忍之心"（康子之不忍之心）与人皆希望"去苦求乐"为起点，从国家、阶层等级、种族、性别、家庭、经济产业、全球治理、万物众生平等、宗教等问题领域依次展开。这一论述结构含有儒学的要素（如"不忍之心"），但已经不是儒学所能完全涵盖的，尤其是论述问题的领域划分，包含的已经是近代资本主义兴起之后发展出来的一套知识框架。在每一个分论题的论述中，康有为把中国史、全球史、经学阐释与国外思想整合在一起，经学阐释只是其中的一部分。康有为的这种写作方式并非偶见，在《大同书》之外，《官制议》（1903）、《物质救国论》（1904）、《金主币救国议》（1908）、《理财救国论》（1912）、《共和平议》（1917）等，都采用的是这种专题长篇论述的形式，这些论题的知识视野和分析架构，包含的主要是近代的知识和思想，他通过近代风格的分析方式将中国史、全球史、时势分析和中外思想整合起来。

由此看来，以大同问题为中心，康有为的著述包含了两条相互关联又有所不同的脉络：一是从立全球公理之学到立大同之学，主要作品是《实理公法全书》和《大同书》，以立康子之学的方式展开论述；二是通过重释孔子和儒学经典，阐发孔子的大同思想，或者说托孔子言大同，托孔子立大同之教，主要作品是第一次释经时期的《孔子改制考》和《春秋董氏学》，以及第二次释经时期的"四书"重释和另两部作品。前一条脉络显示了康有为立全球公理之学与康子之学的清晰痕迹；后一条脉络贯注了康有为重释孔子、立孔教的努力，其中既有"托以动众"的策略考虑，也有他对孔子学说本身潜力的认识（尤其是对此前公羊学积累的了解）。① 梁启超拟定的湖南时务学堂《第一年读书分月课程表》，清晰地呈现了这一特点。此课程表多将《春秋公羊传》与《公理学》作为并列的主要课程，指《公理学》"其书按次印入学校报中。学者治《春秋》，即谙诸例，即当求公理，以互相印证"。②

从康有为立全球公理之学的脉络来看，在《实理公法全书》和《大同书》中，他事实上已经把外部的近代西方知识视为内部的构成要素，甚至作为搭建自己的大同论述的框架。这样看来，托孔子立大同之教，作为抵御"文明之国"侵入乃至主宰的战略，建构的是一种可以将西方文明抗衡于外的错觉。这种错觉为立孔教战略提供了在中国内部的合理性和正当性理由。

---

① 朱维铮曾指出，《大同书》有一个"很奇怪"的地方，即：全书提及董仲舒仅一处，仅淡淡地称道"董仲舒明经义"；提及孟轲四处，却不提其对孔子大同微言的传播作用；"顶奇怪"的是，《大同书》现有十部二十一万言，竟然无一字提及荀况，全书也只有一处引用《礼运》。同时《大同书》又频繁地称道孔子。朱维铮的解释是，看来只有一种可能，就是康有为著《大同书》时，已经远离了言必称孔孟荀董的环境（《康有为大同论二种》，朱维铮编校，生活·读书·新知三联书店，1998，"导言"第14页）。如果将康有为上述围绕大同的两条论述脉络联系起来看，这一现象可以有另外的解释。在康有为自己的大同论述中，孔子大同思想是其中的重要构成部分，但并不是笼罩一切的，例如，在全书最后，他一方面强调"太平大同，孔子之志"；另一方面又说，"至于是时，孔子三世之说已尽行"，"大同之世，惟神仙与佛学二者大行"（《康有为大同论二种》，第368页）。在这个意义上，康有为的确是托孔言大同，托孔立大同之教。

② 参见梁启超《〈饮冰室合集〉集外文》（上），夏晓虹辑，北京大学出版社，2005，第24~31页。

# 第五章　大同"公理"论与知识范式的转变*

## 一　引言：托孔立教与康子自道

前面对康有为的"大同立教"思想做了详细的梳理和讨论，本章将重点讨论康有为试图建构自身哲学的著作《大同书》。① 这部著作主要是康有为的夫子自道，较少托孔立教的色彩，其写作也不再像此前两次集中的儒家经典诠释那样着眼于建立和推广孔教，而主要关注大同论本身的阐述。

《大同书》仍然经常引述孔子，但全书的架构及论述的展开，呈现的都是吸纳了近代社会科学的新知识体系，不再依托阐释孔子学说来展开。《大同书》的写作状态，更接近于康有为视自己为教主，只是他并没有在这部书中声称要别无依傍创立新教，甚至也没有说这部书是宣扬以大同立教之孔教的著作。这一特点提示我们，康有为的"大同立教"不仅与今天一些人士试图重建的"孔教"有区别，而且与他自己要系统建构的大同论述有区别。

以这些差异为基础，更容易看出，康有为的"大同立教"既是托孔立教，又是托教尊孔，还是托大同以尊孔。孔子之道、孔教、大同论述是康有为"大同立教"的三个要素，"大同立教"是康有为整合这三个要素的产物。在"大同立教"的内在结构中，孔子之道主导大同论述，康有为在晚清民初建构孔教即以此为基础。但康有为的思想并不只是

---

\* 本章整合了《人之差等与人道重构——康有为的人性论》（《五四运动与现代中国——思想史研究》第七辑，上海人民出版社，2009）和《康有为生前为何不出版〈大同书〉全书？》（《读书》2020年第2期）两篇论文。前一篇旧作有诸多不如意之处，稍做了一些修订，大部分仍保持原状。

① 另一部康有为夫子自道的著作《诸天讲》的研究见本书附录。

"大同立教",《大同书》和《诸天讲》等著述是"大同立教"的继续发展,同时又超出了康有为"大同立教"的努力。《大同书》仍然包含孔子之道、孔教、大同论述这三个要素,但它们之间的关系发生了重要变化,在此书中,孔子之道只是构成大同论述的一个部分,孔教不再是大同论述的主要关切。

本章将分析康有为《大同书》论证大同的两条相互关联但有所区别的进路:一是去苦求乐的人道论;二是大同公理论述,包括"人人皆直隶于天"的"天民"意识。这两条论证脉络有着不同的功能。以这两条论证脉络的梳理为基础,本章将进一步讨论《大同书》将"九界"视为世间诸苦原因的分析思路,以及九界"去界"论述展开的特点,由此勾勒《大同书》在晚清民初学术思想发展中的位置。

## 二 "不忍人之心"与"去苦求乐":《大同书》的问题意识

1957年,青年李泽厚在《论康有为的哲学思想》中讨论了康有为的"自然人性论"。20多年后,这篇论文和同年发表的另外两篇有关康有为的论文合为《康有为思想研究》,编入曾在20世纪80年代引起很大反响的《中国近代思想史论》。这篇重要论文在分析康有为与守旧派围绕人性问题的论争时指出,守旧派"也看出了人性问题与世界观问题的联系,他们也把这问题提到哲学根本问题上两条不同路线的高度上来论争"。[①]中国改革开放和思想解放运动从1978年开始全面启动,人性问题和人性解放也随之成为思想讨论的一个焦点。人性问题在思想大转型之际往往是关注的焦点,中国近代思想变革如此,西方近代思想变革如此,30年前的思想解放同样如此。李泽厚在20世纪80年代思想启蒙运动中的影响曾经如日中天,他的一大贡献就是在哲学上为新时期的人性解放开辟了道路,这篇《论康有为的哲学思想》和《中国近代思想史论》中的其他论文是重要文献。

李泽厚指出,康有为的自然人性论有两个要点:一是倡人欲反天理,

---

① 李泽厚:《中国近代思想史论》,人民出版社,1979,第113~114页。

反对禁欲主义；二是人性平等论。改良派这种思想固然是一种抽象的自然人性论，但在当时相对的历史意义上可能是进步和必要的，它在历史上起了反对比它更荒谬的封建主义的人性思想的进步作用。同时他指出了一个"重要问题"，康有为不能把这一（本质上有谬误的）理论明确地坚持到底，最后把它与封建旧理论调和起来了，康有为"愈涉及当前的实际，便愈向后退缩"。① 李泽厚建构了一个先进和落后共存的双面康有为的形象，或者说，一个从进步走向保守的康有为形象。

但具体来看，李泽厚分析进步的"自然人性论"的康有为的时候，引用的主要文献除《万木草堂口说》《长兴学记》等前期文献之外，亦有成书于1901年的《中庸注》《孟子微》等后期文献。而他分析保守形象的康有为的时候，也引用了《中庸注》《孟子微》等后期文献。在2008年完成的论文《人之差等与人道重构——康有为的人性论》中，笔者注意到了这一现象，提出了如下疑问：如果说，进步和保守并存于《中庸注》《孟子微》等文献中，呈现了康有为的矛盾和悖论②，那么，是否这个时期的康有为处于自我分裂状态？如果不是，康有为又如何处理这些矛盾？康有为的"进步"与"保守"之间是否存在一种此前未得到认真梳理的关系？③

## （一）从人道善恶到人道苦乐

先秦以来，人性善恶一直是中国思想论辩的大题目。一些研究者从所谓儒家文化长期压抑人性的思想历史中，梳理出了一条张扬人欲的思想脉络，如黄宗羲、戴震等思想家，康有为是近代的代表人物。康有为张扬人欲的话有不少，例如，《大同书》甲部绪言有言，"虽人

---

① 李泽厚：《中国近代思想史论》，第119页。
② 这一自相矛盾（或者说"与现实社会及传统经典妥协调和"）在《万木草堂口说》（1896年）中就存在。一方面，康有为支持告子的人性论，"凡论性之说，皆告子是而孟非，可以孔子为折衷。告子之说为孔门相传之说，天生人为性"。"荀子言性以魄言之，孟子言性以魂言之，皆不能备。""性无善恶，善恶圣人所主也。"（《康有为全集》第二集，第186页）另一方面，他又认为孟子、荀子、董仲舒各说了一类人，"董子言性，为中人言之也"。"孟子言性善，是天下有生知安行无困勉也。荀子言性恶，是天下有困勉无生知安行也。《中庸》分三等人言，最的。"（《康有为全集》第二集，第174、175页）
③ 《五四运动与现代中国——思想史研究》（第七辑），第90~91页。

之性有不同乎，而可断断言之，曰人道无求苦去乐者也"①。"去苦求乐"这样的表述，容易被理解为对人欲的肯定和张扬，一种有别于（或者说超越了）善恶论的对人性的界定。需要注意的是，这句话并没有说"人性无求苦去乐者也"，而是说"人道无求苦去乐者也"，前面说的是，"虽人之性有不同乎"。显然，在康有为的表述结构中，"人道"和"人之性"并不是同一个概念，但两者的联系比较紧密。这种区分是什么意思？

"人道"是康有为经常使用的一个概念，在其早期作品中就频繁出现。②在《教学通义》（1885 年）中，康有为对"人道"有清晰的解释，他说："（西汉陆贾）《新语》称：羲画乾坤以定人道，民始开悟，知有父子之亲、君臣之义、夫妇之道、长幼之序，于是百官立，王道乃生。……礼教伦理立，事物制作备，二者人道所由立也。礼教伦理，德行也；事物制作，道艺也。后圣所谓教，教此也；所谓学，学此也。"从这个解释可以看出，人道并不是自然生成的，而是经过人为努力之后（包括圣人的教化制作）才呈现的"人之道"。在教养、经历或能力不同的人那里，在不同人的不同努力那里，"人道"并不一样。《教学通义》一开头便说："教学不知所自始也？人类之生，其性善辨，其性善思，惟其智也。……智人之生，性尤善辨，心尤善思，惟其圣也。民生颛颛顽愚，不辨不思。君子所以异于小人者在斯。惟其善于辨思，人道之始，其必有别矣。"君子的"人道"和小人的"人道"不同，正因为不同，所以才需要通过教化确立更好的"人道"。此句后面接着说："群居五人，则长者异席，此礼义之造端，朝仪庭训之椎轮也。人道之始，其必有作矣。"③

在中国漫长的天人之学传统中，人道是与天道相对应的中心概念，

---

① 《康有为大同论二种》，朱维铮编校，生活·读书·新知三联书店，1998，第 53 页。如未特别指出，本书引用《大同书》以此版为基础，下引不再注明。《康有为全集》中所辑《大同书》与此版有较大区别。
② 蔡乐苏的文章《康有为早期思想中的人道观念片议》[《清华大学学报》（哲学社会科学版）1997 年第 1 期] 曾论及早期康有为的人道观念，不过并未意识到康有为对"人道"的特别理解，基本思路与一般的人性观念分析并无太大区别。
③ 《康有为全集》第一集，第 20 页。

在儒道释诸家的思想脉络中都很重要。① 在康有为这里，谈"人道"意味着谈教化，因此一般与立法创教改制联系在一起。作为中国思想千年之变过程中承上启下的关键人物，他在《实理公法全书》和《大同书》这些试图建构新的思想系统的作品中，以"人道"而非"天道"作为中心问题。

康有为是在世界性的诸教之争的背景中重新讨论"人道"的。鸦片战争以后中国屡次战败，让近代中国的知识分子越来越强烈地感受到西方文明的冲击，认识到那是与中国文明传统很不一样的文明，将中国文明与西方文明纳入一个世界性的知识框架中来重新全面思考文明的方向，已经是不可避免的挑战。康有为是19世纪中国从思想上自觉进行这种全面努力的最为重要的思想家。自王韬等人开始，"人道"被视为儒教与基督教等异域宗教最为重要的区别，儒教被视为"人道教"，康有为承继了王韬的这一看法。康有为在1879年游历香港之后，便开始"渐收西学之书，为讲西学之基"②。王韬当时仍在香港（1884年才结束流亡回到上海），其所创办并自任主编的《循环日报》影响正盛，收录了其在港所作政论、集中反映其政治思想的《弢园文录外编》于1882、1883年在香港结集出版，康有为不难读到。到写作《实理公法全书》的时候，康有为试图在西学知识的基础上重订适宜天下人类的"人道"的雄心，已

---

① 张岱年在《中国古典哲学概念范畴要论》（中国社会科学出版社，1989）中指出，中国古典哲学的概念范畴可以分为三大类：一是自然哲学的概念范畴（"天道"之名），二是人生哲学的概念范畴（"人道"之名），三是知识论（"为学之方"之名）的概念范畴。这三大类亦有交参互函的密切联系，有些关于天道之名亦有关于人道的含义，有些关于人道之名亦有关于"为学之方"的含义，都不是可以截然分开的。日月星辰所遵循的轨道称为天道，人类生活所遵循的轨道称为人道。见《中国古典哲学概念范畴要论》"自序"第2页及正文第23页。此书将"道、天道"列为自然哲学概念范畴第二重要的概念，中间论及了人道概念，但整本书并未将"人道"列为单独解释的概念。"天道"与"人道"的关系，有多种理解；在有的理解看来，天道和人道甚至是截然相反的。

康有为对儒学经典的解释也多在天人关系的结构中谈"人道"，如《中庸注》的"叙"采郑康成的说法，说孔子之孙子思作《中庸》，"原于天命，发为人道，本于至诚之性……"参见《康有为全集》第五集，第369页。有时则单独强调"人道"，如《万木草堂口说》评《儒效篇》"道者，非天之道，非地之道，人之所道也"一句，说"精确之极，与子思《中庸》'以人治之，改而止，道不远人'全通"。参见《康有为全集》第二集，第185页。

② 《我史》（即《康南海自编年谱》），《康有为全集》第五集，第63页。

经显露无遗。

约作于1888年前的《实理公法全书》多被人认为是《大同书》的"前稿"或者试笔。从"人道"这个概念入手，可以发现这两部书的共同之处。"人道"是《实理公法全书》的核心概念，因为这本书的目的就是要制定（最）有益于人道的实理公法。此书凡例第一条就说，"实理明则公法定，间有不能定者，则以有益于人道者为断，然二者均合众人之见定之"；第三条则说，"凡一门制度，必取其出自几何公理及最有益于人道者为公法，其余则皆作比例，然亦分别比例之次第焉"。① 在"总论人类门"及论述"夫妇门"等各门时，康有为几乎逐条检视其究竟是有益人道、最有益人道，还是无益人道，或者灭绝人道。这说明康有为的愿望是沿着伏羲或者孔子等圣人的足迹，立礼教伦理，备事物制作，为世人确定最有益人道的道路。

从这部作品可以看出，一方面，康有为并没有抱守儒家或者其他中国思想的立场来思考天下人类的义理（即实理）、制度（即公法）问题，而是尝试直接进入创制立法的基本问题，遍览世界各国古今立法，"其功效高下，皆可列为表，而实考之"；另一方面，康有为一一考量这些具体立法是否适宜人道，将人道视为最高标准，将儒学核心概念作为权衡世界诸教诸学的普遍标准，隐含了将儒学或儒教视为普遍标准来源，以及视孔子为大地教主的方向。② 到《孔子改制考》《春秋董氏学》时期，康有为通过阐释最符合人道的大同，明确视孔子为大地教主。康有为的这一看法后来并未发生变化，例如，他在辛亥革命之后曾写《以孔教为国教配天议》，说："且夫礼俗教化者，人所以行持云为者也，人道以为主宰，奉以周旋者也。何以立身，何以行事，何以云为，何以交接，必有所尊信畏敬者以为依归、以为法式。……故凡国，必有所谓国教也。国教者，久于其习，宜于其俗，行于其地，深入于其人心者是也。虽诸教并立，皆以劝善惩恶，然宜不宜则有别焉。故佛教至高妙矣，而多出世之言，于人道之条理未详也。基督尊天爱人，养魂忏恶，于欧美为盛矣，然中国四万万人，能一旦舍祠墓之祭而从之乎？必不能也。"③

---

① 《康有为全集》第一集，第147页。
② 《康有为全集》第一集，第147页。
③ 《康有为全集》第十集，第91页。

## 第五章 大同"公理"论与知识范式的转变

《实理公法全书》要权衡世界诸教的优劣，需要比较具体的创制立法哪个更有益"人道"。但康有为有关"人道"的中心问题是什么？他从哪个角度谈"人道"？

康有为论人道，从《实理公法全书》到《大同书》有一个从"善恶论"到"苦乐论"的重要转型。《实理公法全书》最后部分"论人公法（附：论死节、论为道受苦）"可看作对人道的论述（"整齐地球书籍目录公论"可视为附录）。此部分开头就确立了论人的标准，"凡论人者有二：一曰功；一曰过。功分为二途：一曰辟新知之功；一曰行善之功。过亦分为二途：一曰恶言之过；一曰恶行之过"。① 这一标准令人联想到《左传·襄公二十四年》"太上有立德，其次有立功，其次有立言"，②"新知"与"恶言"指立言（"某地某人有某书及言论"），"行善"与"恶行"则指立德。综合而论，无论立言还是立德，论人功过的关键都在于"善恶"，而论人功过即论教化立人，亦论人道，与论天生人性并不一样。③

《大同书》是康子构思最有益"人道"的制作。虽然"人道"一词在全书中出现的次数并不多，但"人道"问题仍然是全书的中心问题。康有为的弟子钱定安整理并于1935年印行的上海中华书局版《大同书》的"甲部绪言：人有不忍之心"是全书的钩玄提要，其中这样解释"人道"："故夫人道只有宜不宜，不宜者苦也，宜之又宜者乐也。故夫人道者，依人以为道。依人之道，苦乐而已。为人谋者，去苦以求乐而已，无他道矣。"④ 这句话点出人道宜不宜的关键是苦乐，有两层含义。一是"人道"的唯一问题在于此道是否适合人，是"乐道"（适合），还是"苦道"（不适合）。在康有为看来，形容"人道"只需用两对词，就是适合不适合，乐还是苦。⑤ 二是对于像康有为这样确立"人道"的"为人谋者"，要想的问题是如何"去苦以求乐"，如何比以往更彻底地"去

---

① 《康有为全集》第一集，第158页。
② 《春秋左传注》，杨伯峻编著，中华书局，1990，第1088页。
③ 这部分附有"论为道之苦"，寥寥两句，谈的是与死节类似的"为道受苦之人"，与后来的《大同书》中论人道苦乐不是一回事。
④ 《康有为大同论二种》，第51页。
⑤ 具体的"人道"究竟怎样要视人而定，不同的人有不同的"人道"，如《康子内外篇》所说："吾故以人道归之气质也。"（《康有为全集》第一集，第103页）

苦以求乐"。从一般人的主观愿望上说,"可断断言之,曰人道无求苦去乐者也"。即使有例外,"有迁其途,假其道,曲折以赴,行苦而不厌者,亦以求乐而已"。①虽然没有人愿意求苦去乐,但能否"去苦求乐",能在多大程度上"去苦求乐",却要看能力及条件而定。《大同书》中的人道问题,是如何为全世界全人类"去苦求乐"的问题。

这个转换,与康有为观察人类社会的基本问题意识发生变化有直接关系,即人类之苦境逐渐成为他对人类社会现实的基本判断,"盖普天之下,全地之上,人人之中,物物之庶,无非忧患苦恼者矣"②;而人类之苦又与死亡有极大关系,"盖全世界皆忧患之世而已,普天下人皆忧患之人而已,普天下众生皆戕杀之众生而已。苍苍者天,抟抟者地,不过一大杀场大牢狱而已"。③按《大同书》开头的自述,中法战争(1883~1885)对这一问题意识的突出有很大影响;如果从康有为的整个写作进程来看,如第一章所分析,康有为在中日甲午战争前后,才将大同作为中心议题。

人道的基本问题从"善恶论"变为"苦乐论"之后,如何去人类之苦求人类之乐,成为康有为立法创制的根本问题意识,苦乐成为对全球诸教的立法创制进行权衡比较的标准:"立法创教,令人有乐而无苦,善之善者也,能令人乐多苦少,善而未尽善者也,令人苦多乐少,不善者也。"④究竟是善还是恶,关键要看是令人乐多苦少,还是苦多乐少。由此看来,《实理公法全书》的善恶论与《大同书》的苦乐论,并非一种有你无我的关系。在《大同书》这里,权衡善恶的关键标准,看的是苦与乐的相对状况。在苦乐论成为人道的中心问题的同时,善恶论并没有消失,而是在两者之间形成了一种相互支撑的关系。善恶论是性质判断,苦乐论通过量化比较来判断;孰善孰恶是更根本的评价,但这个评价需要通过苦乐的量化权衡来得出,因而苦乐问题是决定性的评价标准。

《实理公法全书》中,康有为尚未具体权衡世界诸教,只是权衡了一些立法规则。到《大同书》的时候,他以苦乐标准对全球主要的创制

---

① 《康有为大同论二种》,第53页。
② 《康有为大同论二种》,第51页。
③ 《康有为大同论二种》,第48页。
④ 《康有为大同论二种》,第53页。

## 第五章 大同"公理"论与知识范式的转变

立法做了一番比较。他指出了权衡（圣人）立法创教的苦乐标准，认为全球诸圣群哲虽然各竭心思，还是无力起沉疴。他问："岂医理之未精欤？抑医术之未至耶？蒙有憾焉。或者时有未至耶？"在他看来，印度和中国圣人的立法多有不得已之处，本来想立善法，但结果"终为至抑压、至不平之苦趣"，即使略近升平的欧美也差得远，"其去公理远矣，其于求乐之道亦未至矣"。① 为什么会有这种区别呢？

在粗略权衡的基础上，康有为认为神明圣王孔子立了"三统三世之法"，根据不同的条件选择不同的立法，对这种不得已之处早就有所预见，是最能指导人类走向大同的圣人之教。他写作《大同书》，就是要阐明孔子所立的"人道"，"吾既生乱世，目击苦道，而思有以救之，昧昧我思，其惟行大同太平之道哉！"② 康有为指出，就怕守道的后人墨守成规，不知道"据乱之后，易以升平、太平；小康之后，进以大同"，因此"永从苦道"。③

在这个解释结构中，"仁"被释为博爱，④ 不同层次的仁提供不同苦乐水平的人道的方案。在康有为这里，仁的程度与苦乐这两组标准之间需要相互配合，走向至乐的大同世界，是需要经过"仁"的教化，"'三世'为孔子非常大义，托之《春秋》以明之。所传闻世为据乱，所闻世托升平，所见世托太平。乱世者，文教未明也。升平者，渐有文教，小康也。太平者，大同之世，远近大小如一，文教全备也"。⑤《大同书》所说的苦乐并不只是指基于个人欲望的苦乐，它既包括个人的苦乐，也包括一地一国之民的苦乐，还包括全球人类的苦乐。康有为要以苦乐之

---

① 《礼运注》开篇即论："孔子之道有三世，有三统，有五德之运，仁智义信，各应时而行运。仁运者，大同之道；礼运者，小康之道。"（《康有为全集》第五集，第554页）康有为认为，中国已久处小康之世，各朝圣王政治之时，亦是小康之世；而大同之道未明。康有为解"今大道既隐，天下为家，各亲其亲，各子其子，货力为己"一节，讲禹、汤、文、武、周公诸圣，不过是乱世之中较文明的阶段，文明之法是"隆礼"，"由礼而谨修之。故于五德之运，未能至仁运、智运，而仅当礼之运而已。不独未能至仁运、智运也，即义运、信运亦未之至，但以礼为经，而著其义、考其信而已"（《康有为全集》第五集，第556页）。
② 《康有为大同论二种》，第54页。
③ 《康有为大同论二种》，第54页。
④ 《春秋董氏学》："宋儒求之过深。仁无定义，昌黎曰：博爱之谓仁。"（《康有为全集》第二集，第390页）
⑤ 《康有为全集》第二集，第324页。

多少来权衡全球诸教,在诸教之争的格局中重新思考中国乃至全人类新的人道,苦乐之多少是教化效果的表现,但究竟怎样才能达到某种苦乐水平,还需要凭借具体的教化方式。比较诸教之苦乐水平,事实上仍然需要比较诸教的教化能力,仍然需要在善恶论的维度上进行比较,苦乐论的人道论述由此与善恶论相表里。

通过确立多层次的有关苦乐的价值视野,康有为不仅在全球性的新的思想情境中召唤了今文经学对于"天下"的普遍主义关怀,而且通过对全球诸教的权衡批评,在新的思想地基上重新确立了孔子儒学对于解决全球性问题的最高价值,也为一种新的儒学普遍主义奠定了根基。①

## (二) 太平世的"不忍人之心":人性论与教化论

康有为的人性论的一个主要特点是在人性与教化的关系结构中讨论人性,即在人道教化与人性善恶、人欲的关系结构中讨论人性。不理解他的人道论,就无法理解他的人性论。如《中庸注》所说:"言孔子教之始于人道,孔子道之出于人性,而人性之本于天生,以明孔教之原于天,而宜于人也。"② 人性是天生,人道则是依人性而教化。康有为论人道,不论以善恶为中心还是以苦乐为中心,都以立法创制及其教化为目标;他谈的人道,并不是每个人基于个人自我的自生自发的人道,而是有教化的人道,具体教化则视"三世"之分而有所不同。

康有为论性之善恶,基本在儒学人性论的论争脉络基础上进行,并致力于分梳会通。如他解《春秋繁露·玉杯》"人受命于天,有善善恶恶之性,可养而不可改"一句时说:"董子发此,是性善之说,孔门固有之。……但所异者,此善即孟子所谓'善端',荀子所谓'质朴',其加之纲纪、礼文,所谓圣人之善,乃所谓教以继之、成之也。然则诸儒之辨,正可得其会通,而无容增其辨难矣。"③康有为并不简单地说性善或者性恶或者有善有恶,他认为:"性善性恶、无善无恶、有善有恶之说,皆粗。若言天有阴阳之施,身亦两有贪仁之性,与《白虎通》同,

---

① 参见汪晖《现代中国思想的兴起》,第752~766页。
② 《康有为全集》第五集,第369~370页。
③ 《康有为全集》第二集,第386~387页。

可谓精微之论也。"①

康有为的人性论并不是简单的善恶论，而是品性类别的区分论。他把人分为中人以上、中人和中人以下，不同类别有不同品性。他说："然人之为性，金刚水柔，嗜甘忌辛，气质有殊，习俗有别，则不能无差。"② 又说："实者人性有善有恶，犹人才有高有下也。高不可下，下不可高。谓性无善恶，是谓人才无高下也。禀性受命，同一实也。故命有贵贱，性有善恶。谓性无善恶，是谓人命无贵贱也。"他认为孟子、孙武、扬雄的人性论只分别说到了一类人："余固以孟轲言人性善者，有中人以上者也。孙卿言人性恶者，中人以下者也。扬雄言人性善恶混者，中人也。"③

但是，按"三世说"的进化次序，到太平世，这种人有差等品次的看法同样不可避免地将遭遇挑战。康有为以孟子性善说为平等大同之学，"孟子为平等大同之学，人己平等，各得其乐"，④"终可以人人尽善。盖惟人人有此性，而后得同好仁而恶暴，同好文明而恶野蛮，同好进化而恶退化。积之久，故可至太平之世、大同之道、建德之国也"。⑤ 太平世人人皆善，人也就没有差等了。"人人性善，文王亦不过性善，故文王与人平等相同……凡人亦可自立为圣人"，"人人既是天生，则直录于天，人人皆独立而平等"。康有为解孔孟说大同，孟子"人皆有不忍人之心"的思想占有关键位置。他将性善和人人有仁义礼智四端推衍为"令人人皆有平等自立"，为平世之法。⑥ 经过这一推衍，孟子"人皆有不忍人之心"的人性皆善的思想，转换为人皆平等自立。康有为解孟子"人皆有不忍人之心"，落脚点在于人皆可平等自立。他在人性善、人皆有不忍之心和人皆可平等自立之间几乎画了等号，这是"仁运"最主要的内容。

值得注意的是，太平世条件下的人人平等自立固然与现代平等思想关系极大，但这里同时包含很高的道德要求，那就是需要人人皆善，人

---

① 《康有为全集》第二集，第385页。
② 《康有为全集》第五集，第374页。
③ 《康有为全集》第五集，第429页。
④ 《康有为全集》第五集，第462页。
⑤ 《康有为全集》第五集，第427页。
⑥ 《孟子微》最后解五百年有圣人出，说："凡此不忍之心，以为不忍之政。或平世民主，为平等自立之治，或乱世君主，为人伦井田之方。"《康有为全集》第五集，第505页。

人皆有"不忍之心"。① 在《大同书》中，康有为只是说以自己的"不忍之心"来为世界立法定制，仍然担心世上之人难有不忍之心。所谓"孔子之道本仁，以不忍为宗，以同民患为义。吾非斯人之徒与而谁与？故本之亲亲，推及国人"。② 到大同世，则"凡人亦可自立为圣人"。但如果人人并无不忍之心，并不是人人为善，那么显然还未至太平，这样就仍然是人有差等，也就不能说人人皆平等自立。因此，康有为所说的太平世的人人平等自立，与西方近代思想中的"天赋人权"的平等思想有大不相同的脉络。以《礼运注》第二段对"大道之行也"的大同微言的解释为例："惟天为生人之本，人人皆天所生而直隶焉。凡隶天之下者皆公之，故不独不得立国界，以至强弱相争。并不得有家界，以至亲爱不广。且不得有身界，以至货力为己。故只有天下为公，一切皆本公理而已。"③ "惟天为生人之本，人人皆天所生而直隶焉"只是一个条件，关键是人们能意识到"凡隶天之下者皆公之"，而且如此实践。如《孟子微》谈愚夫时所说："若能知天民之任，自有恻然于大同胞，而日思觉之救之，其不能觉不能救，则引为己罪者。故人人如何，只视所觉。"④ 是否有不忍之心，要看能否觉悟。没有不忍之心的人，如何能与有不忍之心的人一样？

从康有为对整个三世的论述来看，人人平等自立、人人皆善、凡人亦可自立为圣人只是在太平大同世才有的情况，也只有在这个进化的最高阶段，才会人无差等。在未至大同世的据乱世和升平世，人仍有差等，自然康有为以品性区分人的类别的看法仍然成立。

与这种品性的类别区分论相应，康有为人性论的另一特点是强调人性与教化的关系。他引董仲舒《春秋繁露·实性篇》论述善为王教之化，"性者，天质之朴也。善者，王教之化也。无其质，则王教不能化。无其王教，则质朴不能善"。⑤ 又说："止之内，谓之天性，天命之谓性

---

① 康有为曾批评民国初建时期中国知识界对平等的理解，"所谓平等者，非欲令人人有士君子之行，不过锄除富家贵族，而听无量数之暴民横行云尔……"参见《共和平议》，《康有为全集》第十一集，第45页。
② 《康有为全集》第五集，第498页。
③ 《康有为全集》第五集，第555页。
④ 《康有为全集》第五集，第417页。
⑤ 《康有为全集》第五集，第428页。

也，率性之谓道，修道之谓教。止之外，谓之人事，事在性外，所谓人之所以继天，而成于外也。"① 他认为孔子之道（解"道不远人"），就是"因于人性有男女、饮食、伦常、日用而修治品节之"。②

不同品性的人受教化的效果会不一样。极善不用教，极恶教不了，不善不恶的中材需要教化，也能教化。不过中人以上的人和中人以下的人的教育方法得有所不同。康有为通过解释孔子的话说："无分于善恶，可推移者，谓中人也。不善不恶，须教成者也。故孔子曰：中人以上，可以语上也。中人以下，不可以语上也。……孔子曰：性相近也，习相远也。夫中人之性，在所习然。习善而为善，习恶而为恶也。至于极善极恶，非复在习，故孔子曰：惟上智与下愚不移。"对于人性善恶混者，顺其自然不是教导之法，"若反经合道，则可以为教，尽性之理，则未也"。③

康有为以"去苦求乐"为修道立教的人道原则，并不是一般所理解的基于个人自我的自生自发的苦乐观，它与善恶论相表里，包含了强调"不忍之心"的道德教化原则。

### （三）康有为的"去苦求乐"与霍布斯的"就乐避苦"

康有为思想与西方现代性思想兴起过程中的开创性人物霍布斯（1588~1679，梁启超译为霍布士）之间关联的一些蛛丝马迹值得注意。④

康有为的学生梁启超比较了解霍布斯，他曾在1901年11月1日和11日的《清议报》第96、97号上发表介绍霍布斯的《霍布士学案》。值得注意的是，《大同书》论"去苦求乐"，有好几个地方的表述与梁启超的《霍布士学案》非常接近。下面列举三处对比。

其一，梁启超《霍布士学案》（前言部分）：

> 即吾人之苦乐，亦皆脑髓之一运动耳。脑筋之动，适当于诸体

---

① 《康有为全集》第二集，第385页。
② 《康有为全集》第五集，第373页。
③ 《康有为全集》第五集，第428~429页。
④ 从《大同书》的结构看，康有为论大同有一整套思路，大同社会的制度设计只是其中的一个方面。考察康有为大同论与外来学说的关系，一般注意力只放在大同社会的设计之上，其实，大同论论证思路的其他环节，同样值得留意。比如，作为论述前提的"去苦求乐"与外来学说的关联。

则生乐，抵触于诸体则生苦。由乐而生愿欲，由苦而生厌恶。原欲者，运动之畅发也；厌恶者，运动之收缩也。（然则所谓自由者，不外形体之自由，即我实行我之愿欲而已。而心魂之自由，实未尝有也。霍氏以此主义为根本。）①

《大同书》：

> 夫生物之有知者，脑筋含灵。其与物非物之触遇也，即有宜有不宜，有适有不适。其于脑筋适且宜者，则神魂为之乐。其与脑筋不适不宜者，则神魂为之苦。况于人乎，脑筋尤灵，神魂尤清，明其物非物之感入于身者，尤繁夥、精微、急捷，而适不适尤著明焉。适宜者受之，不适宜者拒之。故夫人道只有宜不宜，不宜者苦也，宜之又宜者乐也。故夫人道者，依人以为道。依人之道，苦乐而已。为人谋者，去苦以求乐而已，无他道矣。②

从这两段看，所引《大同书》部分与所引《霍布士学案》段落前半部分"即吾人之苦乐，亦皆脑髓之一运动耳。脑筋之动，适当于诸体则生乐，抵触于诸体则生苦"措辞相近。两种论述都试图从生物学的科学知识来论证人之苦乐。③

其二，梁启超《霍布士学案》正文开头即说：

> 霍布士曰，吾人之性，常为就乐避苦之情所驱使，如机关之运转，不能稍自惩窒者也。然则以此等人相聚而为邦国，果能遽自变其性，不复为利己之念所役乎？是必不能，其必仍就利避害，循所谓自然之常法，而不改初服，有断然也。④

---

① 《饮冰室合集·文集之六》，中华书局，1989，第89页。
② 《康有为大同论二种》，第51页。
③ 《康子内外篇·爱恶篇》（1886年）有略为接近的表述："人禀阴阳之气而生也。能食味、别声、被色，质为之也。于其质宜者则爱之，其质不宜者则恶之……故人之生也，惟有爱恶而已。……哀惧之生也，自人之智出也。魂魄足矣，脑髓备矣，知觉于是多焉，知刀锯水火之足以伤生也，于是谨避之。"《康有为全集》第一集，第100页。
④ 《饮冰室合集·文集之六》，第90页。

## 第五章 大同"公理"论与知识范式的转变

《大同书》：

> 故普天之下，有生之徒，皆以求乐免苦而已，无他道矣。其有迁其途，假其道，曲折以赴，行苦而不厌者，亦以求乐而已。虽人之性有不同乎，而可断断言之，曰人道无求苦去乐者也。①

《霍布士学案》对霍布斯人性论的解释，与《大同书》甲篇绪言的人道论，措辞相近。前者是"就乐避苦"，后者是"求乐免苦"。区别是前者视"就乐避苦"为人性，后者视"求乐免苦"为人道。

其三，梁启超《霍布士学案》（前言部分）：

> 其言曰，善者何，快乐而已；恶者何，痛苦而已。故凡可以得快乐者，皆善也；凡可以得痛苦者，皆恶也。然则利益者万善之长，而人人当以为务者也。霍氏于是胪举凡人之情状，皆由利己一念变化而来。②

《大同书》：

> 立法创教，令人有乐而无苦，善之善者也，能令人乐多苦少，善而未尽善者也，令人苦多乐少，不善者也。③

两者相似之处是都以苦乐之多少来衡量善恶。区别在于，前者以去苦求乐为利己之念，后者则未必。

康有为与霍布斯很不一样的地方是，前者关心的是列强环伺、中国面临被分裂的危机，而霍布斯身在正处于帝国初建开始扩张的英国。下面这两段话反映了两人的区别。

梁启超《霍布士学案》：

---

① 《康有为大同论二种》，第53页。
② 《饮冰室合集·文集之六》，第89页。
③ 《康有为大同论二种》，第53页。

虽然，人人相斗，日日相斗，其事有足令人寒心者，盖相斗之本意为利益也，而有大害出焉。故一转念间，必能知辑睦不争，其为众人之利益有更大者，是不待特别智识而后能知也。然则人人求利己，故属天性；人人求辑睦不争，亦天理之自然也。故辑睦不争，是建国以后之第一要务也。但此所谓要务者，非谓道德之所必当然，不过为求利益之一方便法门而已矣。①

《大同书》：

> 结党而争胜，从强而自保者，人情之所不能免也。故有部落、国种之分，有君臣、政治之法，所以保全人家室财产之乐也。其部落已亡，国土无托，无君臣，无政治，荡然如野鹿，则为人所捕房隶奴，不能保全其家室财产，则陷苦无量而求乐无所。圣人者因人情所不能免，顺人事时势之自然，而为之立国土、部落、君臣、政治之法，其术不过为人免其苦而已。②

从这两段看，两人都论述建立国家的理由，都认为建国（或者部落）是为了避免争斗，保全自己，说到底是为了免其苦，求自己的利益。但霍布斯论述结成国家的理由主要是一国之内免于争斗求得和平，康有为论述结成国家的理由则主要是一国民众结成一体，免于为外敌所奴役。这个区别显示康有为当时感受到的主要的国家问题是列国相争，弱肉强食。要去苦求乐，一大难题就是要从国与国之间的关系角度寻求和平。中国在当时要想自立于列强，最好是继续保持君主制，以有足够力量整顿内政，抗击外侮。

从上述四处引文的对比中，可以看出康有为《大同书》甲部绪言与梁启超《霍布士学案》在文字表述和意思上的类似或沟通之处。《霍布士学案》应该写于梁启超流亡日本之后，是对日本学者中江笃介（现译中江兆民，1847~1901）所译的法国学者阿尔夫来特·扶伊埃（梁启超

---

① 《饮冰室合集·文集之六》，第 90~91 页。
② 《康有为大同论二种》，第 52 页。

## 第五章 大同"公理"论与知识范式的转变

译为阿勿雷脱)的《理学沿革史》等介绍霍布斯的作品的转介。梁启超在上海广智书局 1902 年 8 月出版的《近世欧洲四大家政治学说》的"例言"中说明:"斯编全从法人阿勿雷脱所著《理学沿革史》中摘译。译者不通法文,所据者又日本名士中江笃介译本也。"①

在戊戌变法时期,康有为先前对日本的研究,构成他推动变法的重要知识基础,其中《日本变政考》和《日本书目志》是最重要的两部作品。《日本书目志》由上海大同译书局于 1898 年春印行,其中"理学门"中即收有中江笃介译述的《理学沿革史》②。康有为有关日本的知识的一大来源,是他在变法前十余年间收集的日本书籍。其女康同薇翻译了其中一些重要的内容,康有为再"因《汉志》之例,撮其精要,剪其无用","为撰提要"。③ 村田雄二郎认为,如此庞大数目的日本书籍,康有为不可能全部过目,但如从按语上来分析,康有为毫无疑问曾读过其中相当部分。④ 而从收有《理学沿革史》的"哲学二十二种"部分的按语来看,康有为尚未涉及《理学沿革史》所介绍的具体学说(包括霍布斯),因此仅从这里还无从判断,康有为在戊戌变法失败东渡日本之前是否仔细读过《理学沿革史》,以及对霍布斯是否已经有所了解。

从梁启超 1901 年 12 月 21 日发表于《清议报》第 100 号的《南海康先生传》⑤ 所引述的康有为思想来看,康有为在《大同书》中"去苦求乐"的说法在 1901 年之前即已具轮廓。梁启超解释康有为的"主乐派哲学"时说:"先生以为快乐者众生究竟之目的,凡为乐者固以求乐,凡为苦者亦以求乐也。""若非使人去苦而得乐,则宗教可无设也。"⑥ 此处

---

① 参见梁启超《〈饮冰室合集〉集外文》(上),夏晓虹辑,第 111 页。又,郑匡民在《梁启超启蒙思想的东学背景》中指出,《霍布士学案》《斯片挪莎学案》《卢梭学案》等一系列介绍西方思想的文章,大部分是以中江兆民译的《理学沿革史》为蓝本写成的。他曾将梁启超的这些文章与《理学沿革史》逐字逐句做过对照,认为梁启超的文章基本上可以说是对中江兆民文章的节译,并举了中江兆民《理学沿革史》与梁启超《霍布士学案》表述相似的一例。参见郑匡民《梁启超启蒙思想的东学背景》,上海书店出版社,2003,第 151 页。
② 《日本书目志》,《康有为全集》第三集,第 291 页。
③ 《日本书目志·自序》,《康有为全集》第三集,第 264 页。参见郑匡民《梁启超启蒙思想的东学背景》,第 150 页。
④ 转引自郑匡民《梁启超启蒙思想的东学背景》,第 5~6 页。
⑤ 梁启超在文末所署写作日期为 1901 年 11 月 9 日。
⑥ 《饮冰室合集·文集之六》,第 72 页。

梁启超已概括康有为"去苦求乐"的说法，有两种可能性：一是康有为可能在戊戌变法之前即有此种看法，二是康有为在流亡日本期间才发展出这样的看法。《饮冰室合集·文集之六》中，《霍布士学案》是在编排次序上仅次于《南海康先生传》的文章，《霍布士学案》于1901年11月1日和11日刊发于《清议报》第96、97号，两篇文章的写作日期相距不会太远。① 梁启超在《南海康先生传》中说，康有为"天禀之哲学者也，不通西文，不解西说，不读西书，而惟以其聪明思想之所及，出乎天天，入乎人人，无所凭藉，无所袭取，以自成一家之哲学，而往往与泰西诸哲相阗合，得不谓理想界之人杰哉"。② 他紧接着在论述康有为的"主乐派哲学"的时候，对康有为的思想和西方思想的区别做了澄清，"而先生之言乐，与近世西儒所倡功利主义，谓人人各求其私利者有异"。③ 这一澄清，明确地显示，康、梁应该在康有为完成《大同书》主体部分之前，对近代西方功利主义思想的基本脉络已经有所了解。《霍布士学案》按语一开头就说，英国哲学学风都趋重实质主义、功利主义，而霍布斯和培根这两位好友"实为之先导"。④ 也就是说，结合梁启超的《南海康先生传》和《霍布士学案》这两篇文章来看，康有为在梁启超1901年撰文介绍霍布斯思想之前，应该已经对霍布斯在英国功利主义哲学脉络中的位置有清楚的了解。至于康有为是否在流亡之前已有此种了解，则不能轻易断言。

康有为于1899年2月被迫离开日本前往加拿大，后游历欧美及东南亚数国，1901年10月底从槟榔屿乘船往印度。1901年11月2日，入恒河口，至印度。11月29日，往大吉岭而卜居。一个有影响的说法是，从这个时间到1902年初，康有为基本完成了《大同书》。后来康有为还

---

① 1899年康有为离开日本后，梁启超开始与革命派接触，康有为令梁启超赴北美办理保皇会事务。1899年11月17日，梁启超离日，后在檀香山为防疫所阻，在该岛滞留半年。1900年7月，因勤王事回国，在上海十天，后因唐才常起事失败，经香港至新加坡见康有为。8月，梁启超游澳洲，历时半年。1901年4月，梁启超重返日本（参见丁文江、赵丰田编《梁启超年谱长编》，第175~265页）。这两篇文章可能都成于1901年4月梁启超返日之后。
② 《饮冰室合集·文集之六》，第71页。
③ 《饮冰室合集·文集之六》，第72页。
④ 《饮冰室合集·文集之六》，第89页。

有修订或增补，但只是局部的变动。① 郑匡民认为，梁启超真正开始接受中江兆民的思想，应该是在其亡命日本以后。② 康有为 1899 年离开日本后，梁启超与罗孝高前往箱根"广搜日本书而读之"③，他对霍布斯学说的详细阅读和了解，有可能是在这一时期。不过，康有为和梁启超在流亡日本至康有为离开日本这一段时间，都已经看过《理学沿革史》等介绍霍布斯的文字的可能性是存在的。

萧公权曾指出，康有为"去苦求乐"的说法颇近边沁（Jeremy Bentham，1748—1832），他的乐利主义是未来改革的理论基础。康氏的欢乐心理自然感染其伦理与社会思想。④ 梁启超在《乐利主义泰斗边沁之学说》中梳理了乐利主义的渊源，认为"乐利主义远导于希腊之 Aristippus、Epicurus，至于近世，则英国之 Hobbes、Locke、Hume，而集大成者则为 Jeremy Bentham、John Stuart Mill 两先生"。如果要寻找康有为"去苦求乐"的思想与西方思想的关联，那么，无论从文本表述的相似程度看，还是从思想谱系的重要性来看，霍布斯都要比边沁更值得注意。

退一步说，即使在 1901 年之前康有为并未仔细阅读有关霍布斯思想的文章（比如《理学沿革史》），此后也多有机会接触。《大同书》写就之后一直秘不示人，其中甲乙两部于 1913 年公开发表于《不忍》杂志，至民国二十四年（1935），康有为逝世八年之后，才由上海中华书局印行，全部公诸于世。其间，康有为对 1902 年版本有所修订，有充分的条件在修订期间接触霍布斯学说，并融入对霍布斯学说的了解。

不过，康有为在写作《大同书》的过程中是否曾接触过与霍布斯思想有关的材料，康有为究竟受了霍布斯多大的影响或者是否复制了霍布斯的思想，并不是问题的关键所在。尽管看起来《大同书》（特别是甲部绪言）与梁启超的《霍布士学案》的部分表述比较接近，但事实上更值得注意的是，这些相近的言辞是否有着相同的意思。前引梁启超指出的重要区别，"而先生之言乐，与近世西儒所倡功利主义，谓人人各求其

---

① 参见吴天任《康有为先生年谱》，第 268～327 页。
② 参见郑匡民《梁启超启蒙思想的东学背景》，第 150 页。
③ 《夏威夷游记》，《饮冰室合集·专集之二十二》，第 186 页。
④ 参见萧公权《近代中国与新世界：康有为变法与大同思想研究》，汪荣祖译，江苏人民出版社，1997，第 137 页。

私利者有异"。① 霍布斯就是这些近世西儒的导师。康有为讲的"去苦求乐",与梁启超所理解的霍布斯"就乐避苦",是否一样?

这里以康有为的《大同书》等作品和梁启超的《霍布士学案》等作品为基础做一些比较。比较的依据主要不在于认为《大同书》受了《霍布士学案》或者当时其他有关霍布斯的文献的影响,而在于梁启超对霍布斯等思想家的解读大体可以呈现与康有为看法比较接近的认识。② 通过这个比较,可以分析当时对英国功利主义思想发展脉络已有所了解的康有为,究竟在哪些方面自觉地"与近世西儒所倡功利主义,谓人人各求其私利者有异"?

康有为和霍布斯最为关键的区别在于,康有为的"人道-人性"论,将"去苦求乐"作为"人道",而霍布斯以"就乐避苦"为人性。梁启超已经论述了这一区别。他在《霍布士学案》中指出,"就乐而避苦"乃是"因势利导,各求其利益之最大者","利己一念,实万念之源也",③ 认为这是一种"性恶之论"。④ 梁启超在《南海康先生传》中则认为,康有为说的"乐"跟霍布斯这些近世西儒讲的"人人各求其私利"不一样,有两种不同的含义,分为"常人乐凡俗之乐"和"大人不可不乐高尚之乐"。这番话指出了"大人"与"常人"在处理人欲问题上的区别。之所以有这种区分,原因是"使人人皆偏于俗乐,则世界之大乐真乐者,终不可得"。高尚之乐指的是"常自苦以乐人","以故其自治及教学者,恒以乐天知命为宗旨。尝言曰,凡圣贤豪杰之救世任事,亦不过自纵其救世任事之欲而已。故必视救世任事如纵欲,然后可谓之至诚,可谓之真人物,是先生哲学之要领。无论律人律己,入世间出世

---

① 《饮冰室合集·文集之六》,第72页。
② 1900年7月,梁启超至新加坡见康有为,1901年4月,梁启超重返日本,1901年11～12月刊发《南海康先生传》和《霍布士学案》,其间梁启超和康有为在思想上仍然多有接近之处。1902年正月,梁启超发表《保教非所以尊孔论》,主张教不必保,也不可保,与康有为当时的保教主张相冲突,康梁在思想上的分歧开始公开呈现。这一年间康梁书信往还,对民主、扑满、保教等问题有重要争论。康有为对梁启超《霍布士学案》的评述未必字字同意,因此这里的比较是有限度的,只是初步讨论康有为如何自觉区别于当时其所理解的霍布斯等人的"功利主义"思想(而不是"真正的"霍布斯思想)。
③ 《饮冰室合集·文集之六》,第89页。
④ 《饮冰室合集·文集之六》,第93页。

间,皆以此为最终之目的,首尾相应,盛水不漏者也"。①这种"高尚之乐"就是《大同书》中康有为的"不忍之心"。在《南海康先生传》的另一个地方,梁启超点出了康有为所说的"乐"的核心含义。他简洁而恰当地归纳了康有为的大同思想在于以"去苦求乐"之"仁"克服"各求私利":"先生哲学之主纲,既以求人类全体之最大快乐为目的,乃以为虽求其乐,当先去其苦,欲去其苦,当先寻其致苦之源,于是以慈悲智慧之眼,观察世界各种社会,条别其苦恼之种类,与其所从出。……而求其最大之根源,曰妄生分别。……而其总根源既在分别,则其对治之总方法,厥惟大同。"②"乐"的总体含义就是"人类全体之最大快乐",克服"分别"去除众苦,就是为了达到这种全体之"乐"。在康有为看来,这种"人类全体之最大快乐",也会使人人得到最大快乐。这一思想的内核是一种更新了的(经历了"孔子改制"的)普遍主义儒学。③因此康有为的"去苦求乐"说的是一种"人道"追求,是争取与追求的政治过程,而不是先验的"人性"现状。在具体内涵上,康有为说的"乐"也与霍布斯"就乐避苦"中的"乐"有所不同。

因此,就人性论而言,康有为基于品性区分的人性论,也就不同于"就乐避苦"的普遍人性论。霍布斯基于"就乐避苦"的普遍人性论所发展出的人道论,与康有为的人道论自然会大不一样。

根据《霍布士学案》的解释,霍布斯基于就乐避苦(或者去苦求乐)的人性论,认为必然会"人人皆惟务利己,不知其他,故其相恶,实为天性","此即后来达尔文所谓生存竞争优胜劣败"(用霍布斯的原话,这是一种"人对人是狼"的自然状态)。霍布斯接下来的看法是,人类社会要从"人对人是狼"的自然状态中超越出来,建立政治社会即国家["其相聚为邦国也,亦不过为图利益而出于不得已,非(亚里士多德所谓)以相爱而生者也"];君主政体最有利于保持和平、避免公民死于内部冲突和战乱,因此君主政体是最好的政体("众人皆委弃其权,

---

① 《饮冰室合集·文集之六》,第71~72页。
② 《饮冰室合集·文集之六》,第74~75页。
③ 梁启超很了解自己的老师,《南海康先生传》中的这些说法有助于理解《大同书》的很有特点的结构:康有为的"不忍之心"与"去苦求乐"的人道并置;走向大同世界的过程就是"去苦求乐"的过程,"去苦求乐"也就含有走向大同的意味。

而一归君主之掌握也")。霍布斯的"去苦求乐"是不得已之下才走向君主制,但在君主制之下,"人人皆惟务利己"并未根本改变,"不过自为谋之臧否而已,而非有所谓道德者存"。① "果能遽自变其性,不复为利己之念所役乎?是必不能,其必仍就利避害。"

康有为讲"去苦求乐"的人道论,恰恰是要用一种以普遍主义儒学为基础的"去苦求乐"来克服"人人各求其私利"的状态。其一,康有为也强调当时中国应实行君主立宪制(按康有为的三世说,大同只是未来的远景,中国不能"躐等而进",在目前阶段中国应该走君主立宪的道路),这不仅是主张一种政制模式,而且是要复兴与此相应的人道教化(孔子改制所立的人道)。② 其二,克服"人人各求其私利"的过程,也是走向大同的过程。③《南海康先生传》精当地概括了这一过程:"大同根据之原理,以为众生本一性海,人类皆为同胞。由妄生分别相故,故惟顾己之乐,而不顾他人之苦,常以己之自由,侵人之自由,相侵不已,相报复不已,而苦恼之世界成焉。人私其身,家私其家,群私其群,国私其国,谋用是作,兵由此起,一切苦恼,永无穷极。欲治其本,不可不以宗教精神为归宿;而其下手之方法,不可不务国家改良、家族改良、社会改良。盖先生之为此说,非徒欲施之一国,而将以施之天下;又非欲行之于现在,而欲行之于将来。"④"去苦求乐"的具体内容就是去国界、去家界,视人类皆为同胞,去除"各求其私"这一人类苦恼之源。

这里无意在康有为与霍布斯之间做一种影响研究式的比较,康有为的价值并不在于他在多大程度上像霍布斯,他在思想上的成就也不在于他在多大程度上移植了霍布斯的理论或者英国功利主义理论或者其他什么理论。康有为的价值在于他开辟了一种容纳西方思潮冲击的思考方式。他的"人道–人性"论的分析方式值得注意的地方在于,根据人性善恶与安顿人欲而对人有差等区分,善恶论与人欲论在人性论中紧张并存;在承认人的现代转向的必要性的同时,仍然认为人的教化与提升是根本

---

① 《饮冰室合集·文集之六》,第91页。
② 康有为对孔教的重要性的渲染,与霍布斯对基督教的隐晦而强烈的批判恰成对比。
③ 例如,康有为这样批判巧诈倾轧:"近世论者,恶统一之静而贵竞争之器,以为竞争则进,不争则退。此诚宜为乱世之说,而最妨害于大同太平之道也。夫以巧诈倾轧之坏心术如此……其祸至剧矣!"参见《康有为全集》第七集,第155页。
④ 《饮冰室合集·文集之六》,第75页。

性的问题。把一切问题归于人性，并通过人性的重新界定来推动现代思想革命，这种"人欲"革命事实上会压抑人性本来丰富而有弹性的空间；而激进的人性提升的革命，则会压缩人的教化所需的时间，以及忽略人的教化本身的复杂性。康有为注意到了人的自我革命的长期性和艰巨性，他的"三世说"理论提示，从人之差等走向大同世界的"人人皆平等自立"（也就是人人皆善），有很高的道德要求，需要深厚的人道教化基础。康有为事实上试图在融会中国传统和西方关于人道与人性的思考的基础上，进行新的构想，与其说他这一努力是"西体中用"或者"中体西用"，不如说是"中西同体，为我所用"或者"东西同体，为我所用"。

### （四）本有之欲与"争夺心"的区分与张力

康有为是在品性区分及其与人道教化的关系结构中来谈人欲的。他认为不仅民之性好欲，而且"人身本有好货、好色、好乐之欲"，为"一切人情所有者"。[①] 康有为并没有将好欲之心放到善恶的光谱中考量，在他这里，好欲之心与性之善恶是不同的两个问题，事实上肯定了民性好欲好利是超越善恶的。[②] 如李泽厚所言，康有为延续了明末清初以来张扬人欲的自然人性论思潮。[③] 这也意味着把人的利欲之好看作人的一种本性。

康有为并未像区分善恶品性一样区分有关利欲的品性，只是认为人人都有利欲，问题只在于如何对待这种自然人性。从利欲角度区分人的品性，则要看对待自身利欲有何种态度，要看有何种人道教化。康有为区分了民众与圣人，认为只想做一般老百姓的人和想做圣人的人对待欲望的态度不一样。《春秋董氏学》说："使民有欲，顺天性也。不得过节，成人理也。……欲为民者，有欲。欲为圣人者，无欲也。"[④] 圣人无欲，不是本性无欲，而是自我节制到无欲。

对于民众，康有为认为应该顺着民性来教化引导，并以礼乐教化加

---

[①] 《康有为全集》第五集，第462页。
[②] 梁启超在《霍布士学案》中则认为，霍布斯"就乐避苦"、利己的人性论，事实上是性恶之论。（《饮冰室合集·文集之六》，第93页）也就是说，就乐避苦的利己人欲，并没有超越善恶。
[③] 参见李泽厚《中国近代思想史论》，第114页。
[④] 《康有为全集》第二集，第398页。

以节制。这也是康有为写作《大同书》"去苦求乐"的一个基本精神。《春秋董氏学》中说道:"《中庸》谓:率性之谓道。圣人之为道,亦但因民性之所利而利导之。因孔窍尤精,圣人所以不废声色,可谓以人治人也。"①《孟子微》"同民第十"中论"与民同乐",将"独乐不如与人乐,少乐不若众乐"与"好货、好色、好乐之欲"同样视为"民情"。"如此独乐不如与人乐,少乐不若众乐,实是人情。故非地球太平大同,人人独立平等,民智大开,尽除人患,而致人乐,不能致众乐也。""宋贤自朱子染于释氏无欲之说,专以克己,禁一切歌乐之事,其道太觳,近于墨氏,使民情不欢,民气不昌,非孔子道也。孔子之道,本诸身,人身本有好货、好色、好乐之欲,圣人不禁,但欲其推以同人。……不若因一切人情所有者,畅之以乐,节之以礼,既乐民气,反得其中。"②同时康有为又反对纵欲,"圣人不仁,以万民为刍狗。故削绝其不忍之心,忍之又忍,以至于无,而惟以纵欲为事。此亦俗人所共乐,故其道至今犹大行,此真大道之蟊贼也。吾尝谓,老、杨之学为中国之大祸……"③

从康有为"三世说"的视野来看,太平世并不去除人欲,而是让人欲得以顺畅发展并有很好的节制,在顺欲与节制之间保持平衡。前面曾说到,太平世人人皆善,人人皆平等自立,而未至太平世则不会这样。与此相比较,人欲在三世进化中的情况则不一样,人欲本身并无变化,变化的只是安顿人欲的办法(人道教化)。孟子与荀子的办法不一样,乱世与平世的办法也不一样:"盖言性恶者,乱世之治,不得不因人欲而治之。故其法检制压服为多,荀子之说是也。言性善者,平世之法,令人人皆有平等自立,故其法进化向上为多,孟子之说是也。各有所为……"④从这里也可以看出,人欲与人性善恶在康有为的人性论中不是同一层面的问题,各有各的逻辑:三世进化,人性善恶会有根本性变化;人欲无根本变化,但安顿人欲的办法有根本性的变化。这意味着,在康有为这里,人欲的正当性与合理性已经牢牢生根,只不过往往要接受人道教化的节制而已。

① 《康有为全集》第二集,第398页。
② 《康有为全集》第五集,第462页。
③ 《康有为全集》第五集,第497页。
④ 《康有为全集》第五集,第414页。

## 第五章　大同"公理"论与知识范式的转变

康有为予以明确批判乃至否定的，是"争夺心"这一"利心"。如《孟子微》指出："子贡曰，不欲人之加诸我，吾亦欲无加诸人，义之和也。如此，则利可也。孟子所戒，是怀争夺心者，不和不均甚矣，是利心不可怀也。进于文明，升于太平之界，皆视此矣。或谓天演人以竞争，安能去利心？不知竞争于仁义亦争也。若必怀利心，是乱世与平世之所由异，而太平终无可望之日矣。"① 康有为在《大同书》中将争夺心视为国家之间战祸不断的关键原因，"养成争心，养成私心，于是褊狭残忍之论视为宜然。实已，故其争杀之亦无已。世界人类，终不能远猛兽强盗之心，是则有国乎？"②

康有为批判争夺心的重要背景，是欧洲殖民国家在全球拓殖，不仅在欧洲内部长期争战，而且在全球不断掀起战争。康有为在欧游之前即认为，中国与泰西之国在风俗上各有特点，欧美尚功利、尚"争"，教养礼义不如中国三代之治或者孔子之义。《与洪右臣给谏论中西异学书》（1891年）指出，"泰西则日思机智，惟强己而轧人，故其教养皆远逊于我先王也"；③《泰西以竞争为进化让义几废》（1902年）则说泰西的"竞争"使得"让之大义几废，而于进化有益，于风俗无损"。④ 他欧游之后写的《物质救国论》（1904年）"论欧洲中国之强弱不在道德哲学"一节，更深入地论述了他对欧洲认识的发展：

> 未游欧洲者，以为其地皆玉堂琼楼、阆苑瑶池，以为其人皆神仙豪杰、贤圣明哲，以为其政皆公明正直、平等自由。及今游之，则其乞丐之夫，穷困之子，贪诈、淫盗、杀掠之风，苦恼之情，饥寒、污秽之状，压制、等别之事，及宫室之古陋卑小，道路之狭隘不洁，政治之机巧变诈，专制压抑隔绝、不完不备，一切人情风俗事势，乃皆与中国全同合化而无有少异。……当中世千年黑暗时，固远不及我国，即在近世论道德之醇厚，我尚有一日之长，即不易比较，然亦不过互有短长耳。今以其一日之强富，宫室器用之巧美，

---

① 《康有为全集》第五集，第440页。
② 《康有为大同论二种》，第119页。
③ 《康有为全集》第一集，第337页。
④ 《康有为全集》第六集，第372页。

章程兵政之修明，而遂一切震而惊之，尊而奉之，自甘以为野蛮，而举中国数千年道德教化之文明一切弃之，此大愚妄也。①

此段所论最醒目之处在于游历之后对"理想欧洲""解魅"的叙述，但这一"解魅"有两个方面。其一，从物质层面看，虽然欧洲也有饥寒污秽之状，有道路狭隘不洁之处，等等，但它仍然称得上"一日之强富"，只不过不是那么理想和完美而已。其二，康有为真正要强调的在于道德层面，不应该因为欧洲"一日之强富"而认为它在道德上也是"贤圣明哲"，而自认为野蛮，其实中国就道德而言胜过欧美。《中华救国论》论政教分离的部分，将"争势利"视为"与道德至反"的政治现实，认为"今则列国竞争，政党为政，法律为师，虽谓道德宜尊，而政党必尚机权，且争势利，法律必至诈伪，且无耻心，盖与道德至反"。②

康有为一方面肯定人的利欲的合理性，另一方面将"争夺心"视为世界祸乱之源，这两个看法之间是存在冲突和张力的。康有为所说的"争夺心"，从根本上说是人与人基于利欲而起的争夺与冲突。人的利欲与争夺心往往同时并存，家、国等人类社会的制度可以说是在人的利欲与争夺心同时作用之下形成的。既承认人的利欲的合理性，又要避免"争夺心"，如何才能做到？这是康有为在《大同书》中要处理的关键难题。放在重释孔子"三世说"的框架下，这一难题就是如何从升平世进入太平世的难题，是如何告别据乱升平的诸种苦境、进入太平世之乐的难题。

康有为提供的解决之道，一言以蔽之，是"去界"，例如去家庭之界和私产之界。康有为在《大同书》"庚部 去产界公生业"第三章论商业时指出："近世论者，恶统一之静而贵竞争之嚣，以为竞争则进，不争则退。此诚宜于乱世之说，而最妨害于大同太平之道者也。……然则主竞争之说者，知天而不知人，补救无术，其愚亦甚矣。……虽然，不去人道有家之私及私产之业，欲弭竞争，何可得也？"③

---

① 《康有为全集》第八集，第66页。
② 《康有为全集》第九集，第327页。
③ 《康有为大同论二种》，第297~298页。

## 三 从血缘关系到"天民":大同的"公理"问题

人道苦乐论是《大同书》走向大同的主要论证框架。按照重释"三世说"的框架,据乱世、升平世与太平世并行不悖,"如冬夏之相反,即裘葛之各宜",① 从据乱世、升平世到太平世的跳跃,需要意识上的转换。去苦求乐并不是这种意识转换的关键,因为去苦求乐在据乱、升平、太平三世都存在。太平世需要新的意识基础。在《大同书》中,这种新的意识基础,一言以蔽之,是为"公理"。其中,从"人人皆为天之子"的"天民"意识,到"人人皆为天上人"的意识,都是意识转换的基础所在。需要注意的是,康有为所说的"公理",往往特指大同世的公理。"人人皆为天之子"的意识是太平大同世的"公理"的基础之一,但并不是最重要的基础。② 康有为所言"公理"与大同世的特定联系,在《大同书》的论述中也有清晰呈现。

《大同书》的分部框架带有社会科学分科之学的特征,在各个部分的论证中,康有为对太平世的观念基础都有所讨论。这里主要以康有为对去家界与去国界的论证为中心加以研讨。

在大同世界如何处理"家界",是一个充满矛盾的问题,康有为对此问题的分析和讨论较为复杂。按儒学的传统看法,亲亲原则是人道伦理的基础。康有为在前后期的释经著作中都指出了这一矛盾。例如,前期的《春秋董氏学》指出了两者之间存在互相排斥的矛盾:"若但父天,则众生诚为平等,必将以父母侪于万物,则义既不平,无厚薄、远近之序,事必不行。若但父父,则身家诚宜自私,必将以民物置之度外,仁既不广,将启争杀之祸,道更不善。"③ 后期的《孟子微》则试图协调这一矛盾,通过强调太平大同同样爱有差等,缓和亲亲孝弟与太平大同之间的紧张,"父母兄弟之亲亲,乃不忍之起点。仁虽同而亲亲为大,仁虽

---

① 《康有为大同论二种》,第 218 页。
② 参见本书附录的讨论。在晚近的研究中,宫志翀《"人为天生":康有为大同思想的根基》(《中国哲学史》2018 年第 2 期)、吴飞《论康有为对人伦的否定》(《中国哲学史》2019 年第 1 期)认为,"人为天生"是康有为大同思想的根基。
③ 《康有为全集》第二集,第 375 页。

普而孝弟为先"。①《孟子微》卷八"辟异第十八"说:"爱无差等,与佛氏冤亲平等相近。平等之义,但言人类平等则可,孔子所以有升平太平之说。若爱,则虽太平大同亦有差等,盖差等乃天理之自然,非人力所能强为也。父母同于路人,以路人等于父母,恩爱皆平,此岂人心所忍出乎?离于人心,背于天理,教安能行?"②这是康有为流亡初期经历思想调整之后确立的"不可躐等而进"的阐释框架,爱有差等被视为升平世仍需坚持的原则。

《大同书》对举多种苦乐和由苦入乐之道,其中有决定意义的是"去家界",这与亲亲原则直接冲突:家已不存,亲亲焉附。在所有去苦求乐至大同的条件中,无家是最根本的。无家即无夫妇父子之私,财产无人可传,于是悉数充公。全世界的人都无家,"则去国而至大同易易矣"(到那个时候,最难去的就是种界了,相对而言这已经不是什么难题)。而要去家界,办法就是男女都平等独立自主,喜欢跟谁结合就跟谁结合,并且不准有稳定的家庭,"但使大明天赋人权之义,男女皆平等独立,婚姻之事不复名为夫妇,只许订岁月交好之和约而已"。康有为并不认为去家界最难,他认为"然欲急至大同,最难则在去国"。要去国界,就要去家界;去家界之后,去民私业、私产公有就很容易了。③ 照此类推,其实只要能去家界,去国界也不是什么难事。康有为认为去家界不是难事,因而他认为人类大同并非遥不可及的乌托邦。

康有为在"庚部 去产界公生业"最后一章"总论欲行农工商之大同则在明男女人权始"对何以去家界相对容易做了讨论。他认为,以前有家的理由是男权之私,但是,在去家界之后,男子可以随自己喜好和机缘与众多女子遇合,有帝王般大同太平之极乐。两两对比,"虽彼男子得拥一日之私尊,然以视大同太平之极乐,不犹乞丐之视帝王,凡夫之比神仙哉"。这样,去家界之后,男女遇合并无拘束,就不会再想组织家庭,"弃帝王而为乞丐,弃神仙而为凡夫"了。④ 康有为的这一论证有两个重要特点。一是事实上以"去苦求乐"原则作为论证去家界容易的理

---

① 《康有为全集》第五集,第 418 页。
② 《康有为全集》第五集,第 497 页。
③ 《康有为大同论二种》,第 314 页。
④ 《康有为大同论二种》,第 315 页。

由，考虑和权衡的主要是个体的苦乐感受，这一视角是以个人为中心的。这一分析仍然包含了较为强烈的男性中心意识。二是搁置了血缘继承这一家庭构成的要素，只强调了男女结合方式的变化。而在"己部 去家界为天民"中，康有为分析去家界问题的重点则是父母与子女的关系。如何超越血缘继承关系，是去家界真正的困难所在。

康有为在"己部 去家界为天民"对血缘继承关系及其超越的讨论，前后多有观点上的变化，形成论述上耐人寻味的复杂性和张力。例如，关于血缘关系中的施与报问题，他一方面认为，父母爱子女根于天性，"非望报而施之也"①，另一方面又认为，"夫人之为道，凡有所施，必计其报之厚薄而后行其恩；凡有所营谋，必计其利之多寡而后出其本"。虽然父子之爱出于天性，但人们殷勤育子，还是对回报有所期待的。②

康有为的分析是在对比中国和西方的亲子血缘关系及家族关系的框架中展开的。他对比中国与西方的家族制，认为中国善于繁衍种族，乃是因为孔子奠定了夫妇父子族制这一"据乱制"。他紧接着又指出族姓积分的流弊，"有所偏亲者即有所不亲，有所偏爱者即有所不爱"，中国人因为"族姓之固结"，容易两姓相斗，两姓相仇，"盖于一国之中，分万姓则如万国"，这导致"四万万人手足不能相助，至以大地第一大国而至于寡弱"。他指出，中国很少有社会捐赠，但欧美多有捐巨款建学院、医院、养老院等"以泽被一国者"。"中国长于自殖其种，自亲其亲，然于行仁狭矣，不如欧美之广大矣。"③

康有为对比分析中国与西方的亲子关系，前后论述也充满张力。他指出，人类繁衍，是因为父母有对子女"各爱之私之"的私性。相对而言，欧美的父母虽然辛勤教子，但子女"薄报"父母，更重视夫妇关系；论孝报，欧美不如中国，耶教不如孔教。孔子"立孝以重报"，中国人口相对于欧美国家繁衍得更多，"盖报与不报之异也"。康有为认为欧美人"报父母甚轻"，有宗教和国家意识的原因，"或谓人为天生，非父母所得而私也，人为国民，非父母所得而有也。耶教尊天而轻父母，

---

① 《康有为大同论二种》，第226页。
② 《康有为大同论二种》，第236页。
③ 《康有为大同论二种》，第229~230页。

斯巴达重国而合国民,故其报父母亦甚轻也"。他认为"施报者,天理也","宜立孝以报其德,吾取中国也,吾从孔子也"。但接着他又指出,中国人虽然强调孝道,事实上做得也并不怎样,"孝为空义,罕有力行者";一个中国大家庭之中,往往媳妇和姑姑同居一宅而不相悦。他认为孔子"因人理之相收,出于不得已也",虽然想了不少办法来应对家庭不和的问题,"而终无一术可善其后也"。①

康有为进而批判"一家相收"乃"私"的关键机制,"有家则人各私其子,吾子则养之,他人之子则不养也,吾子则教之,他人之子则不教也"。从被动的角度说,重视家庭是因为个人的生老病死主要依托于家庭,"既无公养,则不能不为送老之计"。这不仅是对中国而言,欧美也是如此。"欧美今大发独人自立之说,然求至太平世之人格,实未能也。"在康有为看来,家是据乱世和升平世的关键,但是"太平世最妨害之物也"。②

基于这一批判,康有为主要以欧美经验为基础,从新天人关系的维度对太平世去家界做了新的论证,"人非人能为,人皆天所生也,故人人皆直隶于天"。与"人人皆直隶于天"的"天民"意识相对应的是"公立政府"的创制,"公立政府者,人人所共设也。公立政府,当公养人而公教之,公恤之"。③康有为对人本院、育婴院、小学院、中学院、大学院、恤贫院、医疾院、养老院的创设做了系统构想。按照康有为的讨论,公立政府用公共资源来解决养老与育幼的问题,是将个体从家庭中解放出来的前提和基础。

康有为对太平世男女平等的关键论证,同样是"天民意识"。在"戊部　去形界保独立"中,康有为是在阐释孔子"三世说"的架构中论证男女平等的,认为在据乱之时,"以序人伦而成族制",不得不害理而抑制女性,今天进入升平之时,"以进全人类而成文明,故必当变之"。他将政治权利的男女平等视为太平世男女关系的关键,"禁仕宦、选举、议员、公民者,许依男子之例,是谓太平。此孔子之垂教,实千圣之同心,以扫除千万年女子之害,置之平等,底之大同,然后无量年、

---

① 《康有为大同论二种》,第232~242页。
② 《康有为大同论二种》,第243、247、249页。
③ 《康有为大同论二种》,第250页。

无量数之女身者庶得免焉"。①但在重释孔子"三世说"之外，太平世男女平等的具体根据是什么呢？康有为在"庚部　去产界公生业"第十章给出了另一论证，认为"男女平等，各有独立之权"的根据是"天之生人"。"天之生人也，使形体魂知，各完成也，各各自立也。此天之生是使独也。"他将男女平等视为全世界走向大同的开端，"在明男女平等各有独立之权始矣，此天予人之权也。……吾采得大同太平、极乐长生、不生不灭、行游诸天无量无极之术，欲以度我全世界之同胞而永救其疾苦焉，其惟天予人权、平等独立哉！"②因为人为天生，因而男女平等、个人独立是天赋人权，这是康有为对太平世男女平等的主要论证。

在"去家界"这种根本问题的冲突中，彻底平等主义的大公去私取代了亲亲之"仁"。这一思想转变，是去苦求乐进程中的一个关键跳跃，是人道论从善恶论到苦乐论的转变之后的又一个重要变化。

需要注意的是，在"去国界"与"去种界"部分，康有为的主要论证不是"天民"意识，而是"公理"意识，与"去形界""去家界"有所不同。

"乙部　去国界合大地"第二章指出："然观今之势，虽国义不能骤去，兵争不能遽弭，而以公理言之，人心观之，大势所趋，将来所至，有必迄于大同而后已者，但需以年岁，行以曲折耳。"③康有为认为未来去国界是大势所趋，这一"公理"是就未来太平世而言的。

"丁部　去种界同人类"指出："夫大同太平之世，人类平等，人类大同，此固公理也。"此章的特别之处在于，康有为受西方人种论的影响，在人种论方面有种族主义意识④，认为大同世仍然会面临人种的"不齐"问题，"然物之不齐，物之情也。凡言平等者，必其物之才性、知识、形状、体格有可以平等者，乃可以平等行之。……故大同之世，白人黄人才能、形状相去不远，可以平等"。但认为黑人形状特别，"蠢若羊豕，望之生畏"，这样人类难得平等大同。他由此认为人类大同需要

---

① 《康有为大同论二种》，第 217～218 页。
② 《康有为大同论二种》，第 314～315 页。
③ 《康有为大同论二种》，第 120 页。
④ 参见梁展《政治地理学、人种学与大同世界的构想》，《外国文学评论》2014 年第 4 期。

改变黑人的人种。①

"丙部　去级界平民族"也讨论了黑人人种问题。在此一部分，康有为对"去奴"的论证强调"天民"意识，"夫人为天所生，民为国所有，非一家一民所能私也"。②只是在废奴之后，因为人种不同尤其是黑人人种问题，"而民族之混同为难"。此一部分详细讨论了"改良人种"问题，想象"速则七百年，迟则千年，黑人亦可尽为白人矣"。他对大同世人种状况的想象是，"故经大同后，行化千年，全地人种，颜色同一，状貌同一，长短同一，灵明同一，是为人种大同"。③

康有为对废奴问题的论证与对改良人种问题的论证存在微妙差异，他以"天民"意识论证应当废奴，但没有以"天民"意识论证黑人人种应该"改良"，而是强调大同太平世的"公理"。康有为在此处的遣词是有自觉的，他没法用"天民"意识来论证黑人人种应当改良：从"人人皆为天之子"的角度说，黑人亦为天之子，为什么要对黑人人种做改良呢？康有为对人种混一问题的讨论显示，"天民"意识不能完全涵盖他对大同太平世"公理"的论述。"天民"意识是大同太平世"公理"的基础，但大同太平世的"公理"在"天民"意识之外，还有"去国界""去产界""去乱界""去类界""去苦界"，都无法仅仅以"天民"意识加以论证，而各有其论。这些带有社会科学分科之学色彩的分别讨论，需要在更为丰富的视野中加以理解。

## 四　破除九界：新的知识范式的萌生

去苦求乐的人道论与"公理"意识，是康有为论证大同的两条互相支撑、互相补充的进路。

《大同书》对大同的论证，最基础的框架是去苦求乐的人道论。全书的结构非常清楚地显示了这一论证特点。开篇的"甲部　入世界观众苦"历数人生之苦、天灾之苦、人道之苦、人治之苦、人情之苦、人所尊尚之苦等各种苦况，提出诸苦之根源在于有"九界"的区分，从而提

---

① 《康有为大同论二种》，第171~176页。
② 《康有为大同论二种》，第164页。
③ 《康有为大同论二种》，第169页。

出"破除九界"的问题,"破除九界"是去苦求乐、走向大同的关键环节。接下来九个部分分别论述如何破除国界、级界、种界、形界、家界、产界、乱界、类界、苦界这"九界"。把苦况讲清楚,讲充分,本身提供了告别苦况、追求乐境乃至走向大同的必要前提和重要动力。

通过充分陈述苦况或者困局,来为自己的主张做铺垫,是康有为的一种重要论述策略。康有为在1917年所作的《共和平议》,论证君主立宪制更适合当时的中国,主要策略便是历数共和制实行六年来的各种乱象,由此认为共和制不适合当时的中国。其所举乱象如"求共和适得其反而得帝制","求共和适得其反而得专制","求共和为慕美国适得其反而为墨西哥","求共和若法今制适得其反而递演争乱复行专制如法革命之初","民国求共和设政府为保人民和平安宁幸福权利生命财产而适得其反生命财产权利安宁皆不能保且民意不能达","求共和为自强自立自由一跃为头等国而适得其反乃得美日协约之保护如高丽且直设民政如属地于是求得宣布中国死刑之日",等等。康有为对君主立宪制的论证也比较复杂,并不只是渲染民初实行共和制之后的各种乱象。[①] 相对而言,《共和平议》一文的重点,是以雄辩的态势,攻击共和制的实际效果南辕北辙。但这种论辩策略毕竟是以攻为守,说服力相对较弱。本书第六章将讨论陈独秀对康有为批判共和制乱象的反驳,陈独秀举了康有为率先发起的反缠足运动的例子,认为放足之初,小脚妇人的行动反而更艰难,但并不能因此说放足就不对,不能因此主张恢复缠足。陈独秀的这一反驳是颇有力度的,仅仅批判共和制初期的种种乱象,很难否定共和制本身,很难由此论证君主立宪制的合理性和必然性。陈独秀的反驳使用的同样是比较的方法,也就是说,如果论乱象,君主立宪制也可以说出一系列乱象;如果论好处,经历过渡时期的共和制也可以如数家珍。如果仅仅在优劣比较层面上做抉择,往往是各执一词,谁也说服不了谁。从历史发展进程来看,关键问题不是谁要说服谁,而是各自寻找各自的目标、未来和方向,最后看谁能够实现自己的理想和目标。

同样道理,《大同书》对世间诸苦的列举,很难直接论证走向"大

---

[①] 参见张翔《康有为的"新世"论》,载《全球史评论》2021年第1辑,中国社会科学出版社,2021。此文为笔者博士论文中的一章改写。

同"的必然性。人们完全可以用康有为在《共和平议》中对共和制乱象的批判方式，来批判《大同书》，可以说，"有界"其实也有很多好处，"去界"的大同世界倒可能"适得其反"，良好愿望的实际后果可能南辕北辙，不仅不能得到大同，反而可能导致更为痛苦的境地。事实上，这也是冷战时期以来社会主义运动遭遇的一种典型质疑。在康有为这里，"大同"还是构想中的事务，是一个乌托邦。他没有考虑到他的"大同"可能遭遇他自己向"共和"所发起的那种挑战。人道苦乐论强调了走向大同的人类发展方向，但没有给出何以要走向大同的有力回应。究竟"有界"好，还是"去界"好，如果仅仅在苦乐层面做比较，同样是各执一词，谁也说服不了谁。更大的挑战在于，大同社会的主张者，究竟能不能开辟走向大同的道路。"去界"是康有为回答如何走向大同问题的主要答案。

康有为在《大同书》中主要是通过"公理"阐述来论证何以要走向大同的。其一，《大同书》中的"公理"指的是太平大同世的"公理"，它与"几何公理"这样的普遍适用的公理是不一样的。可以说，康有为所强调的太平大同世的"公理"是何谓大同的一种自我重复，他事实上是把太平大同世的基本特征视为"公理"，同时将"公理"视为对太平大同世的一种规定。其二，《大同书》中的"公理"有其宇宙观基础，与此有关的是"人人皆为天之子"的"天民"意识。"天民"意识是"公理"意识的重要部分，但并不是"公理"的全部。《大同书》以"公理"论证大同的必然性和正当性，是在社会科学分科之学的架构中展开的，在每一个部分有其具体的内涵。其三，太平大同世的"公理"与据乱世、升平世之间是断裂的，以全面实现人人平等为核心，相对于据乱世、升平世有着截然不同的逻辑。

如果说去苦求乐的人道论从个体偏好和选择的角度论证了走向大同的必然性，那么，太平大同世的"公理"观念，即大同公理论，则从人与人的关系及其他宏观的角度论证了"大同"的正当性与必然性。如果说去苦求乐的人道论呈现了纵向时间维度的发展，那么，大同公理论则在纵向时间维度的断裂处，呈现了横向时间维度的不同要素之间的关联，例如，不同部分的"去界"之间的相互关联。

在《大同书》中，人道苦乐论与大同公理论是大同论述的两大脉络，它们之间相互支撑和相互补充。这两条脉络的交汇处，是对"有界"与"去界"的分析。"有界"是对世界诸苦的原因的分析，"去界"则是去苦求乐的关键环节，是大同公理显现的时刻。

九界分别"去界"的分析，构成《大同书》全书的骨架。这些分析是通过中西比较展开的。《大同书》对九界及"去界"的分析在晚清民初学术思想发展中的重要意义，在于这一分析结构带有初步的、较为系统的社会科学架构的特点。《大同书》是较早做这种努力的著述。

其一，国界、级界、种界、形界、家界、产界、乱界、类界、苦界这九界的区分初步包含了社会科学分科的视野。这一视野主要涵括的是国家、阶级、种族、性别、家庭、产业、政治地理、动物平权、精神信仰诸领域，与《大学》所揭示的"格物—致知—诚意—正心—修身—齐家—治国—平天下"的先后次第的架构很不一样。首先，国家、家庭等是传统的"家—国—天下"架构中的要素，但这些要素与阶级、种族、性别、产业、动物平权等要素一起，已经被组织到西方全球拓殖之后形成的近代全球知识体系之中，成为同等并列的问题领域和知识门类。它们之间的顺序是模糊的，从这些要素在《大同书》不同版本中的不同位置即可看出。例如，在《不忍》杂志刊布的"甲部"和"乙部"，以及康有为弟子钱定安编校、1935年在中华书局首次出版的《大同书》全书中，"去国界合大地"都位列乙部，紧接于"甲部　入世界观众苦"之后。而《康有为全集》第七集所收《大同书》按照分藏上海图书馆和天津图书馆的八卷手稿编排，这一手稿与初版次序和内容出入颇多，例如，原来的"去国界合大地"作为"大同书第五"，被置于与中华书局1935年版"己部　去家界为天民"接近的"大同书第三"之后。[①]　其次，按照康有为的论述，九界的"去界"也有大致的次第，但这种先后次第主要是从"去界"的难易来权衡的，并无逐一递进的次第关系。他认为走向大同应从去国界开始，[②]而去国界启动之后，去种界仍然困难重重，"同种国既合一矣，既大同矣，而民族之混同为难"。[③] 去家界同样比去

---

[①] 《康有为全集》第七集，第2、118页。
[②] 《康有为大同论二种》，第120页。
[③] 《康有为大同论二种》，第166页。

国界难,"盖国有太平之时,而家无太平之日"。① 去乱界、去类界、去苦界则在去国界、去级界、去种界、去形界、去家界之后,即在人类已有平等之后,例如,"人类既平等之后,大仁益益矣。虽然,万物之生,皆本于元气。人于元气中,但动物之一种耳。"② 去国界最先,去级界、去种界、去形界、去家界、去产界更难,去乱界、去类界、去苦界最后最难,这一难易程度的区分,大致可以看作"修身—齐家—治国—平天下"序列的发展。在传统序列中最根本、最基础的个体修身,在"去界"的难易序列中是最后最难的部分;国家这一传统序列中最后达成的部分,在"去界"的难易序列中是可以最先瓦解的部分。一方面,家界之外级界、种界、形界、产界的重要性的凸显,反映的是近代社会结构的重大变化及其在知识体系上的影响。近代人文社会科学体系在19世纪晚期欧洲的形成,与欧洲民族国家形成的时间大体一致,后者为前者提供了政治基础。③ 另一方面,康有为对去国界最易的判断,包含了中国长期大一统的政治经验,但从欧洲长期分治和民族国家体系形成的经验来看,则未必如此。

其二,《大同书》是晚清民初中国思想界较早试图沟通人类世界研究与科学研究的著述。在康有为生前,《大同书》只于1913年在《不忍》杂志上刊载过"甲部"与"乙部",从这两部分来看,《大同书》的大致架构已经显露。1915年新文化运动兴起,东西方文化论战是运动初期的主要议题,在一战结束和五四运动爆发后,新文化运动论战在东西方文化论战议题之外,出现了科玄论战(科学与人生观论战)的新焦点议题。在科玄论战中,最有影响的论述模式是将科学与玄学分别作为西方文化与东方文化的特质,对于孰优孰劣则各有判断。但在这一过程中,瞿秋白等马克思主义者开始试图以马克思主义为基础建构中国的社会科学,将社会研究与科学研究相结合,致力于发现人类社会发展的规律。在马克思主义者于20世纪20年代建构社会科学的努力之前,康有

---

① 《康有为大同论二种》,第242页。
② 《康有为大同论二种》,第353页。
③ 参见〔美〕布鲁斯·马兹利什《文明及其内涵》,汪辉译,刘文明校,商务印书馆,2017;〔法〕福柯《词与物——人文科学的考古学》(修订本),莫伟民译,上海三联书店,2016。

为的《大同书》已有初步的努力。

《大同书》融汇人类世界研究与科学研究的努力主要体现在两个方面。一是大同"公理"论述是试图将人类世界研究科学化的重要努力，将"公理"一词运用于人类世界的历史、现实与未来的研究，本身就是将科学研究移用于社会历史领域的重要表现。二是分析人世诸苦的原因，这一因果分析的努力，是对社会历史现象做科学分析的初期表现。康有为将"九界"的存在作为世间诸苦的原因，但"甲部"中的这一分析并没有与对世间诸苦的分析进行较为紧密的结合，此部分对世间诸苦的陈列与九界的区分之间的逻辑关系不是清晰和系统的，而是非常粗略的、框架性的因果分析。即便如此，由于此一因果分析是《大同书》全书结构的关键，它仍然是对社会历史做科学研究的早期代表。

## 五 社会科学的问题架构与中西比较视野：大同论的展开

《大同书》是晚清民初学术思想范式转变的过渡阶段的重要著述，对"九界"及九界分别"去界"的分析，既是融会社会研究与科学研究的早期努力，也是超越孰优孰劣模式的中西文化论述的重要努力。

康有为是五四新文化运动时期东西文化论战第一阶段"新青年"一代主要的论敌，他在此之前有关东西文化的比较论述，为论战参与者提供了重要的启发。他在《物质救国论》（1904年）等文中阐述的西方文明长于物质、中国文明长于道德，在东西文化论战时期成为一种基本的论述模式：

> 故夫文明者，就外形而观之，非就内心而论之。以吾所游大地几遍，风俗之至仁厚者，应以印度为冠焉。……可由是推之，鄙僻之区多道德，而文明之地道德反衰。盖巧智之人，多外观而少内德也，比比矣。……如以道德论文明也，则吾断谓印度之文明，为万国第一也。……然则所谓富强者，则诚富强矣，若所谓道德教化乎，则吾未之知也。是其所谓文明者，人观其外之物质而文明之耳；若以道德风俗言之，则忠信已浇，德性已漓，何文明之云？……故以

> 欧美人与中国比较……如以物质论文明，则诚胜中国矣。若以道德论之……则谓中国胜于欧美人可也。①

对此，不仅偏保守的杜亚泉等人加以运用和发挥，激进阵营的李大钊等人同样有类似的判断。但《大同书》中的中西比较更为复杂。

第一，康有为对不同领域中国与西方的不同特点有具体的分析和对比。

第二，康有为对于不同时段的东西文化的特点和优劣仍然有所判断，但这些判断并不是一味地认为中国在道德上较优，而是具体时期具体分析，对于中国与西方的评断不断发生变化。前面讨论的对于"家"和"家族"文化的分析是典型例子。

第三，康有为对于"去界"的论述和不同领域大同的想象，多是在中西历史及现状的比较分析基础上展开的，但他对大同状况的想象既不局限于对孔子之义的阐释，也不局限于对中国已有经验的发挥，有时更多的是对西方经验的延展与发挥。朱维铮曾发现，"很奇怪，《大同书》提及董仲舒仅一处，仅淡淡地称道'董仲舒明经义'；提及孟轲四处，却不提其对孔子大同微言的传播作用"，全书竟无一字提及荀况，只在讨论女权问题时引用了一次《礼运》。他认为只有一种可能，"就是康有为著《大同书》时，已经远离了言必称孔孟荀董的环境"，并认为戊戌变法失败后的十余年流亡经历，"中外比较的鲜明，先进后进的反差，使他暂且忘却孟荀董之类先辈的纵向差异，触目皆是中西华夷的横向区别"。② 朱维铮的这番解释，关注的中心问题仍然是中西之间的比较和优劣判断。但康有为在《大同书》中的中西比较已经进入一个此前少有的境界，那就是，他在具体领域的"去界"分析时，往往同时对中西文明在不同时期的经验有赞有贬，基本上呈现具体问题具体分析的格局。他在《大同书》中的中西文明分析和比较，不再是中西二元论的论述模式，他对大同的想象是在同时批判性分析中国与西方的经验基础上展开的，包含了对中西历史和现实经验的折中。

---

① 《康有为全集》第八集，第 66~67 页。
② 《康有为大同论二种》，"导言"第 14 页。

例如，1913年即已刊发的"去国界合大地"部分，同时列举中国、西方及印度等国家地区争战的历史，"凡此皆就文明之国言之，兵祸之惨剧已如此矣"。[①] 康有为对于国家之间弱肉强食的状况及其克服有着复杂的看法。一方面，他冷峻地指出，各国"各图私益，非公法所可抑，非虚义所能动也。其强大国之侵吞小邦，弱肉强食，势之自然，非公理所能及也。然则虽有仁人，欲弭兵而人民安乐，欲骤去国而'天下为公'，必不可得之数也"。另一方面，他马上又接着指出，虽然这样，弭兵去国息争，仍然是大势所趋。[②] 这是一种自我反对、正反跳跃的论述结构，正如康有为在重释"三世说"时所言，据乱世、升平世与太平世之间是一种"并行不悖，各因时宜，虽相反而相成"[③] 的关系。

在此一部分，康有为亦对中国和西方及其他地区的由分而合及"弭兵"经验同时加以引述和分析。其中，不同国家由分而合，既有中国王朝统一的经验，也有德、美等国通过联邦制的方式建国，"尤为合国之妙术，令诸弱小忘其亡灭"。他将德、美联邦制与中国三代之夏商周、春秋时期的齐桓晋文相提并论，视为"各联邦自理内治，而大政统一于大政府之体"。他将联邦制视为走向大同的"轨道"，"他日美收美洲，德收诸欧，其在此乎？"[④]另外，他又以美国联邦制形成的历史，指出联邦合一存在的六种困难，包括美国南北战争之"死人如麻"。

康有为在《大同书》中的分析架构与中西文化（或东西文化）二元论不一样的地方在于，《大同书》不以中西文化优劣比较为目标，而是要建构一套有关大同公理的论述。《大同书》的大同公理论述含有因果分析这样的社会科学探索，但将世界诸苦的原因归于"九界"，是比较初步和疏略的。他有关"去界"的论述，主要采用的方式是对据乱世、

---

① 《康有为大同论二种》，第119页。
② 《康有为大同论二种》，第120页。
③ 《康有为全集》第五集，第388页。
④ 《康有为大同论二种》，第121~122页。康有为在《德国游记》中设想了三国鼎立于世界的未来格局："他日欧洲一统之业，沙立曼、拿破仑之遗迹其在德乎！蓬蓬之势可立而待。吾国若自强而霸于亚，德统于欧，美统于美，此三国者，大地之候补霸者乎！"参见《康有为全集》第七集，第453页。关于"由分而合"与"由合而分"两种联邦制的分析，参见张翔《列国竞争、乡邑自治与中央集权——康有为海外游记中的"封建—郡县"问题》，《开放时代》2011年11月号。

升平世与大同世"相反"、断裂而"并行不悖"的状况的并置。两种状况的并置,不是分析性的论述,而是两种不同判断的连续表达,因而会造成自相反对、自我矛盾的判断连续出现,形成判断急剧逆转、从断裂之上跳跃而过的论述风格。"去国界"部分刚讲过弱肉强食是"势之自然",什么公理公法都不顶用,马上接着说弭兵去国的大同公理仍然是大势所趋,就是典型的例子。在这一部分,他一方面认为,弱小国家必然会被霸国吞并,另一方面又认为,以大吞小所形成的众国联合,与大地大同没什么差异,预判"百年之中,诸弱小国必尽夷灭,诸君主专制体必尽扫除,共和立宪必将尽行,民党平权必将大炽,文明之国民愈智,劣下之民种渐微。自尔之后,大势所趋,人心所向,其必赴于全地大同、天下太平者,如水之赴壑,莫可遏抑者矣"。[①] 他刚在发表的《大同书》此一部分中说过,"共和立宪必将尽行",转头就在其他文章里说,当下中国不宜行共和制,而要行君主立宪制。

总体上看,《大同书》"去界"的因果分析是初步的;《大同书》超越中西二元论的基础,是不断地就中西方不同时段的状况做比较,而不是将中西方比较组织在类似于"九界"的因果分析架构之中。《大同书》这种超越中西二元论的论述模式,从20世纪中国思想史的发展进程来看,要到东西方文化论战后期才大量出现,关键的契机是第一次世界大战在欧洲的爆发与进展,在全球思想界包括中国思想界激起了关于西方文化的反思,对中国文化与西方文化同时展开批判性分析的论述日益多见。《大同书》的这种论述方式既是东西方文化论战时期超越中西二元论的先导,同时,《大同书》后来的不断修订增补和完全成书,又可能与东西方文化论战存在某些互动。不管怎样,1913年在《不忍》杂志先行刊发的《大同书》"甲部"和"乙部",已经足以说明,《大同书》堪称十年后东西方文化论战发展和变化的前导。

## 六 重新理解康有为生前为何不刊行《大同书》全书

《大同书》是以康子自道的方式展开大同论述的。建立全球公理之

---

[①] 《康有为大同论二种》,第125页。

学，并将重心放在大同论述之上，是康有为早期尝试写作《实理公法全书》以来的持续努力。但从《实理公法全书》到《大同书》的康子自道的论述方式，实际效果是凸显康有为自己，如果仍然着意于以大同立教，这种论述所支撑的宗教大概是奉康有为自己为教主的"大同教"或者"太平教"（因为太平天国运动刚过去不久，这个名称不宜使用）。《大同书》以康子自道的方式论大同，容易让人理解为康有为试图另创新教，自己做教主，这样会在一定程度上抵消康有为尊奉孔教、推动定孔教为国教的努力。这是不是康有为生前不愿刊布《大同书》全书的主要原因？

康有为在生前为何不出版《大同书》全书，此前最有影响的解释是，康有为当时主张君主立宪，讲大同与之相冲突，《大同书》未到出版时机，如果出版反而不利于世。梁启超曾手写《南海先生诗集》四卷本，1911年在日本影印出版，在编辑体例方面，基本按写作日期先后排定，但将《大同书成题词》置于诗集之首。梁在此诗后的按语中说："二十年前，略授口说于门弟子；辛丑、壬寅间，避地印度，乃著为成书。启超屡乞付印，先生以今方为国竞之世，未许也。"（值得注意的是，此诗及梁之按语刊于《不忍》杂志创刊号，该期亦开始连载《大同书》甲部）崔斯哲手写的《康南海先生诗集》十五卷本于1937年由商务印书馆影印出版，崔在此处的按语也说，康有为完成《大同书》之后，"既而思大同之治非今日所能骤几，骤行之恐适以酿乱，且以今为国竞之世，因秘其稿，不肯以示人"。[①] 梁启超在《清代学术概论》中说："有为虽著此书，然秘不以示人，亦从不以此教学者，谓今方为'据乱'之世，只能言小康，不能言大同，言则陷天下于洪水猛兽。"[②] 后来的研究者多延续这一成说，认为原因在于《大同书》与康有为在辛亥革命前后的君主立宪主张相冲突，刊行《大同书》将暴露其自相矛盾。

梁启超和崔斯哲引述的康有为的解释，即他在1899年以后第二次集中诠释儒学经典时发展的"三世不可躐等而进"的看法。这一思路事实上搁置了走向大同的选项。不过，根据前面已经详细讨论的，康有为在1899年之后并非只讲"三世不可躐等而进"，不再讲大同，而是一直将

---

① 《康有为全集》第十二集，第136页。
② 梁启超：《清代学术概论》，上海古籍出版社，1998，第82页。

阐释大同作为论证孔子之道仍然可以引领当代中国及世界的主要依据。

从康有为戊戌变法之后的具体行述来看，他坚持不印行《大同书》全书，与一直注重阐释孔子的大同之义，以此论证孔子之义在民主共和时代的思想领导权，是同时并行的两个方面。虽然康有为自己说过，不印行《大同书》全书是未至大同之时，但并不能因此认为不印行全书的原因是康有为在后期避言大同，这显然与事实不符。这一看法忽视了康有为在辛亥革命之后推动定孔教为国教的主要依据正在于阐释孔子的大同之义。按照康有为的思路，不同时期的微言是不一样的，如果说在君主时代讲共和之义要用微言，那么，在共和时代或许讲君主之义也要用微言。孔子在君主时代不能公开讲太平大同之义，因而他要用口传和微言曲笔来传诸后世，但到了共和时代，孔子微言中的大同之义反而要公开讲、大声讲，无论是康有为还是袁世凯，就怕别人不把孔子视为大同、共和、民主之义的导师和传授者。反过来，康有为坚持不印行《大同书》全书，也不是因为康有为要在未至大同世之时避言大同，他本无此意。

康有为生前不印行《大同书》全书的原因，还需要更为细致的探析。首先需要追问一个问题，康有为写《大同书》与阐释孔子的太平大同之义以及托孔立教，能否简单等同？如果不能等同，康有为写《大同书》在哪些方面超出了重释孔子之义，这些方面与他不愿印行《大同书》全书之间有何关联？

可以在康有为论及大同的作品中分梳出两类联系紧密但有所区别的作品系列：一是与"大同立教"有关的两次集中诠释儒学经典的著作，以及与定孔教为国教有关的系列著述；二是康有为自己阐述大同公理的系列作品，主要包括《大同书》与《诸天讲》。前一类作品的特点是托孔立教、以大同立教和定孔教为国教，后一类作品则主要是康子自道。朱维铮曾指出，"与人们已熟悉的康有为多数学术著作不同，《大同书》不再以某种经典或圣言的诠释的面貌出现，不再装作自己只是古圣前修的代言人，而是自命为当世的'神圣明王孔子'，直接向世人宣布他的社会理想。"[①]

康有为的"大同立教"主要包含阐释孔子之道、立孔教与阐释大同

---

① 《康有为大同论二种》，"导言"第15页。

## 第五章　大同"公理"论与知识范式的转变

三个要素，阐释大同是通过阐释孔子之道的方式表述的，托孔立教的关键立足点是阐释孔子的大同之义。康有为托孔立教不是一般性地阐释孔子之义，而是强调秦代焚书坑儒和刘歆篡伪经之后对孔子之义的理解遗忘了太平大同之义。康有为托孔立教是全球化时代重建儒学普遍主义的重要努力，而儒学的普遍性集中体现于大同之义。康有为在早期的《实理公法全书》中即已表达建立"全球公理之学"的努力，也即建立一种足以指引中国及全球发展的知识系统，是后来托孔立教的基础。康有为通过重新阐释孔子，认为孔子是此一"全球公理之学"的最佳代言人。在作于甲午战争之后的《春秋董氏学》和《孔子改制考》两书中，大同之义是重新诠释孔子的重点。在康有为看来，不讲大同，不足以引领全球。在他之前的清代今文学家如宋翔凤和戴望，对孔子之义与大同思想的关联早有论述。康有为推进的关键一步是，将大同思想认定为引领全球思想的"天王山"。康有为事实上认为"全球公理之学"的关键是大同之义，大同之义是引领全球人类发展的思想，囊括了共和、民主等先进思想；孔子之所以堪称大地教主，乃是因为他早就说了大同之义。康有为的释经注重对孔子口传之大同微言的挖掘与发挥，不再是拘泥于字词之义的训诂考据。他诠释大同之义固然可以在孔子言论的历史记载中找到一些根据，但总体上说是托孔而言大同。

康有为之所以要托孔立教，而不是以康子自道的方式另创新教，看重的是孔子以及孔子之道在中国社会仍然存在的影响力和政治动员力。[①]他曾在《参政院提议立国之精神议书后》（1914年）中坦承，曾想自己做教主，但后来发现孔子之道无处不在（既讲大同世，又讲"三世不可躐等而进"之理），无法超越，所以最后还是奉孔子为大地教主。这显

---

[①] 房德邻认为，康有为在民国初年发表《大同书》的一部分，并不是因为中国已经面临走向大同世界的新的历史环境，而是因为孔教运动的兴起。1913年孔教运动掀起了第一次高潮。对于孔教宗教化运动来说，还需要一部"教典"、一部"圣经"，一方面系统地阐明教理，另一方面向信徒展示未来的美景。《大同书》就是作为孔教的"圣经"出现的，就其内容来说，它属于"启示录"和"福音书"。参见房德邻《儒学的危机与嬗变：康有为与近代儒学》，（台北）文津出版社，1991，第252页。这一看法指出了《大同书》发表的关键目的是推动孔教运动，但没有意识到的问题是，如果以《大同书》为孔教运动的"圣经"，"大地教主"应该是康有为自己而非孔子。如果《大同书》与推动孔教运动的目标完全一致，康有为也就没有必要执意不印行《大同书》全书了。

示康有为的托孔立教是一种立教策略，他是在探索"全球公理之学"的过程中发现孔子可以作为大地教主，孔教堪为大地之教。没有对"全球公理之学"的探索，就没有作为大地之教的孔教，以及作为大地教主的孔子。康有为建构"全球公理之学"的"初心"一直都在，当这一"初心"在《大同书》中充分展现之时，其立教的"托孔"特点便会暴露无遗。

前面提到，《大同书》的大同论述以康子自道的方式展开，这种论述方式容易让人理解为康有为试图另创新教，自己做教主，会在很大程度上抵消康有为尊奉孔教及推动定孔教为国教的努力。康有为真正关心的问题不是要不要在当时阐释大同，而是谁更适宜作为教主的象征，这决定了他能在多大程度上以夫子自道的方式论述大同。这也是康有为在生前考虑是否刊布《大同书》全书时更为关注的问题。

纵览《大同书》全书，孔子已非大同之学这一"全球公理之学"的最佳代言者。《大同书》篇末明确指出，大同太平是孔子之志，但到大同之世，"孔子三世之说已尽行"，"岸已登矣，筏亦当舍"，流行的只有"神仙与佛学二者"，仙佛之后则是"天游之学"。因而孔子之道是进入大同之世的阶梯。《大同书》没有再像《孔子改制考》那样，将尊奉孔子为"大地教主"作为论述的中心，"大地教主"的概念基本没有出现。《孔子改制考》开篇即尊奉孔子为"大地教主"，而《大同书》开篇说的是"康有为生于大地之上"。孔子之道在《大同书》中不再处于中心位置，有两个方面的含义：一是《大同书》有关大同的论述无法仅靠重释孔子之义来展开；二是《大同书》是康子以大同为中心议题立"全球公理之学"，虽然是在未至大同之时系统论述大同，但孔子已经从"大地教主"之位提前"退隐"了。

《大同书》与阐释孔子的大同之义一样，都是在据乱世和升平世讲论大同世，但大略和概念化的讲论与细致系统的讲论是不一样的。阐释孔子的大同之义，只是大略地讲论大同；托孔子而言大同，毕竟要受到文献所载孔子之义的限制，这种情境下的大同论述是比较有限的。对于大同世界的系统想象和论述，则非孔子之义所能完全涵盖。但《大同书》是假定孔教在大同世已经退出历史舞台的情境下的展开，是孔子大同之义阐释之后的新拓展，康有为并不认为其中的大同论述违背了孔子之义。无论阐释孔子大同之义，还是《大同书》，都可以在康有为1899年之后强调的孔子"三世说"解释框架（一方面强调三世"不可躐等而进"，另一方面讲三世"并行不悖"，仍然强调孔子大同之义）中得到自得其是的安顿。按照此一框架，要在共和时代确立孔子的宗师地位，宣讲大同之义是非常必要的，但要明白"不可躐等而进"，现在还没到进入大同的时候，把大同之义悬置起来，只是"空谈"大同就行了。康有为一面主张君主立宪，一面强调孔子的大同之义，两者自相矛盾、"并行不悖"，使得他"不可躐等而进"的主张面临来自论敌的巨大压力，但他并不能放弃对大同之义的阐释，这会使孔子之义在共和时代的文化领导权诉求失去支撑，因此不得不承受压力。《大同书》全书的出版，无疑将使这种压力进一步加大，但这只是程度上的强化。即使不出版全书，已经存在的巨大压力也不会因此消解。康有为用三世"并行不悖"和"不可躐等而进"的解释框架，处理了陈独秀等论敌批判的"自相矛盾"，算是自圆其说。

人们可以从激进一面批判康有为的大同论述受到了西方种族主义思想的强烈影响，也可以从保守一面批判其大同论述背离了强调尊卑秩序的人伦观念的儒家传统，这些都是围绕康有为大同观念的争论。康有为在甲午战争前后开始阐释孔子大同之义之时，就面临不合孔子原意乃至离经叛道的批评和责难。如果将《大同书》的论述与其他的孔子阐释相互参校，可以讨论的出入矛盾之处当然更多。但这些不是康有为本人的焦虑，也不是他权衡应否刊行《大同书》全书时所关心的主要问题。康有为托孔立教，要做的是批判后世儒者遗忘了孔子的太平大同之义，改变二千年来儒学的方向。在他看来，在经历了"数千年未有之大变局"的中国，旧路已经很难走下去，因而不得不变；儒学不讲大同太平之义，难以凝聚人心，没有竞争力。人们可以在小康之义的基础上推动孔教运动，但那应该不是康有为所要的孔教；否定了大同之义，也就否定了康有为的孔教。至于到底应不应该心怀大同，应该如何论述大同，是需要另外讨论的问题。

三世"并行不悖"和"不可躐等而进"的解释框架难以调适的，是系统论述大同所面临的悖论：在阐释孔子大同之义基础上，更进一步系统论述大同，固然有助于扩大孔教影响，但如果这种系统论述非阐释孔子所能及，如何能仍然尊奉孔子为"大地教主"。这是致力于推动孔教运动的康有为在意但未必会明确强调的问题。

托孔以大同立教，是康有为在国竞之世所构想的中国在全球拥有重要地位、承担重要责任的文化政治路径，以及中国文化在西方文化强势的时代仍然能够汇聚中国人心的路径。他希望中国在进入大同的历史进程中，成为整合亚洲的主要力量。虽然进入大同世，国家消亡，统合中国社会人心最为重要的孔子之道随之退出历史舞台，但三世"不可躐等而进"，中国在小康世要承担应有的全球角色，孔教不可或缺。

前面的分析指出，《大同书》突破了中西二元对立的论述。此书自我反对、正反跳跃的论述结构呈现了别具一格的分析架构与文化观念。《大同书》与中西文化（或东西文化）二元论的关键区别在于，它不以中西文化优劣比较为目标，而是要建构一套有关大同公理的论述。孔子之学与受其影响的中国历史经验，只是康有为"立全球公理之学"的构成内容之一。《大同书》对未来大同世界展开系统想象，无法仅仅通过阐释孔子之义来完成，而是在一个与康有为希望建构的"全球公理之学"相匹配的新知识框架中展开。分析九界及其"去界"这一《大同书》的主干结构，带有初步的、较为系统的社会科学架构的特点。对中西二元论的超越及其社会科学分析架构，是《大同书》与重释孔子大同之义的一个关键区别。就超越文明论的社会科学意识的发展而言，《大同书》是领风气之先的著述。

在走向大同的视野中，有关大同的"全球公理之学"是一种跨越东西与跨越众多领域的综合性建构，事实上不再拘泥于以源自中国的思想引领全球的观念。在大同公理的架构中，孔子之义仍然有其重要性，但已经不是统领一切的要素，真正关键的是对大同公理本身的探索。这一思想架构突破了以大同立教重新确立儒家文化引领地位的目标，超越了文化民族主义的政治构想和问题意识，将努力的重点放在了面向问题的、整合各种文化思想资源的新思考。这一努力包含了一种新的文化意识，即对未来具有决定意义的，不是强调普遍性思想的原初发明权及其国族归宿，而是进行新的思考乃至创造新的普遍性思想（包括对传统的普遍性思想的新诠释）。这样的努力一旦扩展至对中国现实问题的探索之上（走向大同是问题的一部分），开启的将是很不一样的文化思想格局。中国共产党推动的马克思主义中国化及其新的普遍化进程，呼应的是这一思想脉络。

《大同书》的论述架构与此前托孔立教的论述已经有很大差异，孔子之义在其中已经不再居于主导地位，如果说《大同书》可以作为立教的"圣经"，那么这个教也未必需要再称为孔教。《大同书》很可能被认为是康有为最为重要的立教论述，将使康有为托孔立教及定孔教为国教的努力显得有些悖谬，有损于孔教运动的发展。而民国肇建之后，孔教已经成为康有为介入政治的主要支点。不刊布《大同书》全书，有利于维护作为"全球教主"的孔子形象，维护孔教运动。康有为对于《大同书》全书刊行的利弊有所权衡，还在于顾忌大同论述的康子自道会影响孔教的推广，毕竟孔子这个偶像的影响力要远远大于康有为自己。

理解康有为的这一关切，可以更为恰切地把握为何康有为1913年会在《不忍》杂志刊发《大同书》的甲部和乙部。此时中国刚从君主时代迈入共和时代，也是康有为筹划政治活动的重心从建立政党转向推动定孔教为国教之时。他此时只发表了甲乙两部，既表现他对大同有系统论述，又不愿意将这些系统论述全盘托出。

一方面，甲部和乙部已经可以展现《大同书》全书的论述架构，其中的关键环节是对世间诸苦原因的分析以及如何去苦求乐的设想。按前引梁启超为《大同书成题词》所写按语提及的康有为"以今方为国竞之世"的顾虑，"去国界"是"躐等而进"的主要危险之一。但这一顾虑康有为自己在1913年即突破了，《不忍》杂志创刊号在发表《大同书成题词》及梁之按语的同时，开始《大同书》的连载，可见梁启超和崔斯哲所述未必把握住了其师的主要顾虑。康有为当时刊发甲部和乙部，有利于强调他自己对于"共和""民主"等早有系统研究，以此争夺"共和"的解释权。陈独秀批判孔子所言并非近代的民主自由主张，但他在《驳康有为〈共和平议〉》（1918年）中亦引述其"先发民主共和之义为中国人最先"的说法，并不否认康有为通过阐扬大同在中国率先发挥共和民主之义。

另一方面，《大同书》甲部和乙部刊发前后，康有为一派成立孔教会，并试图通过议会政治等渠道推动定孔教为国教。本书第六章的研究将指出，1907年，陈焕章筹备成立昌教会，希望康有为出面主持，但当时康有为认为政党建设是重点。辛亥革命之后，康有为意识到改良派在政党势力上已经落后革命派，转而希望通过具有跨政党功能的孔教会来扩大政治影响力。1912年10月7日，孔教会成立，康有为任会长，陈焕章任总干事，《不忍》杂志创刊号亦刊发了《孔教会序》。1913年8月，孔教会代表梁启超、陈焕章等人上书参众两院，请定孔教为国教，开展有关天坛宪法草案的游说。康有为刊发《大同书》甲部和乙部时，着眼于回应远东第一个共和国的成立，未必考虑到了对于孔教运动可能有的影响。但随着围绕天坛宪法草案的争论日益激烈，康有为对定孔教为国教有所期待，不能不考虑刊布《大同书》全书对孔教运动可能有的影响。这是康有为在《不忍》杂志停刊后没有单独出版《大同书》的主要原因。甲乙两部还不能清晰和全面地呈现孔子之义在此书中不再处于中心位置。将大同论述置于尊奉孔子为大地教主的框架之内，是康有为兼顾推进孔教运动与争夺共和阐释权的理性选择。康有为晚年对定孔教为国教基本无望，但孔教运动仍在坚持，他对孔教运动仍有严肃的关心，执意不刊行《大同书》全书也在情理之中。1920年，梁启超在《清代学术概论》中说："启超屡请印布其《大同书》，久不许，卒乃印诸《不忍》杂志中，仅三之一，杂志停版，竟不继印。"[1] 梁启超对此深感遗憾，但《大同书》没有继续刊载，或者没有出版全书，并不是因为《不忍》杂志的停刊，康有为并不缺乏发表文章或者出版全书的地方，而是因为他另有考虑。

  康有为的大同论述的思想能量是可观的，与议题的开拓性相伴随的是思想视野与思考方式的开拓与突破。他基于推动孔教运动的考虑，通过不刊行《大同书》全书的方式，将这种能量关在了笼子里。如果说，参与张勋复辟坐实了康有为立孔教与复辟的关联，使得后世只知其孔教主张为复辟主张，以为倡言孔教即需避言大同，不知其孔教主张其实是以大同立教，那么，后世忽视《大同书》的社会科学分析结构的前瞻性和贡献，则是因为他自己为维护孔教运动而投鼠忌器，误导人们将避言大同视为《大同书》延迟出版的原因。重新探索康有为不刊行《大同书》全书的原因，或许有助于今天更深入地发掘康有为思想的潜能，更全面地了解20世纪以来大同观念的发展历程。

---

[1] 梁启超：《清代学术概论》，第83页。

# 第六章　大同立教的双重困局与不同应对[*]

康有为的"大同立教"不仅是思想上的构想，而且是其政治实践的一个重要方面。本书前面四章侧重分析了其"大同立教"思想，接下来的两章将进一步讨论"大同立教"的政治实践及其遭遇的困难与挑战。

康有为变法失败流亡海外之后，批判和反对其倾向革命的弟子和革命派的主张（如以分省独立的方式发动革命）。在他看来，清政府及其帝制作为中国民众和广袤疆土的整合中心，不能轻言革命和颠覆，否则中国很难避免为列强瓜分豆剖的命运。不过，有意思的是，其实康有为自己提出的定孔教为国教的主张和实践，同样挑动了国家权力中心分合这一重大议题。

从晚清到民国的历史进程中，国家权力中心的分化与重构是非常重要而复杂的问题。在强敌环伺、内政不修的格局之下，晚清政府面临崩溃性的危机，分与合的问题在不同的领域同时出现，都引起了非常深刻的思考、辩论和斗争。为了应对衰败和崩溃的危机，避免灭国的苦难，究竟是在既有地基之上变革挽救，还是另起炉灶另辟出路，这个问题不可避免地被提出来了。另辟新路的思考和尝试也不可避免地出现了。这些另辟新路的思考在不同的领域展开，它们并不是一定要以推翻清朝政府为目标，但都呈现了晚清面临危机的深度和广度。

康有为的定孔教为国教的主张包含了两个方面的挑战，同时在这两个方面都遭遇了困难。其一，康有为的大同思想是其立孔教思想的核心，他对孔子太平大同之义的阐释是托孔立教的关键。在戊戌变法时期，康有为阐释孔子大同思想曾被认为挑战君臣大防，流亡之后他在这一问题上有所调整。1899年所谓"十三太保事件"之后，康有为开始介入与梁启超、欧榘甲等倾向革命的弟子的论辩，并明显调整了对孔子的阐释，从流亡之前

---

[*] 本章的删节版曾以"大同立教的双重困局与不同应对——康有为政教观初论"为题刊发于《开放时代》2015年第3期。

侧重强调孔子的太平大同之义,转而既强调太平大同之义,又强调孔子相时权变(尤其强调"三世不可躐等而进"),明确主张君主立宪,反对共和革命。其二,定孔教为国教包含了设立教权的政治建制主张,意味着将形成一个新的政治中心。戊戌变法时期,康有为定孔教为国教的努力遭遇了不同程度的广泛反对。在戊戌变法之后,他的立教主张也一直遭遇来自不同方向的批判和反对。但在这一问题上,他一直没有大的调整。

笔者尝试分别以康有为与梁启超等弟子在世纪之交的分歧,以及以新文化运动时期康有为与陈独秀等人的分歧为中心,讨论康有为立孔教的困局及其应对。这一章主要指出,康有为一方面认识到大同立教思想与现实政治条件之间的不适应,另一方面一直回避其立教努力所带来的"教"与"政"之间的政治矛盾和冲突,这种回避使其努力带有"知其不可为而为之"的特点。康有为的一个内在悖论是,他以大同立教的努力与其君主立宪的现实政治主张之间有内在冲突(他的"政"与"教"的观念之间带有内在分裂的特征),他对于现实政治却抱有一种形成无冲突、无分裂的内政格局的主张和追求。下一章将指出,陈独秀等中共创党先驱的思路与康有为截然不同,他们对于现实政治强调一种与旧秩序、旧文化相决裂的态势,试图通过这种决裂来创造新的未来,他们在自己的主义信仰与现实政治主张之间追求内在的统一,创造了新的阶段论。

## 一 大同立教的"谋于下"与"谋于上"

康有为的立孔教思路有其特别之处,即以大同太平之义的阐释,奠定孔教作为全球性宗教的基础。他所说的孔教,其核心是以大同立教,与一般所言的儒教有着重要的区别。如果只是简单地说是康有为"创立"了儒教,那么这一判断难以成立。康有为说得很清楚,是孔子创立了儒教,"孔子创儒教","为大地教主"。① 但康有为并不是仅有"保教"的一面,以往人们说康有为"立教(孔教)"也有其依据,立教的论题仍有需要讨论之处。②

---

① 《孔子改制考》,《康有为全集》第三集,第 111、3 页。
② 参见黄进兴《从理学到伦理学:清末民初道德意识的转化》,中华书局,2014,第 241~242 页;《圣贤与圣徒》,北京大学出版社,2005。

康有为自己经常有以保罗或马丁·路德自况之意,梁启超在《南海康先生传》(1901)中也曾称其师为"孔教之马丁路得"。① 谭嗣同在《仁学》中曾指出,"孔教之亡,君主及言君统之伪学亡之也;复之者尚无其人也,吾甚祝孔教之有路德也",又曾在致其业师欧阳中鹄的信中说,"南海先生传孔门不传之正学,阐五洲大同之公理,三代以还一人,孔子之外无偶"。② 康有为论述儒教或孔教包含了"保教"之意,主要是相对于西方入侵中国之后的文明危机而言的。但问题是,当时很少有人会否认面临巨大变局"保教"之必要性,只是在不同的人那里,"保教"的含义可能截然不同。康有为论述儒教、重释孔子的特殊之处在于重释太平大同,这是强调捍卫"三纲五常"的张之洞所不能同意的。康有为之"保教",保的既是"儒教",也是强调太平大同之义的"孔教"。虽然"孔教"与"儒教"只有一字之别,但在他这里含义已经大变。

康有为以太平大同之义为中心重释孔子,其实是"托孔立教"。在他之前,已有不绝如缕的"儒教"、"孔教"或"周孔之教"的说法。"儒教"的用法更为常见,"孔教"的用法以往也有。例如,《晋书·阮籍传》中的"老篇爱植,孔教提衡";清代赵翼《瓯北诗抄·五言古》中的"孔教所到处,无不有佛教。佛教所到处,孔教或不到",并称"孔教"与"佛教"。③ 赵翼称孔教,已显示出天主教在中国产生影响后的宗教自觉意识。他在《廿二史札记》中说:"其人东来者,大都聪明特达之士,意专行教,不求禄利,所著书多华人所未道,故一时好异者咸尚之。……统而论之,天下大教四:孔教,佛教,回回教,天主教也。"④ 康有为变"儒教"(或"周孔之教")为"孔教",于尊周公抑或尊孔子的分歧(今古文之争)之上,定孔子为教主,"孔教"与此前难以定于一尊的"儒教"颇不一样。康有为立"孔教",并不是一般意义上的别立新宗,而是重定统绪。"儒教"并非自康有为始,"孔教"则可以说自康有为始,如章太炎所说,"孔教之称,始妄人康有为"。⑤ 康有

---

① 《饮冰室合集·文集之一》,中华书局,1989,第67页。马丁路得即马丁·路德。
② 《谭嗣同全集》(增订本·下册),蔡尚思、方行编,中华书局,1981,第338、475页。
③ 参见《辞源》,商务印书馆,1980,第778页。
④ (清)赵翼:《廿二史札记校证》,王树民校证,中华书局,1984,第824页。
⑤ 《示国学会诸生》,《章太炎全集·书信集》(下),上海人民出版社,2017,第740页。

为自己有时说的"孔教"也与"儒教"等同,如他早年在《康子内外篇·性学篇》中指出,"今天下之教多矣:于中国有孔教,二帝、三皇所传之教也;于印度有佛教,自创之教也;于欧洲有耶稣;于回部有马哈麻,自余旁通异教,不可悉数"。① 这里与佛教、耶教、回教并举的"孔教"指的是儒教。但在大多数情况下,康有为所说的"孔教"都包含了他自己的特定阐释。

在晚清之前,儒教只是处于自发状态,还未形成一种被知识界普遍意识到的现象。孔子与老子一样,并没有乔达摩·悉达多、穆罕默德那种明确的创教意图,更没有他们那种创教行动。经过后世的阐释,孔子和老子才成为儒教(孔教)和道教的主要象征、"教主"或者"教祖"。孔子(或周公)自己没有明确的创教意图,并不影响儒教在事实上以某种形式存在(秦代以降相当长时期崇尊儒术的政制安排,让一些人有"儒教"的意识),正如老子(或黄帝)也无明确的创教意图,并不影响后世以他们为依托建立道教,这是这两种中国本土宗教的特别之处。如果说,在道教创立、形成作为宗教的自我意识中,张道陵是划时代的人物,那么,在康有为之前,儒教发展过程中并未出现类似张道陵这样的人物。康有为之于孔教乃至于儒教的角色,接近于张道陵之于道教的角色。人们可以把张道陵视为道教的创立者,也可以把康有为视为"孔教"的创立者。以往一些研究者认为康有为"创立"了孔教,也并非无中生有。

就康有为自己对"立教"一词的用法来看,他有时也认为路德的宗教改革是一种"立教",曾指出路德立教与宗教战争的密切关系:"盖立教本自不同,彼抗旧教,至相杀百万,吾国争教惟事纸笔,且初始压力亦无其大也。"他奉路德为欧洲第一位"教主"、古今欧洲的第一人豪。② 既然路德是"立教"之教主,那么,倡言孔教也可以看作"立教"。

---

① 《康有为全集》第一集,第 103 页。康有为此文一说成于 1877 年之前,一说成于 1886 年,全集编撰者采用第二种说法。见同集第 96 页。
② 他还认为从路德新教大行其道,可以看出"道之行"的两条路径的不同效果:一是像儒教这样强调清节高行,人难能也,工艺不兴与之有关,但有"教之尊,化之美"的效果;二是像路德新教那样适人之情,纵人之欲,"其教行之速且大也",但适情之教"亦不能尊,亦不能强,亦不能久也"。康有为对立教的主要关注点是动员民众("教行")。参见《德国游记》,《康有为全集》第七集,第 409~411 页。

## 第六章 大同立教的双重困局与不同应对

从最初阶段开始，康有为立孔教的努力与建立政党性团体的努力，便有着共同的目标和功能，齐头并进，颇有交集。在见到光绪帝之前，成立强学会、圣学会，是康有为和弟子们"谋于下"、自下而上动员民众革新救国的政治努力的一部分。①《答南北美洲诸华商论中国只可行立宪不能行革命书》中说，他"昔在京师，曾合各直省举人与京师士夫开强学会、保国会争民权"，是因为"不得于上"，则"欲争于下"。②

京师强学会、上海强学会于1895年成立，此后不久，即因为"御史褚成博与大学士徐桐恶而议劾"等被解散。康有为曾在诗中称强学会为"政党嚆矢"。③梁启超后来曾回忆："乙未夏秋间，诸先辈乃发起一政社名强学会者……彼时同人固不知各国有所谓政党，但知欲改良国政，不可无此种团体耳。"（《莅报界欢迎会演说辞》）"盖强学会之性质，实兼学校与政党而一之焉。"（《莅北京大学校欢迎会演说辞》）④ 1898年3月，康有为、梁启超等人在北京成立保国会，《保国会章程》第二条提出，"本会遵奉光绪二十一年五月二十六日上谕，卧薪尝胆，惩前毖后，以图保全国地、国民、国教"。⑤ 这是目前所见康有为第一次使用"国教"概念。1897年4月，康有为与唐景崧、岑春煊等人在广西桂林组织发起圣学会，此为孔教会的先声。康有为将圣学会与强学会相提并论，都视为"开议院、得民权"、进行社会启蒙和动员的政治努力的一部分，也是"谋于下"的一部分。相对于强学会的"学业以讲求而成，人才以摩厉而出"⑥，侧重于知识人阶层，圣学会更能体现"敷教于民"的思路，其社会动员面向更广泛的社会民众。康有为曾将认识光绪帝视为自己的政治行动从"谋于下"转向既"谋于下"也"谋于上"的关节点，⑦ 在建立君主立宪制与寻求定孔教为国教这两方面都经历了这一变化。

---

① 《康有为全集》第五集，第400页。
② 《康有为全集》第六集，第314页。
③ 《康有为全集》第十二集，第174页。关于京师强学会成立的具体时间，参见林辉锋《强学会成立时间考证补》，《中山大学学报》（社会科学版）2011年第6期。
④ 《饮冰室合集·文集之二十九》，中华书局，1989，第1、38页。
⑤ 《康有为全集》第四集，第54页。
⑥ 《康有为全集》第二集，第89页。
⑦ 《康有为全集》第五集，第400页。

## 二 大同立教的双重挑战与戊戌士林的普遍异议

康有为托孔立教战略的着眼点首先在于中国内部"托以动众",立孔教也是此前从未有过的制度设置,带有很强的政治性,必然会有深刻的政治影响。对于既有政治格局而言,如果并不为第三章所说的将"文明之国"抵御于外的错觉所吸引,那么,人们所在意的,主要是立孔教引发的内部政治变动。人们对于立孔教的内部政治效应的顾虑乃至忌惮,正是康有为戊戌维新失败的关键原因之一。

如果康有为明确将太平大同之学(奉孔子为"大地教主"的核心根据)列为他参与戊戌变法的纲领,可以想见这一纲领将极具颠覆性,在不少方面甚至会远远超过他在流亡时期所反对的排满革命派。他没有这样做,一是当时他对太平大同的阐述还是比较简略的框架性描述;二是如前面所分析,他对孔子改制与变法改制、对托古立教与托古改制之间的区分是自觉的。① 在整个变法过程中他并没有将这两个方面等同起来,没有将太平大同列为变法追求的目标。

不过,他也很难在世人面前清楚地区分立教与变法改制。康有为似乎也并不想将其立教主张与其变法努力完全分开。根据他给朱一新的信,他不过是因为暂时没有参与变法的机会,才致力于阐发孔子大义、立教化民,"仆昔者以治国救民为志,今知其必不见用……故杜门来,专以发明孔子之学,俾传之四洲,行之万世为事"。②

其一,他赖以立孔教的对孔子太平大同之义的阐释,很容易被理解为变法改制的思想纲领之义。康有为将太平世视为不再有君主的民主时代,事实上提出了以血缘关系为基础的君主制本身的存废问题。诸如从文王到尧舜禅让的回归的一些说法,很难不令当时人感到康有为主张"行民主",如"《春秋》义分三世:与贤不与子,是太平世。若据乱世,则与正而不与贤"③,"孔子拨乱升平,托文王以行君主之仁政,尤注意

---

① "仆言改制自是一端,于今日之宜改法亦无预,足下亦误会。"参见《康有为全集》第一集,第325页。
② 《康有为全集》第一集,第325页。
③ 《康有为全集》第二集,第320页。

太平，托尧、舜以行民主之太平"①，等等。他曾经上折光绪帝推动立教，尤其是《新学伪经考》和《孔子改制考》被人们认为是其变法改制的纲领，直到今天人们仍然这样认为。这些有关太平世的看法，自然不仅会引起保守派的警惕和紧张，而且会引起重视君臣大防的一般士子的反弹。

康有为对大同太平的阐释在同情维新变法的人士中引起的反应，的确与他的变法主张截然不同。即使同情或支持变法的人士也多不信服和赞成康有为对太平大同的阐释。翁同龢在光绪帝面前直陈，因《孔子改制考》，他认为康有为"居心叵测"。他的戊戌年（1898）四月初七日记有言，"上命臣：康有为所进书，令再写一份递进。臣对：与康不往来。上问：何也？对以'此人居心叵测'，曰：前此何以不说？对：臣近见其孔子改制考知之"。② 湖南维新活动的"后台"陈宝箴1898年7月15日的上折虽对康有为有所维护，亦建议"饬下即将所著《孔子改制考》一书版本，自行销毁"，陈宝箴指出了康有为阐释孔子大同思想的要害所在，同时另作回护："嚣然自命号为康学，而民权平等之说炽矣。甚或呈其横议，若不知有君臣父子之大防。……第臣观近日所传康有为呈请代进所辑彼得变政记摺稿，独取君权最重之国以相拟议，以此窥其生平主张民权，或非定论。"③ 这两位朝中改良派主力的意见已可显出康有为以大同立教在当时士林并不得人心。他们所提及的康有为的这类表述，在保守派官员那里更是被变本加厉地演绎。上折弹劾康有为保中国不保大清的满族大员文悌，便将康作《孔子改制考》与淮南王刘安的"叛王肇乱之辞"、汉末张角"苍天已死，黄天当立"的"妖言"相提并论，指康"明似推崇孔教，实则自申其改制之义"，"奴才乃知康有为之学术，

---

① 《康有为全集》第三集，第150页。
② 中国史学会主编，中国近代史资料丛刊之《戊戌变法》（一），上海人民出版社，第522页。张謇之子张孝若在《南通张季直先生传记》中提及："据说当光绪帝向翁公索康书的时候，光绪帝听到翁公'此人居心叵测'一句话，就问道：'何谓叵测？'翁公答，'叵测即不可测也。'这情形是翁公亲告我父（张謇），我父亲告我（张孝若）的。"见《戊戌变法》（四），第246页。即便此处翁同龢可能后来有所改动，至少可反映翁在戊戌变法失败后对康有为的反思。
③ 《戊戌变法》（二），上海人民出版社，2000，第358~359页。

正如汉书严助传所谓以春秋为苏秦纵横者也"。①

其二，立孔教本身是变法改制的一项措施，是新的政教制度的创设，一旦设立会有深远而强劲的政治影响。康有为对立孔教的呼吁，也很容易被理解为有其政治企图，尤其是在皇权之外另外创设一个政治中心。

康有为强调了近代以来西方宗教与民族国家兴起及扩展之间的相互配合，尤其是宗教在西方的全球扩张中的作用。他通过阅读西书，以及与英国传教士李提摩太等人的交往，对一些基本状况有所了解。尤其是近代以来教案的屡屡发生，以及教案屡屡成为列强侵华事端乃至战争的起因（戊戌年康有为所上建立孔教会的奏折的由头就是胶东教案等事件），令康有为注意到耶教与国家扩张之间的协同关系。他视宗教为文明的主要载体，从耶教扩张感受到了文明存亡的忧虑，"（彼奉教之国）以国力行其教，必将毁吾学宫而为拜堂"。②《两粤广仁善堂圣学会缘起》（1897年）指出："外国自传其教，遍满地球，近且深入中土。顷梧州通商，教士猬集，皆独尊耶稣之故，而吾乃不知独尊孔子以广圣教，令布濩流衍于四裔，此士大夫之过也。"③ 康有为在戊戌变法期间所上《请商定教案法律，厘正科举文体，听天下乡邑增设文庙，谨写〈孔子改制考〉，进呈御览，以尊圣师而保大教折》，开篇即论同治以来教案，以应对教案作为"开教会、定教律"的"变法之道"的首要理由。他指出：

> 窃泰西以兵力通商，即以兵力传教。其尊教甚至，其传教甚勇；其始欲以教易人之民，其后以争教取人之国。……臣愚久已隐忧，深思补救之策，以为保教办案，亦在于变法而已；变法之道，在开教会、定教律而已。……然定律之事，又非国家之所能为也。……莫若直与其教会交，吾亦设一教会以当之，与为交涉，与定和约，与定教律。故臣谓保教办案，亦在于变法也。……若皇上通变酌时，令衍圣公开孔教会，自王公士庶，有志负荷者，皆听入会。而以衍圣公为总理，听会中士庶公举学行最高为督办，稍次者多人为会办。……教会之名，略如外国教部之例。其于礼部，则如军机处之

---

① 文悌：《严参康有为摺稿》，载《戊戌变法》（二），第484页。
② 《康有为全集》第一集，第325页。
③ 《康有为全集》第二集，第268页。

与内阁,总署之与理藩院,虽稍听民举,仍总于圣公。则亦如官书局之领以大臣,亦何嫌何疑焉?①

孔教会的制度设计,一方面是"总理"(相当于教皇)世袭制,另一方面是"督办"由士庶"公举",以民主选举的方式选任。这一架构可谓教会中的"君主立宪制"。② 此折也论及西方人视中国为"无教之国,降之为三等野番"的文明危机,"故国亡于无教,教亡于八股。故八股之文,实为亡国、亡教之大者也"。康有为的这一设计也注重强调政与教之间的协同:

> 夫天之生民,有身则采君以群之,有心则尊师以教之;君以纪纲治大群,师以义理教人心。然政令徒范其外,教化则入其中;故凡天下国之盛衰,必视其教之隆否。教隆则风俗人心美,而君坐收其治;不隆则风俗人心坏,而国亦从之。此古今所同轨,万国之道义也。③

同时,康有为未必不知道,西欧民族国家的兴起过程,伴随着它们与拥有超越国界的管辖权的罗马教廷的斗争,以及一个民族国家之内新教徒与忠于罗马的天主教徒之间的宗教战争。康有为曾读李提摩太及其助手蔡尔康所译麦肯齐著《泰西新史揽要》。此书1894年先以《摘录泰西近百年来大事记》为名在广学会机关刊物《万国公报》上连载,次年出版单行本,此后几年至少有九个合法的版本在全中国出售,上至皇帝,下至普通学子,几乎人手一册。④ 1895年10月17日,康有为与李提摩太第一次见面,⑤ 对此书自然熟悉。该书第二十二卷"教皇"叙述了基

---

① 《康有为全集》第四集,第92~93页。
② 流亡之后,康有为将衍圣公与清宣统皇帝作为"虚君"的两种选择,从这一后设视野来看康有为当时的孔教会制度设计,则很难排除他当时将孔教会当作一种"影子政制"的可能性。
③ 《康有为全集》第四集,第94页。
④ 参见刘雅军《李提摩太与〈泰西新史揽要〉的译介》,《河北师范大学学报》(哲学社会科学版) 2004年11月。
⑤ 〔英〕李提摩太:《亲历晚清四十五年》,李宪堂、侯林莉译,天津人民出版社,2005,第234页。

督新教兴起、与天主教廷分庭抗礼的历史，也叙述了拿破仑时代以降天主教廷连续遭遇的危机，尤其是欧洲各国与天主教廷的斗争，"西人于此百年中整顿各事无不求新，独罗马府则凡事阻遏"。① 例如，拿破仑两次攻陷罗马，将教皇掳至巴黎，又令新教皇为自己加冕；1870年普法战争期间意大利王攻陷罗马，将罗马收归意大利，教皇退居梵蒂冈。又如，1869年天主教举办万国大会处处受各国掣肘，"按教皇遍召诸随基督教之大教师聚集议事，此一千八百余年中不过二十次，此次基督教人既集，尚有略不同心者，如希腊大主教即东教其人云'召会若辈无所用之'，遂不顾教皇之体统，缴还教皇檄召之原文。又有俄罗斯皇不许波兰国主教赴罗马大会，普鲁士主教则婉辞不至，英国则谓世间之事重大于此者不知凡几，似此琐事付之不问，巴华连国更欲各国设法以阻罗马，使不能成此会，皆不同心者也。至此会之兼请基督、希腊教者，示大同也"。② 该卷详细叙述了普法战争之后，③ 获胜的德国与天主教会之间开始了争夺主导权的"文化斗争"：

教皇见新立之德国几灭信奉天主教之法国，又见德意志合日耳曼各国而为一奉耶稣教王以为皇，愈以为大戚，遂逞其私见仍其旧法，永与一切新学为仇。而在日耳曼之天主教神甫怨普弥甚，遇事但听教皇之训，诽谤普廷不遗余力，到处劝人皈依教皇以邀天福。〇毕士麦于孤立之教皇本无所畏，然念天主教之耶稣会中人于近数百年来，常以扰乱人国为乐事，故是年七月间又定一律云：凡在日耳曼境内天主教中耶稣会人尽行驱逐出境。一千八百七十三年同治十二年普国礼部尚书发克又立教化新章云：德廷本有一款赐与耶稣教教士并天主教神甫，神甫之薪水既出之于国币，国家可以国法治之。相沿至今，名曰"发克新章"。……定章以后，若有普鲁士人不愿随天主教或耶稣教者，皆可到官自行陈明，一应教务以官所定

---

① 〔英〕麦肯齐：《泰西新史揽要》，李提摩太、蔡尔康译，上海书店出版社，2002，第390页。
② 〔英〕麦肯齐：《泰西新史揽要》，第392页。
③ 1870年7月18日，普法战争期间，罗马教廷正式宣布教皇在信仰和道德问题上永无谬误这一信条。

者为主。○教皇见此新章,即谓此伤天害理之尤者也,普国妄作妄为至此而极,即降旨遍谕大小教士不必遵守普律,若敢私自遵从必受大罚。然虽有此旨,普人自行照章办理,不准有一违背之人。迷于天主教之人皆以为不合,其超于天主教之外者皆谓理当如此。○又阅一二年,普国又改天主教之章程。按天主教规,若男女不在天主教堂婚嫁者不认为夫妇,一千八百七十五年光绪元年正月普律云:民间之夫妇应当官长之前婚嫁,经官长允许之后,教会中人欲在礼拜堂行何礼节悉随其便,国家并不禁止。总之,夫妇之礼应在公堂定夺,不以礼拜堂为重。既而意、法、奥诸国皆以普国之新章为至善,遂各去其旧法,一应夫妇惟官得而主之,全不以神甫所定者为主。①

康有为对缔造统一的德意志帝国的俾斯麦评价很高,未必没注意到俾斯麦主导(但失败了)的此次"文化斗争"。俾斯麦希望,通过打击德国天主教徒并进而打击梵蒂冈,可以确保同样与梵蒂冈关系不佳的俄国和意大利的友谊,这样就能孤立仍然保护罗马天主教会传统的法国。法尔克大臣(即引文中的"发克")的"五月法"促使路德新教的保守主义分子担心这会波及所有传统宗教,于是转而支持德国天主教徒组成的中央党,这一进攻反而加强了中央党。随着法国第三共和国成为反教权主义国家,不再保护天主教会,俾斯麦做了让步,与教皇达成了妥协。②但在康有为自己的论述中,很少强调和论及德国等欧洲民族国家与天主教廷之间的矛盾。

  康有为有意识地忽略欧洲各国与罗马教廷之间的矛盾、冲突乃至长期战争,忽略欧洲民族国家如何与罗马教廷的宗教统治做斗争,如何摆脱罗马教廷的控制和干预,而强调各个欧洲民族帝国在崛起的过程中选择和确立了自己的国家宗教。他意识到在西欧民族国家兴起的过程中,政与教并没有真正分离过,强调基督教在欧洲殖民帝国崛起和海外拓殖过程中的重要作用,强调基督教作为欧洲文明的一种象征。这是他为立孔教的合理性、必要性和正当性提供论证的一种方式,这一强调政教协

---

① 〔英〕麦肯齐:《泰西新史揽要》,第399~400页。
② 〔美〕科佩尔·S. 平森:《德国近现代史》,范德一译,商务印书馆,1987,第258~260页。

同的论述，有可能使人们的注意力不放在立教这一政制变革将带来政治结构变化的问题上，而主要关注孔教在抗衡西方列强"以文明之国入野蛮之国"方面的重要作用。

不过，反对其立教主张的晚清士子，无论是保守派还是同情其改良主张的改革派，显然并没有跟着他的议题设置和论述思考问题。萧公权曾提出一个问题：康有为提倡儒教对他的变法活动是否有影响。萧公权认为，孔教运动对变法的影响，大致与宣称孔子改制所得的后果相同，一提出宗教主张，士大夫们立即群起反对。①

陈宝箴对康有为立孔教以应对巨变时代文明挑战的意图有颇多同情理解。他在《奏请厘正学术造求人才折》中说：

> 逮康有为当海禁大开之时，见欧洲各国尊敬教皇、执持国政，以为外国强盛之效，实由于此。……而孔子之教散漫无纪，以视欧洲教皇之权力，其徒所至，皆足以持其国权者不可同日语。是以愤懑郁积，援素王之号，持以元统天之说，推崇孔子以为教主，欲与天主耶稣比权量力……而不知……欧洲教皇之徒，其后以横行各国，激成兵祸战争至数十年，而其势已替，及政学兴、格致盛而其教益衰，今之仅存而不废者，亦如中国之僧道而已。②

陈宝箴强调了康有为"欲与天主耶稣比权量力"的立孔教的出发点，这也是在一定程度上为康有为托孔立教声辩。同时他注意到罗马天主教皇势力随"政学兴、格致盛"而日益下降，这一叙述与《泰西新史揽要》"教皇"卷第九节"自尊为衰败之兆"中的介绍颇为相近，即"读书较多、游历较广能谙各国事务之人既知铁路、报馆之宜"和"民主国之人民"对于教皇永无谬误的信条都颇不以为然，也不以天主教为然，"各国之民渐多不信天主教"。③陈宝箴指康有为"不知"此一状况，虽然康

---

① 萧公权：《近代中国与新世界：康有为变法与大同思想研究》，汪荣祖译，江苏人民出版社，1997，第101~104页。这一问题的讨论亦可参茅海建《从甲午到戊戌：康有为〈我史〉鉴注》，生活·读书·新知三联书店，2009，"24·23""24·30"等节。
② 《戊戌变法》（二），第358页。
③ 〔英〕麦肯齐：《泰西新史揽要》，第398页。

未必不知，至少他在论述立孔教理由之时并未论及。这一状况产生的主要根源之一，是欧洲各民族国家日益脱离罗马天主教廷控制的矛盾和斗争。康有为强调天主教或基督新教在欧洲各民族国家中的积极作用，而忽略天主教与基督新教之间的冲突，忽略民族国家与罗马教廷之间的冲突，从他自己的角度来说，可以回避孔教与中国国家政权（当时的皇权）之间的冲突。陈宝箴强调的其实是天主教在衰落，他要说的是，立孔教并不那么重要，并没有进一步指出教皇影响力下降意味着民族国家自主性的增强，教皇与民族国家之间存在矛盾和冲突。后一议题的彰显，提示人们，孔教的创制与国家政权之间同样会存在矛盾。

在康有为的一些批评者那里，政教冲突的议题并没有被搁置。黄遵宪和严复当时即认为"教不可保"。1897年，梁启超听了黄和严的看法后，逐渐改变态度。黄遵宪在1902年致梁启超的信中回顾他与梁1897年在湖南办时务学堂时讨论立教主张的情况：

> 往在湘中曾举以语公，谓南海见二百年前天主教之盛，以为泰西富强由于行教，遂欲尊我孔子以敌之。不知崇教之说，久成糟粕，近日欧洲如德如意如法，法之庚必达抑教最力，于教徒侵政之权，皆力加裁抑。居今日而袭人之唾余，以张吾教，此实误矣。公言严又陵亦以此相规，然尔时公于此见固依违未定也。[①]

黄遵宪此处提及"近日"德、意、法裁抑"教徒侵政之权"，即前述俾斯麦"文化斗争"时期德、意与罗马天主教皇之间的斗争，以及法兰西第三共和国转而与罗马教廷交恶。这说明黄、严等人将政教冲突问题视为立孔教需要面对却难以处理的首要挑战。

张之洞《劝学篇》开篇"内篇·同心"则指出，"保国、保教、保种合为一心，是谓同心，保种必先保教，保教必先保国"[②]，不点名批评康有为保教、保种不保国。这一批评不仅在意太平大同的教义对帝制的根本性挑战，也指出了"教"与"政"之间存在紧张关系。张之洞主张

---

[①] 参见丁文江、赵丰田编《梁启超年谱长编》，第76～77、280页。1902年梁启超发表《保教非所以尊孔论》之后，4月黄遵宪写此信给梁启超。

[②] 张之洞：《劝学篇》，上海书店出版社，2002，第4页。

"保教"必须以"保国"为前提,也即要求有关"教"的谋划必须服从清朝之"政"。1898年7月17日(光绪二十四年五月二十九日),孙家鼐所上"三折两片一单"中的最后一折《译书局编纂各书宜由管学大臣进呈并禁止悖谬之书折》,更严词指责康有为的托孔立教。孙时任管理大学堂事务大臣,上任伊始便请印冯桂芬的《校邠庐抗议》,主张稳健改革,他认为"人人谓素王可作"可能会"导天下于乱"。

> 康有为必欲以衰周之事,行之今时,窃恐以此为教,人人存改制之心,人人谓素王可作。是学堂之设,本以教育人才,而转以蛊惑民志,是导天下于乱也。履霜坚冰,臣窃惧之。皇上命臣节制各省学堂,一旦犯上作乱之人,即起于学堂之中,臣何能当此重咎?臣以为康有为书中凡有关孔子改制称王字样,宜明降谕旨,亟令删除,实于风俗人心大有关系。①

孙家鼐附议陈宝箴《奏请厘正学术造求人才折》的《孙协揆议陈中丞折说帖》更深入地讨论了立孔教(教主)与国政(皇帝)之间的矛盾和冲突。他指出:

> 其书有云:异哉王义之不明也。贯三才之谓王,天下归往谓之王;天下不归往,民皆散而去之,谓之匹夫。又云:以势力把持其民谓之霸,残贼民者谓之民贼。夫王不王,专视民之聚散向背,非谓其黄屋左纛,威权无上也。又云:今中国四万万人,执民权者二十余朝,问人归往孔子乎,抑归往嬴政、杨广乎?又云:天下义礼制度皆从孔子,皆不归往嬴政、杨广,而归往大成之殿。有归往之实,即有王之实,乃其固然。又云:于素王则攻其僭悖,于民贼则许以贯三才之名,何其舛哉。
> 
> 其书中所称嬴政、杨广民贼,臣诚不知其何指。黄屋左纛乃人

---

① "协办大学士孙家鼐奏为译书局编纂各书宜进呈御览折",《京师大学堂档案选编》,北京大学出版社,2001,第46页。转引自茅海建《戊戌变法史事考二集》,生活·读书·新知三联书店,2011,第252页。有关康有为与孙家鼐在京师大学堂问题上的分歧与矛盾,参见茅海建此书《京师大学堂的初建》一文。

君之威仪，天下所尊抑，康有为必欲轻视之，而以教主为尊，臣又不知其何心。人臣忠君爱国，惟有宣布朝廷盛德，乃其书屡言民不归往，散而去之，臣又不知其何心。①

同情改良者尚且如此，保守派更是猛攻康有为立孔教别有异心。例如，湖南举人曾廉在《应诏上封事》（约光绪二十四年六月）中，便直指康有为企图做中国的"教皇"，所谋者大。

> 盖康有为尝主泰西民权平等之说，意将以孔子为摩西，而己为耶稣；大有教皇中国之意，而特假孔子大圣借宾定主，以风示天下。故平白诬圣造为此名，其处心积虑，恐非寻常富贵之足以厌其欲也。②

曾廉等人从个人企图的角度推衍康有为的立孔教主张，固然是深文罗织的诛心之论，但其反对理由显示，康有为立孔教的建制主张，的确引发了"教"与"政"是否存在政治冲突的议题。③ 康有为通过立孔教来抗衡西方宗教的"文明"压力的立论，并不能取消孔教会可能成为皇权之外的新的政治中心的问题。由于当时《泰西新史揽要》等书广为传布，欧洲政教之争已是常见知识，曾廉从这一问题点发起的攻扦，揭示了君臣大防之外的另一政治敏感区域。

## 三 戊戌维新失败的反思：君臣之防的凸显与政教矛盾的忽略

康有为等人流亡之前是否对清朝抱有异志，是一个可以讨论的问题。

---

① 苏舆编《翼教丛编》，上海书店出版社，2002，第38~39页。
② 《戊戌变法》（二），第492页。
③ 萧公权指出，康有为发展孔教的努力除有反效果外，其本身也极不成功。中国的文化背景颇不利于宗教的发展，儒教基本上是世俗之教，与基督教和回教之强调原罪以及无上之神风马牛不相及。整个孔教运动缺少情感上以及精神上的吸引力，很难称为宗教运动。参见萧公权《近代中国与新世界：康有为变法与大同思想研究》，汪荣祖译，江苏人民出版社，1997，第101~104页。这一问题的讨论亦可参茅海建《从甲午到戊戌：康有为〈我史〉鉴注》，"24·23"、"24·30"等节；黄彰健《戊戌变法史研究》。

这一问题主要涉及两个方面：一是太平大同之学对君臣大防的突破，二是立孔教的政治创制是否会形成皇权之外的政治中心。一般的讨论主要注意前一个方面，这一倾向在一定程度上是受康有为本人的思考和议题设置所引导。黄彰健认为，戊戌年（1898）四月康有为受重用之前，康从事"保种、保教""保中国不保大清"的政治活动，康著《新学伪经考》时，已对清廷存有异志，其政治主张实以《孔子改制考》为理论依据。康只是在四月受光绪帝召见时，始确信光绪帝值得辅佐，于是放弃保中国不保大清的政策，希望通过君权，实行改革，逐渐掌握国家实权。① 本书第三章引用了康有为1901年给赵必振的信，在此信中，康有为很少见地表达了对戊戌变法失败的反思：

> 虽诸贼之罪，而亦吾党当时笔墨不谨，不知相时而妄为之，有以致之。此机甚大，如机器之转轴能发不能收，则并创设机器师，亦同归于尽而已。②

康有为及其弟子"不得于上，则欲争于下"③，在湖南"笔墨不谨"，因而在湖南士子中激起的反弹最为强烈。不过，在康有为看来，当时"笔墨不谨"的主要表现，是不知光绪帝可以寄托，从而在"上"与"下"的君臣大防问题上说了过头的话。虽然其立孔教的主张同样备受攻击，但他并不认为在政教问题上"笔墨不谨"。

康有为在戊戌变法失败之后，一直坚持立孔教的主张。不过，此一时期康有为论述立孔教，很少再从应对教案的角度入手，而主要是从正面论述道德教化和民风养成是良好政治的前提和基础，来论证定孔教为国教对于中国的重要性。康有为在强调政教协同的同时，也强调政与教的分离。值得注意的是，他一直很少论及西方天主教与新教、东正教（希腊教）之间的冲突，也很少论及罗马天主教廷与欧洲民族国家之间

---

① 参见《论康有为"保中国不保大清"的政治活动》《论康有为"保中国不保大清"的策略的转变并论转变以后至曾廉上书以前康的政治活动》两文，载黄彰健《戊戌变法史研究》。
② 《康有为全集》第五集，第400页。
③ 《康有为全集》第六集，第314页。

的紧张和冲突。他对此一议题有意无意地忽略，与以往一样，是论述其立孔教主张的合理性和正当性的需要。

康有为门生、女婿麦仲华1911年编辑整理的康有为变法奏议集《戊戌奏稿》收录了据《请商定教案法律，厘正科举文体，听天下乡邑增设文庙，谨写〈孔子改制考〉，进呈御览，以尊圣师而保大教折》改写的《请尊孔圣为国教立教部教会以孔子纪年而废淫祀折》。比较这两篇奏折，可以清晰地看出康有为后来同时强调政教协同与政教分离的变化。后者多有论及"治教分途"和"政教各立"，而这些概念在戊戌年的奏折中并未出现。例如，"故今莫若令治教分途，则实政无碍而人心有补焉"。"政教各立，双轮并驰，既并行而不悖，亦相反而相成，国势可张，圣教日盛，其于敬教劝学，匡谬正俗，岂少补哉？"[1] 以政教分离立论，包含了康有为对那些强调政教冲突的批评者的回应。

辛亥革命爆发之后，康有为更多地介入了国教问题的讨论。[2] 他在1912年五、六月写的《中华救国论》中，详细讨论了欧洲各国确立国教与宣扬宗教自由原则之间的关系。康有为指出，这两者并不矛盾，信教自由是"宽大"，而确立国教是"特尊"，明白国家的崇敬之所在，并指出信教自由其实源于宗教战争，是克服宗教迫害和宗教战争的一种方式。他关注和论述的重心仍然是立孔教，并以孔教为国教：

> 且夫宪法煌煌之大义，岂不在乎信教自由？此乃彼十六纪时，德国流千八百万人之血而后得之，乃载之约章，勒之宪，视同金科玉律焉。虽然，欧人之立此者，以旧教之待新教，动辄焚烧，但英、法间焚者已十余万，过德国刊士但士湖边，呼士赫斯师弟焚骨石前，未尝不惨然也。故特听信教自由者，深戒夫焚烧刑狱之强迫也。虽然，若班、奥之王，非旧教不得立为王若后；若英、普之王，非新教不得嗣为王若后；其率国之臣民，膜拜顶礼于庙于学者，盖皆有其国教焉。宽大以听民之自由，特尊以明国所崇敬，并行而不悖焉。[3]

---

[1] 《康有为全集》第四集，第98页。

[2] 根据目前的文献，康有为流亡之后直到1908年前后，亦即辛亥革命前不久，才开始较多地呼吁定孔教为国教。

[3] 《康有为全集》第九集，第325～326页。

这一论证方式更细致地整合了政教协同与政教分离，信教自由是政教分离的制度表现，确立国教则是在政教分离基础之上的政教协同。这些分析已经纳入罗马天主教与欧洲民族国家斗争及各种宗教战争的历史叙述中，不过这些叙述都集纳于信教自由的论题之下，作为信教自由的反面历史呈现。也就是说，这些历史叙述强调了天主教与新教、东正教之间的斗争，却忽略了英、法、德等国家政权是如何介入宗教斗争的，似乎宗教斗争主要是宗教内部的事情。欧洲民族国家与基督教教派之间纠缠斗争的论题，以确立国教这一论题的形式被叙述出来。确立国教只是这些纠缠斗争的阶段性结果，而这些纠缠斗争本身包含的政教斗争论题却被有意识地忽略了。① 康有为对信教自由与确立国教的原则的历史叙述，是以忽略否定政教斗争的现实存在（已经成为历史）为前提和基础的，其中既包括信教自由与确立国教在世界各国的状况，也包括认为中国二千年来即有信教自由的历史叙述。《以孔教为国教配天议》对此有更为详细的论述：

> 凡今各国，虽信教自由，而必有其国教独尊焉。波斯以祚乐阿士堆为国教，立教务院，设教大长，以尊崇而保护之，而听人民信教自由。突厥以摩诃末为国教，设教大长而保护之，而听人民信教自由。暹罗以佛教为国教而保护之，而听人民信教自由。俄罗斯则以希腊教为国教，立教务院，设教大长以尊崇保护之，而听人民信教自由。希腊、布加利牙、罗马尼亚、塞维皆以希腊教为国教，而听人民信教自由。然此犹曰欧东国也。西班牙、奥大利之宪法，皆以罗马旧教为国教，虽许信教自由，而其君后必为奉罗马教之人，其学校皆尊其国教。西班牙宪法第十一条，特著政府存养国教之义，以异于待他教，故以罗马政教为国教，其教法及教僧，政府扶持存养之。意大利以罗马教为国教，尚无信教自由之条。此犹曰罗马旧

---

① 刘小枫指出，虽然康有为既谈及保罗也谈及路德，但他未必清楚西方基督教的教会建制在长达一千多年的历史进程中究竟是怎么回事——尤其罗马教皇国与欧洲其他王国或大小公国乃至神圣罗马帝国之间的关系，未必清楚路德事件本身及其无意中所导致的宗教改革是怎么回事。参见甘阳、刘小枫等《康有为与制度化儒学》，《开放时代》2014年第5期。

教国也。丹麦、瑞典,其宪法皆以波罗特士教（引者注：Protestant）之新派为国教,声明政府保守之；又特别一条,其国王、阁员必以信新教之人为之。而丹麦于信教自由,又别为宪法焉。瑞典无信教自由之条,则其郑重于国教可知矣。那威宪法以路德为国教,特著耶稣会徒不得入国,则并不许信教自由矣。即英、德信教至自由矣,然其王必信波罗特士教。故英王之即位加冕大婚,必行礼于保罗殿。其大学校,若伦敦、检布列住、恶士佛,学生晨起,亦必礼基督焉。普国亦然,德诸联邦亦然。此犹曰君主国也。若共和国智利之宪法,拒绝各教,而以罗马旧教为其国教,是不许信教自由矣。阿根廷宪法,只保护其以罗马为正教,并无信教自由之条。甚至瑞士信教自由,而有禁耶稣一部之会不得入国,并禁其会员行动于学校及教堂。即美至自由,其宪法及学校,不限定国教,而总统即位,及人民一切誓书,必大僧举基督新约经而嗅之,则亦为国教矣。墨与中南美各共和国,虽听信教自由,而皆以罗马教为国教。

　　盖信教自由者,宽大以听人民之好尚,特立国教者,独尊以明民俗之相宜。义各有为,不相蒙,亦不相累也。佛教入于汉、晋,回教行于隋、唐,吾为倍数自由,行之二千年矣。彼德国之争信教自由也,三十年之教争,死人民千八百万,而英、法之焚烧新教,亦以数十万计,然后争得新教自由四字,故矜为广大,写之宪法。岂若我行之二千年从容无事乎？盖孔子之道,本于无我,敷教在宽,而听人之信仰,信佛信回,各听人民之志意。……故信教自由,与特尊国教,两不相妨,而各自有益,正与南美、班、奥、丹、瑞、英、德、俄、波、暹、希、布、罗、塞同矣。……吾国宪法,宜用丹、班之制,以一条为信教自由,以一条定孔教为国教,庶几人心有归,风俗有向,道德有定,教化有准,然后政治乃可次第而措施也。①

从康有为列举的各国政教关系状况来看,其实并不是所有国家都实行了信教自由的原则。例如,君主立宪国家中的意大利、瑞典、挪威（引文中"那威"）,共和制国家中的智利、阿根廷,并未允许信教自由。康有

---

① 《康有为全集》第十集,第93~94页。

为的论述重点在于确立国教，无论君主立宪制国家还是共和制国家，无论是否允许信教自由，所有这些国家都会确立自己的国教。至于信教自由，则无论其他国家是否有，也无论这些国家经过多少曲折才确立此一原则，中国已经行之二千年。根据康有为的叙述，结论简而言之，中国早有信教自由，却尚未立国教；上述国家未必有信教自由，却已立国教。一些国家不允许信教自由，正是宗教与国家政权之间斗争以及此教与彼教之间斗争仍然存在的表征，这是确立国家的关键条件和基础。但康有为在叙述这些现象的同时，跳过了政教斗争的论题。这一论述特点反映了康有为凸显"立国教"议题的强烈愿望。虽然他增加了有关政教分离和信教自由的叙述，但忽略政教斗争的历史和现实存在的特点一仍其旧。[①] 在戊戌变法期间，康有为的这一论述努力尚且无法引导政治议程设置，从梁启超、黄遵宪、严复等同道，到曾廉等反对派，都知道强调他所搁置的政教斗争问题的重要性，在辛亥革命前后，康有为更难用这种方式引导政治议程。政教斗争问题始终是他无法回避、必须面对的首要难题，也是定孔教为国教的现实政治障碍。

虽然康有为一直回避政教斗争问题，但他的立孔教和定孔教为国教的主张在现实政治进程中的遭遇，却呈现了处理政教关系的重要性。对于康有为的政治行动而言，存在如何处理其教义与其政治行动之间关系的问题。他希望依靠既有国家政权的认可和支持，确立以大同思想为核心教义的孔教的国教地位，这一努力固然落空了，但其中包含了依托教义思想动员民众、凝聚政治力量的政治构想。如何处理教义思想与它影

---

① 康有为在欧游期间，更有条件深入了解欧洲政教斗争的历史。例如，他反复明确引用英国政治学家布赖斯的看法来论证教俗作为政治的基础。布赖斯曾指出，11世纪欧洲发生了教权与君权的大冲突，近世的政治思想即从此起源。当时日耳曼皇帝亨利第四、第五（Henry IV, V）和腓特烈第一（Friederick），以及英王威廉（William the Conqueror）及其二子并其曾孙亨利第二（Henry II）等都觉得他们自己的势力被格列高里第七以来各教皇侵占了。这个权利不是人民权利的问题，而是两特权之间的问题，即教权与君权孰尊的问题。16世纪宗教改革浪潮兴起之后，教皇与国王之间的斗争更是一个中心问题。参见〔英〕詹姆斯·布赖斯《现代民治政体》，张慰慈等译，吉林人民出版社，2001，第85～90页。原著1921年出版，中译本1935年出版。布赖斯这一常识性的看法并非写作《现代民治政体》时才形成。布赖斯的另一本研究美国政治的名著《平民政治》，1912年由主张君主立宪的孟昭常（著名历史学家孟森之弟）在民友社（上海）出版（孟昭常译书名为《美利坚合众国》）。

响下的政治行动之间的关系，是这一政治构想的内在问题。教与政的关系，不仅是国家政权与立国教的制度创设之间的关系，也是组织性政治行动要处理的内部问题。到新文化运动时期，在康有为与陈独秀等人的辩论中，这一议题清晰地呈现了出来，并开拓出一个新的方向。

鉴于康有为并不是不知道欧洲政教斗争的历史，也未必不知道，他的立孔教建议引发的政治反弹本身就是政教斗争的一种表现，我们也许可以说，康有为在论述立孔教和定孔教为国教主张时，一直避免突出政教斗争问题，其实是其立孔教策略的一种政治手段。这一手段带有很强的侥幸心理和投机色彩，希望取得便捷的成功。国家政权（无论是清朝皇权还是民国共和政权）面对立国教的呼吁，首先会考虑立国教的吁求所可能包含的政治企图，会关注国教创制的政治影响，毕竟国教创制意味着系统性政治组织和政治中心的形成。尤其是康有为在武昌首义之后提出，将尊衍圣公为帝作为保留虚君之位的次优选择，含有建立政教合一政制的设想，既得不到张勋、郑孝胥等坚持恢复清朝帝制的复辟派的信任与支持，更为共和革命派所反对。[①] 因而康有为通过议程设置的引导推动立国教的努力，很难有所收获。这是康有为"知其不可而为之"的一种努力。

---

[①] 康有为在《共和政体论》中说："夫立宪君主，既专为弹压不争乱而立，非待其治世也，诚合乎奉土木偶为神之义，则莫如公立孔氏之衍圣公矣。"《康有为全集》第九集，第248页。

# 第七章　共和与国教[*]

## 一　引言："大同立教"、国教问题与共和的道德基础

康有为及其弟子陈焕章等人在辛亥革命之后推动定孔教为国教，是中国近代以来少有的以"国教"为中心议题的政治现象。中国儒释道三教源远流长，但中国的传统是世俗国家与世俗文化形成"大一统"，各种宗教和平共处，"三教合流"，这与欧洲只有宗教"大一统"、长期陷于宗教战争的政教关系状况有根本的区别。[①] 在漫长的帝制时期，儒教一直不是一种建制性的宗教，士林领袖并非在世教主。中国的一些区域例如西藏曾有政教合一的地方性政权，近代的太平天国运动也曾建立政教合一的地方割据政权，但中央王朝向无设立国教的传统。

康有为"定孔教为国教"构想的主要依托，并非中国传统的政教制度，而是中央王朝尊崇儒学的悠久传统。不过，即使执政者如民国初年的袁世凯那样尊崇儒学，有诸多途径宣扬儒学，也未必愿意"画蛇添足"地设置可能成为制约自身权力的国教会；如果执政者不再尊崇儒学，立国教更无从谈起。定孔教为国教议题曾在民国初年的国会和社会舆论中引发辩论，1917年张勋复辟失败之后，此一议题的影响力迅速衰微，乃至在中国的国家政治议程中销声匿迹。尽管康有为立孔教意在张扬儒学传统，但定孔教为国教并不合乎中国的政治传统，这是康有为的立国教设想无法实现的一个重要原因。

以往对康有为定孔教为国教的构想及政治努力的研究，主要有两种倾向。一是认为康有为在民国时期鼓吹立孔教以及定孔教为国教，是历史的倒退，对这一政治现象给予简单的否定。这一倾向多见于20世纪中

---

[*] 本章以"共和与国教——政制巨变之际的'立孔教为国教'问题"为题曾刊发于《开放时代》2018年第6期。
[①] 参见李零《中国方术续考》，东方出版社，2000，第8页。

后期的研究。二是认为定孔教为国教可为儒家文化在现代社会的复兴提供重要的制度基础，康有为的国教设想仍有重要的历史意义与现实价值。近年来相当部分有关康有为国教论的研究，不同程度地表达了对康有为的孔教论与国教论的同情。这两种研究倾向的共同的核心问题意识是对孔教的历史价值给出判断。常见的情况是，或者是根据其失败做简单的否定，或者是根据预期中的复兴做简单的肯定。一种思想的能量与前景是在具体的历史过程中展开的，其变迁、特征与限度，需要在它所介入的具体斗争中才能充分显示出来。研究者在历史研究中的判断及其情感寄托，作为当代进程中的一种参与方式，同样各有其能量、变迁、前景、特征及限度。那些带有某种历史终结意识的判断，或者对历史的静态化判决，往往只是某一时刻的幻觉。思想史研究既需要充分把握历史斗争的动态进程，也需要有面向未来的动态意识；既需要深入研究对象内部，内在地理解对象，也需要将研究对象视为一种历史文本，进行意识形态分析，而不是视为供奉物、历史垃圾或者可资移用的观念材料。

千年帝制崩溃、共和初曙、列强瓜分的政制巨变时期的混乱格局，客观上提供了民国初年多元政治活跃斗争的基本历史条件。袁世凯复辟是共和执政者对共和制的背叛，其失败意味着帝制的再次破产与彻底崩溃，共和制面临严重危机，具有整合力的统一的国家政权不复存在。此时旧的选择全面落空，迫使人们去寻求新的道路，新的政治思考与选择的想象空间得以打开。在中外各种政治势力合纵连横、相互争斗的空间中，不同思想主张的政治含义与针对性（尤其是希望动员何种社会力量）容易变得比较清晰。无论主观意愿如何，群雄逐鹿时代的政治分歧与争论，不仅仅是思想文化界内部的争论，还与营垒日益分明的政治斗争相互交织。张勋兵变夺权复辟与新文化运动的兴起，都是政治可能性全面开放的态势形成的重要征象。地方军阀敢于冒天下之大不韪，通过武装夺权终结共和谋求复辟，共和主张者自然也不惮于另起炉灶重构政治地基，新文化运动是新的政治及政治力量酝酿形成的重要开端。当时冲突的主题是帝制复辟与反复辟，同时包含了共和制条件下长期存在的矛盾。

在袁世凯筹划复辟期间开始兴起的新文化运动，将康有为与其主张的孔教作为反复辟运动的首要论敌，原因在于运动的主将们认为，康有为提供了袁世凯尊孔复辟的思想资源，他主编的"《不忍》杂志，不啻为筹安会导其先河"。[①] 康有为随后参与张勋复辟，确凿地证实了新文化运动此前对孔教及康有为的批判并非无的放矢。这一判断对后世的影响很深，以往有关康有为孔教观的研究，无论持否定还是同情的态度，对康有为与复辟意识形态之间的关联的理解，大抵与这一判断类同。这一难以推翻的判断，使得后世研究者很少更进一步关注复辟意识形态的复杂之处，即忽视了复辟意识形态也强调"大同"，以及这种复杂构成与康有为孔教思想复杂构成的关联。忽视了复辟意识形态的这一要素，就很难充分理解为何新文化运动将孔教视为共和之敌，并将"东西方文化"的对立结构确立为孔教批判的一个基本知识框架。

本章将梳理康有为的"大同立教"思想及实践与袁世凯的复辟意识形态之间的复杂关联：一方面，袁世凯反对定孔教为国教；另一方面，他又吸纳了康有为的孔教论述，即通过阐释儒家"大同"思想拿到在共和时代尊孔的"门票"，并进一步主张，尊孔即意味着传统教俗"不可变"。尽管康有为反对袁世凯复辟，但袁世凯对其思想的挪用和吸纳，提供了反观康有为孔教论述内在结构的重要参照。

本章亦将分析新文化运动对康有为"大同立教"的系统批判。新文化运动的骨干对其内在逻辑非常清楚，并做了针锋相对的系统批判，否定孔子学说与现代民主自由诸学说之间的关联。部分新文化运动骨干强调东方文化与西方文化的对立，是对分割孔子学说与西方现代学说的策略性强化。由于康有为倡立孔教被视为其帝制复辟的一部分，故其以大同阐释作为立孔教根基的一面长期被忽视，这一系统性批判的内在结构也长期隐没不彰。

新文化运动的骨干与康有为围绕"何为共和基础"问题的深刻分歧，呈现了20世纪革命运动进程中的一个核心问题，即"不可变"的教俗究竟在多大程度上难以改变，新道德新文化的变革究竟能在多大程度上实现并巩固。帝制议题在政治领域消失之后，这一问题仍然存在。

1902年6月，康有为在与倾向共和革命的梁启超、欧榘甲等弟子辩

---

[①] 《驳康有为致总统总理书》，《陈独秀著作选》第一卷，任建树等编，上海人民出版社，1984，第214页。

论时便预见到,革命浪潮带来的变化将"不独四年来所无,实二百年所未有。盖向者人犹望复辟之自强,今则别谋革命自强矣;向者不过变自小民,今则变自士夫矣"。① 辛亥革命之后,他进一步强调,共和革命的特点在于,它是同时在文化和政治层面上"革"中国数千年帝制及其依托的教、学、俗等文化基础之"命",试图摧毁的是整个帝制及其文化基础。② 康有为对20世纪中国革命的愿望、诉求及其逻辑的观察充满洞见。帝制倾覆与民国肇造的"数千年未有之巨变",与以往的王朝更替有着根本的不同:王朝更替不涉及帝制的废留,新朝的多数制度可以承袭前朝,而共和制取代帝制,意味着系统性的剧烈变化。

共和制取代帝制的变化进程相对于王朝更替,要更为缓慢。共和革命有何种诉求是一回事,革命能在多大程度上实现这些诉求,革命进程能否持续发展,又是另一回事。从全球范围看,取代帝制之后,共和制在社会文化变迁上的诸种规划是长期的、未完成的,不断面临不同程度的回退浪潮,正如启蒙仍是"未完成的规划"。何谓启蒙,何谓共和,共和制相对于此前制度与文化意味着何种程度的断裂与革新,这些问题至今仍然处于争议之中。毫无疑问,世界上还不存在理想的共和制国家。③ 共和制一直处于各种困难与挑战之中,这些困难未必以帝制复辟的形式呈现,但它们都是共和制的社会基础与道德基础并不稳固的表征。

围绕共和的道德伦理基础乃至共和本身的争论与质疑当前仍在持续。共和的道德伦理基础是什么,共和是否需要多数社会公众成为追求平等、自由等价值的"新人",或者,多数社会公众是否可能成为坚持平等、自由等价值的"新人",这些问题不断被提出,也是当前的康有为研究与讨论指向的基本问题。晚近三十余年来,追求社会平等与自由的政治进程在全球各个区域遭遇了程度不同的挫折,在各种资本集团日益主导各国政治的时代,社会不平等程度出现不断扩大的趋势,近年来极端右翼政治在全球日益敷衍成势,而扭转这一趋势的政治能量薄弱,政治路径狭窄,寻求改变的社会意愿未成潮流,也缺乏方向感。这是一个与革命浪潮涌动的20世纪初期截然不同的时代。以此为背景,宗教意识在全

---

① 《康有为全集》第六集,第332页。
② 《中国以何方救危论》,《康有为全集》第十集,第35页。
③ 参见 Norberto Bobbio, Maurizio Viroli, *The Idea of the Republic*, Polity, 2003。

球范围内呈现复兴态势。充分把握康有为的孔教论与国教论的内在脉络，可以更为清晰地了解20世纪初的特殊氛围（例如争言"大同"），以及一个世纪之后问题情境的变化，进而从康有为及其时代获得启发。

## 二 跨政党宗教的建构：建党与立孔教的分岔与重叠

康有为鼓吹定孔教为国教，是晚清民初多种"保教"思路中最具影响力的一种。他在中国社会并不存在儒教建制的情况下，致力于确立"孔教"的政治建制。他的"定孔教为国教"的呼吁第一次使"儒教/孔教是不是一种宗教"成为一个影响广泛的公共议题，在士大夫阶层中促发了有关儒教/孔教的自觉意识。此后，中国知识界围绕儒教/孔教是不是一种宗教、是否应当立孔教为国教展开了论辩，这些问题在今天仍有回响。当时知识界有关这一论题的辩论，正显示此前中国社会尚未形成儒教作为一种宗教（至少与道教相类似）的自觉意识，也就谈不上存在一种有着清晰的自我意识的儒教。

在流亡海外（1898～1913）的前期，康有为的重点是组织保皇会。虽然南洋等地华人常将儒学视为宗教[①]，但最初康有为在建立孔教会方面并未用力。1907年，陈焕章筹备成立昌教会，希望康有为出面主持。[②] 康有为对此的意见是，立教与建党都是大事，但当时重点是政党建设，因为要预备不久后中国将成立议会的新形势，推动开党禁，在此基础上，再致力于在内地广设孔教会。他在《与梁启超二三子书》（1907年11月4日）中说：

> 乃者陈重远大发教愿，请吾重主教事。二者皆大事，不可得兼，必有一取舍于是，正拟大聚吾党一议决之。然天下之责望，会众之辛勤，皇上之付托，如是其重且大也，岂能洁身掉臂以去之乎？既不忍决去，则必经营之，此如来书所谓览时度势，吾党终不能出政党外也。况乘时势之空虚，据名望之所归，内外易集，政党易成，

---

[①] Prasenjit Duara, *The Crisis of Global Modernity: Asian Traditions and a Sustainable Future*, Cambridge University Press, 2014.
[②] 参见《孔教会纪事·澳门支会》，《经世报》第一卷第一号。

第七章 共和与国教

而今尚无与我争者。当议会之将开，及人才之渴望，因而收之，以成党势，诚至当之事，势不可不急起直追者也。恨我党不能大入内地，肃王既来提携，内情必极急，那拉旦夕必有变。若能入内地而开会，则以吾党之名誉、财力，海内尚无与角者。则为今开党势之计，以开党禁为最急可以此与肃要之而一面推行会事焉。①

此前，康有为曾于1906年底准备将保皇会改名为国民宪政党，《通告各埠从新订定国民宪政党党旗函》（1906年11月）称："今改会名为国民宪政党。国民二字，可合大众，吾党不用，后必有人用之。诸君试再思之，有佳名胜此者，吾当相从也。"② 1906年12月8日，保皇会机关报纽约《中国维新报》刊出《布告百七十余埠会众丁未新年元旦举大庆典告藏，保皇会改为国民宪政会文》（1906年10月21日）。《行庆改会简要章程》中说："今上不危，无待于保，会务告藏，适当明诏，举行宪政，国民宜预备讲求，故今改保皇会名为国民宪政会，亦称国民宪政党，以讲求宪法，更求进步。"③ 梁启超得知后，写信建议康有为不用"国民宪政会"。康有为接受了这一建议，于1907年3月23日改名为"帝国宪政会"。④ 1911年初，"帝国宪政会"改名为"帝国统一党"，"合全国人士与蒙古藩王共之"。康有为在《民政部准帝国统一党注册论》中指出：

> 故夫立宪者，政党之父；国会者，政党之母；多数取决者，政党之胎也。立宪、国会合，欲不生政党而不能矣。今渐脱专制之政体，故虽欲恶政党而禁之，而终不能矣。今闻朝士纷纷，皆言政党，今之权贵，它日亦必投身入政党之中矣。……计自今举国人士，纷纭运动，皆办政党，皆争入政党。早入树功者，早收其权利；迟入

---

① 《康有为全集》第八集，第321页。
② 《康有为全集》第八集，第233页。
③ 参见汤志钧编《康有为政论集》，第600~602页。康有为《与梁启超书》（1912年5月20日）："五党联合，改为国民党，与吾党重名。"《康有为全集》第九集，第301页。
④ 参见丁文江、赵丰田编《梁启超年谱长编》，第870~875页。后来，康有为在《民政部准帝国统一党注册论》（1911年4月）中回顾，帝国宪政会"遍行之内地十五省，则名为政闻社。戊申被禁，则又易其名曰同志会"。见《康有为全集》第九集，第192页。

无劳者，大失其权利。①

辛亥革命爆发，远东第一个共和国的成立，意味着共和革命主张的初步胜利，康有为的改良保皇主张遭遇挫败。之后政党纷起，斗争激烈，康有为一党的落后之势已经明显，并且很可能每况愈下。1912年6月，康有为在《与梁启超书》中极为焦虑地说："近者连接外埠书，皆极怨散之言。十余年辛苦经营，今真尽矣。呜呼！从前乱时，吾等犹可以不破坏自解，今者各处党发如麻，而吾党无声无臭，安得不令人愤绝望绝而散。"② 民国肇建之后，即在教育领域开始革命性变革，1912年1月19日，教育部颁布《普通教育暂行办法》，规定"小学读经科一律废除"；2月11日，教育总长蔡元培发表《对于新教育之意见》，直指"忠君与共和政体不合，尊孔与信教自由相违"。③

在这种情况下，康有为重新考虑立教问题，不再认为立教不如建党重要。一是国家政制经历千年未有之巨变之后，社会秩序的崩溃与重建成为一个关键问题。他认为，忧虑纲纪伦常瓦解的社会政治力量相当可观，发展和宣扬孔教、提倡尊孔可以迅速动员这一部分政治力量：

> 近者大变，礼俗沦亡，教化扫地。非惟一时之革命，实中国五千年政教之尽革，进无所依，退无所据。顷并议废孔教，尤为可骇，若坠重渊，渺无所属。呜呼痛哉！自吾中国以来，未危变若今之甚者也。虽然，时变之大者，必有夫巨子出，济艰难而救之，今其时也。吾欲复立孔教会以振之。……吾注有《礼运》、《中庸》、《四书》、《春秋》及《礼记》选，可以宣讲，发明升平、太平、大同之义，令人不以君臣道息而疑孔教之不可行。但以勇猛之力，精切之辨，忧大教之废，伦纪之坠，家人之失，启诱大众，计无不来归者。先行于瀛，徐推行于各省会。不及半年，人心愤激，必可令各郡县皆有孔会焉。④

---

① 《民政部准帝国统一党注册论》，《康有为全集》第九集，第193页。
② 《康有为全集》第九集，第335页。
③ 《蔡元培全集》第二卷，高平叔编，中华书局，1984，第136页。
④ 《康有为全集》第九集，第337页。

二是通过孔教会（作为孔教的教会，入会即入教），可以在国会中"曲线"扩张政治势力。他在《与陈焕章书》（1912年7月30日）中这样设想：

> 今为政党极难，数党相忌，以任之力半年而无入手处。弟海外新还，始附党末，我始为仆，几时树勉难矣。昔弟在美，以行孔教为任，研讲深明。今若以传教自任，因议废孔之事，激导人心，应者必易，又不为政党所忌，推行尤易。凡自古圣哲豪杰，全在自信力以鼓行之，皆有成功，此路德贾昧议之举也。及遍国会，成则国会议员十九吾党。至是时而兼操政党内阁之势，以之救国，庶几全权，又谁与我争乎？此又所谓远之而近之也。吾欲决开是会，欲付托于弟，而宪子、君勉皆强力者，相与成之，必能尽收全国，可断之也。……弟若专致身于教，实可与任为两大，若仅附托政党，则末之也已。①

康有为的一个基本假设是，多数国会议员仍然认同孔教，也会加入孔教会。以这一假设为基础，他以为孔教会可以借此成为国会中事实上的第一大党。康有为认为，基于在政治竞争中获得优势这一相同的政治目标，建党与立教的政治特点与效能有所不同。建党是参与政治竞争的较为直接的组织方式，建立孔教则显得相对超然，可以超越不同党派在一些议题上的分歧，同时影响和渗透不同党派。他认为孔教不是政党，其政治效能却甚于政党；当虚君共和派在政治竞争中处于劣势，通过孔教反而不无后来居上的可能。1912年10月7日，在康有为指导下，陈焕章、麦孟华等人成立孔教会，康有为任会长，陈焕章任总干事。1913年初，孔教会机关刊物《孔教会杂志》与康有为主编的《不忍》杂志相继创刊。孔教会注意强调宗教超越政党竞争的特点，其宗旨为"昌明孔教，救济社会"，与政党有别。陈焕章在为《孔教会杂志》创刊号所写"序例"中明确强调"本会非政团"。

孔教会参与国会政治的具体情况则较为复杂。孔教会的主要人物陈

---

① 《康有为全集》第九集，第337页。

焕章、王树枏、张琴等曾在 1913~1918 年担任国会议员。[1] 虽然孔教会一般不像国民党、共和党等政党那样被列入参众两院的政党名单中，也没有作为一个政团参与政党竞争，但孔教会在国会活动中并非悄无踪迹。[2] 孔教会总干事陈焕章 1918 年被推选为参议员后在议会中的活动（包括所提议案），在一定程度上具有孔教会在国会中的代表的特点。[3]

孔教会的核心政治议程是持续呼吁和推动定孔教为国教、将孔教写入宪法。如果说，立孔教可以看作参与政治竞争的一种曲折途径，那么，推动定孔教为国教，则是从宗教层面确立孔教长期优势地位的一种努力。前者更多地带有"谋于下"的特点，后者事涉国家大政，有赖于国家政权的认可，必然要"谋于上"。相对于戊戌变法时期在光绪帝那里"得于上"，辛亥革命之后康有为"得于上"的努力，一在于复辟帝制，参与张勋以非常规方式武装复辟的行动，二在于定孔教为国教，支持通过国会制宪等方式确立孔教的国教地位。梁启超、夏曾佑、王式通、吴闿生等孔教会会员曾担任政府重要官员，相对而言，孔教会更多着眼于通过国会政治获得宪法层面的国教地位。传布孔教与争取国教地位都是孔教会的目标，如果孔教能被确定为国教，更容易促成多数国会议员加入孔教会的局面，立教的重要性将远远超越建党。孔教会是康有为在辛亥革命之后的主要政治支点，其影响力胜过了康有为参与组织的政党。

康有为与孔教会在民国初期寻求定孔教为国教的政治机会，主要有两种思路：一是通过国会政治的途径，影响立宪进程，在宪法中确立孔教的国教地位；二是寻求军阀的支持，在武力夺权的基础上获得孔教的国教地位。这两种努力都落空了。

孔教会通过国会政治推进立国教议程，主要有两类举措。一是向国会或国家首脑上书请愿，推动政治议题设置。1913 年 8 月，孔教会代表梁启超、陈焕章等人上书参众两院，请定孔教为国教。[4] 1916 年 9 月 20

---

[1] 参见《孔教会主要人物简介》，《中华民国史资料丛稿》特刊第 2 辑，第 70~79 页。
[2] 参见张朋园《中国民主政治的困境 1909—1949：晚清以来历届议会选举述论》，第一、二章，吉林出版集团，2008；张玉法《民国初年的国会 (1912—1913)》，载《近代史研究所集刊》第 13 期，第 119~122 页。
[3] 王锡蕃曾以孔道会代表的身份参与国会政治，是类似的例子。
[4] 《中华民国史资料丛稿》特刊第 1 辑，中国科学院近代史研究所中华民国史组编，中华书局，1974，第 32 页。

日，康有为致电新上任的总统黎元洪与总理段祺瑞，要求政府"以孔子为大教，编入宪法"①，以影响9月重新开始讨论的"天坛宪法草案"。1917年5月，宪法审议会否决定孔教为国教的提议，9月11日，陈焕章等孔教会代表再次上书参众两院，请定孔教为国教。② 二是通过国会中的孔教会会员在这些议题上展开政治竞争。1917年立国教提议被否决后，参议员陈焕章等人提出尊孔法案、祀天案等系列议案，试图有所弥补。

康有为对于孔教会获得跨党派支持的预期部分地实现了，定孔教为国教这一孔教会核心政治议程在国会中的支持者，来自不同政党。定孔教为国教议案的提议者赵炳麟，便是国民党推选的议员，另一提议者陈铭鉴亦为国民党党员。③ 国教案提出后，"就会议记录中对黄云鹏提议表示支持或反对的议员的党籍来分析，9位支持者中有4位进步党、4位国民党、1位共和党；12位反对者中有6位国民党、2位进步党、2位共和党，并无党派色彩"。④ 1917年11月13日，立孔教为国教提议被否决后，参众两院中坚持定孔教为国教的一百多议员在北京组成国教维持会，通电"吁请"各省督军支持。⑤ 这些不同党派的议员在定孔教为国教问题上意见接近。不过，这并不意味着孔教会对这些议员具有整合能力，他们未必会因此而尊崇孔教会。

孔教会并没有像康有为所设想的那样，让多数国会议员认同孔教，更谈不上成为国会中实质性的第一大党。在袁世凯接任临时大总统之后的制宪过程中，国会议员在定孔教为国教的议题上出现了分裂。袁世凯在执政及复辟时期，一直支持尊孔，也曾试图拉拢康有为，但并不支持定孔教为国教，乃至反对将儒学视为一种宗教。袁世凯阵营（包括追随袁世凯的国会议员）在尊孔方面对康有为思想援引颇多，双方有颇多接近之处。康有为则反对袁世凯称帝，婉拒袁的邀请，支持梁启超的弟子蔡锷倒袁。他主张设立虚君，但认为虚君的最佳人选是清朝逊帝溥仪，

---

① 《致黎元洪、段祺瑞书》，《康有为全集》第十集，第317页。
② 具体经过的梳理，参见韩华《民初孔教会与国教运动研究》，北京图书馆出版社，2007；《中华民国史资料丛稿》特刊第1辑。
③ 韩华：《民初孔教会与国教运动研究》，第144页。
④ 董克武：《民国初年孔教问题的争论》，《国立台湾大学历史学报》第12期。
⑤ 参见韩华《民初孔教会与国教运动研究》，第106页。《中华民国史资料丛稿》特刊第1辑，第38页，所引材料有误。

其次是衍圣公，袁世凯称帝是僭越。这种复杂状况说明，多种政治派别都以尊孔相标榜，提示孔教具有跨越与连接不同政党或政治派别的潜力，但康有为所要建立的跨政党宗教，即使在尊孔的政治群体中也缺乏政治整合力。

在袁世凯复辟失败之后群雄逐鹿的政治格局之下，康有为亦寻求与军阀合作，通过武力夺权复辟帝制，实现定孔教为国教的目标。辛亥革命之后，军阀便是支持定孔教为国教的重要政治力量，但并不以孔教会为"马首"。在袁世凯执政时期，不少军阀在国教问题上与袁世凯的态度有所不同，公开支持定孔教为国教。1913年9月9日，副总统兼湖北都督黎元洪致电国务院及参众两院及各省都督、民政长、议会，支持梁启超等孔教会代表提出的"奉孔教为国教"的要求；张勋、吴佩孚、阎锡山、冯国璋等军阀都曾公开表示支持定孔教为国教。这些对当时的舆论都有较大的影响，但孔教会在军阀那里的地位并不高。与张勋的合作，是康有为致力于复辟帝制与定孔教为国教的政治行动的高峰。康有为在张勋复辟中亦被排挤，遭遇颇为尴尬，郑孝胥等遗老认为其对清廷不忠。康有为的君主立宪设想尚且不被信任，遑论定孔教为国教的设想。何况张勋复辟不堪一击的失败，显示复辟者能够争取到的社会支持已经很少。康有为在张勋复辟事件中的失败是双重的，既是帝制复辟努力的惨败，也是争取国教地位的失败。此后，立国教与帝制在中国都很难再成为政治选项，进入国家政治议程。①

虽然在康有为看来，孔教会可以成为一种进行政治动员、参与政治竞争、获取优势地位的强有力的政治组织形式，但不宜简单地将孔教会视为政党。从政党的类型来说，有宗教型政党，但孔教会当时并没有以政党形式参与以国会为中心舞台的政党竞争，而是希望以非政

---

① 郑孝胥等人认为，康有为在戊戌时期便不忠于清廷，这一意见主导了复辟力量，康有为在张勋集团内部被边缘化。康有为在这一事件中遭遇惨败，此后不再担任孔教会会长一职，再无心力通过组织政党的方式参与政治竞争，他淡出政治舞台，只是不时发表一些政见见解。1921年，康有为曾任万国道德会会长，这一组织与康有为主持时期的孔教会不可同日而语，已经没有孔教会那种政治抱负。参见房德邻《康有为与孔教运动》，《北京师范大学学报》1988年第6期；张颂之《孔教会始末汇考》，《文史哲》2008年第1期；张颂之《康有为孔教会会长任职考》，《孔子研究》2007年第4期；《中华民国史资料丛稿》特刊第1辑，第28~42页。

党的形式起到一般政党难以企及的作用，这与有明晰政党建制的宗教型政党很不一样。不过，我们可以说，康有为以孔教会为基本平台介入政党竞争的谋划，是一种宗教的政党化现象；他在当时所要建立的孔教，企图介入不同政党，可以称为跨越政党边界的宗教。这种宗教的政党化现象，当时并非只有孔教会一家如此。北京孔教总会干事、廖平的门生李时品在1913年6月27日的日记中评论孔教会会长当属康有为的看法，曾以亲历观察指出，"为长素而立孔教会者，其目的恐不在教"，同时指出尊孔团体在这一点上有相近之处，"今京内外尊孔团体何尝不多，大抵借昌明孔教之名，为弋取政权之计"，认为这种"明为传教，阴为政党"的做法，"予人以可攻之隙，实他日自败之原"，预感难以实现其政治目标。①

从具体运转来看，孔教会像普通政党那样关注政策博弈，并不热衷于组织宗教运动和推动孔教的组织化进程。康有为参与张勋武装夺权，全面呈现了其政治行动"谋于上"的特点，即致力于推动主政者设立国教。孔教政治影响力能到何种程度，孔教自身的组织化程度与发展前景，都决定于能在何种程度确立此一优势地位。这种缺乏"谋于下"的宗教运动支撑的立国教努力是投机性的，一旦"谋于上"的可能性消失，这种政治努力也随之弃置。康有为对西方基督教发展过程中既"谋于下"也"谋于上"的宗教运动不乏了解，但他在组织或介入孔教运动过程中，对孔教自身的组织化与基层运动的关注较少。其原因不仅在于康有为在政治上的投机倾向，也在于其立孔教理念的内在矛盾。康有为立孔教的核心基础是重释孔子的太平大同之义，但在共和革命浪潮兴起之后，他无意以此为核心教义推动孔教发展，而是依据传统教俗在中国社会的强大生命力，倾向于认为，认同儒学的人理所应当会认同孔教。这种理念上的自我分裂，以及对民众基础一厢情愿的设想，使得其教义及阐释极为模糊，缺乏以教义为基础推动宗教组织建设和扩张的主动性。

---

① 李时品：《知类疆立斋日记》，载《中华民国史资料丛稿》特刊第2辑，中华书局，1974，第32页。

## 三 国教的政治领导权：两种"政教分离"与"不立国教—特立国教"之辩

目睹辛亥革命的爆发以及此后的系列变化，康有为将推动定孔教为国教作为主要的政治行动。基于"政教分离"原则反定孔教为国教的主张，是康有为需要应对的主要理论挑战。"政教分离"原则在当时西方的影响越来越大，他需要对一般所谓"政教分离"问题直接做出分析和回应。康有为的政教论述在1912~1913年有一个变化和发展的过程。在启动制定"天坛宪法草案"之前的1912年初，康有为主要在政教疏离的意义上重新定义"政教分离"，主张"政"是一回事，"教"是另一回事，事实上指出了在中国与欧洲存在两种不同的"政教分离"。在1913年的系列文章中，他转而正面回应一般所谓"信教自由、不立国教"的"政教分离"原则，提出"信教自由、特立国教"的主张。

目前所见康有为较早详细论述立国教问题的文章，是作于1912年5~6月的《中华救国论》。① 他提出立国教问题，首先回应的是1912年初民国政府教育部废除读经及蔡元培的看法。此文在分析欧洲多国政教的基础上，总结和提出了另一种"政教分离"论，即尚争之"政"与养心之"教"的分离。他认为，现实政治"争势利"、讲诈伪，与信仰宗教、尊崇道德，虽然相互矛盾背离，但可以"两不相碍而两不相失"。这是对"政教分离"的重新定义，他将这个意义上的"政教分离"视为现代世界列国竞争格局之下的合理状态，认为中国当时也适宜实行这种政教双轨的"分离"。他指出：

> 且孔子兼言政治，故自昔中国号一统，而孔道托之士夫。今则列国竞争，政党为政，法律为师，虽谓道德宜尊，而政党必尚机权，且争势利，法律必至诈伪，且无耻心，盖与道德至反。……故各国皆妙用政教之分离，双轮并驰，以相救助；倖言教者极其迂阔之论

---

① 康有为在1912年1月所作《汉族宜忧外分勿内争论》，尚未论及立国教问题。

以养人心，言政者权其时势之宜以争国利，两不相碍而两不相失焉。今吾国亦宜行政教分离之时矣！即蒙、藏为佛教之地，然佛言出世法，与孔子言入世法，两无相碍。[①]

"教"与"政"双轨的疏离，含义是多重的，既可能指欧洲意义上的宗教不能干预政治的"政教分离"，也可能指政治不必干预宗教。康有为主张中国宜行"政教分离"，强调的其实是后一种情况。他将中国与欧洲的政教关系合并而论，侧重点并不一样，但他改变了"政教分离"的定义之后，论述逻辑又是自洽的。

不仅如此，他对"政教分离"的重新定义别具深刻之处，指出了近代以降欧洲民族国家政治日趋多元、"教"的"大一统"不复存在、"政"与"教"（包括国教）各行其是的状况，这是近代的巨变。"政教分离"原则在欧美的确立，是这一巨变的一个后果与一种制度性确认。19世纪中期以降，中国也经历了"教"的"大一统"终结的变化，传统政教关系结构在晚清遭遇了数千年未有的巨变与危机，西方文化以政治军事优势为基础的系统性涌入与冲击，全面改变了中国内部的文化构成，中国面临中西文化交汇冲突的局面，皇权已经很难统摄处于冲突中的中西文化，文化"大一统"格局不复存在，一统危殆而尚存的政治与不复一统的文教之间必然走向疏离。太平天国运动作为鸦片战争之后晚清帝国的第一次巨大的内部政治危机，不仅是一般的农民起义，而且以带有异教色彩的太平教，对既有的文教发起了一次强烈的冲击，激起了曾国藩等士大夫在内战中标举捍卫"名教"大旗的自觉。太平天国运动在"教"的层面引发了中国社会的一次分裂与冲突，是晚清文化"大一统"从此终结的标志性事件。但中国与欧洲各国的情况并不一样，欧洲各国的问题是各个民族国家之"政"相对于罗马教廷之"教"获得独立性，康有为面临的中国问题则是他所主张的"教"取得相对于共和国家之"政"的相对独立空间。从这一角度看，存在两种不同的"政教分离"：欧洲的"政"的合法性主要建立于政治形式与领土认同之上，不再以宗教认同作为主要基础，

---

[①] 《中华救国论》，《康有为全集》第九集，第327页。

"政"从"教"的辖制中分离出来；中国的"教"难以为"政"提供足够的合法性资源，"教"从"政"的辖制中分离出来。康有为所谓政教双轨意义上的"政教分离"论，或可称为"政教疏离"、"政教异途"或"政教双轨"论，以示区别。康有为对欧美"政教分离"原则自然了解，但他仍然用这一概念来表述政教双轨，包含了回应"政教分离"原则的修辞术，以此突破欧洲"政教分离"论在政教关系领域的垄断，呈现政教双轨的多种可能性。

辛亥革命之后，他主张"教"与"政"双轨，可以各搞一套，主要的意图是以此论证"政"可以是共和的新一套，而"教"可以是孔教的老一套：

> 且欧美各国，政教分离，向不相属，任其政俗猖佻新变，争竞百出，而笃信基督之教者，迂腐保守，尺寸不移如故也。……故其政教并行，亦如双轮并驰，一前一却，一上一下，相牵相掣而得其调和也。然则法国虽大变，而尚有教存焉，不若吾国之并政教而尽变之，空空如也，一无所有，而美、法之美，未必可学也，惟有乱而已。……故有政治之变，有群俗之变；有一时事势之变，有数千年天下之变；变其一，守其一，可以不失。①

康有为对教与政双轨疏离的解释，援用了对"天下"与"国"的传统区分，将政之变视为"一时事势之变"，将教之变视为"数千年天下之变"。如果按照一般的"亡国"与"亡天下"的论述，王朝更替是国家政治之变，文教陵夷是天下之变；王朝发生更替，主导性的文教未必发生变化；只要原有文教的主导性地位得以延续，国虽亡而天下不亡②。不过，这一政教双轨的论述强调的只是"教"可以与"政"不同轨辙，为传统教俗在共和时代的赓续声辩，但并不是定孔教为国教的有力论证，正如欧洲的政教双轨，并不意味着欧洲各国必然会自主确定国教，它们可能立国教，也可能不立国教。尚争之政与养心之教相分离的论述，无

---

① 《康有为全集》第九集，第 316 页。
② 如康有为《孔教会序》所指出的："夫耶路撒冷虽亡，而犹太人流离异国，犹保其教，至今二千年，教存而人种得以特存。"

法有力地应对反孔教者与反国教者基于"政教分离"原则的挑战与反对。

1912年3月10日,袁世凯就任中华民国临时大总统。1913年7月,参众两院着手制定中华民国宪法草案(又称"天坛宪法草案");8月15日,孔教会上书参众两院,吁请定孔教为国教。宪法起草委员会委员陈铭鉴最先提出定孔教为国教的正式议案。国教问题成为天坛宪法草案的一个重要争论点,国会的意见分裂,在袁世凯未解散国会之前及1916~1917年重开国会时期,立国教的议案均未获通过。[①]

袁世凯虽然支持尊孔,强调共和仍然需要传统道德,但反对定孔教为国教。1913年,袁世凯曾在《大总统致孔社祝词》中指出:"孔子初非宗教家,而浅人不察,必欲以形式尊崇,强侪诸释、道、回、耶各教之列,既失尊孔本意,反使人得执约法以相绳。"[②] 1914年9月25日,他在《举行祀孔典礼令》中说:"故尊崇至圣,出于亿兆景仰之诚,绝非提倡宗教可比。"[③] 他不仅不赞成定孔教为国教,对视孔教为宗教亦不表赞同。对于袁世凯这种老练的政治枭雄而言,让儒教教权成为国家政治中的重要一极,无论这一极是由康有为一派掌控,还是由孔门后代衍圣公或其他人掌控,都将对自己的政治权威形成不小的挑战。戊戌变法前后,曾廉等保守派即已攻击康有为想做"教皇",袁世凯是戊戌变法的经历者,必然会评估康有为等人争取孔教的国教地位的政治意图。袁世凯支持徐世昌等人成立孔社,与孔教会对峙,两者都尊孔,但在定孔教为国教问题上截然对立。1914年2月7日袁世凯发布《提倡信教自由令》,基于"政教分离"原则明确指出不立国教,"信教自由为万国之通例。我中华民国,本由汉、满、蒙、回、藏五大族组织而成。其历史习惯各有不同,斯宗教信仰亦难一致,自未便特定国教,致戾群情"[④],不立国教的理由是,可避免佛教、基督教的反对和教争。

北洋政府亦多次申明不立国教的基本立场。例如,1912年9月,

---

[①] 参见吴宗慈《中华民国宪法史》,法律出版社,2013;韩华《民初孔教会与国教运动研究》,第八章"参众两院对国教问题的讨论",第196~221页。

[②] 《孔社杂志》第一期(1913年12月)。此文《袁世凯全集》未见收入。

[③] 《袁世凯全集》第28卷,河南大学出版社,2013,第437~438页。

[④] 《袁世凯全集》第25卷,第246页。

《内务部批国务院交孔道会代表王锡蕃等请立案呈》指出："中国向无国教，又值今日科学昌明时代，自不能翻然退化，反采政教合一之制，以教会之仪式为国家之仪式也，且佛、耶、回一律平等，国家之待遇，亦未可偏重一端，而孔子又非纯粹宗教家，更无需空存其外著之虚文，而反失其内蕴之真理。"① 1914年3月，国务院强调了"政教分离"原则，"神权作用，既不宜于人类进化之时期，而政教分离，又已成为列强所行之政策，则与其定国教于宪法，实不如许国民以自由"。② 在围绕"天坛宪法草案"国教条款的激烈论争中，反对定孔教为国教的议员们的主要理由同样是，美国等西方国家早已认识到"政教合一"制度的弊病，采用"政教分离"制度，中国不应再采用政教合一制度。例如，易宗夔认为："此条（引者注：信仰自由条款）非规定不可。人民所最尊重者即系自由权，信教自由亦自由权之一。如谓信教自由即信仰耶教，本员以为此说大错，非规定此条不可。"③

康有为1913年3月完成《拟中华民国宪法草案》（《不忍》杂志第3、4、5、6、8期刊出）、4月完成《以孔教为国教配天议》（刊于《不忍》杂志第3期）等文章，介入即将正式启动的制宪议程。在这些文章中，他的论述发展为"信教自由、特立国教"，以及"以孔教为国教，惟蒙藏则兼以佛教为国教"，以此对抗"信教自由、不立国教"意义上的"政教分离"论述。这些论述成为1913年参众两院支持立孔教为国教的议员们在制宪讨论国教议题时的重要理论资源。④

康有为指出，"大地各国，于信教自由之外，多有特立国教者"，世

---

① 《政府公报》1912年9月12日，第135号，北京印铸局。
② 《国务院呈明孔教不能定为国教及国教不能定于一尊文》，《大公报》1914年3月10日。
③ 《宪法起草委员会第二十四次会议录》（第25页），见《民国北京政府制宪史料》第2册，线装书局，2007，第101页。
④ 例如，陈铭鉴认为："现在宪法上若不明白规定孔教为国教，深恐人民误会信教自由四字……若不设法救正，将来中国二千余年文明之中心点且恐因而动摇。"又如，向乃祺认为："统一人心，大凡国家欲使基础牢固，非社会上一般人民之心理精神统一，无争斗之心不为功。若不规定国教，任人民之自由信教，彼此竞争，害国之弊莫过于此。定国教者，正所谓预防人民之竞争，代人民之心理谋社会之统一也……孔子之学专讲人伦道德之真谛，定为国教使人民之心理进化养成国民涵养之心、统属之性，与国家基础巩固有莫大之利益焉。"参见《民国北京政府制宪史料》第2册，第35、55、56页。

界诸多国家实际上有其独尊之教,不立国教意义上的"政教分离"并未普遍出现。在《拟中华民国宪法草案》中,他列举了意大利、瑞士、西班牙、丹麦、挪威、智利、暹罗等国的情况。《以孔教为国教配天议》则列举了波斯、暹罗、俄罗斯、希腊、布加利亚、罗马尼亚、塞维、西班牙、奥大利、丹麦、瑞典、挪威、英、德、智利、阿根廷、瑞士、美国、墨西哥、中南美各共和国等,断言"凡今各国,虽信教自由",实际上"必有其国教独尊"。① 在康有为看来,既然当时诸多国家"信教自由、特立国教",世界上主流的政教关系模式实际上并非"信教自由、不立国教"意义上的"政教分离"。基于上述叙述,他提出了一个应然性的原则:"盖信教自由者,宽大以听人民之好尚,特立国教者,独尊以明民俗之相宜。义各有为,不相蒙,亦不相累也。"② 政与教发生双轨"分离",与一个国家确立国教并不矛盾。

从知识上说,康有为的归纳不无依据,当时立国教在全球包括西欧仍然常见。1648 年签订的《威斯特伐利亚和约》开启了欧洲的民族国家时代,神圣罗马帝国境内的各诸侯国可以自行确立何种宗教为国教,天主教、新教的路德宗和加尔文宗都是官方许可的宗教。威斯特伐利亚体系的确立,并不意味着宗教斗争因素从此在欧洲消失,事实上后威斯特伐利亚时代欧洲的不少冲突至少部分由宗教引发;③ 更不意味着国教时代在西欧的终结。如彼得·伯格等人指出,在历史上,欧洲的天主教和新教地区尽管时有异类宗教运动发生,但主要的教会皆由国家正式建制为国教。20 世纪上半叶,天主教廷仍试图在每一个可能的地区与各种类型的政府订立盟约或协议,借以维持或开创这种关系局面。④ 例如,在 18 世纪经历过大革命的法国,到 1905 年法兰西第三共和国才通过政教分离法,不再以天主教为国教。多数人口信仰天主教的葡萄牙、西班牙等西欧国家直到 20 世纪 60 年代之后才实施政

---

① 《以孔教为国教配天议》(1913 年 4 月),《康有为全集》第十集,第 93~94 页。
② 《康有为全集》第十集,第 94 页。
③ 参见 War and Religion after Westphalia, 1648 – 1713, edited by David Onnekink (Surrey: Ashgate, 2009), p. 7。
④ 〔美〕彼得·伯格、〔英〕格瑞斯·戴维、〔英〕埃菲·霍卡斯:《宗教美国,世俗欧洲?》,曹义昆译,商务印书馆,2015,第 23 页。

教分离①，英国、挪威、丹麦、瑞典、芬兰等欧洲国家至今仍通过宪法或法律确认基督教的特殊地位。如果考虑其他宗教，当前立有国教的国家更多，诸多中东阿拉伯国家以伊斯兰教为国教，不丹、柬埔寨等国则以佛教为国教。

康有为在《以孔教为国教配天议》中则将美国也视为"特立国教"的国家，"即美至自由，其宪法及学校，不限定国教，而总统即位，及人民一切誓书，必大僧举基督新约经而嗅之，则亦为国教矣"。② 美国是较早确立不立国教的"政教分离"原则的国家，1791年12月15日通过的宪法第一修正案规定，国会不得制订关于"设立国教或禁止宗教自由"的法律。1802年初，时任美国总统杰斐逊在一封信中指出，这一法令"在教会和国家之间建立起了一道隔离墙"。③ 康有为曾多次去美国，自然知道美国的"政教分离"原则明确否定、不允许有国教。他从新教在美国政治中的实际作用，做出"亦为国教"的判断，与"不限定国教"的表述或"不立国教"存在矛盾，但不无道理。基督教在美国政党政治中一直有重要影响，围绕"不立国教"的宪法原则及宗教在政治中的地位，也一直存在争论。④ 在宪政实践中，"不立国教"的原则意味着议程排除和言论限制，即"闭嘴原则"（Gag Rule），美国最高法院逐渐把宗教问题清除出联邦议程，将宗教完全变成私人的事情，政治上的分裂将不会是宗教分裂的直接重现。⑤ 美国长期以来围绕政教分离原则的诸种

---

① 参见 Paul Christopher Manuel, "The Roman Catholic Church and Political Regime in Portugal and Spain" (Chapter Seven), in *Religion and Regimes: Support, Separation, and Opposition*, edited by Mehran Tamadonfar and Ted G. Jelen (Plymouth: Lexington Books, 2014), pp. 141 - 156. 彼得·伯格指出，法国的教会—国家分离与美国宪法中的含义颇为不同：法兰西共和国作为"俗世性的"、彻底清除所有宗教象征的国家而存在。参见彼得·伯格等《宗教美国，世俗欧洲？》，第25页。
② 《康有为全集》第十集，第94页。
③ 〔美〕杰斐逊：《致康涅狄格州丹伯里洗礼派协会的一个委员会，尼西米·道奇和其他先生的信》，《杰斐逊集》，生活·读书·新知三联书店，1993，第545页。
④ 参见〔美〕小尤金·约瑟夫·迪昂《美国人为什么恨政治》第八章"地狱中没有愤怒：宗教右派与新共和党"，赵晓力等译，上海人民出版社，2011；Emma Long, *The Church-State Debate: Religion, Education and the Establishment Clause in Post War America* (London: Continuum International, 2012)。
⑤ 〔美〕埃尔斯特、〔挪〕斯莱格斯塔德主编《宪政与民主》，潘勤、谢鹏程译，朱苏力校，生活·读书·新知三联书店，1997，第21~68页；〔美〕伯尔曼《法律与宗教》，梁治平译，商务印书馆，2012。

争执，核心问题是究竟要不要将宗教排除在国家的政治议程之外。康有为这一观察是一种论证"特立国教"合理性的修辞，表达了他企图为"特立国教"主张寻找更多支持的强烈愿望，同时也有其深刻之处。

不过，"不立国教"原则在美国等国的确立，意味着后国教时代的来临。美国在殖民时代即已出现教会—国家的分离，这一做法出于现实考虑，即存在太多不同的教会，其中任何之一都想脱颖而出进而支配其他的教会。① "不立国教"可以避免不同宗教或教派为争夺国教地位而陷入流血冲突。这一问题仍然是康有为无法回避的挑战。

康有为基于他对中国政教关系史的阐释，论述了"信教自由"与"特立国教"这一对矛盾可以相反相成的主张。在《中华救国论》一文中，康有为指出了中国的信教自由与欧洲国家的大不同：

> 盖孔子之道，敷教在宽，故能兼容他教而无碍，不似他教必定一尊，不能不党同而伐异也。故以他教为国教，势不能不严定信教自由之法。若中国以儒为国教，二千年矣，听佛、道、回并行其中，实行信教自由久矣。然则尊孔子教，与信教自由何碍焉？②

他认为，为了避免历史上宗教战争此伏彼起的惨剧重演，如果以"必定一尊"、党同伐异的"他教为国教"，就需要"严定信教自由之法"；孔子之道"敷教在宽"，没有宗教战争之类宗教之间互相倾轧的事情，可以不做"信教自由"的规定。欧洲之所以"严定信教自由之法"，是因为此前缺乏信教自由；而中国不强调"信教自由"，是因为早已有自由。袁世凯时期及此后重开国会讨论天坛宪法草案，都有佛教、道教团体或个人支持定孔教为国教，与中国三教合流的历史传统不无关系。在此期间，基督教团体或个人则纷纷反对立国教，态度迥然有别。③ 康有为试图将"信教自由、特立国教"阐述为普遍原则，其中包含的是中国的特殊经验。

---

① 参见彼得·伯格等《宗教美国，世俗欧洲？》，第 23 页。
② 《康有为全集》第九集，第 327 页。
③ 参见韩华《民初孔教会与国教运动研究》第十章"国教运动中孔教与其他宗教的关系"，第 238~254 页。

问题是，中国在接纳佛教的过程中，亦曾出现文化和宗教冲突。中国的"信教自由"仅仅是因为孔子之道"敷教在宽"？中国为何能逐渐形成"三教合流"的局面？晚清民初的中国是否存在宗教冲突的隐患，需要如何应对？康有为其实考虑了中国立国教引发教争或政治危机的可能，他提出"以孔教为国教，惟蒙藏则兼以佛教为国教"①的构想，包含了避免定孔教为国教在蒙、藏等地区引发分裂危机的意图。这是其立国教主张最具特色的方面。

在康有为看来，"蒙、藏为佛教之地，然佛言出世法，与孔子言入世法，两无相碍"，②因而不同地区可以实行不同国教，形成民国内部的多元制度安排。康有为这一主张有其历史渊源，即清代君主包含了多元的宗教身份：如果没有皇帝的多元身份的统摄，这种帝国内部的多元制度无法运转。③康有为奉孔子为"大地教主"，认为孔子对太平大同之义早有阐述，孔教在现代世界皆有普适性，按理也可以覆盖中国内部的边疆地区，但其设想在中国边疆不得不有所调整。他认为统合蒙、藏需要大幅借助佛教之力，有其孔教观的内部原因：他认为"不可躐等而进"大同世，在现实中搁置了太平大同之义，从而再难设想蒙、藏地区民众接受太平大同之义的可能性。"蒙藏则兼以佛教为国教"的主张意味着，即使在定孔教为国教的理想状况下，国家统合（多民族地区统合与多元国教统合）的难题仍然需要国家政权来处理，政与教的疏离将非常有限。在共和制条件下，国家政权如何具备这种多元统摄的能力，康有为并没有讨论，当时也没有现成答案。在共和制政与教双轨异途的条件下，不同地区的多元国教如果没有国家政治层面的统摄，这种地区性国教制度反而有可能增强蒙、藏等边疆地区的离心倾向。

辛亥革命之后，康有为曾比较清朝皇帝为虚君与衍圣公为虚君的优劣，认为前一个选择更好，因为清朝皇帝更有整合能力，而衍圣公做虚

---

① 《拟中华民国宪法草案》，《康有为全集》第十集，第81页。
② 《中华救国论》，《康有为全集》第九集，第327页。
③ 与此相应，康有为主张个人可以有多元的宗教信仰，认为孔教徒可以信奉佛教、回教等其他宗教。他拟定的《孔教会章程》"第七条"指出："孔子言敬敷五教在宽，孔子言人道，饮食男女，本不可离。既无人能离孔教者，则他教之精深新理，如佛教之养魂，耶、回之尊天，本为同条共贯。奉孔教者，凡蒙、藏之奉佛教，新疆、云南之奉回教者，不妨兼从。"参见《孔教会章程》，《康有为全集》第九集，第349页。

## 第七章 共和与国教

君,可能会引发满、蒙、回、藏等边疆地区的分离主义浪潮。他在武昌首义发生后给黎元洪、黄兴、汤化龙的信(1911年11月定稿)中指出:"窃为今中国大势计,莫善于行虚君共和策,因旧朝而共和之,以安全中国,上策也;尊奉衍圣公以收中国,中策也;不得已而行议长共和,下策。若行总统共和以召乱,是谓无策。"① 此信与《共和政体论》(1911年12月)均分析了"尊奉衍圣公以收中国"何以为中策(后文引文不同前文之处,置于括号中):

> 虽然,衍圣公之尊为帝(尊奉),合于汉族之人心矣,惟虑非所以合蒙、回、藏诸族之心也,则彼拥(推)旧朝而立国,且必托保护于俄(强邻),终则折而入焉。果若是,恐失三千四百万方里之地,且增北顾之忧矣。……(若尊为监国则两无碍矣。存皇帝之大世爵,而一切不相关,以保全蒙、藏,岂非策之至哉!)②

康有为认为,如果独尊孔教,很可能会引发另有其他宗教信仰的边疆民族的反对和离心倾向。即使孔教自身抱有"敷教在宽"的信念,如果边疆民族不崇奉孔教,反对奉孔教为国教,凭借信教自由仍然无法阻止国家分裂的发生。康有为事实上承认,从现实状况来看,孔教在中国内部并不具备统摄和整合全局的能力。如果说,不同地区立不同的国教而不会引发分裂问题,原因恐怕只在于,这些不同地区所共同认同的最高对象是君主(同时代表着多种宗教),而不是每个宗教自身。康有为对此深有洞见,他有时甚至否定自己的立教主张,认为儒教非教,虚君就是"维系人心"的"大教主"。据刘海粟《忆康有为先生》记载,康有为曾对他说:"遍览经籍,中国向无宗教,佛教来自印度,耶教来自欧洲,伊斯兰教来自麦加,均非吾土所出。儒教乃教化方式,并非宗教,所言者为政治及处世律己之理想,无佛耶等教参拜仪式。道教浅薄,愚弄愚夫愚妇,与老庄无涉,李渊父子标榜,亦借此维系人心,而收效甚微。余曩昔大声疾呼,君主立宪,旨在宪政,君主不过维系人心之一大教主,

---

① 《与黎元洪、黄兴、汤化龙书》,《康有为全集》第九集,第216页。
② 《康有为全集》第九集,第212、249页。

供人顶礼而已。若宪政雷厉风行，清末国事虽千疮百孔积重难返，然未尝不可为也。"① 尽管如此，康有为仍然强调多元国教制，乃是因为他的主要诉求是推动立国教（无论在君主立宪制还是共和制条件下）。

由此看来，确立两种或两种以上的宗教作为国教，意味着"信教自由"与"特立国教"未必可以"两无相碍"地并存，否则康有为大可只建议定孔教为国教。"蒙藏则兼以佛教为国教"主张的问题意识，与"信教自由、不立国教"的"政教分离"主张的问题意识要更为接近，它们都着眼于国家政治统一，考虑如何处理教权问题。"蒙藏则兼以佛教为国教"假定共和政权可以像君主的多元身份那样统摄不同地区的主要宗教，不同宗教在不同地区各安其位的前提是国家政权有统合能力；"信教自由、不立国教"是不让教权成为一种介入国家政治的力量，这样宗教冲突才能非政治化，政治冲突才能非宗教化，其前提是国家政权具有相对于全球性宗教的独立性。这两种主张的前提都是国家政权拥有主导或限制宗教的政治能力。它们都考虑到了宗教纷争的可能性，但处理思路不一样，前者根据历史沿革让不同宗教各自安处不同地区，避免边疆地区因为定孔教为国教而感到歧视；后者无法让不同宗教各自主导不同地区，例如基督教不同教派往往混居，只要设立国教，必然面对宗教纷争，于是只能将教权问题排除在国家政治议程之外。"蒙藏则兼以佛教为国教"的主张提供了避免教权竞争的另类思路，而欧洲"政教分离"主张形成的历史脉络，可以映照出康有为的另类思路仍然需要面对的问题：在自主意识逐渐觉醒的共和制条件下，不同宗教能够在不同地区各自安居主导权吗？各个边疆地区都是民族混居、不同宗教信仰的民众混居的地区，这些地区不会出现围绕国教的教争吗？

康有为试图通过多元国教制而非中央政权来避免因宗教问题引发的分裂危机，不是选择回归政教相谐的传统格局，而是继续推进政教双轨疏离，关键原因在于他对当时国家政权的信心不足或不够信任。具体到袁世凯执政时期，当时地方的分裂还在继续扩大，中央政权无法统摄全国不同政治力量，康有为自己对于袁世凯政权也无认同。帝制崩溃之后，

---

① 参见夏晓虹编《追忆康有为》（增订本），生活·读书·新知三联书店，2009，第320～321页。

原来维系国家政治统一的君权已经瓦解，人们对新政权的认同尚未形成。这一前提的变化，使得教权竞争在当时政治格局中别有含义：在康有为那里，教权的形成，事实上是君权之外建立国家政治统一基础的替代性选择，教权的重要性虽然比君权稍低，但未必不可以分庭抗礼；在这种情况下，国家政权很可能难以驾驭和辖制教权，不仅教权可能挑战国家政权，不同宗教也可能投入教争。而且如上节所论，民初的教权问题与政党竞争问题有所重叠。康有为主张信教自由、特立国教，寻求建立国家政治统一的精神文化和宗教基础，这既意味着文教影响力，也意味着政治权力。

可以说，立国教之争，实质上是意识形态领导权与政治领导权之争。立国教议案当时一直无法通过，康有为通过孔教会在共和时代获取政治领导权的构想一直无法施展，袁世凯主导的尊孔力量反对立国教是主要的原因。袁世凯在意的，同样是政治领导权的得失与消长。正是因为立国教关系到政治领导权，袁世凯统治集团要援引政教分离原则，在尊孔的同时，坚持反对立国教。虽然康有为反对袁世凯复辟取得了成功，但国教议案在袁世凯执政时代未获通过，仍可视为康有为一派借孔教曲线扩张的政治努力的重大挫折，意味着孔教不可能在缺乏政治实力基础的情况下获取国教地位。

## 四　俗本政末论与教俗"不可变"论：康有为对共和道德基础的论证及袁世凯集团的援用

民初袁世凯执政时期围绕孔教问题展开的政治领导权之争的复杂之处是，袁世凯虽然在立国教问题上反对康有为，但在尊孔方面基本沿用了康有为有关大同立教、孔子之道与共和民主关系的论述，试图将孔子之道解释为共和的道德基础，以此论证共和制度同样可以将孔子儒学作为道德基础。

1912年9月20日，袁世凯发布《申诰国人恪循礼法令》，认为中华立国应"以孝弟忠信，礼义廉耻为人道之大经"[①]，又于1913年11月26

---

[①] 《袁世凯全集》第20卷，河南大学出版社，2013，第420页。

日发布《尊崇孔子令》。袁世凯在《大总统致孔社祝词》中这样说：

> 民国肇始，帝制告终，求所以巩固国体者，惟阐发孔子大同学说，可使共和真理深入人心。升平太平进而益上，此为世界学者所公认。有疑孔子学说不合民主国体者，实囿于专制时代。①

内务部也曾在批文中做类似表述："古今中外圣哲如林，每有一新说兴，即有一新政治出。新陈递嬗，与时推移，求其立言，足以隐括前后，贯澈古今者，厥惟孔子。孔子生贵族专制时代，不敢过为高论，治术、学术每多按指时事，而大同一派，独授颜曾。其大义微言，实足以树共和政体之模，而立世界大同之极。"② 教育部电文亦说："共和国家首重道德，孔子集群圣之大成，为生民所未有，其道德为世师表，其学说亦与世推移，故春秋大一统，讥世卿，未几而秦汉混一，开布衣卿相之局，礼运尚大同公天下，讫今日而中国民国遂定民主共和之局。"③ 通过强调微言大义阐释孔子的大同学说，并认为孔子有"三世""三统"之说，是可因时制宜、"范围"万世的"时之圣者"，以此论证孔子之道在共和时代仍然可以作为中国乃至世界的道德基础，这一套论述最早和最主要的代表是康有为。

不过，共和制取代君主制的革命，必然会提出一个问题：风俗人心与文化思想是否也要随着政制革命发生革命性变化？辛亥革命前后，一些革命者的确提出了道德革命的主张。以蔡元培为例，他在1910年由商务印书馆出版的《中国伦理学史》"绪论"中论及新旧冲突的初步表现，"近二十年间，斯宾塞尔之进化功利论，卢骚之天赋人权论，尼采之主人道德论，输入我国学界。青年社会，以新奇之嗜好欢迎之，颇若有新旧学说互相冲突之状态。……所谓新旧冲突云云，仅为伦理界至小之变象"。④ 蔡元培就任民国政府教育总长后，在1912年2月11日的《对于

---

① 《大总统致孔社祝词》，载《孔社杂志》第一期（1913年12月）。
② 《内务部批国务院交孔道会代表王锡蕃等请立案呈》，《政府公报》1912年9月12日，第135号，北京印铸局。
③ 《教育部致各省都督民政长等电》，《政府公报》1913年，北京印铸局，第499页。
④ 《蔡元培全集》第二集，高平叔编，中华书局，1984，第8页。

新教育之意见》中明确否定尊孔，"满清时代，有所谓钦定教育宗旨者，曰忠君，曰尊孔，曰尚公，曰尚武，曰尚实。忠君与共和政体不合，尊孔与信教自由相违，可以不论"。[①] 1912年2月23日，他在北上欢迎袁世凯南下就任总统的途中，发起"社会改良会"，在宣言中指出："我国素以道德为教义，故风俗之厚，轶于异域，而数千年君权、神权之影响，迄今未沫，其与共和思想者抵触者颇多。同人以此建设兹会，以人道主义去君权之专制，以科学知识去神权之迷信。"[②] 蔡元培显然并不认为传统儒学思想仍然能充当共和制度的主要基础。袁世凯上台之后推翻了临时政府此前在文教方面的诸多政策，但意见分裂和冲突已经敷衍成势。

康有为清晰地意识到，共和革命内在地包含了道德思想革命的诉求。他面临的理论挑战是，在明知正在发生思想文化道德教化巨变的情况下，如何论证传统道德在共和时代仍然无须变化。武昌首义的爆发与帝制的迅速瓦解，使得康有为的"三世说"面临新的困境，据乱世、升平世与太平世"并行不悖，相反相成"，"不可躐等而进"太平世的设想架构被打破了：共和制已经是一种"躐等而进"的现实，而根据他对大同的阐释，又不得不承认共和制的正当性。

对于这一变化，康有为延续据乱世、升平世与太平世"并行不悖"但"不可躐等而进"的论述框架，一方面认为在"共和告成"的时代，孔子之道因为包含了太平大同之义，可以提供指引，另一方面认为共和时代乱象纷呈，共和制度无法落实，没有整合国家的能力，需要依靠以往的道德风俗（孔子的据乱之义）来维系秩序与整合社会。他论证孔子之道在共和民主时代仍然有指导地位，关键是重释孔子的太平大同之义；论证应以孔子的据乱之义作为共和时代的教化基础，关键一在于指责"躐等而进"实行共和使中国陷于混乱，二在于指出孔子之道在共和时代的必要性，即减少或避免共和乱象需要孔子之道。他在1911年11月写的《救亡论》中，开篇即长论革命之"五难"和"中国民生惨状"。[③] 此

---

① 《蔡元培全集》第二集，第136页。
② 《社会改良会宣言》，《蔡元培全集》第二集，第137页。
③ 《康有为全集》第九集，第222~226页。

后他多有政论批评共和现状"南辕北辙",① 这些批评在 1917 年的《共和平议》中达到最高点。不过,对共和现状的严厉批评或否定,并不能替代正面论述何以孔子据乱之义适合于混乱的共和时代:以孔子太平大同之义论证孔子之道适用于共和民主时代,容易让人理解;正面论证孔子据乱之义仍然适用于共和民主时代,以旧驭新,则相对困难。康有为提出了"俗本政末"论与教俗"不可变"论的新论述,以此为理据,主张将孔子之道确立为混乱的共和时代的道德基础,以此治理共和乱象。

辛亥革命之后,康有为论证以孔教为国教的一个关键环节是,指出(既有的)教俗人心是一国政治的基础。他日益强调宗教对风俗道德的主导性影响,认为当时共和制下的现实政治"与道德至反",并由此认为共和制不应摧毁传统道德,这样才能建立道德良序。康有为屡屡将英国政治学家布赖斯(James Bryce, 1838–1922)的保守主义政治哲学观点作为理论依据,认为一国的政治应该建基于其历史文化传统之上,因其风俗民情而形成法律。他在欧游期间曾与布赖斯有过交往。孟森之弟孟昭常(字庸生,别号沤风)所译的布赖斯名著《美利坚合众国》(The American Commonwealth, 1888 年出版,康有为译为《美国平民政治》或者《平民政治》)1912 年出版。② 康有为屡屡引述布赖斯,不断强调道德相对于政治的重要性。他说:

> 然则今吾国欲奖导教化,将何从乎?勃拉斯不云乎,善构政治之真价,不在巧妙,而在宜其民之风气事势,以养其性情,形为法律乎。今吾国数千年奉孔子之道以为国教,守信尚义,孝弟爱敬,礼俗深厚,廉耻相尚。……然今在中国,欲立废祠墓之祭扫,弃祖宗之系,恐未能也。然则苟不欲去教,而欲宜其民之风气事势,以养其性情,而形其法律者,不能舍孔子之道矣。……勃拉斯(即布

---

① 如:"夫共和之运至难,其本体在道德、政治、物质三者之备,而后能行之,非曰吾标共和之名,即可收至治之效也。今吾国以共和为名,而纲纪荡尽,教化夷灭,上无道揆,下无法守,一切悖理伤道、可骇可笑之事,万百亿千,难以条举。今已夷然为无政府之国,贼民并兴,共争共和而名曰共和也,如优孟然,虽衣孙叔敖之衣冠,而遽欲望其相楚而霸天下,岂不谬哉!"《忧问一》(1913 年 2 月),《康有为全集》第十集,第 22 页。
② 光绪三十二年(1906),孟昭常曾和郑孝胥等人在上海组织预备立宪公会。

赖斯——引注）犹谓时人视政治之结构过重，无道德则法无能为。吾国亘古以道德为尚，物有本末，吾既无其末矣，乃复拔本塞源，欲以化民立国，不亦谬乎！①

"俗本政末"的论述，意在让传统教俗为整个国家政治提供基础，表达了在政治竞争境况下重构统一政治的主张，孔教由此可以作为"君主共和"（虚君共和）的教化和思想意识基础，孔教会则可成为动员民众、主导国家政治的主要组织。

在《中华救国论》中，康有为引述布赖斯之后接着分析了道德和宗教在美国和中国为什么重要：

> 夫共和政者，民自为治也，人能自治者，必其道德心盛，自行束修，蠢迪检押，夫若是则何待人治之，故自治可也。……然无人治己而进为自治，则一是皆以修身为本。……若许其自治，而托于自由，暴戾恣睢，荡检逾法，甚至于争乱相杀，不爱法守法，则为暴民之政，而国危矣。……盖共和自治者，无君主长上之可畏，则必上畏天，中畏法，内畏良心；有此恭敬斋戒之心，然后有整齐严肃之治。不然，则暴民横行而已，盗贼乱国而已。②

这一长段分析指出了问题的根由所在，即没有了君主制之后，人们如何管理自己，人还有什么可畏惧的。康有为认为，如果不能让民众有"恭敬斋戒之心"，就会出现"暴民横行""盗贼乱国"的状况。也就是说，道德和宗教在共和时代填补的，是可畏的"君主长上"坍塌之后留下的巨大空白。在"国王死了"之后，王权时代造就的民俗道德本身，就是作为"精神的身体"的国王留在新世的"化身"。在这个意义上，康有为要以孔教和道德来填补这个空白，克服从君主制向共和制转变进程中出现的政治和道德乱象。

针对共和制度是否应有更相匹配的社会道德基础的问题，康有为提

---

① 《康有为全集》第九集，第326~327页。（着重号为引者所加）
② 《康有为全集》第九集，第325页。

出的另一论述是教俗"不可变"论。《参政院提议立国之精神议书后》（1914年12月）指出：

> 盖可变者政治，而不可变者教俗也。今既日以欧美为师，而力弃孔子矣，试问三年来之治象风俗如何哉？盖中人莫不疾首痛心，而忧之恨之。然则妄攻孔子之得失，亦既经试验场与练化室矣。夫欧美于政治法律之外，亦自有教以约束其风俗人心，非其政治法律之能尔也。今以佛教之虚无而不言治，基督之尊天而不及祖，无论其教如何，要皆未合于中国。若中国又先自弃孔，然则为无教之国乎？……故今之谬称学欧、美、日本者，并非学欧、美、日本，而先自弃四千年之良教美俗。进无所得，退无所据，伥伥无所之，皇皇无所归，失魂丧魄，迷道妄行。①

"不可变"不是"不会变"，而是不要变、不能变、不需变。以"不可变"的教俗为本的政治，即"不可躐等而进"的政治，教俗"不可变"论与康有为主张君主立宪（虚君共和）的政制主张是相呼应的。

如果教俗"不可变"论能够成立，由于中国教俗向来尊孔，继续尊孔便顺理成章。这是与太平大同之义不同的尊孔理由：重释孔子的太平大同之义，是从孔子之道与共和民主时代的吻合角度，主张共和时代仍应尊孔；教俗"不可变"论，则是从共和时代难以建立自身秩序、孔子之道与共和民主价值有所不同的角度，主张共和时代仍应尊孔。这两种理由是相互矛盾的，正如太平世的孔子之道与据乱世的孔子之道之间存在矛盾和紧张。辛亥革命之后，康有为在不同场合对这两种理由都有论述，两者的功能有所不同：强调孔子的太平大同之义，是要在共和民主时代为尊孔拿到一张"入场券"；同时强调教俗"不可变"，则是要进一步为尊孔争取排他性的地位，即寻求孔教的国教地位。前者主要用于需要强调"太平世的孔子之道适用于共和民主时代"的时候，其他场合则可搁置或略而不论；后者则应用于论证"共和时代需要据乱世的孔子之道"的一般场合，两者的关系近乎"明修栈道，暗度陈仓"。两种尊孔

---

① 《康有为全集》第十集，第205页。

## 第七章 共和与国教

理由中孔子之道的含义很不一样：前者所指的孔子之道侧重强调太平大同之义，后者所指的孔子之道侧重强调据乱之义。两者的论证方式也不一样：前者以重释孔子思想作为基础，以内证为主；后者以叙述英、美、日等国的经验作为基础，以外证为主，而非从重释孔子思想等途径论证。

康有为认为，欧、美、日真正值得学习的地方在于不放弃"良教美俗"，中国经历共和革命之后也不应改变教俗。就目前所见材料，他对英国的论述最为详细。在辛亥革命之前，康有为即在"剑桥大学、牛津大学游记"（1904年）中盛赞英国的治理方法，坦陈法治方面"最爱英人"，认为英人之变法有"利用其新，而不必尽弃其旧"的特点。① 根据他的叙述，英国的"知新"偏重于科技物质领域和国会民权等政治领域，"温故"则偏重于风俗道德领域。辛亥革命后，他在《拟中华民国宪法草案》中延续了这一看法，并指出英国兼顾新旧的基础在于"虚君共和之治"：

> 然既未能至教化纯备、道德齐一、人人能自治之时，则当以礼齐之；夫欲齐之以礼，以收整齐严肃之治，则有如神之木偶，稍存旧俗之礼法，而后能行之。英国虽为国会万能，民权至盛，而保守其纪纲礼俗、道揆法守，以成其整齐严肃、博大昌明之政俗美化良矣，比于法之偭纲错纪、恣睢自由者，其政俗远过之。所以然者，英为虚君共和之治故也。②

康有为在辛亥革命之后，提出了跨越据乱世、升平世与太平世的断裂，勾连现状与理想的过渡形态，最为重要的概念就是"虚君共和"。他将英国称为"共和爵国"，以英国作为制宪的范例。"然鄙人之愚，以为不立宪法则已，若立宪法，无论君主民主，终不能离英之宪法也。英为大地宪法之祖，万国宪法之师，为宪法变化之极，民权过于美、法，名有君主，实则伴食画诺，而为真共和国。"③

在英国，教俗"不可变"论亦是一种很有影响力的社会意识。布赖

---

① 《英国监布烈住大学华文总教习斋路士会见记》，《康有为全集》第八集，第38、52页。
② 《康有为全集》第十集，第50页。
③ 《康有为全集》第十集，第40页。

斯强调教化的重要性，他在《现代民治政体》中指出："'教化'（tradition）之于民族（nation）正如习惯（habit）之于个人一样。可是个人的生命不过数十年，民族的生命则经过数千数百年，所以教化的势力比习惯还要大，是延续不断的。国民性之继续存在也即寄托于教化的。教化能够把现在的时代和过去的时代连接起来，能够总束各时代之集合的记忆。"他认为，英国人和瑞士人一个根深蒂固的习惯是，"希望合法的改革不希望激烈的改革"。① 波考克曾分析英国长期以来流行的"古代宪法"的意识形态。这种社会意识认为，英格兰的一切法律都是普通法，普通法就是习俗，而习俗建立在超出记忆的假设上；财产、社会结构和政府的存在，都受到法律的约束，所以它们也被设想为超出记忆的。这种保守主义的意识形态是一种行动模式。其一，断定英格兰的法律和政治中不存在不是习俗和本土的要素，事实上是对自主性的主张，主张英格兰人绝不可能是"他们自我塑造之外的产物"。这种主张其实也是英格兰教会自主权的主张，即针对罗马教廷，主张英格兰教会拥有民族独立性。其二，这种主张是对当代统治者的制约，对其专断权的否定。真正不可追忆的宪法，不可能屈从于某位君王：由于人们不可能知道是哪位国王最早创设了它，故现在在位的国王就不能主张废除奠基于他的某位前任的意志的权利。②

康有为通过在英国的游历与布赖斯等思想家，对英国宪制及其保守主义传统有所了解。教俗"不可变"论的意图也与英国的"古代宪法"意识形态有一些相近之处。

其一，主张中国的自主性和独特性，反对盲目学习西方，认为在物质方面需要学习西方，在道德方面则不必；何况"各国自有其历史风俗"，"天下岂有违背其本国之历史风俗而能宜其人民者？"③ 此前，康有为在欧洲游记中曾对欧美风俗人心多有批判。如《意大利游记》中说："窃观今欧美风俗人心，与中国正相若，其去性善自由，皆甚远也。国争若是，险诈横生，此正大行春秋之时，且一切据乱之义，尚合于今时，

---

① 〔英〕布赖斯：《现代民治政体》，第135、142页。
② 〔英〕波考克：《马基雅维利时刻》，冯克利、傅乾译，译林出版社，2013，第355～356页；波考克：《古代宪法与封建法》，翟小波译，译林出版社，2014，第48页。
③ 《与某某诸公书》（1916年），《康有为全集》第十集，第342页。

而万不能求之高远。吾昔者视欧美过高,以为可渐至大同,由今按之,则升平未至也。"① 欧游之后,他对欧美主要国家发展阶段的判定,从"渐进大同"阶段变为"升平未至"阶段,更为明确地认为,中国在道德宗教方面优于西方。康有为在系列欧洲游记中(如游历叙述意大利罗马、德国路德像、英国剑桥大学和牛津大学等部分)对宗教问题的讨论,一个主要的关注点是区分作为"人道教"的孔教与西方的"神道教"。他在《意大利游记》等多篇海外游记中,着力反驳了宗教必言神道的观点。在《英国监布烈住大学华文总教习斋路士会见记》(即剑桥大学、牛津大学游记)中,他对"宗教"一词的翻译做了追根溯源的批评,认为翻译 religion 应该用"教"字,日本译为"宗教"不妥。如果"以宗为神",在命名上就把孔教排斥在宗教之外,这是他要坚决反对的。② 康有为认为中国儒教是人道教,有如君主立宪,教主为虚君,而西方的一神教是神道教,有如君主专制,教主独尊。③ 他呼吁中国人在对待孔教的问题上应该有自主和自立的精神,不能跟着国外的人跑,否则会是真正的"奴隶"。④

其二,试图通过主张"俗本政末"与教俗"不可变",形成对抗和反对共和制主张者的政治力量。这一努力,与建立保留君主之位的虚君共和制的政治努力相互呼应,致力于在共和制的条件下为君主制及相应的传统道德文化争取政治空间。

其三,正如"古代宪法"意识在英国的影响力与人们对共和的信任程度有很大的关系,康有为的俗本政末论与教俗"不可变"论,也与他对共和现状的批判相互支撑。康有为这些主张的政治命运决定于,能否让人们相信,共和制无法凭借自身摆脱乱象,共和是乱源所在。无论如何,在还不能实行虚君共和制的情况下,以攻为守,通过批判共和制现状之失,可为传统教俗赢得更多的政治空间,凝聚君主立宪派的基本群

---

① 《康有为全集》第七集,第 374 页。
② 《康有为全集》第八集,第 35 页。在辛亥革命之后的政论文章中,康有为仍然强调这一"名"辩。如,"日本之称宗教也,译自欧人,英文所谓厘离尽(Religion),盖专以神道设教,故有以孔子不语神为非宗教者,此不明教之为义也"。《中华救国论》,《康有为全集》第九集,第 326 页。
③ 《中华救国论》,《康有为全集》第九集,第 325~326 页。
④ 《英国监布烈住大学华文总教习斋路士会见记》,《康有为全集》第八集,第 36 页。

同时，康有为并不是不知道，教俗并不会因为人们的愿望而保守不变。在《奥政党考》中，他曾分析奥地利的教俗之变，认为奥地利政教危机的根本原因，不在于政与教是合还是分，而在于是旧教还是新教。他一向推崇路德的宗教改革，这里也认为奥地利弱而德国强，一个重要原因在于，前者尊旧教，而后者尊新教。在奥地利问题上，康有为显然认为，应该以新教取代旧教。① 布赖斯也认为教俗可变，还认为中国人并不泥守旧习。② 康有为也曾指出，虽然外国人喜欢说中国人保守顽固，其实中国人变化最快："外人之论吾国，以保守名者也，然吾谓我国民之性，偏荡急激，绝不保旧，过于法国也。夫每经迁变，必尽扫弃其旧物，无少留存，亦不少爱惜，欧美人谓此为野蛮之性焉。"③ 这是他基于教俗"不可变"的立场做出的批评，显示他深知中国风俗道德出现革命性变化的可能性。

　　处于新旧道德的激烈冲撞之中，康有为的俗本政末论与教俗"不可变"论不可避免地会被定位为主张"旧道德"。他曾尝试超越新旧道德的区分，提出道德其实并无新旧之区分："夫伦行或有与时轻重之小异，道德岂有新旧、中外之或殊哉？而今之新学者，竟嚣嚣然昌言曰：方今当以新道德易旧道德也。嗟夫！仁义礼智，忠信廉耻，根于天性，协于人为，岂有新旧者哉？"④ 他自己也曾承认新道德与旧道德的区分，因而与其说这一自相矛盾的论断是对事实的叙述，不如说是类似教俗"不可变"论的主张：道德不应区分新旧，教俗自然也不应发生变化。

　　康有为这些在辛亥革命后形成的论述对袁世凯集团也颇有影响。袁世凯提出了"政体虽更，民彝无改"（"政体虽取革新，而礼俗要当保守"）⑤的原则。他在《申儆国人崇质直之风令》（1912年7月12日）指出："国势兴衰，视民德之纯漓为标准。……自古开国之初，未有诪张为幻而可以长治久安者。诚以礼义廉耻，国之四维，四维不张，国谁与立。"⑥

---

① 《康有为全集》第九集，第294页。
② 〔英〕布赖斯：《现代民治政体》，第141~142页。
③ 《以孔教为国教配天议》，《康有为全集》第九集，第316页。
④ 《康有为全集》第十集，第91页。
⑤ 《举行祀孔典礼令》（1914年9月25日），《袁世凯全集》第28卷，第437页。
⑥ 《袁世凯全集》第20卷，第183页。

1912年9月20日，袁世凯发布《申诰国人恪循礼法令》，认为中华立国应"以孝弟忠信，礼义廉耻为人道之大经。……此八德者，乃人群秩序之常，非帝王专制之规也。……每念今日大患，尚不在国势，而在人心。苟人心有向善之机，即国本有底安之理"。① 袁世凯强调儒家道德原则并不局限于"君臣之际"，并非皇权专制。《举行祀孔典礼令》提出："中国数千年来，立国根本，在于道德，凡国家政治、家庭伦纪、社会风俗，无一非先圣学说发皇流衍。……近自国体变更，无识之徒，误解平等自由，逾越范围，荡然无守，纲常沦弃，人欲横流，几成为土匪、禽兽之国。幸天心厌乱，大难削平，而黉舍鞠为荆榛，鼓钟委于草莽，使数千年崇拜孔子之心理，缺而弗修，其何以固道德之藩篱，而维持不敝。"② 立国根本在于道德，将共和建立之后的混乱归咎于共和思想，以及需要通过尊孔来维系社会道德，这一套论述与康有为的俗本政末论与教俗"不可变"论非常接近。

除了反对定孔教为国教，袁世凯阵营的尊孔论述对康有为尊孔思想的要点都有援引或呼应，包括前面提到的以孔子太平大同之义作为共和时代尊孔的理由。如果将康有为建立跨政党宗教的努力分为作为宗教运动的立孔教与推动确立孔教的国教地位这两个相联系的部分，那么袁世凯阵营对康有为思想的吸纳主要在于前一部分。袁世凯希望重建政教相谐的格局，以尊孔之文教氛围提供复辟之政的基础。

从袁世凯尊孔与康有为思想的复杂关联来看，康有为对多数国会议员认同孔教的预估是一厢情愿的，即便部分国会议员认同孔子与传统道德，也并不意味着他们会认同孔教，成为孔教会会员。一是尊孔有多种途径，孔教被提出与鼓吹，并不意味着孔教理所当然可以获得儒学传统及传统道德的代言权，它面临着争夺儒学与中国传统阐释权的激烈竞争。儒家文化在以往的中国政治运行中并不是一种有组织的宗教，在那些更多儒家色彩的时期，儒家文化的最高代表毋宁是皇帝自己。无论是定孔教为国教的意识，还是将儒教或孔教发展为重要宗教的意识，都是新起的诉求。康有为一脉只是儒学阐释中的一支，在中国传统阐释领域更是

---

① 《袁世凯全集》第20卷，第420页。
② 《袁世凯全集》第28卷，第437页。

如此。袁世凯阵营组建孔社等尊孔组织，与孔教会分庭抗礼，显然并不认为康有为或孔教会在孔子阐释等方面拥有无可撼动的领导地位。二是孔教带有康有为的浓厚个人色彩，人们对孔教的理解往往与康有为的政治行动相联系，将其视为党派政治的一部分。康有为的立教与建党存在纠缠，人们对此一过程未必了解，但也很难将这两者截然分开。同样是尊孔，康有为与袁世凯在立国教与袁世凯称帝等问题上都是对立的。孔教对尊孔的社会群体的整合力尚且有限，对不同政党和政治派系的整合作用就更弱了。

虽然如此，康有为建立跨政党宗教的构想仍然是现代中国一种值得深入思考的政治现象，其重要性主要在于，这是后国教时代宗教运动介入国家政治的一种尝试。孔教形成跨越不同政党或政治派别的影响力，并不需要以孔教成为国教为前提；立国教议题在国家政治中被弃置，并不意味着宗教运动提出的其他议题也将遭遇同样的命运。从整个尊孔运动在20世纪前期的情况来看，它的确形成了跨越不同政党或政治派别的一种文化潮流，并非完全没有政治能量。从宗教运动或尊孔文化运动的角度来看孔教，其突出的特点是试图挖掘既有的政治存量（传统教俗的信奉者），将宗教运动的命运投机性地寄托于取得国教的地位，而非从孔子作为"大地教主"的角度激荡新的文化运动（以太平大同之义为核心）与培育教众。当孔教运动与试图埋葬它的新文化运动遭遇时，它的这些特点就显露无遗了。

## 五　在国民运动中寻找共和理念：新旧道德论战与东西方文化论战的交织

袁世凯复辟前后，新文化运动在反思复辟的氛围中兴起，将尊孔运动视为复辟的思想文化基础和社会基础，呼吁"打倒孔家店"，着手建构作为新政治（不久后的新政党）基础的新文化新道德，新旧道德之争日渐激烈。康有为虽然反对袁世凯复辟，但因为鼓吹君主立宪制，主张由逊帝溥仪或孔子直系后裔衍圣公复辟，以及袁世凯集团的尊孔论述与康有为多有相近之处，所以他的以旧驭新的主张遭遇了"新青年"一代的强烈批判和挑战。

## 第七章 共和与国教

在辛亥革命之前的流亡时期，康有为曾与其倾向反满革命的弟子如梁启超、欧榘甲以及章太炎等共和革命派有过论战。相对于"新青年"一代对康有为的批判，辛亥革命之前的这些论战是局部的。梁启超的《保教非所以尊孔论》（1902年）自称"昔也为保教党之骁将，今也为保教党之大敌"，曾不点名批判康有为的"保教之说束缚国民思想"，认为那种将近代以来的新学说附会为孔子"所已知""所曾言"的做法，阻碍思想自由。同时他又像康有为一样强调孔子是"圣之时者"，称许孔子立教有"其别义之与时推移者"，现代仍然有"师孔子之意而受孔子之赐"的地方，认为孔教"万古不能灭"，但应该承继孔教的"自由精神"，兼容并包，而不必追求独尊地位。[1] 章太炎对康有为的批判远比梁启超激烈，但对康有为基于重释"三世说"的系列政见仍留有较大余地。《驳康有为论革命书》（1903年5月）论述反满与革命的理由，对康有为重释三世与大同立教着墨甚少（《订孔》《原儒》诸文同样如此），甚至借用康有为对"三世说"的解释，反过来批评康有为主张"混淆满汉"是在今日民族主义时代之据乱世言太平。[2] 可见，此一时期康有为对孔子之道的重新阐释并未遭遇全面而系统的批判。

与康有为对孔子之道的重释及相关主张截然对立的系统批判，出现在新文化运动时期。袁世凯复辟引发的共和危机，推动了新文化运动潮流的出现，一批青年知识分子致力于追问真正共和的可能性与道路。此一时期，康有为的大同立教论第一次几乎被全盘否定，新文化运动阵营出现了一种强劲的声音，认为孔子的大同与现代共和民主毫无关系，孔子之义不可能适应、更不能指引共和时代，并将礼教或孔教视为帝制和专制的思想文化基础，因此主张"打倒孔家店"。新文化运动的新变化主要在于，正面提出谁是真正的共和导师的问题，决然否定孔子之道仍然适合于现代的主张，认为共和应建立在新道德的地基之上，并明确主张应师法西方文化；同时基于政教分离原则，拒绝局限于孔教问题的论域，确立以新文化铸造新政治的论域。

新青年群体对共和初建时期的乱象同样有激烈的批判，但他们对于

---

[1] 《饮冰室合集·文集之一》，第50~59页。
[2] 《驳康有为论革命书》，《章太炎全集·书信集》上册，上海人民出版社，2015，第43页。

乱象之原因与出路的分析,与康有为针锋相对。陈独秀认为,共和乱象的发生并不是因为共和本身,恰恰是因为没有实现真正的共和,旧势力的阻碍使得目前的共和只是假共和,真正的共和需要"多数国民"的觉悟与参与。① 康有为在《共和平议》中质问:"吾今问四万万全体国民,各人自问有主权否乎?有一人能达分毫之意志否乎?"② 将全体国民的自主与参与视为共和应当达到的标准,但认为当时无法实现。陈独秀也将多数国民的觉悟视为真正实现共和的首要条件,"共和立宪而不出于多数国民之自觉与自动,皆伪共和也,伪立宪也,政治之装饰品也,与欧美各国之共和立宪绝非一物"③,不同的是,他将此作为首要的政治议程,付诸实践,为之奋斗。陈独秀指出,如果共和不可能实现,那么康有为等人主张的君主立宪也实现不了④,因而问题只在于是否有改变的意志、方法与力量。他坦陈,对于"共和立宪之大业"抱不消极也不敢乐观的"踌躇满志"的态度。⑤

　　陈独秀以禁止缠足为例,对如何看待共和乱象提出了不同的解释。缠足妇人在刚放足的时候,反而会很痛苦,难以行走,但如果因此说"天足诚善,今非其时",又重新恢复缠足,就不可能获得放足的行动自由。他由此指出,"吾人行善,更不应一遇艰难,即须反而为恶"。⑥ 康

---

① 《吾人最后之觉悟》,《陈独秀著作选》第一卷,任建树等编,上海人民出版社,1984,第 178 页。
② 《康有为全集》第十一集,第 4~5 页。
③ 《吾人最后之觉悟》,《陈独秀著作选》第一卷,第 178 页。
④ "盖一国人民之智力,不能建设共和,亦未必宜于君主立宪,以其为代议之制则一也。代议政治,既有所不行,即有神武专制之君,亦不能保国于今世,其民无建设国家之智力之故也。民无建国之力,而强欲摹拟共和,或恢复帝制,以为救亡之计,亦犹瞽者无见,与以膏炬,适无益而增扰耳。"《爱国心与自觉心》,《陈独秀著作选》第一卷,第 117~118 页。
⑤ "共和立宪之大业,少数人可主张,而未可实现。人类进化恒有轨辙可寻,故予于今兹之战役,固不容怀悲观而取卑劣之消极度态,复不敢怀乐观而谓可踌躇满志也。"《吾人最后之觉悟》,《陈独秀著作选》第一卷,第 177 页。
⑥ 康有为还举了另一个例子,"又如人露宿寒郊,僵冻欲死,初移温室,不克遽苏,而云仍返寒郊,始能续命乎?"参见《驳康有为〈共和平议〉》,《陈独秀著作选》第一卷,第 352 页。Elster 分析托克维尔的《论美国的民主》时,曾强调托克维尔有关转型期效应(transition effect)与均衡期效应(equilibrium effect)的比较,转型期的效应往往是负面的,但最终的效果则是积极的。参见 Jon Elster, *Alexis de Tocqueville, the First Social Scientist* (Cambridge University Press), 2009, pp. 100-104。

## 第七章 共和与国教

有为在青年时期便反对缠足,并在自己的家庭中身体力行,① 陈独秀以这一例子阐释过渡期艰难痛苦的性质,颇有针对性。缠足的痛苦人人皆知,无论是否放足,这种痛苦都存在,人们因而不难理解,放足之初的痛苦主要来自此前的缠足,而非放足本身。从陈独秀的角度看,与此同理,共和初期的诸种不良政象,君主政治时期"果无一能发生者耶"。② 他认为"王者之治"是"由治而乱"的政制,"共和民政"是"由乱而治"的政制,"宁取共和民政之乱,而不取王者仁政之治"。③

康有为搁置共和的要害在于对过渡状况的判断,认为过渡之混乱痛苦令人难以承受,相当长时期内无法完成。梁启超的《过渡时代论》(1901年)曾针对性地分析过渡时代的危险,"当旧者已破、新者未成之顷往往瓦砾狼藉,器物播散,其现象之苍凉,有十倍于从前焉",指出寻常之人"观目前之小害,不察后此之大利,或出死力以尼其进行",其中包含了对康有为看法的回应和批评。梁启超将希望寄托于"崛起于新旧两界线之中心的过渡时代"的"芸芸平等之英雄",即"多数之国民"的"主动"。④ 陈独秀再次提出过渡时期的困难问题,以多数国民的"觉悟"为目标,新的推进主要在于,对于多数国民"觉悟"的困难与路径有了新的分析和思路。一是不从较抽象的宏观层面强调救国的艰难,而从"缠足"等个体体验的角度指出获得自由之初的痛苦,将普通个体的自我觉悟放在首要位置,强调以"多数国民能否对于政治,自觉其居于主人的主动的地位"作为立宪政治与国民政治能否真正实现的"唯一根本之条件"⑤。二是认为多数国民觉悟的关键在于国民运动,当时的问题在于"惟有党派运动,而无国民运动","与多数国民无交涉"的政党政治称不上立宪政治,呼吁由"少数优秀政党政治"向"多数优秀国民政治"推进。⑥ 这意味着新青年一代的政治视野与此前注重政党政治的梁启超已经很不一样。三是认为国民运动的关键在于文化运动。"多数国民

---

① 参见《我史》,《康有为全集》第五集,"光绪九年,二十六岁"第63~64页。
② 《驳康有为〈共和平议〉》,《陈独秀著作选》第一卷,第360页。
③ 《答常乃惪(古文与孔教)》,《陈独秀著作选》第一卷,第252页。
④ 《饮冰室合集·文集之一》,第27~31页。
⑤ 《陈独秀著作选》第一卷,第178页。
⑥ 《一九一六》《答汪叔潜(政党政治)》,分别见《陈独秀著作选》第一卷,第173、174、202页。

之自觉"着眼于"多数国民之思想人格"的"变更",①如《青年杂志》创刊号所言"盖改造青年之思想,辅导青年之修养,为本志之天职",②这种变化需要文化运动来推动,这是"新文化运动"以国民运动为目标而以文化运动为重心的自觉。这一运动致力于以文化方式激发"根本之觉悟"的政治,其社会改造方案又包括创造全新的国家政治与政党政治。③

国民运动因捍卫与再造共和而生,其核心问题是秉持何种共和理念。在新青年群体与康有为的争论中,这一问题可以归结为将谁视为共和的"导师"。康有为通过重释孔子太平大同之义尊孔,是尊孔子为共和民主时代"导师"的最重要根据。新青年群体第一次对康有为的这一套论述做了系统批判,寻找自己的共和"导师",形成自己的共和理念。

新青年群体同样将伦理道德视为文化与政治的重心所在。陈独秀认为,伦理思想对政治有着决定性的影响,"伦理思想,影响于政治,各国皆然,吾华尤甚",这一看法与康有为的俗本政末论有接近之处。但他们对于共和时代应有何种伦理道德,与康有为的看法势如水火。陈独秀将"伦理的觉悟"视为"吾人最后觉悟之最后觉悟"④,呼吁在伦理思想方面应有根本性的改变,变革的主要对象就是孔教。在陈独秀等人看来,孔教问题不只是宪法问题,而且是"实际生活及伦理思想之根本问题","盖伦理问题不解决,则政治学术,皆枝叶问题。纵一时舍旧谋新,而根本思想,未尝变更,不旋踵而仍复旧观者,此自然必然之事也"。⑤反孔教(礼教)和辟康因此是新文化运动的首要战役,新旧道德论战成为新文化运动的一个中心环节。

新青年群体少见地郑重对待和批判了康有为对孔子太平大同之义的阐释。此前对康有为重释孔子之道的批评,主要议题是否定儒学在中国思想史上的独尊地位,新青年群体对此也有批评,例如,易白沙的《孔子平

---

① 《陈独秀著作选》第一卷,第178页。
② 《通信》,《青年杂志》第一卷第一号,1915年9月。
③ 参见汪晖《文化与政治的变奏——战争、革命与1910年代的"思想战"》,《中国社会科学》2009年第4期。
④ 《吾人最后之觉悟》,《陈独秀著作选》第一卷,第179页。
⑤ 《陈独秀著作选》第一卷,第224页。

议》论证孔子为"九家之一","孔子不得称为素王,只能谓之显学"①,这一批评针对的是以中国历史阐释为据尊孔,而不是以孔子太平大同之义尊孔。新青年群体断然否定孔子之道适应于共和民主时代的最重要论证,是批驳康有为对孔子微言大义的阐释。一是指出重释孔子太平大同之义是在共和民主时代继续尊孔的策略,"今之孔教徒以求容于共和国体,故不得已乃尊重昔之所鄙弃者,以为圣人之大义微言,以为孔子之所以师表万世者以此"②。二是认为孔子所言的大同并非现代的共和政制。"《礼运》大同之说,古之孔教徒鄙弃之……即使《礼运》出于孔子,而所谓'大道之行,天下为公,选贤与能'者,乃指唐虞禅让而言。大同之异于小康者,仅传贤传子之不同,其为君主私相授受则一也。若据此以为合于今之共和民选政制,是完全不识共和为何物,曷足以辨哉!"③ 三是通过中国思想学术史的讨论,反对将大同之义作为尊孔的依据。例如,吴虞认为"大同之义本于老子",试图从思想起源层面摧毁尊孔的基础。④ 四是强调孔子尊君权等思想容易演化成独夫专制和思想专制,⑤ 认为尊孔与共和、礼教纲常与共和立宪相互冲突,不可能相互协调。陈独秀认为:"吾人果欲于政治上采用共和立宪制,复欲于伦理上保守纲常阶级制,以收新旧调和之效,自家冲撞,此绝对不可能之事。"⑥ "主张民国之祀孔,不啻主张专制国之祀华盛顿与卢梭,推尊孔教者而计及抵触民国与否?是乃自取其说而根本毁之耳,此矛盾之最大者也。"⑦ 新青年群体否定康有为对孔子太平大同义的阐释,目的在于否定孔子的共和"导师"资格,否定孔教对于共和的阐释权。

新青年群体将西方文化视为共和"导师"。例如,陈独秀认为,"建设西洋式之新国家,组织西洋式之新社会"的"根本问题"是"不可不首先输入西洋式社会国家之基础,所谓平等人权之新信仰,对于与此新

---

① 上篇原载 1916 年 2 月 15 日《青年杂志》第一卷第六号,下篇原载 1916 年 9 月 1 日《新青年》第二卷第一号。
② 《再答吴又陵(孔教)》,《陈独秀著作选》第一卷,第 330 页。
③ 《再答吴又陵(孔教)》,《陈独秀著作选》第一卷,第 330 页。
④ 吴虞:《儒家大同之义本于老子说》,《吴虞文录》,黄山书社,2008,第 39 页。
⑤ 例如易白沙的《孔子平议》。
⑥ 《陈独秀著作选》第一卷,第 179 页。
⑦ 《陈独秀著作选》第一卷,第 217 页。

社会新国家新信仰不可相容之孔教,不可不有彻底之觉悟,猛勇之决心,否则不塞不流,不止不行。"① 陈独秀等人不仅将孔教与西方文化视为不相容的一组对立物,更进一步将东方文化与西方文化作为保守与进步的一组对立物。陈独秀认为,"东西洋民族不同,而根本思想亦各成一系,若南北之不相并,水火之不相容也",认为西洋民族以战争、个人、法治、实利为本位,东洋民族以安息、家族、感情、虚文为本位。② 这些主张与论述,引发了以东西方文化为主题的论战,一直延续到新文化运动后期,并成为20世纪中国思想文化史上不断被提出的重大议题。在谁是共和导师的问题上,新旧道德论战与东西方文化论战逐渐纠缠交织,衍生出诸多论题。尤其是第一次世界大战引发对西方文明的质疑与反思,新青年群体同样对西方文明有诸多反思和批判,使得这两种相互交织的论战,变得更为错综复杂。这些论战的核心问题都是共和的"导师"问题,即共和的阐释权问题,这是当时争夺文化领导权的"思想战"的要点所在。

新青年群体将孔子之道(以及孔教)与共和、东方文化(或中国文化)与西方文化视为对立物,主张以西方"平等人权之新信仰"作为共和的道德基础,必然会提出移风易俗的文化政治议题。与康有为的教俗"不可变"论相反,陈独秀等人主张道德风俗习惯可以变易进化,孔子之道不适合现代社会,将被淘汰。陈独秀认为:"吾人往往以为道德不能变易,吾人今日所遵之道德,即自有生民以来所共认之道德,此大误也。夫道德变迁之迹,实有显著不可掩之事实。"③ 喜言调和的李大钊亦认为:"使孔子而生于今日,或更创一新学说以适应今之社会,亦未可知。而自然的势力之演进,断非吾人推崇孔子之诚心所能抗,使今日返而为孔子之时代之社会也。而孔子又一死而不可使之复生于今日,以应乎今日之社会而变易其说也。……盖尝论之,道德者利便于一社会生存之习惯风俗也。古今之社会不同,古今之道德自异。而道德之进化发展,亦泰半由于自然淘汰,几分由于人为淘汰。孔子之道,施于今日之社会为

---

① 《陈独秀著作选》第一卷,第229页。
② 《东西民族根本思想之差异》,《陈独秀著作选》第一卷,第165~169页。
③ 《道德之概念及其学说之派别》,《陈独秀著作选》第一卷,第299页。

不适于生存，任诸自然之淘汰，其势力迟早必归于消灭。"①

新青年群体对立国教问题也有所批判，主要的切入角度是认为立国教会引发宗教冲突与社会纷争。陈独秀认为："孔教而可定为国教，加入宪法，倘发生效力，将何以处佛、道、耶、回诸教徒之平等权利？倘不发生效力，国法岂非儿戏？政教混合，将以启国家无穷之纷争。"② "以国家之力强迫信教，欧洲宗教战争，殷鉴不远。即谓吾民酷爱和平，不至激成战斗，而实际生活，必发生种种撞扰不宁之现象……去俗化民善之效也远矣。"③ 李大钊认为："东洋自古无宗教之纷争，此最足幸者。而吾中国，儒、释、道、回、耶，杂然并传，含容甚广，是信仰自由之原理，已为吾先民所默契。今乃欲反其道，而凭空建立国教，斯诚背乎国情而为致争之由也。"④ 不立国教以免宗教冲突，也是近代西方政教分离进程中的主要主张之一。这一批判，与此前近二十年间从这一角度对康有为定孔教为国教主张的批判颇为接近。

新青年群体对康有为大同立教与定孔教为国教主张的主要环节都进行了针锋相对、火力密集的批判，康有为此前从未遭遇这种规模的思想对抗，新文化运动对康有为的冲击最为强烈。不过，这种思想上的论战仍然有持续发展的空间，例如对孔子之道的阐释等，并不一定会使康有为在政治上偃旗息鼓。给康有为的政治生命以致命一击，使其在政治领域与思想文化界淡出的关键事件，是参与张勋复辟的失败。其中的要害是，康有为参与张勋复辟，证实了此前新青年群体对康有为及孔教的批判的政治预见性，即康有为虽然反对袁世凯复辟，但他其实为复辟准备了理论基础，必然会走向复辟道路。康有为用自己的行动，将孔教与复辟紧紧地捆绑在一起，使得此次复辟失败不仅是政治上的失败，也是思想上的失败，人们从此只知康有为的孔教是致力于复辟的宗教，不知孔教还是以太平大同之义为根基的宗教。新青年群体深知重释太平大同之义乃是康有为立孔教的根本所在，从康有为的孔教论述（尤其是他对刘歆以降的儒学的批判）来看，他所说的孔教与专制的封建礼教并不能简

---

① 《自然的伦理观与孔子》，《李大钊全集》第一卷，人民出版社，2006，第246~247页。
② 《再论孔教问题》，《陈独秀著作选》第一卷，第254页。
③ 《宪法与孔教》，《陈独秀著作选》第一卷，第225~226页。
④ 《李大钊全集》第一卷，第232页。

单等同，因此，他们将封建礼教乃至孔子之道视为共和之敌的同时，还要郑重地重新讨论孔子之道，指出孔子的"大同"论与近代以来的自由民主平等共和不是一回事，以此瓦解康有为立教论述的基石。那种认为康有为的孔教论述仅仅为帝制复辟张本的看法，无论是基于批判孔教的立场，还是基于同情乃至复兴孔教的立场，其实都是接受了新青年群体当年指斥康有为及孔教为复辟张本的结论，而忽略了当时的具体辩论。反过来也可以说，康有为参与张勋复辟及其失败，确立了新青年群体对康有为的系统批判的权威影响力。推动孔教成为国教的政治努力，在张勋复辟失败之后彻底衰落。

康有为立孔教呈现出来的关键问题是理念信仰与社会运动的相互依存问题。理念信仰影响力的有无与大小从根本上决定于它们存在于其中的社会运动的有无与强弱。无论对于康有为，还是对于新青年群体，都是如此。康有为提出了"谁是共和的导师"这一问题，他的方案及其激起的新旧道德、东西方文化等辩论没有因为立国教的失败而消逝。新文化运动只是这些辩论和冲突的开始，康有为定孔教为国教设想的落空，并不等于新文化运动在这些辩论中取得了完胜。这类辩论一直在延续反复，要害在于共和制如何才能奠定与巩固，它们的进展是共和制状态（尤其是危机）的重要征兆。新文化运动与康有为的思想辩论提出的问题后来有持续发展，诸如共和的思想导师是孔子，是西方文化，还是马克思列宁主义；生活方式与道德习俗比较传统的民众仍然有相当比例，传统道德在国家政治中是否应有相应位置；多数大众弃旧道德而培育新道德是否可能、有无必要；等等。陈独秀等新文化运动的主要人物对于"谁是共和的导师"的回答发生了分化与变化，陈独秀在1917年俄国革命之后逐渐倾向马克思主义，成为建立中国共产党的重要领导人，也就是说，他们的回答经历了不同的探索过程。新文化运动与康有为之间最根本的区别不在于认定西方文化或孔子谁为共和导师。

新文化运动与康有为的根本区别，在于对"何谓真正的共和政治"这一问题的回答。如前所述，两者的论述有接近之处，一是都认为"真正的共和"应该实现全体国民或多数国民的自主与政治参与，二是都将伦理道德视为文化与政治的重心所在。但他们的区别更为重要。其一，康有为对真共和的部分特点有所认识，但实际上搁置了走向共和的政治选择与政治行动，而新文化运动提出的问题不仅是何谓真正的"共和"，而且是何谓真正的"共和政治"，将共和政治的实践视为"真共和"的组成部分，并认为真正的共和政治在于国民运动，国民运动的关键则在于塑造新人和新道德的文化运动。其二，康有为的"俗本政末"论将尚未变动的传统社会作为保留帝位主张的根据，其重心其实在于君主立宪的政治要求，将变未变、无须变动的道德风俗（及传统社会）被视为君宪政治可以倚重的社会力量基础，但这是一种需要广泛动员的政治可能，康有为则将这种政治力量视为自然存在，忽视"谋于下"的政治行动。陈独秀等人的伦理"觉悟"论的重心在于国民运动，国民运动形成自身的方向，创造国家与民众的未来。而文化运动之所以是重心（国民运动）的重心，是因为国民运动的兴起与成功需要以多数国民的觉悟、抛弃旧道德建立新道德作为前提和基础。

康有为淡出政治舞台，新文化运动则经过五四运动孕育新的政党政治，这一知识界代际转变的主要政治含义在于，国民运动从新文化运动开始获得了真正的自觉性，国民运动时代从此全面展开，以"教"（文化思想）领"政"的新道路开始形成，这是晚清文教"大一统"瓦解之后的崭新推进。新文化运动与康有为及孔教运动的对抗，标示着近代中国从政教相谐的时代进入政教疏离时代之后，转而开始向以文化思想领政的方向探索，开启一个全面创造的新时代。国民运动与以文化思想领政的道路，正是在帝制彻底终结的废墟之上兴起的。

# 结语　道术已为天下裂：从大同立教的命运看现代政治转型

康有为以重释孔子太平大同之义为基础立孔教，与推动定孔教为国教，是密不可分但有所区别的两个方面。虽然康有为定孔教为国教的设想落空了，他在张勋复辟失败之后也淡出了政治舞台，但孔教运动在20世纪的华人世界一直在起伏中延续，孔教或儒教从此成为中国知识界的一个重要的议题。康有为的立教与定孔教为国教的努力，及其遭遇的不同类型的政治或思想斗争，作为现代中国复杂而重要的政治现象，其含义需要更深入的认识。

可以从两种不同的政治转型视角来总结前面的分析，一是后国教时代文化政治的中心场域从国教政治到政党政治的转移，二是晚清文教"大一统"崩溃之后政教关系的变化。

康有为在辛亥革命前的流亡时期认为建党比立教重要，辛亥革命后认为立教比建党更重要，试图将宗教政治开拓为核心的政治场域之一。反对者以欧美已经敷衍成势的"政教分离"原则作为主要理据反对立国教，康有为并非昧于后国教时代"不立国教"的趋势。他建立跨政党宗教的设想包含两个方面：一是认为推动定孔教为国教并非全无机会，当时欧洲尚有不少国家设有国教，对此抱有勉力一试的投机心态；二是意识到宗教运动可以通过议会政治和政党政治等平台争取政治空间，这是对后国教时代宗教政治与政党政治相结合的趋势的洞见。

19世纪末20世纪初，欧洲经历了围绕国教问题的宗教斗争（国教政治）逐渐淡出、政党政治逐渐兴起的重大转型。越来越多的欧洲国家确立政教分离原则、不再设立国教之后，政治场域发生了重要的变化，教会不再是国家政治斗争的主要参与者，社会分裂不再主要以宗教分歧的形式表达，分裂的社会各方越来越多地以政党的形式组织起来和表达诉求，政治斗争主要通过政党竞争的形式展开。英国宗教社会学家斯蒂夫·布鲁斯（Steve Bruce）曾分析宗教与政治关系中的政党问题，他指出，欧洲国家多数信仰天主教，19世纪的天主教会一般厌恶自由民主，此一时期的历任教皇都不鼓励参与民主政治。19世纪末20世纪初，随着诸多民族国家逐渐稳定下来以及越来越民主，选民被动员起来，少数精英博弈的旧体系为大众政党的竞争所取代。在这一变化过程中，教会中的政治分歧也逐渐转变为自由右翼的个人主义与左翼的阶级团结。在大众动员时代，神职人员在社会运动与选举政治中都非常活跃，法国、比利时、荷兰和德国等国都出现了神父领导的政党。第一次世界大战之后，由于19世纪80年代引起众多冲突的那些问题都已化解（其中包括，一个统一的意大利已经稳固地建立），天主教政治的重要性大为降低。不过，此后不同国家的宗教传统对其政治状况仍然有深刻影响，一战到二战期间的一个重要现象是，天主教国家为威权主义政权提供了肥沃的土壤，天主教与右翼极端主义往往有密切联系，它们也激发了最活跃的左翼政党，法国、西班牙、葡萄牙和意大利等国便是例子，而英国、荷兰和美国等新教国家更倾向于民主，没有出现这种极端对立的政党政治。[1]但这只是就西欧内部演变的情况而言的，如果从全球来看，同时考虑伊斯兰教等宗教的发展情况，宗教政治对区域政治与全球政治的影响，要大得多。

从康有为推动立国教失败以及孔教运动、佛教运动等宗教运动的持续发展来看，20世纪初期中国的宗教政治与政党政治的互动，与欧洲有同步之处。定孔教为国教失败的关键原因，固然是执政者基于避免教争的欧美"政教分离"原则，反对和避免国教成为分庭抗礼的另一政治中心。不过，"不立国教"只是意味着国教政治的衰落，并不意味着宗教运动从此在政治场域偃旗息鼓，它们转而投入政党政治，找到了新的舞台。[2]在国教政治衰落、政党政治兴起的变化过程中，宗教运动作为一种文化运动，仍然可以成为国家政治进程的重要参与者。从这个角度看，康有为建立跨政党宗教的设想，提示了宗教政治与政党政治相结合的一

---

[1] Steve Bruce, *Politics & Religion* (Cambridge UK: Polity Press, 2003), pp. 94 – 97, 110 – 111.
[2] 在既可以信教也可以参与政党的情况下，宗教运动与政党政治之间的关系非常密切。在加入政党与信教相互排斥的情况下，宗教运动难以介入政党政治，但在社会生活中未必边缘化。

种可能道路。

康有为对"政教分离"的再定义,启发我们进一步从政教关系的视角思考现代政治转型。政与教的双轨疏离状况所呈现的问题,不仅是某一宗教的地位变化,而且是一个国家文教状况的巨变。从历史看,中国与欧洲的政教关系很不一样,但政教双轨疏离之后"教"的大一统不复存在,则是相近的。从20世纪的情况看,一个国家实现政治统一,并不意味着其文教能够随之实现统一。事实上,欧洲在近代经历了科技、宗教及思想文化的全盘变革,以及向全球拓殖之后,全球各国先后面临了文教分裂与多元冲突的状况。在这个前所未有的"道术已为天下裂"的时代,重建文教大一统对于每个国家都是极为困难的挑战。人们甚或会问,重建文教大一统是否仍有可能。但人们往往对此抱有强烈的诉求。

围绕定孔教为国教的政治与思想文化斗争,可以看到三种重建政教关系的构想。康有为重释孔子太平大同之义,试图立全球公理之学(如以"康子自道"的形式写成的《大同书》),便是希望以此为基础,在西方文明已经变成中国文化的内部要素之后重建文教大一统。他的基本方法是以太平大同之义为中心议题,将西方文明及全球其他地区文明中的诸多要素与中国文明有选择性地拼贴整合到自己的公理之学框架之中,并冠之以孔教之名。他推动定孔教为国教,企图在国家政权有所不济的情况下,以"教"为平台拓展新的政治可能。他的这一设想固然一厢情愿,执政者们在尚未面临强大压力的情况下,不会舍"政教分离"而分权于"国教"。在政教双轨疏离的格局中,康有为倾向于寻求以"教"育"政"的可能,但他的努力以"谋于上"为重心,带有很强的投机性,空间非常有限。

袁世凯接过了康有为有关立孔教的诸多尊孔论述,同时反对视孔子之道为"教"与立国教。他企图重新建立政教相谐的一统格局,但他的政与文教都已无整合能力,其复辟迅速瓦解。在共和意识已经在中国社会兴起的情况下,袁世凯固然可以引康有为等人的尊孔论述作为文教政策的基础,对孔子太平大同之义的挪用似乎能够将古今拼凑于一勺,但是,袁世凯挪用大同话语,与康有为在19世纪末重释太平大同之义判然有别,前者将之用作复辟的虚情假意的粉饰,并不能消解其复辟政治与捍卫共和的政治群体的对立,分裂与冲突不可避免。

## 结语 道术已为天下裂：从大同立教的命运看现代政治转型

新文化运动一开始便清晰地展现出以新文化新道德创造新政治的自觉意识与意志，这一构想可以称为广义的以"教"领"政"。新文化运动建构新文化新道德面临的同样是道术已为天下裂的局面，与康有为并无不同，但他们的方法和道路很不一样。康有为选择性地拼合全球文明的诸多要素建构全球公理之学与"大地之教"，同时受制于这些要素之间的相互冲突，在梁启超、欧榘甲等倾向共和革命的弟子向他发起挑战之后，通过重释"三世说"、强调三世不可躐等而进来安顿这些相互冲突的要素。他以在现实中反对太平大同之义的方式，坚持以重释孔子太平大同之义作为立教基础，这种从"三世说"衍化而来的阶段论是消极的。陈独秀等新文化运动一开始便放弃了以拼合方式重建"大一统"文教的选择，而是在承认道术已为天下裂的前提下为新政治寻求新的文化基础，清晰地意识到新文化必须通过与旧世界的对立、决裂与冲突的文化斗争来奠定自身的基础，他们面临新文化如何表述自身的挑战。在放弃了康有为式的拼合方式之后，新文化表述自身的一个重要途径，是通过凸显、叙述和展开新旧思想对立（例如新文化与孔教的对立）以及其他的思想对立形式（例如以西方文化为共和导师而批判乃至否定东方文化），探索和形成前进的方向。新文化运动在这些议题上的论述往往并非终局性的结论，这些论题的展开毋宁是文化运动探索自身方向的方法与过程，它们会随着斗争进程的深入而不断调整，诸如西方文化与东方文化对比等论题即是如此。这种通过设置对立冲突议题的方式探索自身方向的方法，不断出现在中国20世纪文化运动的政治过程中。由于时刻面临道术已裂状况下的分化、矛盾与冲突（它们既是全球性的也是内部的），新文化的建构很难稳定下来，即使具有普遍性价值的新文化能够逐渐形成，也并不意味着文教"大一统"得以重建。无论"政"可以达到何种状态，其以"教"领"政"的构想必然以"文教"内部的分裂与冲突为基本背景，新政治必然一直面临文化思想冲突的挑战。

也就是说，康有为指出的政教双轨疏离意义上的"政教分离"趋势，是现代社会相对于古代社会的重大变化：无论是试图在一国之内建立政教相谐格局，还是试图在一国之内建构以"教"领"政"格局，这些愿望都难以重建文教"大一统"，"政"与"教"持续地倾向于双轨疏离的状态；新的文教大一统的实现，必须以走向世界大同的政治进程为前提。正是由于"政"与"教"长期处于双轨疏离状态,现代民族国家的政治"一统"普遍面临着持续的分裂风险。政教双轨疏离状态的长期存在,意味着以政领教时代事实上的终结,一国的执政者(包括政党)再难以依凭执政地位实现文教"一统"。不仅如此,不经过文教领域的冲突与整合的淬炼,政党亦难以形成自身的政治统一性;希望获得较强政治能力的政党,不能不探索广义的以"教"领"政"的道路,创造新的有普遍性意义的文化。如葛兰西论述作为"现代君主"的政党时所指出的,"在现代君主中应该重视精神和道德的改革问题,也就是宗教和世界观问题。……现代君主应该是而且也不能不是精神和道德的改革的宣扬者和组织者,这就意味着为达到现代文明最高和无所不包的形式的人民的、民族的集体意志的往后发展,奠立基础"。[①] 现代民族国家能否建立文教"大一统"是不确定的,但如果"现代君主"不是"精神和道德的改革的宣扬者和组织者",现代民族国家将难以建立稳定的政治"大一统"。

康有为建立跨政党宗教与推动立国教的政治含义,需要在这一层面加以理解。他坚持立孔教及立国教的主张,而无意向政教相谐的传统格局回归,其实是从中国文明遭遇的西方挑战与多元文明的内部化,意识到再也难以回到政教相谐的传统时代,只能在政教双轨疏离的基础之上继续探索。他进一步推动了从传统的"政""教"相谐向以"教"领"政"的政治转型。如果说太平天国运动开启了近代中国探索以"教"领"政"的进程,康有为的立教与推动立国教是第二波探索,那么新文化运动则是第三波探索。探索以"教"领"政"道路,以及通过推动世界大同进程重建文化"大一统",是20世纪中国未完成的议程,回到这一议程展开的初期,重新认识各种不同的方案,将有助于在今天继续思考与探索。

---

① 〔意〕葛兰西:《狱中札记》,葆煦译,人民出版社,1983,第105页。

# 附录 "天"变、公理与时势：大同论的宇宙观基础[*]

在"大同立教"的内在结构中，孔子之道主导大同论述，康有为在晚清民初建构孔教即以此为基础。但康有为的思想并不只是"大同立教"，《大同书》和《诸天讲》等著述是"大同立教"的继续发展，又超出了康有为"大同立教"的努力。如汪晖所指出的，如果说《大同书》是有关地球秩序的"外篇"，那么《诸天讲》是有关宇宙秩序的"内篇"。[①] 这两部著作主要是康有为的夫子自道，较少托孔立教的色彩，其写作也不再像此前两次集中的儒家经典诠释那样着眼于建立和推广孔教，而主要关注大同论本身的阐述。《大同书》仍然包含孔子之道、孔教、大同论述这三个要素，但它们之间的关系发生了重要变化，在此书中，孔子之道只是构成大同论述的一个部分，孔教不再是大同论述的主要关切。《诸天讲》则更为明显地超越了建立孔教的意识。

尽管《诸天讲》作为康有为晚年作品，开始写作的时间要晚于《大同书》，但理解了《诸天讲》，才能更好地理解《大同书》。此前笔者分析过《大同书》对大同的论证，"天民"意识与"公理"意识是康有为论证大同的正当性和必然性的主要基础，这些意识的背后都是宇宙观的重大变化。了解康有为对于"天"的思考，才能理解他对天理、公理和时势的看法，他的大同论的新的宇宙观基础，以及这种看法在近现代中国知识革命潮流中的位置。

## 一 无限宇宙的展现：从"人人皆为天之子"到"人人皆为天上人"

康有为对天的思考发生了怎样的变化，可以从他对人与天的关系的

---

[*] 本文收入《从古典重新开始：古典学论文集》，华东师范大学出版社，2015。
[①] 参见汪晖《现代中国思想的兴起》第2册。

讨论中看出端倪。康有为对于太平大同世人人平等的论证，一个非常重要的方面是从天与人的关系着手的。在这一问题上，康有为在晚年讨论"天游"时候的看法与两次注经高峰期相比，发生了深刻的变化。

在流亡海外之前和之后的两次注经高峰期，康有为从天人关系的角度论证人人平等，"人人皆为天之子"是其要点。如第一次注经期的《春秋董氏学》这样论述：

> 《穀梁》曰：夫物非阴不生，非阳不生，非天不生，三合然后生。故谓母之子也可，天之子也可。……人人为天所生，人人皆为天之子。但圣人姑别其名称，独以王者为天之子，而庶人为母之子，其实人人皆为天之子。孔子虑人以天为父，则不事其父，故曰：天者，万物之祖也。父者，子之天也；天者，父之天也。则以天为祖矣，所以存父子之伦也。①

1899年之后第二次集中释经时期（1900~1903）写的《春秋笔削大义微言考》也说：

> 天子为爵称，凡有位者，人人可称之，孟子曰"天子一位"是也。……古者人君必托神灵，人主至尊，故上号于天，称为天子。……又人非天不生，非阳不生，非阴不生，三合而后生。故谓母之子也可，天之子也可，尊者取尊称焉。②

正如康有为这里所指出的，"天子"是君主的称号。而他在戊戌变法时期即声言太平大同世"人人皆为天之子"，对于帝制而言带有一种颠覆性的意味。不过，"天子"之意不专指君王，并非从近代开始。就现存文献来看，先秦典籍中有类似表述。例如《庄子·内篇》的《人间世》引颜回的话："内直者，与天为徒。与天为徒者，知天子之与己，

---

① 《春秋董氏学》，《康有为全集》第二集，第375页。
② 《春秋笔削大义微言考》，《康有为全集》第六集，第197~198页。

皆天之所子，而独以己言蕲乎而人善之，蕲乎而人不善之邪。"① 王孝鱼认为，"与天为徒"四字已流露出人人平等的思想，同是天的儿子，为什么有人独称天子？② 后世也不乏类似表述，例如王夫之的《庄子通》解《应帝王》便说："我之与天子，皆天之子也，则天子无以异；天子之与天下，皆天之子也，则天下无以异。"③ 但这些看法处于边缘的位置，在此前的中国历史进程中，皇权一直在最具影响力的宇宙观（天—地—人）中处于中心位置。皇权作为宇宙中心和权力枢纽，在永不休止的各类较量中不断被争夺和再造；皇权既分割、区别，又调和、包容宇宙及人间无穷无尽的对立，使之成为一个由不平等关系构成的复杂等级结构。④

在康有为"人人皆为天之子"的论述结构里，"天"与人的相对位置并没有发生根本性变化，变化的主要是君主与臣下、民众的关系。与称君主为"天子"一样，天仍然是"万物之大父"，是"生之本"⑤，天、地、人之间仍然存在传统所理解的等级关系。后来康有为更以孔子取代君主的位置。他在《以孔教为国教配天议》（1913年）中认为，在清政府瓦解之后，应该以"孔子配上帝"，取代以往专制君主"以其无德无功之祖宗配上帝"，从而"立庙祀天，而以孔子配之"。⑥ 并认为人人皆为天之子，因此祭天也并不只是君主之事，人人皆天生而可祭天。⑦

在"人人皆为天之子"的结构中，"天"仍然是"仁"的根源，是人伦道德秩序的根据。孔子创制立义本身就是代天立言，三世区分的根

---

① 张文江指出，在先秦，"天子"一词尚非君王得以专用，所见有三例，庄书占其二，除文中所引这一例，另一例是《庄子·杂篇》的《庚桑楚》："有恒者，人舍之，天助之。人之所舍，谓之天民；天之所助，谓之天子。"还有一处出于银雀山汉简。参见张文江《〈庄子〉内七篇析义》，上海人民出版社，2012，第96~97页。宫志翀梳理了战国两汉的"人为天生"学说，参见宫志翀《战国两汉"人为天生"学说的政治哲学意蕴》，《哲学研究》2021年第1期。"人为天生"在战国两汉时期思想中的位置，值得进一步讨论。
② 参见王孝鱼《庄子内篇新解　庄子通疏证》，中华书局，2014，第70页。
③ 王孝鱼:《庄子内篇新解　庄子通疏证》，第233页。
④ 参见王爱和《中国古代宇宙观与政治文化》，金蕾、徐峰译，上海古籍出版社，2011，第236~237页。
⑤ 《春秋董氏学》，《康有为全集》第二集，第375页。
⑥ 《康有为全集》第十集，第95页。
⑦ 《人民祭天及圣裑配以祖先说》，《康有为全集》第十集，第200~202页。

据本身也在于天。如《春秋董氏学》说:"杨子曰:圣为天口。孔子之创制立义,皆起自天数。盖天不能言,使孔子代发之。故孔子之言,非孔子言也,天之言也。孔子之制与义,非孔子也,天之制与义也。"①"孔子本天,以天为仁人,受命于天,取仁于天。凡天施、天时、天数、天道、天志,皆归之于天。故《尸子》谓:孔子贵仁。"② 第二次注经时期的《中庸注》则说:"天,仁也。天覆育万物,既化而生之,又养而成之。人取仁于天而仁也,故有父兄子弟之亲,有忠信慈惠之心,文理灿然而厚,智广大而博。"③

康有为最后一部长篇作品《诸天讲》(1926)对"天"做了重新理解。在此之前,他在第二次集中释经时期的多部作品的结尾指向"天游"。④ 康有为在《中庸注》结尾讨论"天游"时,指出了《中庸》开篇与收尾所蕴含的意味:

> 尚有诸天元元,无尽无方,无色无香,无音无尘,别有天造之世,不可思议,不可言说者。此神圣所游,而欲与群生同化于天天,此乃孔子之至道也。天造不可言思之世,此必子思所闻之微言,而微发之于篇终,以接混茫。此书开端,本之于天以为道教。末终,归之于天以发神明。⑤

这提示我们注意他在多部作品结尾论及"天游"的布局。《春秋笔削大义微言考》结尾也指向"天游":

---

① 《康有为全集》第二集,第 365 页。
② 《康有为全集》第二集,第 375 页。例子还有一些,比如"以仁为天心,孔子疾时世之不仁,故作《春秋》,明王道,重仁而爱人,思患而豫防,反覆于仁不仁之间。此《春秋》全书之旨也"。
③ 《中庸注》,《康有为全集》第五集,第 379 页。
④ 《孔子改制考·序》即已提到天游之"梦":"予小子梦执礼器而西行,乃睹此广乐钧天,复见宗庙百官之美富。门户既得,乃扫荆榛而开途径,拨云雾而览日月,别有天地,非复人间世矣。"《康有为全集》第三集,第 3 页。不过,此处天游主要提供了看人间世的另一视角。
⑤ 《中庸注》,《康有为全集》第五集,第 392 页。由于康有为在 1900~1902 年的注经作品还有修改,不排除这些结尾都是印行之前才添加的(如《中庸注》1916 年由广智书局出铅字排印本),但这种可能性的存在,不影响这里的讨论。

附录　"天"变、公理与时势：大同论的宇宙观基础　285

　　　　孔子俯察时变，却观未来，豫解无穷；故知将来必入升平、太平之世，又必至众生、大生、广生之世，诸星、诸天之世。但元化无穷，而人道有穷。孔子之元化无穷，而身体寿命有穷，语言文字有穷；制作《春秋》，遂托获麟为穷云尔。若能演孔，固演之而无穷矣！①

《大同书》终篇更预告了《诸天讲》的写作：

　　　　故大同之世，惟神仙与佛学二者大行。……故大同之后，始为仙学，后为佛学；下智为仙学，上智为佛学。仙、佛之后，则为天游之学矣，吾别有书。②

这些都提示"天游"在康有为思想中的重要位置。

康有为晚年论"天游"，对天人关系有一种新的论述，即"人人皆为天上人"。1923年12月的《长安讲演录》说："吾地既悬于天上，则吾人皆为天上之人。……自隘其境，不知享受天上人之乐，为可惜也！"③《诸天讲》这样论述：

　　　　然自金、水、火、木、土诸星中夜望吾地，其光华烂烂，运行于天上，亦一星也。夫星必在天上者也，吾人既生于星中，即生于天上。然则吾地上人皆天上人也，吾人真天上人也。人不知天，故不自知为天人。故人人皆当知天，然后能为天人；人人皆当知地为天上一星，然后知吾为天上人。……生而为天人，诸天之物咸备于我，天下之乐，孰大于是！④

同时，"人人皆为天之子"也在使用。如1923年10月7日的《孔子圣诞日演讲辞》中说："夫物非天不生，非父不生，非母不生，三合而后生；

---

① 《康有为全集》第六集，第310页。
② 《康有为全集》第七集，第188页。
③ 《康有为全集》第十一集，第272页。
④ 《康有为全集》第十二集，第11页。

故谓之天之子也可，谓之母之子也可。"① 这一说法跟以前一样。康有为同时使用"人人皆为天之子"和"人人皆为天上人"的论述，包含了对"天"的多重性理解。

这里重点讨论"人人皆为天上人"呈现的"天"的观念的重要变化：天与地之间的等级关系不复存在。这一说法在近代之前的中国思想中是罕见的。

变化的主要原因是对西方近代天文学革命以来的观念的了解和接受。康有为在《诸天讲》中讨论了从哥白尼、牛顿到康德、拉普拉斯，再到利曼、爱因斯坦等人的天文学说和宇宙观。有的中国天文学思想史著作认为《诸天讲》在晚清最早介绍了西方近代宇宙演化理论。② 康有为总结了中国传统的宇宙观，即古之言天者有三家：一曰盖天，二曰宣夜，三曰浑天，以及这几种学说之间的争论，认为"中国古天文学未精由制器未精"。③ 而知"地为天上一星""吾为天上人"，是因为西方思想史上的"哥白尼革命"：

> 自哥白尼出，知地为日之游星，而自古一天地之说破，地为天中最细物耳。人居地球之上，当知地球面积不过二万七千余里，合四百八十余万丈法里……各国犹之比邻，一国犹之一家，同国之人犹之父子兄弟。故曰圣人能以天下为一家，中国为一人，乃实在事理，非为大言也。④

托马斯·库恩认为，哥白尼的天文学革命为牛顿建立新的宇宙观提供了基础，牛顿的宇宙观不仅是容纳哥白尼的行星地球的框架，更重要的是，它是一种看待自然、人和上帝的新路径——一种新的科学和宇宙论的视

---

① 《康有为全集》第十一集，第269页。
② 参见陈美东《中国古代天文学思想》，中国科学技术出版社，2007，第83页。虽然康有为自己说《诸天讲》初成于1885年，但《诸天讲》中的主要内容（我们这里所讨论的"人人皆为天上人"）是在1920年前后才发展起来的。这与新文化运动对"赛先生"科学的广泛讨论和介绍不无关系。不过，将天文学革命作为社会思想、哲学思考的新的基础，即使在当时康有为也堪称"先锋"。
③ 《康有为全集》第十二集，第13页。
④ 《长安演讲录》，《康有为全集》第十一集，第271页。

角，这种视角在 18 和 19 世纪一再地丰富了科学，并重塑了宗教和政治哲学。到 18 世纪末，越来越多的人，包括科学家也包括非科学家，认为没有必要再假定上帝的存在了。[1]

康有为从哥白尼革命及此后西方思想的发展中（如《诸天讲》"简要并且较为准确地"介绍了 1755 年和 1796 年康德和拉普拉斯先后提出的星云说[2]）所感受到的是一个"无限宇宙"的出现——"天之大无限"[3]。这个无限宇宙是康有为"天游"想象的基础，他也在其中找到了太平大同世的宇宙论基础：

> 瞻仰羡慕，若彼诸星有生人者，则为天上人，如佛典所称之四天王天，三十三天……其生此者，号为天人，尊敬赞幕，叹不可及，乐生其中。岂知生诸星之人物，仰视吾地星，亦见其光棱照耀，焕炳辉煌，转回在天上，循环在日边，犹吾地之仰视诸星也，犹吾地人之赞幕诸星之光华在天上，为不可几及也。故吾人生于地星上，为星中之物，即为天上之人，吾十六万万人皆为天人。[4]

今天看来，康有为的这种乐观似乎是幼稚的，但它呈现了宇宙观发生革命性转变之际的深刻问题。康有为的乐观有其原因，关键在于他首先认可佛典中对"天上人"之乐的想象，并以此为假定，来迎接新的宇宙观念的形成。当他发现所有人类其实都可以看作天上之人，而天上之人有"极乐"，则人人都可以获得这种极乐。"俾人人自知为天上人，知

---

[1] 〔美〕托马斯·库恩：《哥白尼革命——西方思想发展中的行星天文学》，吴国盛等译，北京大学出版社，2003，第 254~257 页。
[2] 康德提出的恒星演化的星云说，认为恒星是由混沌朦胧的微粒组成的原始星云运转、碰撞和凝聚而成的，并以此解说太阳系的形成；拉普拉斯发展了康德的太阳系演化思想，认为不断运转的、炽热的原始星团冷却收缩，又受离心力的作用，使星云的中心部分形成太阳，其周围形成许多环圈，每个环圈的物质又互相吸引而形成行星的卫星。见陈美东《中国古代天文学思想》，中国科学技术出版社，2007，第 83~85 页。康有为的介绍是："德之韩图、法之立拉士发星云之说，谓各天体创成以前，是朦胧之瓦斯体，浮游于宇宙之间，其分子互相引集，是谓星云，实则瓦斯之一大块也。"《康有为全集》第十二集，第 20 页。
[3] 《诸天讲》，《康有为全集》第十二集，第 116~117 页。
[4] 《康有为全集》第十二集，第 19 页。

诸天之无量，人可乘为以太而天游，则天人之电道，与天上之极乐，自有在矣。"① 这一极乐的感受完全来自宇宙观的革命性转变。他把电看作连通诸天的媒介②，而且加以引申，认为电的阴阳、正负两极相吸，即"仁之二人相爱"，并由此阐释仁之差等：

> 仁为二人，故仁爱人，博爱之谓也。故爱一家，即为一家之仁。爱一国，即为一国之仁。爱天下，即为天下之仁。凡诸天皆我所爱，况我所立之地乎？况我所生之中国乎？③

他把"天游"当作"解忧之良方"④，在其中看到了人人平等、打破一切等级秩序的宇宙观依据，并试图在这里找到打破"诸教"同时整合诸教的依托。所谓"天游之教"可以看作康有为以太平大同立公理之学、立孔教的抱负最后和最高的发展。他说：

> 故一通天文而诸教皆破，故穷理格物之极，有无限之权、无限之乐。今以一千倍远镜观诸星，即能明诸星，一切皆破。通乎诸天，则人世无长短大小之可言，一家一身之忧患何足言哉？吾以此公之诸君，同为天游，以超度人世如何？⑤

康有为通过"天游"对这个无限宇宙投入了很高的热情。他在《诸天讲》的"附篇"中甚至批评了爱因斯坦相对论对"无限宇宙"的物理学基础所做的修正，敏感地意识到其中所包含的与无限宇宙观的分歧和紧张：

> 天之大无限。今德人爱因斯坦发相对论之原理，谓天虽无边，非无限之无边也；无边者，非如诸天球之面，有椭圆体面而为境也。

---

① 《诸天讲》，《康有为全集》第十二集，第 13 页。
② "若夫电，则诸天皆无不通矣。"《长安演讲录》，《康有为全集》第十一集，第 274 页。
③ 《康有为全集》第十一集，第 275 页。
④ 《长安演讲录》，《康有为全集》第十一集，第 271 页。
⑤ 《康有为全集》第十一集，第 273 页。

谓宇宙为大无边者，虽无明确之边，而有一无边之边为其界，故不曰有边，而曰有限也。……然譬人家有一卵壳内之物，测至其壳内能还原处，即谓物之大者止于一卵，则卵外岂无他物耶？岂不大愚乎？其谬不待辨矣。①

无限宇宙的展现，在康有为这里丝毫没有引起忧虑和紧张，他敞开胸怀接纳了这个现代性的基石。他所阐释的孔子的太平大同之学，能够容纳冲破既有等级秩序的革命性变化。他站在遥想太平大同的视角，甚至欢迎这种革命性变化的涌现：现代性的洪流纵使滔天，也都在孔子之道这一"如来佛掌"的笼罩之下。

## 二 消失的上帝与永恒的孔子

萧公权曾以康有为的"天游"为界，将其哲学思想区分为两期，认为康有为发生了以中学为体向以西学为体的转变。第一期从19世纪80年代到20世纪10年代或20世纪20年代初，儒学和大乘佛学仍为其主要的灵感泉源，虽说西方的科学和史学已对他有了影响。第二期包含康氏的晚年，从较超然的立脚点来观察人与宇宙，以及对西方哲学思想较亲切的认识。萧公权认为，康氏的哲学历程似可说是近代中国思想转变的缩影，从试图以欧洲模式作技器与制度上的改进，到20世纪初新一代的知识分子公开地大声宣扬西方哲学思想。康有为实际上启导了20世纪10年代和20世纪20年代的思想界转向西方寻求哲学上的启蒙，他是最早开启水闸，让西潮达到高潮的人之一。②

萧公权的分期说对康有为有误解。第一，不能因为康有为晚年文章颇多引述"宣扬"西方哲学家的看法，也不能因为康有为的天学观念基本来自西方近代以来的天文学，就认为康有为不再将孔子学说的诠释作

---

① 《康有为全集》第十二集，第116~117页。
② 萧公权：《近代中国与新世界：康有为变法与大同思想研究》，汪荣祖译，江苏人民出版社，1997，第121~122页。汪荣祖承续萧公权的看法，也认为，康有为从救亡到天游，无论在思想上还是行动上都是显著的大转折。参见萧公权《康有为论》，中华书局，2006，第147页。

为其思想的基础。如本文开头所引康有为自己的说明，他的"天游"是此前重释孔子学说、立公理之学和立孔教的延续。

康有为弟子伍庄谨在印行《诸天讲》的序言中回忆了梁启超与徐勤关于《诸天讲》与庄子《逍遥游》的讨论：

> 任公曰：《诸天书》多科学家言，而不尽为科学家言；庄子《逍遥游》不言科学，《诸天书》兼言科学，后人或不以《逍遥游》视之，而议先师科学之言为未完也。君勉曰：是何害！先师神游诸天，偶然游戏，草成是书，必执科学拘之，毋乃小乎？予深题君勉之言。……先师之讲诸天，为除人间患苦，发周子"务大"之义，泰其心也，予之真乐也，不能执科学议之也。……宇宙之大，离奇奥妙，断非现在区区科学所能尽也，岂可以是议《诸天书》？①

梁启超和徐勤是非常熟悉康有为思路的弟子，他们提出应该从庄子《逍遥游》的层次来理解《诸天讲》，大概是因为了解康有为对孔子与庄子关系的看法。从目前能见到的作品来看，康有为多次阐述"孔子—子赣—庄子"的思想谱系，认为这一谱系传了孔子天道之学。（康有为论"天游"首先要征引的自然是孔子："孔子以天游之身，魂气无不之，神明无不在，偶受人身，来则安之，顺受其正。"②）如《论语注》这样阐述天道之学与大同之道、庄子的关系：

> 子赣尝闻天道自立自由之学，以完人道之公理，急欲推行于天下。孔子以生当据乱，世尚幼稚，道虽极美，而行之太早，则如幼童无保傅，易滋流弊，须待进化至升平太平，乃能行之……子赣盖闻孔子天道之传，又深得仁恕之旨，自颜子而外，闻一知二，盖传孔子大同之道者。……故《庄子·天下篇》遍抑诸子，而推孔子为神明圣王，曰：古之人其备乎！……其尊孔子者至矣。虽其徜徉游戏时，亦有骂祖之言，乃由于闻道既深，有小天地玩万物之志。而

---

① 《康有为全集》第十二集，第 11 页。
② 《论语注》，《康有为全集》第六集，第 450 页。

谓孔子本末精粗无所不在，则知一切皆孔子之创学。……近者世近升平，自由之义渐明，实子赣为之祖，而皆孔学之一支一体也。①

第二，值得我们进一步思考的重点，不在于康有为引述了哪些西方思想家，而在于他如何切入西方思想本身的分歧，康有为的思考相对于西方思想的内在分歧有怎样的特点。他坚持宇宙无限说，而批评爱因斯坦相对论，这是一个让我们了解康有为与西方思想分歧的关系的切入点。这一分歧牵引出的是西方围绕无限宇宙说的充满忧虑、痛苦和矛盾的现代历程，无限宇宙的出现对于许多西方人而言并不是康有为所感到的那样"极乐"的事情，而是意味着"上帝死了"、既有秩序崩溃等一系列难题。

施米特在《陆地与海洋——古今之"法"变》中分析了"第一次真正意义上的空间革命"，它发生在16、17世纪，人们发现了美洲，进行了首次环球远航，一个新世界应运而生了，首先是西欧和中欧各民族的整体意识，最后是人类的整体意识，在根本上改变了。具有绝对意义的乃是向宇宙的拓展，以及对于一个无垠虚空的认识。由于牛顿的理论，这一崭新的空间理论终于在已经开化的整个欧洲站稳脚跟。根据万有引力定理，在无限的虚空中，借助引力和斥力的平衡作用，天体和物体产生了运动。如此一来，人们可以设想一种虚空了，这在以前是无法想象的。从前，人们害怕所谓虚空，现在他们对生存于虚空中这一事实终于不再恐惧了。18世纪的启蒙作家们（尤其以伏尔泰为翘楚）甚至以能够认识这个可被科学证明的无限虚空的世界而自豪。不过，施米特认为，那些启蒙者对于面对虚空的恐惧感的嘲笑，"或许只是对虚无和死亡的虚无性、虚无主义的观念和虚无主义本身心领神会地耸耸肩膀而已"。②

牛顿在走出决定性的一步之后，曾经试图避免"架空"上帝的局面。沃格林指出，牛顿的绝对空间和绝对时间学说确证了空间的无限性，但他意识到，宇宙世界的存在因此没有奥秘可言，在最深奥之处，宇宙世界也只是被理解成物质的构造，而且上帝确实不能再进行他的创造了。

---

① 《康有为全集》第六集，第411页。
② 〔德〕卡尔·施米特：《陆地与海洋——古今之"法"变》，林国基、周敏译，华东师范大学出版社，2006，第37~39页。

受新柏拉图主义者亨利·莫尔（Henry More）的影响，牛顿曾经试图将上帝重新请回广延性的空间中。莫尔的策略是通过把神圣的本质作为空间广延性的基础，以反对这种趋势，他的这种策略很坦诚，但是也充满了危险（康有为以孔子教义立公理之学的策略，与它有异曲同工之处）。知识分子吸收了牛顿的体系，对牛顿有关绝对空间的认识很满意，却忽略了他的宗教动机。① 牛顿的那位依照自己的自由意志与决定来使宇宙实际"运行"的威力无比、精力旺盛的上帝，很快成了一种保守的力量、一种超世的智慧、一位"无所事事的上帝"。的确，不能想象一位无限的、不变的、永恒的上帝会在不同的时间以不同的方式发生作用，或者会把他的创造作用局限于一个很小的范围。而且，一个无限的宇宙只存在有限的时间段中，这是不合逻辑的。这样，上帝所创造的世界在时间和空间上都是无限的。一个永恒的无限的世界无须创世。牛顿之后一百年，拉普拉斯把新宇宙论发展成完美的形式。当拿破仑问上帝在他所著的《世界体系》中的作用时，拉普拉斯回答道："陛下，我不需要这种假设。"但是，并不是拉普拉斯的《世界体系》，而是此书所描述的世界不再需要上帝这个假设了。②

亚历山大·柯瓦雷的《从封闭世界到无限宇宙》清晰地论述了无限宇宙说带来的革命性变化。人们普遍认为 17 世纪经历并完成了一场深刻的精神革命，现代科学和现代哲学同时是这场革命的根源和成果。柯瓦雷要说明的是，至少就发展的主线而言，17 世纪革命是天球的破碎和宇宙无限化的历史。此前，他在《伽利略研究》中分析了 17 世纪科学革命前后新旧世界观的结构模式的变化。柯瓦雷认为，在这个变化的过程中，一个有限的、封闭的和有着等级秩序的整体宇宙消失了（在这一整体中，价值的等级决定了存在的秩序和结构，从黑暗的、沉重的和不完美的地球到更高和更完美的星辰和神圣天球），取代它的是一个不定的甚至是无限的宇宙。这一宇宙为同一基本元素和规律所约束，位于其中的所有存在者没有高低之分。也就是，将亚里士多德的空间概念——世界内面被

---

① 〔德〕沃格林：《革命与新科学》，谢华育译，华东师范大学出版社，2009，第 228~229 页。
② 〔法〕亚历山大·柯瓦雷：《从封闭世界到无限宇宙》，邬波涛、张华译，北京大学出版社，2008，第 225~226 页。

分化了的一系列处所，代之以欧几里得几何的空间概念——一个本质上无限且均匀的广延，它而今被等同于世界的实际空间。这就意味着科学思想摈弃了所有基于价值观念的考虑，如完美、和谐、意义和目的。最后，存在变得完全与价值无涉，价值世界同事实世界完全分离开来。这一过程的结果是，人类在世界中失去了他的位置，或者更确切地说，人类失去了他生活于其中并以之为思考对象的世界，人类要转换和替代的不仅是他的基本概念和属性，而且是他思维的框架。①

而对于爱因斯坦相对论修正无限宇宙说的意义，沃格林认为，通过爱因斯坦，物理学的基础根据莱布尼茨的立场得到了修正，这一点在科学史上是一个重要的事件，但是至少目前，它还没有在社会和政治层面产生引人注意的重要作用。沃格林显得悲观地说，科学主义的破坏已经发生。②

如果从柯瓦雷和沃格林所阐述的意义上来理解一个有限的、封闭的和有着等级秩序的整体宇宙的消失，以及一个不定的、无限的宇宙的出现，这种"天游"不仅不是一件令人快乐的事情，而且是令人充满忧虑的事情。法国当代思想史家莱米·布拉格在《世界的智慧——西方思想中人类宇宙观的演化》中沿着相近的理论脉络指出，现代的宇宙观使天这个榜样失去了相关性，对天的模仿不再有任何意义，现代人再也没有对自然的道德模仿。③ 这种变化也使宇宙哲学参照的隐喻发生了转折。经典文献在死后升天或者灵魂出窍的故事中，以不自然的方式表现了它的世界观，比如但丁在《新生篇》中所写的升天。而在现代，人们认为天是空的，升天变成了滑翔，主体漂浮在存在的两个层面之间，最后没有抵达较高的层面。它的起飞根本不是指向对高级世界的凝视，它产生的效果仅仅是可以从高处俯视地球。这种新的情感的例子是波德莱尔的

---

① 〔法〕亚历山大·柯瓦雷：《从封闭世界到无限宇宙》，"前言"第1~2页。
② 沃格林：《革命与新科学》，华东师范大学出版社，2009，第254页。
③ 〔法〕莱米·布拉格：《世界的智慧——西方思想中人类宇宙观的演化》，梁卿、夏金彪译，上海人民出版社，2008，第273页。布拉格认为："宇宙哲学与伦理学之间不再有任何关联……道德可以与天体演化学剥离，从而开始仅被认为是'自治'，宇宙已经失去了其对人类主体的结构功能。它只是人类活动的漠然的背景，对人类实现其人性没有任何功劳。……对自然的道德模仿变得不可能，因为我们的自然概念发生了改变。世界再也不能帮助我们成为人。"参见〔法〕莱米·布拉格《世界的智慧——西方思想中人类宇宙观的演化》，第291页。

《高扬》。诗人飞了起来,他的飞升是与传统的宇宙哲学相关的:他穿过九层,对应于古代天文学的九重天,最后到达"繁星遍布的天界",但是,这次飞升被迫中断,结束于被称为"空空如也的超越"的地方。诗人啜饮了"充盈了透明空间的清澈火焰",不料却掌握了"花的语言",即他能理解的最低的生物体"默默无语者"。这里不再是向神秘的沉默的超越,而是被植物的沉默颠覆。①

对无限宇宙的转变的评价不同,对"天游"的看法也会不一样。宇宙无限的展现而"天游",在西方思想脉络里是天塌之变,但是康有为讲天游,并非凄凄惨惨戚戚,他对"天游"有很高的寄托,认为从中可以找到"极乐"。他热情肯定无限宇宙的呈现,并从中体会到等级秩序的消解、人人平等的未来所带来的"极乐",似乎看不出他会由此产生牛顿及后来的思想家(如沃格林)那种认为上帝随之死亡、秩序随之瓦解的担心。在他的孔子阐释看来,无限宇宙的出现这一"天塌之变",是一种新的伦理秩序的显现,意味着最高层次的"仁"的可能性,因此这并不是能不能接受、应不应该的问题,而是时机是否合适的问题。

这里引述施米特、柯瓦雷、沃格林对西方宇宙观思想史的分析,并非要让康有为和现代欧洲思想史家"关公战秦琼",而是为了呈现康有为"天游"所接受的宇宙观究竟在西方思想史的分歧中处于怎样的位置,并尝试进一步思考为什么康有为会在这些分歧中做这种选择。弄清楚这个问题,我们或许会明白,虽然康有为看上去是无限宇宙这一西方现代性思想最坚定的拥趸,但他晚年是否真的自我变法,走出儒学,开始追随西方现代思想的这一脉?康有为对无限宇宙的展现为什么会这样乐观?是他没有这种紧张和忧虑,还是他有另外的处理这种紧张的办法?这需要我们回过头来综合分析康有为天游之学与论太平大同的公理之学的关系,以及公理之学与论对症下药的时势之学之间的关系。

## 三 公理之学与大同之教的天学基础

"公理"一词在晚清的广泛使用无疑受西方近代思想的影响,康有

---

① 〔法〕莱米·布拉格:《世界的智慧——西方思想中人类宇宙观的演化》,第285~286页。

附录　"天"变、公理与时势：大同论的宇宙观基础

为在晚清知识界较早使用"公理"概念。① 不过在康有为这里，公理和天理的区分并不清晰，有时是混用的。比如《春秋笔削大义微言考》中说："天之公理，以贤治不肖，以智治愚；大同之世，天下为公，选贤与能，凡在民上者皆然，凡世爵皆非也。"② 这里的"天之公理"即康有为在其他场合中说的"天理"。这种情况并不只在康有为这里发生，比如蔡元培的《中国伦理学史》（1910年）论唐虞三代伦理思想之萌芽，即有"天之公理"的说法，并说："以为苟知天理，则一切人事，皆可由是而类推。"③ 可见公理与天理的区分很模糊。

在康有为这里，公理的用法主要有两类。一类的含义是普遍性法则（用于据乱世、升平世的情况），这是今天我们使用"公理"一词表达的常用含义，但在康有为那里，这类用法比较少。例如：

> 据乱世最亲父子，故亦重仇雠。盖所亲重者，其反比例仇雠亦自重，此公理也。若太平世大同之义，人人不独亲其亲、子其子，则仇雠亦少减轻矣。④

又如，"但凡新国未制礼，必沿用前王之礼，乃天下之公理也"。⑤ 类似的说法见于《覆教育部书》："自古新旧递嬗之间，新国之法未定，必用前王之礼乐，实万国之通义也。"⑥ 这里的"公理"即是"通义"的意思。

另一类指太平大同世的公共之理，其中的"公"既有公共认可的含

---

① 金观涛、刘青峰通过数据库统计分析，得出的结论是："'公理'在士大夫用语中的凸显大约是1895年甲午战败以后的事。据我们看到的资料，除新教传教士之外，最早将'公理'引入士大夫政治语汇中的是何启、胡礼垣、梁启超、康有为和宋恕等。"参见《"天理"、"公理"和"真理"》，金观涛、刘青峰《观念史研究》，法律出版社，2009，第49页。该文归纳了"公理"使用的四种主要情况。
② 《春秋笔削大义微言考》，《康有为全集》第六集，第57页。
③ 蔡元培：《中国伦理学史》，上海古籍出版社，2005，第6页。
④ 《春秋笔削大义微言考》，《康有为全集》第六集，第57页。
⑤ 《以孔教为国教配天议》，《康有为全集》第十集，第93页。
⑥ 《覆教育部书》，《康有为全集》第十集，第117页。类似用法又如："政治之原起于民，纪纲之成定于国，设官分职以任庶事，此万国古今之公理也。"（《官制议》，《康有为全集》第七集，第231页）

295

义，也有天下为公的含义。这是康有为使用公理一词的主要用法。例如，《孟子微》这样定义"公理"：

> 公理者，无所偏倚，四面皆彻之谓。凡有倚，皆非公理，非圣人之言，不足以传世立教也。①

又如《春秋笔削大义微言考》："盖圣人以公理治人，以为天下后世不私己国。……故言教者公，言治者私。故公理之不通于国界久矣夫！"②又如《孟子微》："人人独立，人人平等，人人自主，人人不相侵犯，人人交相亲爱，此为人类之公理，而进化之至平者乎！"③《礼运注》下述两例强调了"公理"为太平大同世的基本特征，而据乱世、升平世之私有害公理，或者公理不行于据乱世、升平世：

> 夫有国、有家、有己，则各有其界而自私之。其害公理而阻进化，甚矣。惟天为生人之本，人人皆天所生而直隶焉。凡隶天之下者皆公之，故不独不得立国界，以至强弱相争。并不得有家界，以至亲爱不广。且不得有身界，以至货力自为。故只有天下为公，一切皆本公理而已。公者，人人如一之谓，无贵贱之分，无贫富之等，无人种之殊，无男女之异。分等殊异，此狭隘之小道也。平等大同，此广大之道也。无所谓君，无所谓国，人人皆教养于公产，而不恃私产。……惟人人皆公，人人皆平，故能与人大同也。④

> 愚谓天地者，生之本，众生原出于天，皆为同气，故万物一体，本无贵贱，以公理论之，原当戒杀。惟进化有次第，方当据乱世时，禽兽逼人，人尚与禽兽争为生存。周公以驱虎豹犀象为大功，若于时倡戒杀之论，则禽兽遍地，人类先绝矣。⑤

---

① 《孟子微》，《康有为全集》第五集，第466页。
② 《春秋笔削大义微言考》，《康有为全集》第六集，第249页。
③ 《孟子微》，《康有为全集》第五集，第423页。
④ 《礼运注》，《康有为全集》第五集，第555页。
⑤ 《论语注》，《康有为全集》第六集，第431页。

## 附录 "天"变、公理与时势：大同论的宇宙观基础

康有为早年立公理之学的抱负，重点也并不是普遍性法则（第一类用法），而是专用于太平大同世的"公理"（第二类用法）。也就是说，康有为对"公理"一词的含义有着特别的界定，需要联系他的整个思想来理解。一般认为康有为前期的《实理公法全书》等作品为《大同书》的雏形，这是有道理的，其中的关键之一就是这两者关于公理的基本思路大体一致，方向都是要在综合全球诸教、诸学的基础上提出具公共性、理想性的义理和制度。也是在这个意义上，可以说康有为的"立公理之学"与立"太平大同之学"是同一件事情，它们也是立孔教、奉孔子为"大地教主"的基本根据。综观康有为在流亡海外前后的著述，可以清晰地看出这一线索。

第二类用法即专用于太平大同世的"公理"，仍然与"天"有关系。《春秋笔削大义微言考》这样说：

> 人之于天，以道受命，凡天然之公理皆天命，而人受之者。此为孔子大义，而《穀梁》述之。其不合于公理者，皆当奉天以绝之。……不知天之视人，人人平等；孔子以天治人，亦人人平等。①

康有为认为，人人平等可由"天命"得到解释。在"人人皆为天上人"的天学视野打开之后，更可以从无限宇宙观对等级制的完全颠覆入手，来论证人人平等。那么，为什么康有为不继续用宋儒的"天理"概念来表述人人平等的依据，而要用"公理"一词？

这不只是因为"几何公理"之类西方科学思想中的公理概念更有吸引力。② 最关键的原因在于泰西之教对"天"的理解，真正地构成对儒学之"天"的挑战，儒学已经很难在这场文明竞争中获得对"天"的解释权。即使儒学极力声称自己享有对"天"的最高解释权，也很可能只是自言自语罢了。康有为的考虑在于，儒学要想在解释"天"的文明竞争中获得主动权，就必须重新确立对"天"的解释。这是他要"立公理

---

① 《春秋笔削大义微言考》，《康有为全集》第六集，第56页。
② 汪晖提醒，理解天理或公理问题不能也不应从概念的精确定义出发，而应从天理或公理的历史展开过程自身出发。参见《现代中国思想的兴起》，第50页。

之学"，而不再是立"天理"之学的最为重要的原因。① 也就是说，至少在康有为这里，"公理"成为中心概念，并非在贴切把握和理解西方的公理概念这个意义上发生的文化接受过程，不是在科学的意义上说的，②而是他这个有"教主"抱负的中国人（虽然后来他认为孔子才是真正的大地教主）企图在综合全球之学术、教义的基础上提出一套全球公共认可的理论。所以，这个"公"，最具决定性的一面在于全球之"公"，而不是一国一地之"公"；也正是有了建构全球共同认可的"公理"的抱负，才有后面建立太平大同之学的必要——只有全天下、全世界人人平等大同，才能人人皆公，人人皆平，否则总会有人感到不公不平。如果不求全球共同认可之理，也就不会强调人人平等大同了。

因此，在康有为这里，立公理之学的出现并聚焦于太平大同，本身就是对"天变"的一种反应，是在一种新的宇宙观呈现的过程中，重新设想与此相对应的理想世界（或者说"乌托邦"）的努力。虽然康有为大概在20世纪20年代才致力于展开"天游"之学的论述，但其实"人人皆为天之子"就是他对"天变"来临的一种感受，这个时候的天已经不再只是以皇权为中心的宇宙观的一部分了。康有为因西方近代文明到来而产生的"天变"感受的具体化，与他在立公理之学方面的发展，是大致同步的。对"天变"的认识越清楚，设想理想世界的方向也就越清晰。"人人皆为天上人"的"天游"最为全面和清晰地展现了"天变"在康有为那里留下的踪迹。

康有为立公理之学，并不是以现实政治和社会变革为中心问题，而

---

① 天理在康有为的释经著作中不再是重要概念，在偶有提及的地方，与大同公理的区分也比较明显。如，"若爱，则虽太平大同亦有差等，盖差等乃天理之自然，非人力所能强为也。父母同于路人，以路人等于父母，恩爱皆平，此岂人心所忍出乎？离于人心，背于天理，教安能行？故孟子以墨子为无父也"（《孟子微》，《康有为全集》第五集，第497页）。此处天理强调差等。又如，"人道竞争，强胜弱败，天之理也。惟太平世，则不言强力，而言公理。言公理，则尚德尚贤"（《孟子微》，《康有为全集》第五集，第448页）。这一句中的"天理"指的是强胜弱败、优胜劣汰的竞争之理，"公理"则是大同公理，崇尚贤德而不言竞争。"天理"是据乱世之理，"公理"则是太平世之理。
② 汪晖指出，科学公理观确立自身霸权的过程经历了两个相互区别的阶段：晚清时代，科学思想、科学实践和科学知识是整个社会思想、社会实践和新知识的有机部分，主要作者也没有构成一个完全专业化的科学共同体；民国建立之后，专业化的科学共同体从其他社会群体和知识群体中分化出来，以一种与政治、社会、文化及其他领域无关的专业化姿态确立科学的合法性。参见《现代中国思想的兴起》，第52页。

是以理想社会的构造为中心问题。在天理世界观向公理世界观转变的最初阶段，"公理"的核心内涵仍然是世界的理想型构。在（作为普遍规律的）科学公理观念居于统治地位的今天，这并不是一件容易理解的事情。康有为将孔子太平大同之学与公理之学相对接，从而以孔子为未来世界提供了最合乎人道的设想为理由，奉孔子为"大地教主"。这样，康有为不仅以孔子之学为框架吸纳了"天变"的冲击，而且试图以此确立孔子之学在未来世界的理想设计方面的宗师地位。康有为接受了"天变"，承认了"天变"的合理性，走出了非常重要的一步。这一步在中国和在西方一样，都是革命性的一步。

需要指出的是，康有为晚年创设"天游学院"，自号"天游化人"，在西安演讲时邀请大家"同为天游，以超度人世"，与他推迟《大同书》全书的刊布（虽然其中意思屡屡在其他作品中有所透露和阐述）的态度颇有区别。他并没有将天游之学放到以往公理之学和大同太平之学的位置，并没有将"天游"与社会政治进程关联起来考虑，而只是视为个人在当下即可着手实践的修为。他大讲"天游"极乐之道，并不意味着他认为当下已是太平世，也就是说，虽然"天游"是大同之学的基础和延伸，但讲"天游"并不等于讲"大同"。"天游"与"大同"之学的区别，显示了"天游"主要是一种宇宙观的变革，这一变革是太平大同之学的新基石。

## 四　时势成为"天理—公理"之变之后的核心问题

康有为在阐释孔子太平大同之义的问题上，针对梁启超、欧榘甲等倾向革命的弟子们的挑战，做出了重要的调整。1902年5月，为回应梁启超等人的挑战与海外华侨中影响渐大的共和革命思潮，康有为写下《答南北美洲诸华商论中国只可行立宪不能行革命书》和《与同学诸子梁启超等论印度亡国由于各省自立书》两封长信。这两封信是康有为介入共和革命辩论的代表作，他在这一阶段对"三世说"的重释，提供了回应分省独立等共和革命思想的理论基础。前一封信中的一段话比较全面地表述了他对"三世说"的重释，反映了他的自我调整：

> 夫孔子删《书》，称尧、舜以立民主；删《诗》，首文王以立君主；系《易》，称见群龙无首，天下治也，则平等无主。其为《春秋》，分据乱、升平、太平三世。据乱则内其国，君主专制世也；升平则立宪法，定君民之权之世也；太平则民主，平等大同之世也。孔子岂不欲直至太平大同哉？时未可则乱反甚也。今日为据乱之世，内其国则不能一超直至世界之大同也；为君主专制之旧风，亦不能一超至民主之世也。不然，国者民之所积者也，国者民之公产也；孔子言天下为公，选贤与能，固公理也。欧洲十余国，万战流血力争而得民权者，何不皆如法之革命，而必皆仍立君主乎？必听君主之世守乎？甚且无君主则迎之异国乎？此非其力之不能也，有不得已之势存焉。故礼时为大，势为大，时势之所在，即理之所在，公理常与时势相济而后可行；若必即行公理，则必即日至大同无国界、无家界然后可，必妇女尽为官吏而后可，禽兽之肉皆不食而后可，而今必不能行也。①

这段话阐述了"公理与时势"的关系，"礼时为大，势为大，时势之所在，即理之所在"，指出了把握"时势"的首要意义。如果说，19世纪90年代康有为发起儒学内部的重大革命、重新解释大同太平世，是要为中国儒学回应西方文明的冲击寻找一条道路，那么，这次他调整此前的经学阐释，突出"时势"相对于"公理"的重要性，则是要发展出一套理论，以回应和处理变自内生的革命思潮。康有为诠释"公理与时势"关系的主要指向在于，究竟采用君主立宪制还是共和民主制，要根据"时势"而定，如果适合君主立宪制，便不能"躐等而进"。综合言之，康有为强调的"时势"最为重要的面向是，指出君主立宪对于维系中国一统、自强、"称雄于大地"乃至与其他"霸国""联邦"而为一统大地的重要的策略性作用。康有为对"天"的界定包含了多重性质（同时采用"人人皆为天之子"和"人人皆为天上人"），这种"三世并行不悖"的阐释提供了重要的思想基础。

康有为的"公理／时势"论与作为"圣之时者"的孔子（以及宋儒

---

① 《康有为全集》第六集，313~314页。

的"天理/时势")之间的精神联系是主要的方面,它们都强调,面对乌托邦的吸引应该有因时制宜的权变。宋儒的"天理/时势"论可以说包含了面对古典乌托邦的现实主义态度,[①] 而康有为的"公理/时势"论则可以说包含了面对现代乌托邦的现实主义态度。这两种现实主义态度是一脉相承的,其中的纽带就是对作为"圣之时者"的孔子的理解,以及"时势"概念的引入。因为这一关联,康有为面对现代乌托邦的现实主义态度也可以说是一种古典的态度。

在康有为这里,"仁"可分为不同等次,是贯穿三世的道德评价尺度和根据("仁"与天仍然保持着关联,即孔子"受命于天,取仁于天")。太平大同世的公理作为"仁"的最高等次,虽然"而今必不能行",但在作为道德评价的最高尺度和根据方面,公理与天理也有一致之处。

这两种论述之间的微妙差异也需要注意。

首先,虽然康有为在孔子之学(太平大同之学)的框架中讨论"公理",也包括了重新阐释三代想象,跟宋儒讨论"天理"时依托三代想象有类似之处,但它们的区别不仅在于,康有为指出宋儒从中只看到小康的层次,还没有发掘远近大小如一、大同太平层面的思想资源。更重要的区别是,康有为从孔子及其后学的三代想象中阐发太平大同、人人平等的"公理"之义,已经不再是复古主义氛围中的概念,而是面向未来的时间意识中的概念;如果说天理要在历史变化(时势)中展现,不

---

① 汪晖认为,天理概念产生于一种复古主义的儒学氛围中,从唐中叶开始,韩愈等人即声称儒学之道统至孟子时代已经中断,这一看法为北宋儒者普遍接受,他们均以恢复道统为己任。在这一复古主义视野中,三代之治是真正的社会理想,宋代儒学将这一想象建构成一种完整的历史意识和批判性资源。天理不是产生于一种历史延续的意识,而是产生于历史断裂的意识,对天理的追求本身必须诉诸一种主体的力量,一种通过主体的实践重新将断裂的历史接续下去的意志。历史断裂的意识与主体性的生成具有内在的联系。天理被建构为道德评价的最高尺度和根据。与天理合一是重构历史延续性的唯一道路,从而对天理的追究与对历史的追究是同一过程。但在宋儒的思考中,天理并不僵固地存在于理想的过去,它不仅产生于历史断裂的意识,而且产生于一种面向当代和未来的态度,存在于"时势"或"自然的理势"之中。"时势"是一个将断裂转化为连续的概念。孟子称孔子为"圣之时者",《礼记》称"礼时为大",这里所谓"时"既表示时代及其演变,也表示对时势变化的适应。参见《现代中国思想的兴起》,第 54~57 页。

是形而上学的①，那么公理则具有浓厚的形而上学意味，它属于太平大同世，并不需要体现在从据乱到太平的整个历史过程之中。在康有为这里，作为古典乌托邦的"天理"和作为现代乌托邦的"公理"之间发生了重要的变化。

其一，"公理"是面向未来的议程，是在今天看来可以达到的目标。在康有为这里，太平大同世的公理在未来进程中的出现可以不断被延搁，但它实现的那一天从来没有被否定。但在宋儒那里，天理作为道德评价的最高尺度和根据，一直在历史变化中显现，但三代想象作为历史存在，却不能在未来变为现实。是否认为乌托邦有实现的可能，是作为古典乌托邦的"天理"和作为现代乌托邦的"公理"之间最为重要的区别。

其二，与其说公理像天理那样是历史断裂意识的产物，不如说是历史延续意识的产物。近代进化论是这种历史延续意识的典型代表。历来人们喜欢将康有为的三世说与进化论联系起来考虑，不仅是人们将进化论的历史延续意识投射到三世说之上，而且是康有为在第一次经学诠释高峰期对"张三世"的阐释，的确透露了历史延续的意识。如果没有革命浪潮的冲击将公理之学与帝制之间的尖锐矛盾呈现出来，康有为或许不会去重新发掘孔子作为"时中之圣"的意义，来修正第一次经学诠释高峰期对"三世说"的解释。在修正之后的"三世说"框架中，三世之间的断裂性才呈现出来，而这种断裂性也不是韩愈所说的那种完全"中断"（因为太平大同的公理在未来是可以实现的），而是三世"相反相承"。

其三，康有为积极阐述太平大同的公理，认为孔子提出了最合乎人道的未来理想社会的方案，以此作为孔子学术最具竞争力的部分来立孔教，奉孔子作"大地教主"。在他看来，全球诸教竞争、中国文明生死存亡的战略要点在于提出对未来理想社会的设想，而不在于现实政制的设计，其中包含了一个判断，即提出未来理想社会的设想（现代乌托

---

① 汪晖指出，在经史之学的视野中，时势概念为一种历史方法论提供了前提：如果天理存在于时势之中，那么，按照形而上学的方式去追寻天理就是一种方法论的错误——天理是历史事件的自我展开的方式，任何离开历史变化（如风俗和政治形势的演变）探求天理的方法都不可能获得对天理的真实理解。参见《现代中国思想的兴起》，第59页。

邦）对于现代社会而言是最具决定性的事情，一个文明能否在现代社会处于领先的位置，关键看它能否在现代乌托邦的塑造上处于领先位置。这意味着，康有为可能认为，现代乌托邦决定了现代社会的性质，提供了现代社会发展的动力，只有这类意义上的现代乌托邦才能称得上文明发展和文明竞争的要害所在。

而这个现代乌托邦虽然仍然可以看作对天和天命的体悟，但它最根本的特征是以全球公论为基础、综合归纳而成的形而上思考，这是康有为立公理之学从一开始就呈现的特点。孔子之学之所以被视为公理之学（有的时候甚至被认为是公理之学的最高形式），也是因为康有为依据"宜于人道"的标准而推断全球公论，认可孔子之学。

其次，在宋儒"天理／时势"的论述结构中，断裂性产生于三代想象与现实之间，连续性体现于时势之上。而在康有为的"公理／时势"的论述结构中，情况发生了变化，大同公理与现实之间可能被认为是连续的，而时势问题的介入呈现了三世之间的断裂性；在康有为重新阐释的三世更替的框架中，三世之间是似断似续的断裂，时势则同时是断裂和连续的体现。三世断裂与连续的辩证关系所针对的主要问题是如何处理帝制革命的冲击。在康有为批判革命的论述中，时势是断裂性存在的根据。前引康有为"时势之所在，即理之所在，公理常与时势相济而后可行"与"而今必不能行（公理）也"的论述即显示，在他看来，公理不能行是因为时势的限制。

总而言之，康有为认为现代乌托邦的前景无法抵挡，但可以通过强调因时制宜的现实主义态度来预防现代乌托邦所包含的风险。康有为对现代乌托邦的系统阐释（从"天理"向"公理"的转变），以及赋予它的极为重要的位置，在此前中国思想史上是前所未见的，这是与三千年未有之巨变相对应的一种思想上的巨变。同时，他又极力强调面对太平大同应该保持极大的谨慎，呼吁人们充分意识到当下实行太平大同之道的危险性。看起来这与他对现代乌托邦的重视非常矛盾，但从"时势"的视野来看，这两者是可以相互协调的。现代乌托邦打开了现实与未来理想社会的连续性，在这一历史性变化趋势看起来不可能改变的情况下（康有为热情地欢迎了它的来临，认为非如此不可能"保教"），"时势"的视野这次变成了断裂性的表现，在现实与现代乌托邦的历史连续性意识洪流中,保留了一种古典的审慎。从实质上说,这是一种革命大潮中的审慎,因为现代乌托邦的来临本身意味着革命的来临,而康有为是如此热情和果断地接受了革命性的现代乌托邦。但康有为在革命视野中所置入的带有古典智慧的审慎("时势"),并不是无足轻重的,而是在中国革命的开端时期,即走出了重要一步,往革命的沸腾热血中放进了因时因地制宜的权变之魂。此后,我们在中国革命进程中,屡屡看到革命或建设的阶段论述中的权变智慧,以及这种讲究"时势"的权变智慧与带有乌托邦气息的各种教条主义的辩论和斗争。

# 索 引

## A

爱因斯坦 286，288，291，293

## B

白晋 84，88，89

保皇会 100，180，236，237

彼得·伯格 249，250，251

边疆 12，15～17，19～22，25，35，252～254

边沁 181

布赖斯 230，258，259，262，264

《不忍》 131，140，142，181，197，198，202，203，209，210，234，239，248

## C

蔡锷 241

蔡元培 238，244，256，257，295

朝贡体系 7，11，20，59

岑春煊 69，215

常州学派 80，87，88

陈宝箴 137，217，222～224

陈独秀 13，47，48，195，207，209，212，231，234，268～275，279

陈焕章 8，46，55，158，209，210，232，236，239～241

陈铭鉴 241，247，248

陈寅恪 15

陈垣 15，17

崔斯哲 143，203，209

《春秋笔削大义微言考》 77，98，100，105，108，112～114，116，117，119，121，123～125，129，140，147，148，150，156，282，284，295～297

《春秋董氏学》 62，65～69，95，98，101，112～124，147，148，150，152，162，168，171，185，186，189，205，282～284

## D

大地教主 47，57，58，68，70，74，96，102，110，119，120，123，124，131，146，168，205，206，208，210，212，216，252，266，297～299，302

《大同书》 28，61，71，75，80，99，101，111，130，131，142，143，145，147，154，157，159，161～171，174～183，186～190，194～210，278，281，285，297，299

大同立教 1，2，28，47，48，57，71，79，81，94，96，98，146，151，161，163，164，203，204，208，210～212，216，217，232，234，255，267，273，276，281

戴望 93，94，96，205

丁韪良 47

《东西均》 26

董祐诚 86～88

董仲舒 63，114～116，119，120，

125，162，165，174，200

## E

二千年来之学　62，63，65，66，68～70，72，74，76，78，79，94～96，103，106

二元关系　56

## F

方以智　26～28

焚书坑儒　36，79，80，82～84，91，94，96，205

冯桂芬　14，25，224

佛教　17，24，28，36，68，75，82，83，120，168，213，214，228，229，245，247，248，250～254，260，277

敷教于民　62～64，66，71，72，74，75，79，98，215

傅圣泽　88，89

## G

哥白尼　6，286，287

葛兰西　31，48，49，50，53，56，280

公理　26，57，58，60～62，65，67，68，70，74～79，96，102，108，109，111，128～131，135，136，139，153，156，161～164，168，171，174，189，193，194，196，197，199，201，202，204～206，208，213，278，279，281，288，290，292，294～303

公羊学　80，94，116，118，125，162

龚自珍　86～88

辜鸿铭　13，14，47

官师合一　35，37

光绪　71，72，100，101，132，133，

135，139，141，143，144，215，217，221，224～226，240，258，269

国教　1，2，3，8，30，32，34，36，43～48，73，81，143，168，203，204，206，209～212，215，218，226～234，236，240～255，258，260，264～266，273，274，276～278，280，283，295

## H

韩愈　83，301，302

何休　87，114～116，118～120

洪秀全　3，30，91～93

黄遵宪　60，223，230

霍布斯　175，177～185

## J

伽利略　292

教案　73，138，218，226，227，241

今文经学　10，18，21，65，66，70，79，80，81，86，88，94，96，97，106，120，134，148，172

君臣共治天下　35～37

君主立宪制　31，47，130～133，136，139，144，184，195，202，215，219，230，254，266，300

## K

康熙　86，88

孔道会　81，159，240，248，256

孔教　1，2，3，8，30，32，34～37，43～48，53，55，57，61，65，68～74，76，78，81，102，107，117，131，138，140，143，145，147，148，155，157～164，168，172，184，191，203～219，221～234，236，238～244，246～

255，258~260，263~267，269~281，283，288，290，295，297，302

孔教会　30，34，43，45，46，48，53，55，73，159，209，210，215，218，219，225，236，238~243，246，247，251，252，255，259，265，266

孔子　4，25，29，35，43，46~48，55，57，58，61~63，65~85，93，95~98，100~131，137~139，141~165，167，168，171，172，174，175，183，184，186~188，190~193，200，204~214，216~218，222，224~227，229，234，241~245，247，248，251，252，255~258，260，261，263，265，266，267，270~274，276，278，279，281~285，289~292，294，297~303

《孔子改制考》　57，61，62，65~69，72，73，95，98，101，112，119，137，147~149，152，159，160~162，168，205，206，212，217，226

口传　114~119，122，124，125，129，131，147~154，159~161，204，205

## L

拉普拉斯　286，287，292

李炳宪　157，158

李大钊　48，200，272，273

李鸿章　5，7

吏士合一　35，37

李时品　243

李提摩太　61，218~220

黎元洪　241，242，253

《礼运注》　98，100，140，147，151，171，174，296

李之藻　84

梁启超　4，9，25，31，39，43，58，60，65，98~101，106，129，131，138，140~144，148，152，162，175~183，185，203，209~213，215，223，230，234，236~238，240~242，267，269，279，290，295，299

廖平　62，65，70，79，95，96，243

利玛窦　6，27，81~86，89，91，92，97

刘逢禄　10，86，120

刘海粟　253

刘歆　65~67，79，81，95，96，102，118，148，149，151，152，154，157，158，205，273

刘召扬　86

路德　213，214，221，228，229，239，249，263，264

《论语注》　98，100，107，122，140，148，159，290，296

## M

马克思主义中国化　3，23，24，48，209

玛吉士　14

马若瑟　88，89

麦肯齐　219~222

麦孟华　239

麦仲华　227

毛泽东　3，4，24，48，49，51~53

梅毂成　86

梅文鼎　86

孟昭常　230，258

孟子　13，20，65，98，100，104，106，108~110，114，118，123，126，140~143，148，150，153，155，156，159，

165，172~174，186，187，189，190，282，296，298，301

《孟子微》 98，100，106，108~110，140，142，143，148，156，159，165，173，174，186，187，189，190，296，298

## N

牛顿 286，291，292，294

## O

欧榘甲 4，31，99，100，106，129，138，143，144，148，211，234，267，279，299

## P

裴矩 16

## Q

钱定安 169，197

强学会 64，135，215

秦火断裂论 80，82，84，85，88，91，93，94，96，97

丘处机 87

全球性宗教 70，73，212，254

去苦求乐 161，164，166，170，175，177~184，186，189，190，193~197，209

## R

人道 57，60，61，67，68，74，76~78，106，125，128，129，141，145，157，163~172，175~177，182~186，188，189，193，194，196，252，255~257，263，265，285，290，298，299，302，303

人道教 57，145，167，172，184，185，186，263

人人皆为天之子 189，194，196，281~283，285，286，298，300

人人皆为天上人 189，281，285，286，297，298，300

## S

三千年未有之大变局 1~5，9，10，14，25，28，29，46

三世 46，47，58，66~68，70，71，92，101~111，119~126，129~131，133，136，138，139，141，144~147，151~153，157~159，162，171~174，184~186，188，189，192，193，201，203，205~208，212，216，256，257，267，279，283，299~303

三元关系 42，56

上帝 82，88~93，283，286，287，289，291，292，294

神道教 145，263

《实理公法全书》 60，61，161，162，167~170，203，205，297

时势 10，24，58，61，81，105，109，111，120，124，125，131，136，139，140，162，178，236，245，281，294，299~304

宋翔凤 94，96，205

俗本政末 255，258，259，263~265，270，275

孙家鼐 224

## T

太平大同之义 62，67，68，71~73，78，79，92，96，106，138，143，144，158，160，204，205，207，211~

索 引

213, 216, 243, 252, 257, 258, 260, 261, 265, 266, 270, 271, 273, 276, 278, 279, 299

太平天国  2, 3, 18, 23, 30, 89, 91~94, 96, 97, 203, 232, 245, 280

《泰西新史揽要》  219~222, 225

谭嗣同  13, 25, 213

唐景崧  69, 215

汤洽名  86

天理  108, 164, 178, 190, 192, 281, 295, 297~299, 301~303

天游  43, 71, 154, 206, 282, 284, 285, 287~290, 293, 294, 298, 299

天游书院  43

**W**

《万国公报》  66, 219

王安石  35, 150

王启元  84, 85, 89

王韬  167

王锡蕃  81, 240, 248, 256

韦伯  41, 42, 48

微言  25, 28, 67, 77, 81, 88, 93, 94, 98, 100, 103~106, 108, 111~117, 119~125, 129, 131, 140, 147, 148, 150~156, 159~162, 174, 200, 204, 205, 256, 271, 282, 284, 295~297

魏源  13, 14

文化边疆  12, 19~22, 25

文化领导权  29, 31~34, 40, 44, 48~51, 54~56, 207, 272

文明  1~4, 9~14, 17~19, 24, 26~29, 38, 41, 57, 61, 72, 73, 75~78, 97, 109, 125~129, 138, 139, 142,

145, 146, 162, 167, 171, 173, 187, 188, 192, 198, 199~202, 208, 213, 216, 218, 219, 221, 222, 225, 248, 272, 278~280, 297, 298, 300, 302, 303

文悌  137, 217, 218

翁同龢  137, 217

戊戌变法  2, 18, 30, 38, 39, 46, 47, 57~59, 71, 94, 99, 101, 102, 106, 133, 134, 136, 138, 143, 144, 147, 151, 179, 180, 200, 204, 211, 212, 216~218, 222, 224~226, 230, 240, 247, 282

无限宇宙  281, 287~289, 291~294, 297

伍庄谨  290

**X**

西学中源  12, 78, 85, 86, 89, 90, 95, 97

辛亥革命  8, 16, 18, 30, 31, 38, 43, 44, 46, 56, 140, 148, 168, 203, 204, 209, 227, 230, 232, 235, 238, 240, 242, 244, 246, 252, 256, 258, 260, 261, 263, 264, 267, 276

《新民丛报》  134, 141, 156

新文化运动  1, 23, 44, 47, 48, 51, 55, 56, 96, 97, 147, 198, 199, 212, 231, 233, 234, 266, 267, 270, 272~274, 275, 279, 280, 286

《新学伪经考》  65, 69, 79, 95, 96, 101, 102, 112, 148, 149, 152, 217, 226

徐光启  84

徐勤 25, 117, 290

徐松 87, 88

徐桐 215

## Y

严复 3, 223, 230

杨廷筠 84

杨秀清 30

夷夏之辨 9~12, 14~16, 18~23, 25~29, 116

易宗夔 248

游记 6, 7, 87, 95, 101, 110, 143, 148, 181, 201, 214, 261~263

袁世凯 30, 34, 46, 81, 204, 232~234, 241, 242, 247, 251, 254~257, 264~267, 273, 278

## Z

曾国藩 93, 245

曾廉 225, 226, 230, 247

赵曰生（必振）

张道陵 214

张惠言 86

张角 217

章太炎 11, 23, 99, 101, 147, 213, 267

张勋 43, 55, 210, 231~234, 240, 242, 243, 273, 274, 276

张之洞 13, 19, 22, 38, 58, 213, 223

政党 23, 30, 31, 33, 34, 40, 41, 43~46, 48~56, 132, 188, 209, 210, 215, 236~244, 250, 255, 264~266, 269, 270, 275~277, 280

政教分离 31, 32, 34~37, 44, 49, 188, 227, 228, 230, 244~250, 254, 255, 267, 273, 276~279

郑孝胥 231, 242, 258

子贛 153, 290, 291

中国化 3, 4, 23, 24, 48, 92, 97, 209

中江兆民 178, 179, 181

中日甲午战争 72, 79, 94, 98, 160, 170

《中庸注》 98, 100, 104, 106, 140, 148, 159, 165, 167, 172, 284

朱次琦 95

《诸天讲》 163, 164, 204, 281, 284~288, 290

朱一新 66, 68, 69, 73, 74, 78, 119, 160, 216

朱子 67, 112, 153, 155, 157~159, 186

庄存与 10, 18, 86~90, 94, 120

庄子 153, 157, 282, 283, 290

# 参考文献

### 一　基本文献

《政府公报》，北京印铸局
《昌言报》（1898）
《清议报》（1898-1901），中华书局（影印），1991
《新民丛报》（1902-1907）
《民报》（1905-1908）
《不忍》杂志（1913、1918）
《大公报》（1914）
《孔社杂志》（1913）
《东方杂志》
《新青年》（1915-1921）

《蔡元培全集》，高平叔编，中华书局，1984~1989。
包世臣：《艺舟双楫》，中国书店，1983。
〔英〕布赖斯：《现代民治政体》，张慰慈等译，吉林人民出版社，2001。
陈独秀：《独秀文存》，安徽人民出版社，1987。
《陈独秀著作选》，任建树等编，上海人民出版社，1993。
戴望：《戴氏注论语小疏》，郭晓冬校疏，华东师范大学出版社，2014。
杜迈之辑《自立会史料集》，岳麓书社，1983。
方苞：《方望溪全集》，中国书店，1991。
冯自由：《中华民国开国前革命史·壬寅支那亡国纪念会》，广西师范大学出版社，2011。
胡适：《胡适学术文集·新文学运动》，中华书局，1993。
《龚自珍全集》，王佩诤校，上海古籍出版社，1999。
《龚自珍文选》，陶玄龄选注，上海北新书局，1936。

《龚自珍诗集编年校注》，刘逸生、周锡䪖校注，上海古籍出版社，2013。
《中国近代思想家文库·洪秀全洪仁玕卷》，夏春涛编，中国人民大学出版社，2015。
黄遵宪：《人境庐诗草笺注》，上海古籍出版社，1981。
　　　　《黄遵宪集》，吴振清等编，天津人民出版社，2003。
　　　　《日本国志》，上海古籍出版社，2001。
〔美〕惠顿：《万国公法》，上海书店出版社，2002。
蒋良琪：《东华录》，中华书局，1980。
康有为：《康有为先生游记汇编》，蒋贵麟辑，（台北）文史哲出版社，1979。
　　　　《康有为政论集》，汤志钧编，中华书局，1981。
　　　　《康有为遗稿·列国游记》，上海市文物保管委员会编，上海人民出版社，1984。
　　　　《南海康先生口说》，中山大学出版社，1985。
　　　　《康有为大同论二种》，朱维铮编，生活·读书·新知三联书店，1998。
　　　　《康有为全集》（共12集），姜义华等编，中国人民大学出版社，2007。
　　　　《康有为往来书信集》，张荣华编校，中国人民大学出版社，2012。
《李大钊全集》，人民出版社，2006。
《李鸿章全集》第二册，时代文艺出版社，1998。
〔意〕利玛窦、〔法〕金尼阁：《利玛窦中国札记》，何高济等译，何兆武校，中华书局，1983。
梁启超：《饮冰室合集》（全12册），中华书局，1989。
刘师培：《刘师培辛亥前文选》，生活·读书·新知三联书店，1998。
〔英〕麦肯齐：《泰西新史揽要》，上海书店出版社，2002。
《清代诗文集汇编》，上海古籍出版社，2010。
上海市文物保管委员会编《康有为与保皇会》，上海人民出版社，1982。
苏舆编《翼教丛编》，上海书店出版社，2002。
宋翔凤：《论语说义》，华夏出版社，2018。

《太平天国印书》，江苏人民出版社，1961。

《谭嗣同全集》（增订本），蔡尚思、方行编，中华书局，1981。

王启元：《清署经谈》，上海古籍出版社，2017。

王韬：《漫游随录》，社会科学文献出版社，2007。

《魏源全集》，岳麓书社，2005。

《魏源集》，中华书局，2009。

魏征等《隋书》，中华书局，1973。

《吴虞文录》，黄山书社，2008。

《徐光启全集》，上海古籍出版社，2010。

薛福成：《出使四国日记》，社会科学文献出版社，2007。

《袁世凯全集》，河南大学出版社，2013。

《章士钊全集》，文汇出版社，2000。

《章太炎全集》，上海人民出版社，2017。

《章太炎选集》，姜义华、朱维铮编，上海人民出版社，1981。

张枬、王忍之编《辛亥革命前十年间时论选集》，生活·读书·新知三联书店，1963。

张西平等主编《梵蒂冈图书馆藏明清中西文化交流史文献丛刊》（第一辑），大象出版社，2014。

章学诚：《文史通义校注》，叶瑛校注，中华书局，1985。

张之洞：《劝学篇》，上海书店出版社，2002。

钟叔河编《欧洲十一国游记二种·新大陆游记及其他·癸卯旅行记·归潜记》（康有为·梁启超·钱单士厘），"走向世界丛书"，岳麓书社出版社，1985。

中国史学会主编《戊戌变法》，上海人民出版社，2000。

中国科学院近代史研究所中华民国史组编《中华民国史资料丛稿》特刊第1辑，中华书局，1974。

周岩编校《明末清初天主教史文献新编（上）》，国家图书馆出版社，2013。

朱一新：《拙盦丛稿》，（台北）文海出版社，1968。

庄存与：《味经斋遗书·系辞传论》，阳湖庄氏，1882。

## 二　研究著作

〔法〕雷蒙·阿隆、〔美〕丹尼尔·贝尔：《托克维尔与民主精神》，社会科学文献出版社，2008。

〔英〕阿克顿：《法国大革命讲稿》，秋风译，贵州人民出版社，2004。

〔美〕艾尔曼：《经学、政治与宗族：中华帝国晚期常州今文学派研究》，赵刚译，江苏人民出版社，1998。

《科学在中国（1550－1900）》，原祖杰等译，中国人民大学出版社，2016。

〔美〕埃尔斯特、〔挪〕斯莱格斯塔德主编《宪政与民主》，潘勤、谢鹏程译，朱苏力校，生活·读书·新知三联书店，1997。

〔英〕佩里·安德森：《原霸：霸权的演变》，李岩译，当代世界出版社，2020。

〔苏联〕巴赫金：《陀思妥耶夫斯基诗学问题》，白春仁、顾亚玲译，生活·读书·新知三联书店，1988。

〔挪威〕弗雷德里克·巴特等：《人类学的四大传统》，高丙中等译，商务印书馆，2008。

〔英〕艾伦·巴纳德：《人类学历史与理论（修订版）》，王建民等译，华夏出版社，2006。

〔英〕沃尔特·白哲特：《英国宪制》，保罗·史密斯编，李国庆译，北京大学出版社，2005。

〔美〕伯尔曼：《法律与宗教》，梁治平译，商务印书馆，2012。

〔英〕波考克：《马基雅维利时刻》，冯克利、傅乾译，译林出版社，2013。

《古代宪法与封建法》，翟小波译，译林出版社，2014。

〔日〕柄谷行人：《日本现代文学的起源》，赵京华译，生活·读书·新知三联书店，2003年。

〔美〕彼得·伯格、〔英〕格瑞斯·戴维、〔英〕埃菲·霍卡斯：《宗教美国，世俗欧洲？》，曹义昆译，商务印书馆，2015。

〔古希腊〕柏拉图：《蒂迈欧篇》，谢文郁译，上海世纪出版集团，2005。

〔美〕伯纳尔：《一九零七年以前中国的社会主义思潮》，丘权政、符致兴译，范道丰、陈昌光校，福建人民出版社，1985。

〔英〕G. R. 波特主编《新编剑桥世界近代史》(12)，中国社会科学院世界历史研究所组，中国社会科学出版社，1999。

〔瑞士〕雅各布·布克哈特：《历史讲稿》，刘北成、刘研译，生活·读书·新知三联书店，2009。

〔法〕莱米·布拉格：《世界的智慧——西方思想中人类宇宙观的演化》，梁卿、夏金彪译，上海人民出版社，2008。

〔荷〕伊恩·布鲁玛、〔以〕阿维赛·玛格里特：《西方主义：敌人眼中的西方》，张鹏译，金城出版社，2010。

蔡尚思主编《中国现代思想史资料简编》，浙江人民出版社，1982。

蔡元培：《中国伦理学史》，上海古籍出版社，2005。

常超：《"托古改制"与"三世进化"——康有为公羊学思想研究》，北京大学出版社，2015。

陈美东：《中国古代天文学思想》，中国科学技术出版社，2007。

陈平原：《从文人之文到学者之文》，生活·读书·新知三联书店，2004。《中国散文小说史》，上海人民出版社，2004。

陈崧编《五四前后东西文化问题论战文选》(增订本)，中国社会科学出版社，1989。

陈桐生：《史记与诗经》，人民文学出版社，2000。

陈宇翔：《清末民初政党思想研究》，中国社会科学出版社，2013。

陈子展：《中国近代文学之变迁 最近三十年中国文学史》，上海古籍出版社，2000。

程千帆：《程千帆全集 (6)：文论十笺》，河北教育出版社，2000。

陈左高：《历代日记丛谈》，上海画报出版社，2004。

陈室如：《近代域外游记研究 (1840 - 1945)》，(台北) 文津出版社，2007。

陈苏镇：《汉代政治与〈春秋学〉》，中国广播电视出版社，2001。

陈欣雨：《白晋易学思想研究——以梵蒂冈图书馆见存中文易学资料为基础》，人民出版社，2017。

陈永国主编《视觉文化研究读本》，北京大学出版社，2009。

〔美〕Jonathan Culler：《文学理论入门》("牛津通识读本")，李平译，译林出版社，2008。

〔美〕小尤金·约瑟夫·迪昂：《美国人为什么恨政治》，赵晓力等译，上海人民出版社，2011。

丁文江、赵丰田编《梁启超年谱长编》，上海人民出版社，1983。

董红利：《孟子研究》，江苏古籍出版社，1997。

董小英：《再登巴比伦塔：巴赫金与对话理论》，生活·读书·新知三联书店，1994。

杜维明：《论儒学的宗教性》，武汉大学出版社，1999。

〔美〕杜赞奇：《从民族国家拯救历史：民族主义话语与中国现代史研究》，王宪明译，社会科学文献出版社，2003。

范玉秋：《清末民初孔教运动研究》，中国海洋大学出版社，2006。

房德邻：《儒学的危机与嬗变》，（台北）文津出版社，1992。

方孝岳：《中国文学批评 中国散文概论》，生活·读书·新知三联书店，2007。

方以智：《东西均注释》（外一种），庞朴注释，中华书局，2016。

〔美〕费正清编《剑桥中国晚清史（1800－1911）》，中国社会科学出版社，1993。

〔法〕伏尔泰：《风俗论》，梁守锵译，商务印书馆，1985。

〔法〕福柯：《词与物——人文科学的考古学（修订本）》，莫伟民译，上海三联书店，2016。

〔法〕弗朗索瓦·傅勒：《思考法国大革命》，孟明译，生活·读书·新知三联书店，2005。

〔美〕贡德·弗兰克：《白银资本——重视经济全球化的东方》，刘北成译，中央编译出版社，2008。

〔法〕弗雷德里斯：《勒内·笛卡尔先生在他的时代》，管振湖译，商务印书馆，1997。

〔日〕福泽渝吉：《文明论概略》，北京编译社译，商务印书馆，1959。

干春松：《保教立国——康有为的现代方略》，生活·读书·新知三联书店，2015。

《康有为与儒学的"新世"》，华东师范大学出版社，2015。

《制度儒学》（增订版），中央编译出版社，2017。

《制度化儒家及其解体》，中国人民大学出版社，2003。

甘阳：《古今中西之争》，生活·读书·新知三联书店，2006。

高伟浓：《20世纪初康有为保皇会在美国华侨社会中的活动》，学苑出版社，2009。

〔美〕格尔兹：《地方性知识：阐释人类学论文集》，王海龙等译，中央编译出版社，2000。

〔意〕葛兰西：《狱中札记》，葆煦译，人民出版社，1983。

　　　　　　《葛兰西文选》，李鹏程编，人民出版社，2008。

龚鹏程：《游的精神文化史论》，河北教育出版社，2001。

〔日〕沟口雄三、小岛毅主编《中国的思维世界》，江苏人民出版社，2006。

〔日〕沟口雄三：《作为方法的中国》，孙军悦译，生活·读书·新知三联书店，2011。

广东康梁研究会：《戊戌后康梁维新派研究论集》，广东人民出版社，1994。

关爱和：《中国近代文学论集》，中华书局，2006。

郭丽萍：《绝域与绝学：清代中叶西北史地学研究》，生活·读书·新知三联书店，2007。

郭绍虞：《中国文学批评史》，百花文艺出版社，1999。

郭绍虞主编《中国历代文论选》，上海古籍出版社，2001。

郭双林：《西潮激荡下的晚清地理学》，北京大学出版社，2000。

郭晓东主编《多元视角下的康有为问题》（现代儒学第三辑），生活·读书·新知三联书店，2018。

韩华：《民初孔教会与国教运动研究》，北京图书馆出版社，2007。

〔德〕黑格尔：《历史哲学》，王造时译，上海世纪集团，2001。

胡春惠：《民初的地方主义与联省自治》，中国社会科学出版社，2001。

胡鸿：《能夏则大与渐慕华风：政治体视角下的华夏与华夏化》，北京师范大学出版社，2017。

黄进兴：《圣贤与圣徒》，北京大学出版社，2005。

　　　　《从理学到伦理学》，中华书局，2014。

黄霖：《中国文学批评通史》（近代卷），上海古籍出版社，1996。

黄彰健：《戊戌变法史研究》，上海书店出版社，2007。

侯外庐主编《中国思想通史》，人民出版社，2011。

〔英〕霍布斯：《利维坦》，黎思复、黎廷弼译，杨昌裕校，商务印书馆，1985。

〔美〕巴特·穆尔—吉尔伯特：《后殖民理论——语境、实践、政治》，陈仲丹译，南京大学出版社，2007。

贾鸿雁：《中国游记文献研究》，东南大学出版社，2005。

姜书阁：《桐城文派评述》，商务印书馆，1930。

〔美〕杰斐逊：《杰斐逊集》，生活·读书·新知三联书店，1993。

金观涛、刘青峰：《观念史研究》，法律出版社，2009。

〔德〕柯兰霓：《耶稣会士白晋的生平和著作》，李岩译，大象出版社，2009。

〔美〕詹姆斯·克利福德、乔治·E.马库斯编《写文化——民族志的诗学与政治学》，商务印书馆，2008。

〔法〕亚历山大·柯瓦雷：《从封闭世界到无限宇宙》，邬波涛、张华译，北京大学出版社，2003。

〔美〕孔飞力：《中华帝国晚期的叛乱及其敌人——1796-1864的军事化与社会结构》，谢亮生、杨品泉、谢思炜译，中国社会科学出版社，1990。

孔祥吉：《康有为变法奏议研究》，辽宁教育出版社，1988。

《晚清史探微》，巴蜀书社，2001。

孔祥吉编著《康有为变法奏章辑考》，北京图书馆出版社，2008。

〔美〕托马斯·库恩：《哥白尼革命——西方思想发展中的行星天文学》，吴国盛等译，北京大学出版社，2003。

〔美〕托马斯·赖利：《上帝与皇帝之争——太平天国的宗教与政治》，李勇、肖军霞、田芳译，谢文郁校，上海人民出版社，2011。

李鸿祥：《视觉文化研究：当代视觉文化与中国传统审美文化》，东方出版中心，2005。

李零：《中国方术续考》，东方出版社，2000。

李欧梵：《现代性的追求》，生活·读书·新知三联书店，2000。

李泽厚：《中国近代思想史论》，人民出版社，1979。

《历史本体论·己卯五说》，生活·读书·新知三联书店，2003。

《实用理性与乐感文化》，生活·读书·新知三联书店，2005。

〔美〕列文森：《儒教中国及其现代命运》，郑大华、任菁，中国社会科学出版社，2000。

林庆彰、蒋秋华主编《晚清经学研究文献目录》（1901－2000），中研院中国文哲研究所，2006。

林克光：《革新派巨人康有为》，中国人民大学出版社，1990。

刘德隆、朱禧、刘德平编《刘鹗及老残游记资料》，四川人民出版社，1985。

刘禾：《帝国的话语政治》，生活·读书·新知三联书店，2009。

刘俊文主编《日本学者研究中国史论著选译》，中华书局，1993。

刘小枫主编《现代性中的审美精神——经典美学文选》，学林出版社，1997。

刘小枫：《儒教与民族国家》，华夏出版社，2007。

〔丹〕龙伯格：《清代来华传教士马若瑟研究》，李真、骆洁译，大象出版社，2009。

罗尔纲：《太平天国史纲》，岳麓书社，2013。

罗岗、顾铮编《视觉文化读本》，广西师范大学出版社，2003。

马大正、刘逖：《二十世纪的中国边疆研究》，黑龙江教育出版社，1997。

马洪林：《康有为评传》，南京大学出版社，1998。

〔德〕马克斯·韦伯：《社会科学方法论》，李秋零、田薇译，中国人民大学出版社，1999。

《支配社会学》，康乐、简惠美译，广西师范大学出版社，2010。

《学术与政治：韦伯的两篇演说》，冯克利译，生活·读书·新知三联书店，2013。

〔德〕马克斯·韦伯等《科学作为天职：韦伯与我们时代的命运》，李猛编，生活·读书·新知三联书店，2018。

〔美〕布鲁斯·马兹利什《文明及其内涵》，汪辉译，刘文明校，商务印书馆，2017。

茅海建：《从甲午到戊戌：康有为〈我史〉鉴注》，生活·读书·新知三联书店，2009。

《戊戌变法史事考初集》，生活·读书·新知三联书店，2012。

　　　　《戊戌变法史事考二集》，生活·读书·新知三联书店，2011。
　　　　《戊戌变法的"另面"——"张之洞档案"阅读笔记》，上海古籍出版社，2014。
毛泽东：《毛泽东选集》，人民出版社，1991。
梅新林、俞樟华编《中国游记文学史》，学林出版社，2004。
〔美〕孟德卫：《奇异的国度：耶稣会适应政策及汉学的起源》，陈怡译，大象出版社，2010。
孟华等：《中国文学中的西方人形象》，安徽教育出版社，2006。
孟华：《比较文学形象学》，北京大学出版社，2001。
蒙文通：《经学抉原》，上海世纪出版集团，2006。
〔法〕米涅：《法国革命史》，北京编译社译，郑福熙校，商务印书馆，1977。
〔英〕托马斯·莫尔：《乌托邦》，戴镏龄译，1982。
彭春凌：《儒学转型与文化新命：以康有为、章太炎为中心》，北京大学出版社，2014。
〔美〕蒲嘉珉：《中国与达尔文》，钟永强译，江苏人民出版社，2008。
〔加〕卜正民：《纵乐的困惑：明代的商业与文化》，方骏等译，广西师范大学出版社，2016。
钱穆：《中国学术思想史论丛》，东大图书有限公司，1980（安徽教育出版社，2004；生活·读书·新知三联书店，2009）。
　　　　《中国近三百年学术史》，商务印书馆，1997。
钱基博：《现代中国文学史》，上海书店出版社，2007。
钱仲联主编《清朝纪事》，江苏古籍出版社，1987。
钱钟书：《七缀集》，生活·读书·新知三联书店，2002。
《谈艺录》，生活·读书·新知三联书店，2001。
〔美〕卡尔·瑞贝卡：《世界大舞台：十九、二十世纪之交中国的民族主义》，生活·读书·新知三联书店，2008。
〔美〕萨达尔：《东方主义》，马雪峰、苏敏译，吉林人民出版社，2005。
〔美〕萨义德：《东方学》，王宇根译，生活·读书·新知三联书店，1999。
桑兵：《庚子勤王与晚清政局》，北京大学出版社，2004。
桑兵等：《近代中国的知识与制度转型》，经济科学出版社，2013。

时萌：《曾朴研究》，上海古籍出版社，1982。

〔德〕C·施密特：《陆地与海洋——古今之"法"变》，林国基、周敏译，华东师范大学出版社，2006。

〔德〕斯宾格勒：《西方的没落》，吴琼译，上海三联书店，2006。

〔英〕昆廷·斯金纳：《近代政治思想的基础》，奚瑞森、亚方译，商务印书馆，2002。

〔美〕斯诺笔录《毛泽东自传》，汪衡译，国际文化出版公司，2009。

〔加〕施吉瑞：《人境庐内——黄遵宪其人其诗考》，孙洛丹译，上海古籍出版社，2010。

〔美〕列奥·施特劳斯：《自然权利与历史》，彭刚译，生活·读书·新知三联书店，2003。

〔美〕本杰明·史华兹：《寻求富强：严复与西方》，叶凤美译，江苏人民出版社，1996年（英文1964年第一版）。

司马光编著《资治通鉴》，中华书局，1956。

宋云彬：《康有为》，生活·读书·新知三联书店，1955。

孙喆：《中国东北边疆的治理》，湖南人民出版社，2015。

唐文明：《敷教在宽——康有为孔教思想申论》，中国人民大学出版社，2012。

汤志钧：《章太炎年谱长编》，中华书局，1979。

《近代经学与政治》，中华书局，2000。

《清代经今文学的复兴：庄存与和经今文》，中国人民大学出版社，2015。

〔美〕保罗·蒂利希：《基督教思想史》，尹大贻译，（香港）道风书社，2000。

〔法〕托克维尔：《论美国的民主》，董果良译，商务印书馆，1988。

《旧制度与大革命》，商务印书馆，1992。

汪晖：《现代中国思想的兴起》，生活·读书·新知三联书店，2004。

《去政治化的政治：短20世纪的终结与90年代》，生活·读书·新知三联书店，2008。

《亚洲视野：中国历史的叙述》，香港：牛津大学出版社，2010。

《东西之间的西藏问题》，生活·读书·新知三联书店，2011。

汪荣祖：《康有为论》，中华书局，2006。

《康章合论》，新星出版社，2006。
王德威：《抒情传统与中国现代性》，生活·读书·新知三联书店，2010。
王铭铭：《西方作为他者——论中国"西方学"的谱系与意义》，世界图书出版公司，2007。
《西学"中国化"的历史困境》，广西师范大学出版社，2005。
《人生史与人类学》，生活·读书·新知三联书店，2010。
〔德〕马克斯·韦伯：《韦伯政治著作选》，中国政法大学出版社，2003。
王尔敏：《晚清政治思想史论》，广西师范大学出版社，2007。
〔美〕魏若望：《耶稣会士傅圣泽神甫传：索隐派思想在中国及欧洲》，吴莉苇译，大象出版社，1999。
〔美〕韦斯谛（Stephen C. Averill）编《中国大众宗教》，江苏人民出版社，2006。
闻一多：《神话与诗》，上海人民出版社，2006。
〔德〕沃格林：《革命与新科学》，谢华育译，华东师范大学出版社，2009。
邬国平、王镇远：《中国文学批评通史：清代卷》，上海古籍出版社，1996。
邬国平、黄霖编著《中国文论选·近代卷》，江苏文艺出版社，1996。
吴天任：《康有为先生年谱》，台北艺文印书馆，1994。
《清黄公度先生遵宪年谱》，台湾商务印书馆，1985。
吴震：《孔教运动的观念想象：中国政教问题再思》，复旦大学出版社，2019。
夏晓虹编《追忆康有为（增补本）》，生活·读书·新知三联书店，2009。
〔美〕萧公权：《近代中国与新世界：康有为变法与大同思想研究》，汪荣祖译，江苏人民出版社，1997。
《中国政治思想史》，新星出版社，2005。
〔法〕谢和耐：《中国与基督教——中西文化的首次撞击》，耿昇译，商务印书馆，2013。
谢立中编《海外民族志与中国社会科学》，社会科学文献出版社，2010。
熊月之编《晚清新学书目提要》，上海书店出版社，2007。
许宝强、罗永生选编《解殖与民族主义》，中央编译出版社，2004。

徐复观：《徐复观全集》，九州出版社，2014。

杨华丽：《"打倒孔家店"研究》，人民出版社，2014。

杨克勤：《孔子与保罗》，华东师范大学出版社，2010。

杨念群：《儒学地域化的近代形态（增订本）》，生活·读书·新知三联书店，2011。

殷鼎：《理解的命运》，生活·读书·新知三联书店，1988。

余英时：《朱熹的历史世界——宋代士大夫政治文化的研究》，生活·读书·新知三联书店，2004。

曾亦：《共和与君主——康有为晚期政治思想研究》，上海人民出版社，2010。

曾亦、郭晓东：《春秋公羊学史》，华东师范大学出版社，2017。

张岱年：《张岱年全集（二）》，河北人民出版社，1996。

张灏：《危机中的中国知识分子：寻求秩序与意义》，新星出版社，2006。

张克宏：《亡命天南的岁月：康有为在新马》，（吉隆坡）华社研究中心，2006。

张历君：《瞿秋白与跨文化现代性》，香港中文大学出版社，2020。

〔美〕詹姆逊：《后现代性中形象的转变》，《文化转向》，胡亚敏等译，中国社会科学出版社，2000。

张朋园：《中国民主政治的困境 1909－1949：晚清以来历届议会选举述论》，吉林出版集团，2008。

张文木：《战略学札记》，海洋出版社，2018。

张绪峰、李智：《康有为易学思想研究》，知识产权出版社，2013。

张耀南：《张东荪知识论研究》，洪叶文化事业有限公司，1995。

章永乐：《万国竞争——康有为与维也纳体系的衰变》，商务印书馆，2017。

张卫波：《民国初期尊孔思潮研究》，人民出版社，2006。

张文木：《基督教佛教兴起对欧亚地区竞争力的影响》，清华大学出版社，2015。

张勇主编《中国思想史参考资料集》（晚清至民国卷），清华大学出版社，2005。

郑师渠：《晚清国粹派文化思想研究》，北京师范大学出版社，2000。

钟叔河：《走向世界：近代中国知识分子考察西方的历史》，中华书局，2000。

周伟驰：《太平天国与启示录》，中国社会科学出版社，2013。

周振甫：《毛泽东诗词欣赏》，中华书局，2010。

周作人：《中国新文学的源流》，华东师范大学出版社，1995。

赵一凡等主编《西方文论关键词》，外语教学与研究出版社，2006。

朱东润：《中国文学批评史大纲》，上海古籍出版社，2001。

朱自清：《朱自清古典文学论文集》，上海古籍出版社，1981。

〔日〕佐藤慎一：《近代中国的知识分子与文明》，刘岳兵译，江苏人民出版社，2006。

〔日〕佐藤一郎：《中国文章论》，赵善嘉译，上海古籍出版社，1996。

Anna Sun, *Confucianism as a World Religion: Contested Histories and Contemporary Realities*, Princeton University Press, 2013.

Steve Bruce, *Politics & Religion*, Cambridge UK: Polity Press, 2003.

Chen, Xiaomei, Occidentalism: *A theory of Counter-discourse in Post-Mao China*, Lanham, Md.: Rowman & Littlefield, c2002.

Jon Elster, *Alexis de Tocqueville, the First Social Scientist*, Cambridge University Press, 2009.

Emma Long, *The Church-State Debate: Religion, Education and the Establishment Clause in Post War America*, London: Continuum International, 2012.

Norberto Bobbio, *Maurizio Viroli: The Idea of the Republic*, Polity, 2003.

Prasenjit Duara, *The Crisis of Global Modernity: Asian Traditions and a Sustainable Future*, Cambridge University Press, 2014.

*Religion and Regimes: Support, Separation, and Opposition*, edited by Mehran Tamadonfar and Ted G. Jelen, Plymouth: Lexington Books, 2014.

*War and Religion after Westphalia, 1648–1713*, edited by David Onnekink, Surrey: Ashgate, 2009.

## 三　研究论文

曹美秀：《朱一新与康有为》，《中国文哲研究集刊》2006年第3期。

陈业诗：《同途殊归：孔教与南洋离散华人的公民权——"北京大学华侨华人研究讲座"系列之四综述》，《华侨华人历史研究》2014 年第 2 期。

陈越：《领导权与"高级文化"——再读葛兰西》，《文艺理论与批评》2009 年第 5 期。

崔之元：《"混合宪法"与对中国政治的三层分析》，《战略与管理》1998 年第 3 期。

董克武：《民国初年孔教问题的争论》，《国立台湾大学历史学报》第 12 期。

董士伟：《新文化运动与"孔教"观》，《齐鲁学刊》1991 年第 5 期。

房德邻：《康有为与孔教运动》，《北京师范大学学报》1988 年第 6 期。

郭双林：《近代西方地理学东渐与传统夷夏观念的变异》，《中州学刊》2001 年第 2 期。

官志翀：《"人为天生"：康有为大同思想的根基》，《中国哲学史》2018 年第 2 期。

〔日〕沟口雄三：《辛亥革命新论》，《开放时代》2008 年 4 月号。

贾小叶：《1840～1900 年间国人"夷夏之辨"观念的演变》，《史学月刊》2007 年第 10 期。

〔美〕拉铁摩尔：《中国的亚洲内陆边疆》，唐晓峰译，江苏人民出版社，2008。

李长莉：《黄遵宪〈日本国志〉延迟行世原因解析》，《近代史研究》2006 年第 2 期。

李帆：《"夷夏之辨"之解说传统的延续与更新——以康有为、刘师培对〈春秋繁露〉两事的不同解读为例》，《近代史研究》2011 年第 6 期。

《辛亥革命时期的"夷夏之辨"和民族国家认同》，《史学月刊》2011 年第 4 期。

李放春：《瞿秋白与"领导权"的定名：Hegemony 概念的中国革命旅程（1923-1927）》，《近代史研究》2021 年第 5 期。

梁展：《政治地理学、人种学与大同世界的构想》，《外国文学评论》2014 年第 4 期。

林辉锋：《强学会成立时间考证补》，《中山大学学报》（社会科学版）

2011年第6期。

刘巍：《〈教学通义〉与康有为的早期经学路向及其转向》，《历史研究》2005年第4期。

马洪林：《戊戌后康有为对西方世界的观察与思考》，《传统文化与现代化》1994年第1期。

马永康：《从"三统""三世"到"三世三重"——论康有为的思想》，《华东师范大学学报》2010年第3期。

〔瑞典〕马悦然：《从《大同书》看中西乌托邦的差异》，《二十一世纪》1991年6月第五期。

茅海建：《论戊戌变法时期康有为、梁启超的政治思想与政策设计》（上、下），《中国文化》2017年第45、46期。

《戊戌时期康有为"大同三世说"思想的再确认——兼论康有为一派在百日维新前后的政治策略》，《社会科学战线》2019年第1期。

〔美〕丹尼斯·塞诺主编《剑桥早期内亚史》，蓝琪译，商务印书馆，2021。

石硕：《胡入中华："中华"一词的产生及开放性特点——东晋南北朝至隋唐胡汉融合与"中华"词义嬗变》，《清华大学学报》（哲学社会科学版）2022年第4期。

宋培军：《拉铁摩尔"双边疆"范式的内涵及其理论和现实意义》，《云南师范大学学报》（哲学社会科学版）2013年第2期。

汪晖：《对象的解放与对现代的质询》，《开放时代》2008年第2期。

《二十世纪中国历史视野下的抗美援朝战争》，《文化纵横》2013年第6期。

《文化与政治的变奏—战争、革命与1910年代的"思想战"》，《中国社会科学》2009年第4期。

《再问什么的平等？——论当代政治形式与社会形式的脱节（上）》，《文化纵横》2011年10月号、12月号。

《民族研究的超民族视角——跨体系社会及中国化问题》，《西北民族研究》2021年第1期。

王铭铭：《从弗思的"遗憾"到中国研究的"余地"》，《云南民族大学学报》2008 年第 3 期。

《中国人类学的海外视野》,《中南民族大学学报》(人文社会科学版),2006.3。

王璞:《葛兰西与中国左翼:重新评价一场错过的相遇》,《文艺理论与批评》2022 年第 3 期。

王小伦:《文化批评与西方游记研究》,《国外文学》2007 年第 2 期。

吴飞:《论康有为对人伦的否定》,《中国哲学史》2019 年第 1 期。

吴仰湘:《朱一新、康有为辩论〈新学伪经考〉若干史实考》,《文史哲》2010 年第 1 期。

吴震:《十六世纪中国儒学思想的近代意涵:以日本学者岛田虔次、沟口雄三的相关讨论为中心》,《台湾东亚文明研究学刊》2004 年第 2 期。

徐高阮:《戊戌后的康有为——思想的研究大纲》,《学术研究》1988 年第 1 期。

袁先欣:《国语中的"言"与"文"》,《首都师范大学学报》(社会科学版)2010 年第 6 期。

臧世俊:《康有为的日本观》,《学术论坛》1995 年第 3 期。

张广生:《"保国"以"保天下":〈劝学篇〉文明—国家重建的筹划》,《学术月刊》2021 年第 9 期。

张汝伦:《康有为与进化论》,《学人》第 15 期,江苏人民出版社,2000。

张颂之:《孔教会始末汇考》,《文史哲》2008 年第 1 期。

张翔:《列国竞争、乡邑自治与中央集权——康有为海外游记中的"封建—郡县"问题》,《开放时代》2011 年第 11 期。

《重思"数千年未有之巨变"》,《读书》2011 年 10 月。

《20 世纪初中国革命辩论中的"亚洲故事"——以康有为与其弟子的辩论为中心》,《全球史评论》第十五辑,中国社会科学出版社,2018。

《质询革命与"跨区域知识":康有为的海外游记研究》,清华大学博士论文,2011。

张玉法:《民国初年的国会(1912 – 1913)》,《近代史研究所集刊》(台湾)第 13 期。

张志强:《经史传统与哲学社会科学》,《开放时代》2022 年第 1 期。

赵京华:《与柄谷行人一起重读〈日本现代文学的起源〉》,《博览群书》2005 年第 11 期。

Graham Maddox: "James Bryce: Englishness and Federalism in America and Australia", see *Publius*, Winter2004

Matthew Gentzkow and Jesse M. Shapiro, "Competition and Truth in the Market for News", *Journal of Economic Perspectives*, Volume 22, Number 2—Spring 2008

# 后 记

本书是我的博士学位论文《跨区域知识：康有为海外游记研究》（2011年底答辩）附录的一篇长论文的修改和扩展。关于康有为海外游记及政治思想的研究还有一些章节有待补充完成，反而是附录先成书。2015年本书已完成三分之二，申报了国家社科基金后期课题，2019年提交结项报告，2022年完成作为导论的第一章，全书终于写成。

这些思考和写作的过程是愉快的，在拉得比较长的研究过程中，可以更清晰感觉到那些微小的进步。康有为的作品很有启发性，读了之后往往还想做些其他的研究。导师们的研究都是在相互呼应的多个领域同时展开，我喜欢这种研究方式。会忙一点，但很好玩。于是，在完成本书的过程中，也"跳出去"写了一些与本书关系不大，或者与康有为研究关系不太大的论文。经常想加紧完成这本书，同时又忍不住去写其他的论文，所以这本书虽然酝酿的时间比较长，但并非十年如一日地千锤百炼，还有很多肉眼可见的不满意的地方。问题和困难总是有的，还是在以后持续推进的研究和学习过程中去消化吧。

我算是拐了一个大弯再回到学校做研究的，第一本专著的成书时段拉长一点更合适。2001年硕士毕业后，我到南方报业传媒集团的《21世纪经济报道》工作，担任社论主笔十余年，期间兼任过《书城》《中国经济》等刊的编辑工作，写了近百万字时论短评，有机缘认识人文社科不同领域的很多师友。工作三五年后，按原定计划准备回高校继续学习。2006年报考了汪晖老师的博士，很幸运有了学习做人文与社会科学的跨学科研究的机会。

从开始在清华大学中文系攻读博士学位，准备博士学位论文，到完成这本书，经过了工作的多次变化。博士毕业之后，2013年初离开报社，进入清华大学公共管理学院博士后流动站，跟崔之元教授做博士后研究，2015年9月出站，到首都师范大学文化研究院做研究工作。在这个过程中，要感谢的师友有很多。

汪晖教授对我的博士学位论文的写作和本书中系列论文的完成，还有其他研究，都有非常重要的指导或启发。在《现代中国思想的兴起》（四卷本）的基础上做研究，是"站在巨人的肩膀上"，虽然由于本人学术基础和资质的局限，本书的质量平平，但在有形与无形的鞭策之下，会感受到视野的一点点扩大，识见的一点点增长。2022年底2023年初，疫情席卷京城，汪老师在疫情中写就的序言，充满温暖和力量，激励和启发我奋力思考和开拓。崔之元教授在社会科学等领域的点拨，以及提供的海量学术资源，帮助我更深入全面地理解康有为和其他思想家的政治思考和论述。在研究和写作过程中，有机会向很多师友请教，参加过许多次学术会议，大部分章节曾在《哲学动态》《中国哲学史》《开放时代》《读书》《文化纵横》《社会科学》《古典研究》《思想史研究（辑刊）》等刊发表，感谢王中忱、甘阳、刘小枫、于治中、冯象、解志熙、赵京华、黎湘萍、高建平、杨念群、孙歌、张文木、吴重庆、李学军、吕正惠、王五一、张志强、江湄、舒炜、贺照田、杨立华、渠敬东、吴增定、干春松、强世功、赵晓力、冯金红、邹小站、丁耘、郭晓东、罗岗、姜佑福、项飙、黄振萍、赵长征、邓辉、肖自强、黄群、赵雪纲、谭立铸、刘文明、岳秀坤、陈雪虎、陶庆梅、卫纯、刘丰、陈越（陕西师范大学）、张广生、欧树军、章永乐、陈壁生、皮迷迷、宫志翀、龚觅、符鹏、娄林、孙占卿、范广欣、金光一、车泰根、周慧、孔德继、束赟、郭锦泽、孟繁之等师友的指点和鼓励，感念硕士导师杨铸教授和湘潭大学已故的萧艾、张铁夫教授在求学路上的指点，感谢何吉贤、齐晓红、周展安、王悦、袁先欣、张晴滟、刘洪强、陈轩、柯贵福、吴晓佳、金俊、殷之光、陈越（中国艺术研究院）、尹捷、孙洛丹、李保高、王东宾、蒋余浩、贾开、成福蕊、杨涛等同学在学校生活和后来工作中的讨论和帮助。

这些研究有幸得到了现在和以前的工作单位的大力支持。感谢首都师范大学文化研究院刘新成、邱运华、李焕喜、乔卉等领导和同事的关心、指点和帮助，感谢学校社科处褚怡敏等老师在后期课题申请和结项过程中的指点和帮助。感谢南方报业集团和21世纪报系对我脱产委培攻读博士学位的支持，感谢范以锦、江艺平、沈颢、刘晖、李二民、祝乃娟、欧阳觅剑、谢珂、张军青、樊俊等诸多前同事的指点和帮助。2016

年，我曾受 Project LIBEAC（Liberalism in Between Europe and China, organized by gLAWcal）和首都师范大学的资助，在牛津大学中国研究中心访问一年，感谢拉纳·米特、Paolo Farah、聂洪萍、张彦筠、唐萌萌等师友在牛津期间的指点和帮助。

要感谢的师友还有很多，这里不一一列名了。

最后要感谢家人对我的工作变化的理解和全力支持，家庭的关心和支持是本书得以完成的坚实基础。

第一步总是重要的。这本书的研究和写作过程，为自己提供了值得思考的得失经验，希望以后的研究会有不断的进步。

2023 年初于昆玉河畔

#### 图书在版编目(CIP)数据

大同立教：康有为政教思想研究/张翔著. -- 北京：社会科学文献出版社，2023.3（2023.6 重印）
国家社科基金后期资助项目
ISBN 978 - 7 - 5201 - 8584 - 4

Ⅰ.①大… Ⅱ.①张… Ⅲ.①康有为（1858 - 1927）-思想评论 Ⅳ.①B258.5

中国版本图书馆 CIP 数据核字（2021）第 125727 号

#### 国家社科基金后期资助项目
#### 大同立教
##### ——康有为政教思想研究

著　　者 / 张　翔

出 版 人 / 王利民
责任编辑 / 罗卫平
责任印制 / 王京美

出　　版 / 社会科学文献出版社·人文分社（010）59367215
　　　　　 地址：北京市北三环中路甲 29 号院华龙大厦　邮编：100029
　　　　　 网址：www.ssap.com.cn

发　　行 / 社会科学文献出版社（010）59367028
印　　装 / 三河市龙林印务有限公司

规　　格 / 开　本：787mm × 1092mm　1/16
　　　　　 印　张：22.25　字　数：348 千字

版　　次 / 2023 年 3 月第 1 版　2023 年 6 月第 2 次印刷
书　　号 / ISBN 978 - 7 - 5201 - 8584 - 4
定　　价 / 128.00 元

读者服务电话：4008918866

版权所有 翻印必究